政府和社会资本合作（PPP）知识问答

李学春　陈　华　王文胜　等编著

中国财经出版传媒集团
经济科学出版社
Economic Science Press

图书在版编目（CIP）数据

政府和社会资本合作（PPP）知识问答/李学春等编著.
—北京：经济科学出版社，2016.12
ISBN 978 – 7 – 5141 – 7630 – 8

Ⅰ.①政… Ⅱ.①李… Ⅲ.①政府投资 – 合作 – 社会资本 – 中国 – 问题解答 Ⅳ.①F832.48 – 44②F124.7 – 44

中国版本图书馆 CIP 数据核字（2016）第 321802 号

责任编辑：于海汛　宋　涛
责任校对：杨晓莹
版式设计：齐　杰
责任印制：潘泽新

政府和社会资本合作（PPP）知识问答

李学春　陈　华　王文胜　等编著
经济科学出版社出版、发行　新华书店经销
社址：北京市海淀区阜成路甲 28 号　邮编：100142
总编部电话：010 – 88191217　发行部电话：010 – 88191522
网址：www.esp.com.cn
电子邮件：esp@esp.com.cn
天猫网店：经济科学出版社旗舰店
网址：http://jjkxcbs.tmall.com
北京季蜂印刷有限公司印装
787×1092　16 开　24.25 印张　550000 字
2016 年 12 月第 1 版　2016 年 12 月第 1 次印刷
ISBN 978 – 7 – 5141 – 7630 – 8　定价：66.00 元
（图书出现印装问题，本社负责调换。电话：010 – 88191510）
（版权所有　侵权必究　举报电话：010 – 88191586
电子邮箱：dbts@esp.com.cn）

本书编写组成员

以下成员按姓氏笔画排序

王文胜　王厚亮　王爱军　边玉晶　吕长龙　庄　严
孙芳兵　李学春　宋　慧　陈　华　邵　艳　夏　颖
高建成　薛少华

序

党的十八届三中全会《决定》指出，经济体制改革是全面深化改革的重点，核心问题是处理好政府和市场的关系，使市场在资源配置中发挥决定性作用和更好发挥政府作用。在中国推进现代化建设的波澜壮阔的发展实践中，政府和社会资本合作（Public – Private Partnerships，简称PPP）模式是于公共产品、公共服务领域，转变政府职能，放宽市场准入，引进竞争机制，利用企业市场主体和社会资本的投融资、技术、管理与创新能力，以及政府的政策、规划、宏观调控能力，增加公共产品与服务有效供给的理念观念创新和体制机制变革，对促进稳增长、促改革、调结构、补短板、惠民生、防风险以及实现全面小康和"中国梦"，具有重要意义。

2014年以来，按照国务院部署要求，财政部等国家部委和各级政府从顶层设计、能力建设、示范引领、政策扶持、信息公开、规范管理等多方面大力推动PPP改革，取得了一系列重要成果。三年多时间，全国储备并纳入PPP综合信息管理平台的项目达10471个，总投资额12.46万亿元；其中签约落地项目946个，总投资额1.56万亿元，实现了基础设施投融资和公共服务供给机制的重大进步，PPP已逐步成为引领经济新常态的体制机制和发展方式，发挥了重要的"改革加速器、增长推进器、民生稳定器"作用。

山东是全国人口大省、开放大省、经济大省、财政大省，多年来在财税体制改革方面走在全国前列，这次PPP改革大潮中，山东省又敢立涛头、勇于争先，成为全国较早付诸实践的弄潮儿，并渐渐成长为PPP事业发展的"领航者"。近年，我曾多次到山东省参加调研和交流、推介活动，有幸见证了山东PPP发展的几个关键时刻。给我印象最深的就是，山东同仁们拼搏奋进的热情、改革创新的勇气、不屈不挠的决心和合力攻坚的团结。较早时，PPP虽说已有了起步，总的框架初步搭建，各项工作取得了一些进展，但不少方面还处于摸索阶段。而现在看，仅仅过了一年多，山东省的政府和企业界、金融界、学术界以及新闻界就已经凝聚了广泛共识，形成了一致行动，PPP开展得如火如荼，甚至成了网络热搜词，实现了"由无到有、由小到大、由弱到强、由浅入深"的跨越式发展。

总结山东省PPP发展历程，之所以能取得现在的成绩，我看主要是把握住了四个字：一是重视程度"高"。山东省各级党委政府将PPP放到关系经济社会长远战略的突出位置统筹考虑，与全面深化改革、推进政府"放服管"、"十三五"发展规划等紧密结合。二是推进速度"快"。山东省各级各部门密切配合、全力推进，仅仅1年就储备了1000多个高质量的项目，投资额近万亿元，吸引了国内外众多优质社会资本深入合作。三是配套措施"实"。为提高社会参与积极性，山东省率先在全国设立了1200亿元的PPP发展基金，较早制定了财政奖补政策，在政策组合拳的激励下，越来越多的项目落地实施，已签约197个项目，落地率达45%，高出全国平均水平20个百分点，其中民营资本参与比例超五成。四是项目质量"好"。前不久财政部等20个部委联合公布全国第三批516个示范项目名单，山东省入选42个，数量居全国首位，入选率达84%，项目质量得到了各方面的充分肯定。可以说，山东的PPP走上了全面推进、规范发展的快车道，被业界形象地称为"山东速度、山东样本、山东模式"。

作为一名热衷于PPP研究的学者，近几年我一直致力于推进PPP理论与实践的结合，希望找寻到两者最好的结合形态，这是一个十分具有吸引力而又艰辛的探索与创新过程。让我欣喜的是，山东的同志们不仅在实践方面成效显著，而且在理论方面孜孜以求、不断探索，形成了较完整的体系、颇为独到的见解。

《政府和社会资本（PPP）知识问答》就是其中的代表。该书由李学春、陈华、王文胜等专家学者共同编著，立足现行国内PPP制度政策，紧密结合山东PPP业务发展实践，采取生动的问答方式，全面系统梳理了PPP项目全生命周期管理中的关键环节、重点难点问题，对PPP项目规范操作流程进行了详细明确的解说，既体现理论的创新，又反映具体的实践，是一本体系完整、形式新颖、内容全面的PPP读物，可称既是一本逻辑严密、脉络清晰、论述透彻的PPP理论专著，又是一本依托实践、指导实践、解决问题的PPP实战指南，具有较强的思想性、指导性、知识性和实用性。该书的付梓出版弥补了理论界、实业界"结合难"的空白，对从事PPP工作的涉业者和研究者，具有重要的实操指导意义和研讨借鉴意义。

"栉风沐雨，薪火相传；筚路蓝缕，玉汝于成。"任何新事物的发展都不会一蹴而就，不可能一帆风顺，PPP发展同样少不了面临挑战和挫折，某些困难如不能克服，甚至会影响到PPP健康规范持续发展。但我相信，随着依法治国进程的加快发展，PPP法律法规、制度政策、管理机制等的不断健全，在各级各有关部门和社会各界的合力推动下，山东乃至全国PPP一定会迎来更加美好的明天，焕发出旺盛持久的生命力，为做好经济文化强省建设、谱写山东人民美好生活新篇章，做出更大贡献！

由于PPP理论研究和实践仍处于探索阶段，本书在数据收集、案例分析、政策结合等方面还会存在一些不足。希望编著者再接再厉、钻坚求通、钩深取极，于今后继续加大研究力度，编辑出版更多作品以飨读者，为伟大的PPP创新事业添砖加瓦、奉献力量！

贾康

2016.11

贾康，华夏新供给经济学研究院首任院长，首席经济学家；财政部财政科学研究所原所长；全国政协委员；国家发改委PPP专家库专家委员会委员。

目　　录

第1章　导论：走进PPP ··· 1
  1.1　研究背景 ··· 1
    1.1.1　推广PPP模式是适应"国家治理现代化"要求的一次变革 ······· 1
    1.1.2　推广PPP模式是适应"市场起决定性作用"要求的一次变革 ····· 2
    1.1.3　推广PPP模式是适应"加快转变政府职能"要求的一次变革 ····· 2
    1.1.4　推广PPP模式是适应"建立现代财政制度"要求的一次变革 ····· 2
    1.1.5　推广PPP模式是适应"推动城镇化健康发展"要求的一次变革 ··· 2
    1.1.6　推广PPP模式是适应"大力践行公共服务领域供给侧改革"
           要求的一次变革 ·· 3
  1.2　研究意义 ··· 3
    1.2.1　PPP模式的经济效益 ··································· 3
    1.2.2　PPP模式的社会效益 ··································· 4
    1.2.3　PPP模式的现实意义 ··································· 4
  1.3　研究内容与研究框架 ·· 5
    1.3.1　主要研究内容 ·· 5
    1.3.2　研究框架 ·· 6
  1.4　研究创新点 ·· 7

第2章　PPP模式的相关理论：什么是PPP ·························· 8
  2.1　PPP模式的概念界定 ··· 8
    2.1.1　PPP的本质 ··· 8
    2.1.2　PPP模式的架构 ······································· 11
    2.1.3　PPP的特征 ··· 16
    2.1.4　PPP模式的类型 ······································· 19
  2.2　PPP模式的演进 ··· 19
    2.2.1　PPP的起源 ··· 19
    2.2.2　PPP在中国的演进 ····································· 23
    2.2.3　PPP在中国的发展现状 ································· 25
  2.3　PPP的相关理论 ··· 27
    2.3.1　治理理论 ·· 27

  2.3.2 公共选择理论 ………………………………………………… 28
  2.3.3 合作国家理论 ………………………………………………… 29
  2.3.4 市场失灵理论 ………………………………………………… 30
  2.3.5 政府失灵理论 ………………………………………………… 31
 2.4 PPP 模式的运作机制 ………………………………………………… 32
  2.4.1 PPP 模式的目标 ……………………………………………… 32
  2.4.2 PPP 模式运行的特点 ………………………………………… 33
  2.4.3 PPP 项目的融资模式 ………………………………………… 35
  2.4.4 PPP 项目的运行操作 ………………………………………… 37

第3章 项目识别 …………………………………………………………… 41
 3.1 项目识别的界定 ……………………………………………………… 41
  3.1.1 项目识别的含义 ……………………………………………… 41
  3.1.2 项目识别的流程 ……………………………………………… 41
 3.2 项目发起 ……………………………………………………………… 43
  3.2.1 政府发起 ……………………………………………………… 44
  3.2.2 社会资本发起 ………………………………………………… 44
 3.3 项目筛选 ……………………………………………………………… 45
  3.3.1 项目评估筛选 ………………………………………………… 45
  3.3.2 备选项目入库 ………………………………………………… 47
  3.3.3 制定开发计划 ………………………………………………… 49
 3.4 物有所值评价 ………………………………………………………… 50
  3.4.1 物有所值评价的基本内容 …………………………………… 50
  3.4.2 物有所值评价的操作 ………………………………………… 51
  3.4.3 物有所值定性评价 …………………………………………… 53
  3.4.4 物有所值定量评价 …………………………………………… 54
  3.4.5 物有所值评价报告和信息管理 ……………………………… 56
 3.5 财政承受能力论证 …………………………………………………… 58
  3.5.1 财政承受能力论证的基本内容 ……………………………… 58
  3.5.2 责任识别 ……………………………………………………… 60
  3.5.3 支出测算 ……………………………………………………… 61
  3.5.4 财政承受能力评估 …………………………………………… 63
  3.5.5 财政承受能力论证报告和信息管理 ………………………… 64

第4章 项目准备 …………………………………………………………… 66
 4.1 项目准备的界定 ……………………………………………………… 66
  4.1.1 项目准备的含义 ……………………………………………… 66
  4.1.2 项目准备的流程 ……………………………………………… 67

4.2 管理架构组建 ································ 67
4.2.1 管理架构的组建流程 ···················· 67
4.2.2 政府与社会资本合作的分机构责任 ············ 69
4.2.3 项目综合评价体系 ······················ 70
4.3 实施方案编制 ································ 71
4.3.1 实施方案编制依据 ······················ 71
4.3.2 实施方案编制主体 ······················ 72
4.3.3 实施方案编制内容 ······················ 72
4.4 付费定价调整机制 ····························· 73
4.4.1 政府付费及调价机制 ···················· 73
4.4.2 使用者付费及定价机制 ·················· 78
4.4.3 可行性缺口补助 ························ 81
4.4.4 不同行业下的付费和调价机制 ············ 81
4.5 风险分配框架 ································ 84
4.5.1 风险分配原则 ·························· 84
4.5.2 政府方承担的风险 ······················ 87
4.5.3 社会资本承担的风险 ···················· 89
4.5.4 双方共担的风险 ························ 92
4.6 交易结构 ···································· 93
4.6.1 项目投融资结构 ························ 93
4.6.2 回报机制 ······························ 95
4.6.3 相关配套安排 ·························· 96
4.7 项目运作方式 ································ 98
4.7.1 项目运作方式简介 ······················ 98
4.7.2 项目运作方式的选择 ··················· 100
4.7.3 复合PPP运作方式 ····················· 101
4.8 合同体系与奖励设计 ·························· 102
4.8.1 合同体系的法律依据 ··················· 102
4.8.2 合同种类 ····························· 104
4.8.3 PPP项目的奖励设计 ··················· 108
4.9 项目融资 ··································· 110
4.9.1 PPP项目的融资模式 ··················· 110
4.9.2 拓宽融资渠道,创新融资工具 ··········· 111
4.9.3 山东省政府和社会资本合作(PPP)发展基金 ··· 112
4.10 监管架构 ·································· 115
4.10.1 监管主体 ···························· 115
4.10.2 授权关系 ···························· 116
4.10.3 监管方式 ···························· 116

4.10.4 政府方的监督和介入 …… 118
4.11 实施方案审核 …… 121
4.11.1 审核标准 …… 121
4.11.2 审核程序 …… 121

第5章 项目采购 …… 123
5.1 项目采购的界定 …… 123
5.1.1 项目采购的含义 …… 123
5.1.2 项目采购的流程 …… 126
5.1.3 项目采购的方式 …… 128
5.2 资格预审 …… 135
5.2.1 资格预审的基本内容 …… 135
5.2.2 资格预审的准备工作 …… 136
5.2.3 资格预审的评审 …… 139
5.3 采购文件编制 …… 141
5.3.1 编制采购文件 …… 141
5.3.2 现场考察和答疑会 …… 143
5.4 响应文件评审 …… 144
5.4.1 响应文件的基本内容 …… 144
5.4.2 评审响应文件 …… 144
5.4.3 编写评审报告 …… 148
5.5 项目谈判与合同签署 …… 149
5.5.1 项目合同的主要内容 …… 149
5.5.2 项目合同的谈判 …… 155
5.5.3 项目合同的签署 …… 156

第6章 项目执行 …… 160
6.1 项目执行的界定 …… 160
6.1.1 项目执行的内容 …… 160
6.1.2 项目执行的流程 …… 160
6.2 项目公司的设立 …… 162
6.2.1 项目公司的概况 …… 162
6.2.2 项目公司的机构设置 …… 174
6.2.3 项目公司的职责 …… 174
6.2.4 项目公司的作用 …… 176
6.3 融资管理 …… 177
6.3.1 项目公司的融资权利和义务 …… 177
6.3.2 融资方权利 …… 180

  6.3.3 再融资 …… 180
  6.3.4 融资风险的管控 …… 181
 6.4 绩效监测与支付 …… 182
  6.4.1 项目监管 …… 182
  6.4.2 项目绩效指标检测 …… 185
  6.4.3 支付调整 …… 187
  6.4.4 综合财务报告制度的建立 …… 187
 6.5 中期评估 …… 188
  6.5.1 项目中期评估 …… 188
  6.5.2 合同履约评估 …… 189
  6.5.3 风险评估及应对 …… 190
 6.6 项目执行的管理 …… 191
  6.6.1 项目执行准备 …… 191
  6.6.2 违约处理 …… 193
  6.6.3 争议的解决 …… 196

第7章 项目移交 …… 198
 7.1 项目移交的界定 …… 198
  7.1.1 项目移交的含义 …… 198
  7.1.2 项目移交的流程 …… 199
  7.1.3 项目移交的要求 …… 199
 7.2 项目移交的准备 …… 201
  7.2.1 移交准备主要工作 …… 201
  7.2.2 移交工作组的组建 …… 202
  7.2.3 移交的形式、条件和标准 …… 203
  7.2.4 PPP项目的退出 …… 204
  7.2.5 补偿方式的确定 …… 209
  7.2.6 资产评估 …… 211
 7.3 性能测试 …… 213
  7.3.1 性能测试的内容与标准 …… 213
  7.3.2 未达标项目的处理 …… 214
 7.4 资产交割 …… 214
  7.4.1 资产交割的办理程序 …… 214
  7.4.2 过户和管理权移交 …… 216
 7.5 绩效评价 …… 216
  7.5.1 绩效评价的内容 …… 216
  7.5.2 绩效评价的标准 …… 218
  7.5.3 评价结果的公开 …… 220

附录一	名词解释	222
附录二	**政府和社会资本合作（PPP）相关核心文件**	224
	国务院办公厅转发财政部、发展改革委、人民银行关于在公共服务领域推广政府和社会资本合作模式指导意见的通知	224
	财政部关于印发《PPP物有所值评价指引（试行）》的通知	230
	财政部关于印发《政府和社会资本合作项目财政承受能力论证指引》的通知	236
	财政部关于实施政府和社会资本合作项目以奖代补政策的通知	241
	财政部关于规范政府和社会资本合作合同管理工作的通知	243
	财政部关于印发政府和社会资本合作模式操作指南（试行）的通知	307
	财政部关于推广运用政府和社会资本合作模式有关问题的通知	316
	财政部关于印发《政府和社会资本合作项目政府采购管理办法》的通知	320
	财政部关于印发《普惠金融发展专项资金管理办法》的通知	324
	财政部关于在公共服务领域深入推进政府和社会资本合作工作的通知	349
	关于联合公布第三批政府和社会资本合作示范项目加快推动示范项目建设的通知	351
	财政部关于印发《政府和社会资本合作项目财政管理暂行办法》的通知	353
	山东省财政厅关于印发东省政府和社会资本合作（PPP）发展基金实施办法的通知	359
	山东省人民政府办公厅转发省财政厅省发展改革委人民银行济南分行关于在公共服务领域推广政府和社会资本合作模式的指导意见的通知	362

参考文献	368
后记	371

第 1 章　导论：走进 PPP

1.1　研究背景

问题 1：为什么大力发展 PPP，其出台有什么重大背景？

答： 在中国经济进入"新常态"，全面深化改革稳步推进的背景下，公共产品不断增长的需求和受到约束的供给能力之间的缺口不断扩大，这一全新特征将深刻改变我国公共产品服务供给的基本模式。旧有的完全由政府主导的基础设施建设和公共服务供给机制面临改革，政府和社会资本合作（PPP）的模式成为我国基建和公共服务领域投融资改革的重要方向。

党的十八届三中全会指出：要加强中央政府宏观调控职责和能力，加强地方政府公共服务、市场监管、社会管理、环境保护等职责。允许社会资本通过特许经营等方式参与城市基础设施投资和运营。推广政府购买服务，凡属事务性管理服务，原则上都要引入竞争机制，通过合同、委托等方式向社会购买。党的十八届五中全会进一步指出，要创新公共服务提供方式，能由政府购买服务提供的，政府不再直接承办；能由政府和社会资本合作提供的，广泛吸引社会资本参与。财政作为国家治理的基础和重要支柱，是优化资源配置、维护市场统一、促进社会公平、保障国家机器运行载体。推广使用 PPP 模式，作为财政部门发挥财政职能作用的切入点和深化财政体制改革的抓手。这是转变政府职能、加快混合所有制改革、激发市场活力、打造经济新增长点的重要改革举措。这不仅是一次微观层面的操作方式升级，更是一次宏观层面的体制机制变革。在此形势下，中央和地方政府大力推广 PPP 模式。

1.1.1　推广 PPP 模式是适应"国家治理现代化"要求的一次变革

问题 2：PPP 模式与"国家治理现代化"要求有何联系？

答： 推广 PPP 模式是适应"国家治理现代化"要求的一次变革。党的十八届三中全会提出，要推进国家治理体系和治理能力现代化。与以往采用的"国家管理"相比，一字之差，反应的内涵和实质却深远，现代国家治理更加注重契约精神、市场观念，更加注重公平参与、平等协商、绩效评估和结果导向。运用 PPP 模式，其必要条件是，政府和企业"按照合同办事"、平等参与、公开透明，这恰恰是现代国家治理关注的重点。

1.1.2　推广 PPP 模式是适应"市场起决定性作用"要求的一次变革

问题 3：PPP 模式与"市场起决定性作用"要求有何关系？

答：推广 PPP 模式是适应"市场起决定性作用"要求的一次变革。使市场在资源配置中起决定性作用，是党的十八届三中全会的一大理论创新，即使在传统理论认为市场难以发挥作用的公共领域，也要尽量依靠市场力量来做。因此，这次三中全会明确提出，推进公共资源配置市场化，鼓励非公有制企业进入公共服务等特许经营领域。而运用 PPP 模式，正是政府通过授予特许经营权等方式引入私人资本，不但可以发挥优胜劣汰的市场竞争作用，激发非公有制经济的活力，而且有助于破除各种行政垄断，消除各种隐性壁垒，推进公共产品和服务的市场化配置，与"市场起决定性作用"要求相吻合。

1.1.3　推广 PPP 模式是适应"加快转变政府职能"要求的一次变革

问题 4：PPP 模式对于政府职能转变有什么作用？

答：推广 PPP 模式是适应"加快转变政府职能"要求的一次变革。按照国务院进一步简政放权的要求，政府职能更多地转向宏观战略、公共服务、市场监管，切实减少对微观事物的管理和干预。通过 PPP 模式，政府将真正实现"职能转变"，有"管理者"转变为"监督者、合作者"，能够把更多的精力放到指定发展战略上，把更多的注意力放到加强监管上，既可以降低行政管理成本，又可以减少权力寻租空间。

1.1.4　推广 PPP 模式是适应"建立现代财政制度"要求的一次变革

问题 5：推行 PPP 模式与"建立现代财政制度"有何联系？

答：经济推广 PPP 模式是适应"建立现代财政制度"要求的一次变革。党的十八届三中全会要求，要建立年度预算平衡机制，建立权责发生制的政府综合财务报告制度。PPP 模式强调将一部分政府性债务剥离出去，并提高效率，有助于减轻政府债务压力，又有助于我们创新财政管理理念，从以往单一年度的"预算收支管理"，逐步转向强化中长期财政规划和"资产负债管理"。通过中长期规划，公开收费或补贴的调整机制，并同年度预算安排相结合，切实做好 PPP 项目"全生命周期"的"预算管理"。这本来就是建立现代财政制度科学化、透明化的应有之义。

1.1.5　推广 PPP 模式是适应"推动城镇化健康发展"要求的一次变革

问题 6：PPP 如何助推城镇化健康发展？

答：城镇化以人为核心的城镇化不仅是城镇数量与规模的扩张，也是城镇设施和服务的升级，需要数十万亿元的巨额资金投入，需要创新的投融资机制作为支撑，需要政府、企业、个人共同发挥作用。为此，党的十八届三中全会提出，要建立透明规范的城市建设投融资机制，允许社会资本通过特许经营等方式，参与城市建设项目投资和运营。PPP 模式正是这样一种"基于特许经营权"的投融资机制，其运作机理就是盘活社会存量资本，激发民间投资潜力，创新基础设施投融资模式①。

1.1.6 推广 PPP 模式是适应"大力践行公共服务领域供给侧改革"要求的一次变革

问题 7：请问如何深入发挥 PPP 模式在推动供给侧改革中的作用？

答：《关于在公共服务领域深入推进政府和社会资本合作工作的通知》明确规定："各级财政部门要联合有关部门，继续坚持推广 PPP 模式'促改革、惠民生、稳增长'的定位，切实践行供给侧结构性改革的最新要求，进一步推动公共服务从政府供给向合作供给、从单一投入向多元投入、从短期平衡向中长期平衡转变。要以改革实现公共服务供给结构调整，扩大有效供给，提高公共服务的供给质量和效率。要以改革激发社会资本活力和创造力，形成经济增长的内生动力，推动经济社会持续健康发展。"

问题 8：请问如何有效地以 PPP 模式推动公共服务领域发展？

答：《关于在公共服务领域深入推进政府和社会资本合作工作的通知》明确要求，在垃圾处理、污水处理等公共服务领域，项目一般有现金流，市场化程度较高，PPP 模式运用较为广泛，操作相对成熟，各地新建项目要"强制"应用 PPP 模式，中央财政将逐步减少并取消专项建设资金补助。在其他中央财政给予支持的公共服务领域，对于有现金流、具备运营条件的项目，要"强制"实施 PPP 模式识别论证，鼓励尝试运用 PPP 模式，注重项目运营，提高公共服务质量。

1.2 研究意义

1.2.1 PPP 模式的经济效益

问题 9：PPP 模式产生哪些经济效益？

答：目前，在经济下行压力增大，政府收入增幅减缓的情况下，发展 PPP 不仅利于缓解政府财政支出压力，也利于盘活社会投资，提升经济活力。这是其经济效益所在。

（1）缓解地方政府债务压力，降低系统性风险。城镇化建设和基建投资带来巨大的融资需求，但人口红利将尽，地产大周期面临拐点，土地财政恐难以为继，信贷刺激的老路也被证明遗患无穷。而通过 PPP 可撬动社会资本参与基础设施投资建设，可有效缓解地方政府财政支出压力。在缓解地方政府债务压力的同时，也降低系统性风险，且

---

① 楼继伟：《推广 PPP：贯彻十八届三中全会精神的一次体制机制变革》，引自《公私合作（PPP）模式专题研讨会发言材料汇编》，2013 年。

与预算改革和地方债改革相得益彰，各级政府能做到"心中有数"。PPP 模式改变过去依靠"政府背书"的传统投融资机制，有效化解政府融资平台债务，防范政府债务风险，提高投资项目的管理水平和投资效益。同时，地方政府承诺的财政补贴纳入预算管理，符合预算改革提倡的公开透明化要求，中央政府能对地方政府债务做到心中有数。

（2）拓宽社会资本投资空间，助推社会资本参与公共服务领域。近年来经济下行压力较大，民间资本作用没有充分发挥出来。其所带来的影响，就是经济的抗风险能力越来越差，自我造血功能越来越差①。在我国经济下行压力加大的情况下，通过政府与社会资本合作，使社会投资和政府投资相辅相成，优化政府投资方向，将政府发展规划、市场监管、公共服务职能，与社会资本的管理效率、技术创新能力有机结合起来，可以充分发挥政府和社会资本的比较优势，实现"1+1>2"的效果，提高公共产品服务供给效率，推动基础设施和社会事业投资建设领域的改革。PPP 模式是有效激活社会资本的重要途径，也是适应经济新常态的客观需要。PPP 模式能够充分发挥社会资本的作用，激发我国经济发展活力。

1.2.2　PPP 模式的社会效益

问题 10：PPP 模式产生哪些社会效益？

答：PPP 模式突破了传统的政府与私人部门的分工边界，通过构建公共产品新产权关系，整合了公司部门的各自优势，能"让专业的人做专业的事"，把政府的政策意图、社会目标和私人部门的运营效率、竞争压力结合起来，充分提供了公共产品供给效率。在市场化竞争中生存下来的私人部门往往能够提供差异化的产品和服务以供政府部门选择，私人产品的多样化、差异化的特点是政府部门难以做到的。政府部门和民间机构可以取长补短，发挥政府部门和民营机构各自的优势，弥补双方不足，形成长期互利，以最佳效率为公众提供高质量的服务，促进社会整体进步。

PPP 作为一种创新的公共产品公共服务市场化、社会化供给方式，通过放宽市场准入，发挥财政杠杆作用，释放社会创新活力，激励社会资本公平竞争，增加优化公共产品公共服务供给，提高公共服务质量效率，不断满足人民日益增长的多样化公共服务需求。PPP 模式使得基本公共服务由政府"单一供给"向政府与社会资本"合作供给"转变，由供给不足向有效供给转变，改善整个公共服务供给体系。

1.2.3　PPP 模式的现实意义

问题 11：PPP 模式的研究有何重大意义？

答：当前，政府推广 PPP 模式势在必行，PPP 模式将成为未来数年甚至更长时期中国经济发展的重要模式之一。如何趋利避害，以尽可能发挥 PPP 模式的优势至关重要。这对 PPP 从业人员的系统性全局性理解能力、综合知识储备能力、实际操作能力和自身综合素

---

① 谭浩俊：《PPP 项目应当民间资本优先》，载《北京青年报》2016 年 5 月 28 日。

质都提出了越来越高的要求。虽然，PPP 在我国已有 20 多年的历程，然而前期的运作一直较为随意，缺乏系统的操作指引，在党的十八届三中全会之后，国家的支持力度明显增强，政策法规陆续出台，操作流程也日趋规范。但是考虑到 PPP 项目涵盖的领域广，项目实施较为复杂，相关制度体制尚不健全，项目咨询服务技术复杂，项目落地难的问题十分突出，PPP 在实务操作中也存在许多问题有待改进完善，缺乏专业的指导，阻碍了 PPP 在中国的发展。在此基础上系统性全局性掌握 PPP 模式对其发展具有重要的指导意义。

（1）理论意义。目前，理论界对于 PPP 模式的研究还不够深入，我国推进 PPP 模式的主体还没有完全掌握其内涵，在 PPP 项目落实操作中仍有些问题尚需进一步考虑斟酌，这些都会阻碍 PPP 在我国的发展。本书更为系统、全面地梳理和讲解 PPP 模式的相关理论和内容，以更加务实的有效举措推广 PPP 模式，深入的理解其内涵，掌握 PPP 模式的精髓。

（2）实践意义。本书对于 PPP 项目运作过程的各种问题进行了较为详细的介绍，从项目实际操作的角度让读者可以充分了解 PPP 项目运作的五大阶段，同时对国内以及山东省各地的 PPP 典型案例进行分析，从理论和实践两个层面让读者可以更为直观、立体地了解 PPP 项目运作过程，包括项目识别、项目准备、项目采购、项目执行和项目移交，具有很强的实务性，对于 PPP 项目操作具有更强的指导作用，真正为 PPP 从业人员提供物有所值的参考。

1.3　研究内容与研究框架

1.3.1　主要研究内容

问题 12：主要研究的内容有哪些？

答：本书研究的内容主要分以下三个方面：

（1）在理论层面，本书对 PPP 模式进行了系统性的总结与分析，来说明 PPP 是什么。通过分析 PPP 模式产生的背景、演进过程以及相关的理论基础，具体阐述 PPP 模式的本质、内涵、特征，总结 PPP 的各种结构类型。同时，对 PPP 模式的作用机理以及融资运作进行深入分析，充实了关于 PPP 的理论研究，为 PPP 模式在我国基础设施建设中的应用提供了理论依据。

（2）在操作层面，本书对 PPP 模式的操作程序的 5 个阶段（项目识别、项目准备、项目采购、项目执行和项目移交）进行了详细的分解介绍，对于项目操作程序中各阶段所涉及的相关问题总结分析，全面详尽地说明 PPP 项目怎么具体落实操作，以更好地运用 PPP 模式。

（3）在实践层面，针对普遍反映的推进 PPP 项目缺少操作经验、缺乏案例指导等问题，本书对 PPP 典型案例进行分析。这其中不仅包括山东省内 PPP 模式的典型案例，还有外省的一部分 PPP 典型案例，这些 PPP 项目案例涉及水利设施、市政设施、交通设施、公共服务、资源环境等多个领域，涵盖多种操作模式，是各地引入市场机制、推进 PPP 模式的有益探索，在社会资本选择、交易结构设计、回报机制确定等方面具有一定参考价值。通过对其进行分析讲解，可以更清晰地展现 PPP 项目运作方式，总结经验、思考问题，形成案例以供各相关部门借鉴参考。

1.3.2 研究框架

问题 13：研究框架具体是什么？

答： 本书共分为九章：第 1 章是绪论，介绍了 PPP 模式的研究背景、研究意义、本书的研究内容和研究框架以及创新点。第 2 章是有关 PPP 模式的相关理论分析，其中包括了 PPP 模式的内涵、PPP 模式的演进过程、其作用机理和 PPP 项目运作分析。第 3 章到第 7 章是 PPP 项目运作的五大阶段：项目识别、项目准备、项目采购、项目执行和项目移交。文章的这一部分主要是就项目运作过程中的所有相关问题进行解答，对项目落实操作进行全面科学指导。第 8 章是山东省 PPP 经典案例，分析学习山东省各地的经典案例。第 9 章是外省 PPP 经典案例分析。具体研究框架如图 1-1 所示。

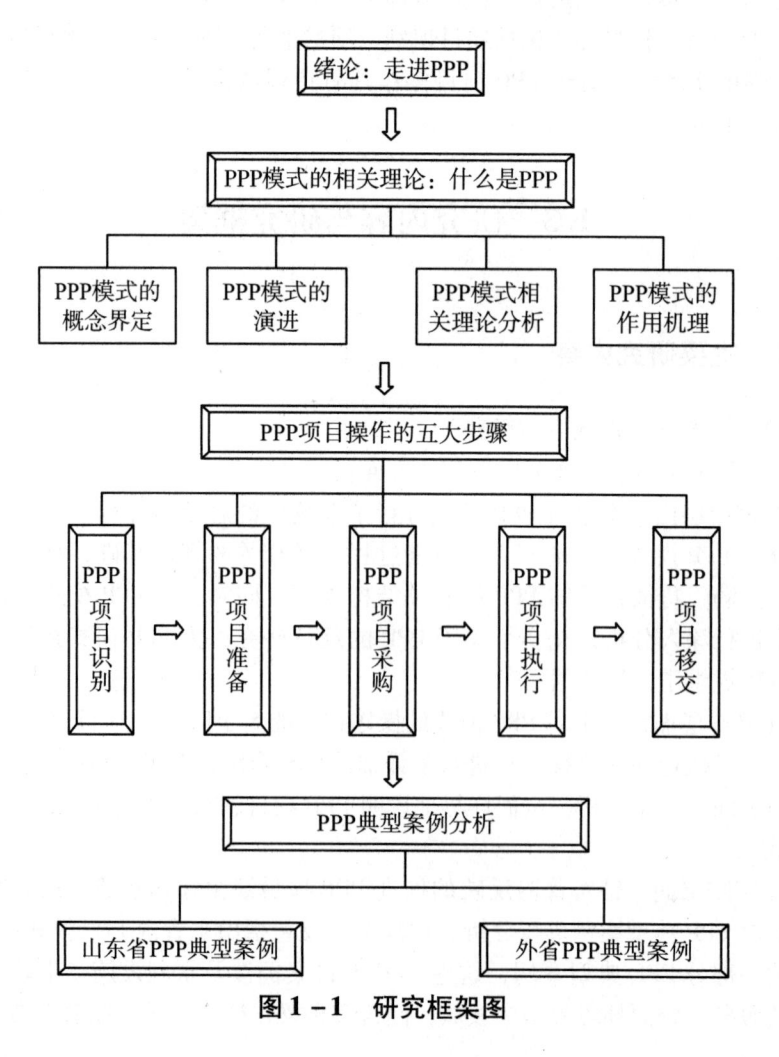

图 1-1 研究框架图

1.4 研究创新点

问题 14：主要创新点是什么？

答：（1）本书在一定程度上填补了空白，拓展了目前 PPP 理论研究的领域。我国的 PPP 模式正处于起步阶段，国内虽有学者对 PPP 模式进行了相关研究，但在 PPP 模式这个问题上还没有形成共识，对其微观机理的研究也鲜为少见。本书不仅对 PPP 模式的概念、体系等进行了明确阐述，全面介绍 PPP 模式的本质、特征、类型，基于治理理论、公共选择理论、市场理论等从不同角度对 PPP 模式的微观机理作了详细分析，并进一步对于 PPP 融资模式的运作进行分析。因此，本书的研究在一定程度上填补了空白，进一步拓展了目前 PPP 理论研究的领域，为研究 PPP 模式在我国基础设施建设中的应用奠定了理论基础。

（2）PPP 项目操作流程是指政府和社会资本合作全生命周期中各阶段的工作流程，也是其关键所在。本书理论与实践相结合，不仅对 PPP 项目操作流程的五大阶段进行详尽的阐述，回答了每一步骤中可能遇到的问题，让 PPP 项目操作流程更加规范。同时，结合各地典型案例进行分析参考。这不仅包括国内一些大型成功的 PPP 案例，还有山东省内各地的 PPP 典型案例。较为全面地分析介绍了 PPP 项目操作的成功经验，抓出样板，树立标杆，为未来 PPP 项目实践提供有益的借鉴，也为进一步完善 PPP 模式在我国基础设施建设和公共服务供给中的应用提供了一手资料。

（3）形式简单、直观，内容清晰、明了。本书关于 PPP 模式的相关研究全部以问答的形式出现，针对每个部分都先提出问题，然后回答问题，让读者可以更直观地了解 PPP 模式的有关内容，查缺补漏，为读者提供更为专业的指导，方便读者参考学习。

第2章　PPP 模式的相关理论：什么是 PPP

2.1　PPP 模式的概念界定

2.1.1　PPP 的本质

问题1：什么是 PPP？

答：PPP 是英文 Public – Private Partnership 的简写，即公私合作模式。PPP 是公共部门（通常为政府部门）和私人部门为提供公共产品和服务而形成的各种合作伙伴关系。

问题2：如何定义 PPP？

答：PPP 的定义有广义和狭义之分。

广义 PPP 是在平等合作的基础上，政府利用市场机制，提高政府资源利用效率，增加、改进和优化公共产品和服务的供给，实现物有所值目标。

狭义 PPP 是指在公共服务领域，政府采取竞争性方式选择具有投资、运营管理能力的社会资本，双方按照平等协商原则订立合同，明确责权利关系，由社会资本提供公共服务，政府依据公共服务绩效评价结果向社会资本支付相应对价，保证社会资本获得合理收益。

问题3：国外 PPP 的含义是什么？

答：目前 PPP 并没有形成一个被广泛接受的定义，国外不同机构与学者对 PPP 的定义不同，具体如表2-1所示。

表2-1　国外关于 PPP 的定义

机构名称	PPP 的定义
联合国培训研究院	为满足公共产品需求而建立的公共和私人之间的各种合作关系；为满足公共产品需求，公共部门和私人部门建立的伙伴关系；
英国财政部	PPP 是一种以公共部门和私人部门相互合作为主要特征的安排。从最广义的层面看，PPP 可以包括从公共部门独立运作到私人部门独立运作之间的各种合作执行政策、提供服务和建造基础设施的方式。

续表

机构名称	PPP 的定义
美国 PPP 国家委员会	PPP 是介于外包和私有化之间并结合两者特点的一种公共产品提供方式；表现为充分利用私人资源进行设计、建设、投资、经营和维护公共基础设施，并提供相关服务以满足公共需求。
欧盟委员会	为提供公用项目或服务而形成的公共部门和私人部门之间的合作关系。
加拿大 PPP 国家委员会	公共部门和私人部门之间的一种合作经营关系，基于双方各自经验，通过适当的资源分配、风险分担和利益共享机制，以满足事先清晰界定的公共需求。
世界银行	PPP 是指政府部门与私人部门之间就公共品或公共服务的提供而签订的长期合同。在此合同下，私人部门承担一定的风险和管理职能，其报酬与业绩挂钩。
亚洲开发银行	PPP 是指为开展基础设施建设和提供其他服务，在公共部门和私人部门实体之间建立的一系列合作伙伴关系。

资料来源：(1) 李洁、刘小平：《知己知彼——国外 PPP 发展现状及对中国的借鉴》，http://bond.hexun.com/2015-03-09/173872960.html。(2) 刘晓凯、张明：《全球视角下的 PPP：内涵、模式、实践与问题》，载《国际经济评论》2015 年第 4 期，第 53~67 页。

问题 4：中国权威部门是如何定义 PPP 的？

答： 国务院对 PPP 的定义为：在公共服务领域，政府采取竞争性方式选择具有投资、运营管理能力的社会资本，双方按照平等协商原则订立合同，明确责权利关系，由社会资本提供公共服务，政府依据公共服务绩效评价结果向社会资本支付相应对价，保证社会资本获得合理回报[①]。

问题 5：理解 PPP 时需要注意什么？

答：（1）PPP 中的公共部门明确为政府部门（包括具有行政职能的事业单位），并未包含其他非政府公共部门，即财政部关于 PPP 定义中公共部门的范围相对较小。

（2）PPP 定义中私人资本范围放大为社会资本，私人资本不再以所有制性质来定义，泛指以盈利为目的的建立了现代企业制度的境内外企业法人。

（3）社会资本的范围中排除了本级政府所属的融资平台公司及其他控股国有企业。

问题 6：PPP 仅仅是一种融资手段吗？

答： 把 PPP 作为融资手段，这种理解是片面的。PPP 是一种市场化、社会化公共产品公共服务供给管理方式，是创新发展的一种"新引擎"[②]。对政府而言特别是财力较弱的县市区，运用 PPP 模式是实现"弯道超越的新方式"。对社会资本而言，PPP 模式是能够"让专业机构做专业事情"。如果我们仅仅把 PPP 模式看成是一种融资手段的话，那就很可能导致政府只关注融资的结果，即只要能融到资就行，对于是否有一个公开、透明、规范的招标程序，参与合作的社会资本的资质水平、业界声誉，供选择的合作方市场是否有一定程度的竞争，选择的合作方是否能提供物有所值的公共服务等等，

---

① 国务院办公厅：《国务院办公厅转发财政部、发改委、人民银行关于在公共服务领域推广政府和社会资本合作模式指导意见的通知》，2015 年 5 月 22 日。

② 焦小平：《PPP 不仅仅是融资手段》，载《中国经济时报》2016 年 4 月 8 日。

可能反而被忽视了,而这些被忽视的恰恰是 PPP 模式成功运行的关键。同时,如果政府仅仅把 PPP 模式当成融资的手段,也可能出现当经济状况好转,政府财政充盈,不需要通过向社会资本融资的手段来提供公共服务时,政府有可能会与社会资本一拍两散。所以,PPP 本质上就是一种政府采购,不仅是一种融资手段,更重要的是一种理念和思路的转变。

问题 7:为什么要引入社会资本?

答:引入社会资本有利于整合社会资源、盘活民间资本,同时有利于将政府的发展规划、市场监管、公共服务职能与社会资本的管理效率、技术创新动力有机结合,减少政府对微观事务的过度参与,提高公共服务的效率与质量,有利于简政放权,更好地实现政府职能的转变。其实质就是政府做自己该做的事情,把相对微观层面、基础层面的事情通过一种合作关系、合作模式交由社会资本来做[①]。

问题 8:PPP 的实质是什么?

答:PPP 是管理方式,不仅是投资。PPP 是政府和社会资本的一段"婚姻",而不是一场"婚礼"。PPP 的实质在于充分发挥政府部门和社会资本各自的禀赋优势,兼顾效率和公平的互补性合作,建立真正平等的合作伙伴关系,以达到物有所值和风险分担。

(1)PPP 模式是在基础设施及公共服务领域建立的一种长期合作关系。

(2)社会资本承担设计、建设、运营、维护基础设施的大部分工作,并通过"使用者付费"及必要的"政府付费"获得合理投资回报。

(3)政府部门负责基础设施及公共服务价格和质量监管,以保证公共利益最大化。

问题 9:新时期 PPP 有什么新内涵?

答:一是充分竞争、平等合作、诚信守约。政府要打破地域和所有制歧视,通过公开竞争方式选择最有能力的社会资本进行平等合作,让专业的人做专业的事,全面提高政府公共资源配置效率和质量。

二是风险与收益挂钩。按照收益对等和风险可控的优化原则,建立科学的风险分配管理架构,社会资本承担项目建设、融资和运营等商业风险,政府承担法律、政策和最低需求等风险,不可抗力等风险由双方合力共担。

三是实现全生命周期管理。建立从项目设计、融资、建设、运营、维护等全生命周期一体化管理模式,充分利用供应链管理优势,实现公共服务供给管理长期系统整体优化。

四是建立以产出和绩效结果为导向的付费交易机制,把政府支出绩效管理落到实处。

五是全过程透明公开管理。让 PPP 项目在阳光下运行,保证公众的知情权、参与权和监督权,探索政府与社会利益相关方共治共管的互动治理方式[②]。

六是激励相容。强调以有效的激励约束机制为核心,以收益分配和绩效考核制度为

---

① 杨宁:《不同社会资本如何"玩转"PPP 国企、民企、PPP 基金》,http://www.zgppp.cn/hangyezixun/xinwenzhongxin/2016-08-02/3377.html。

② 韩斌:《PPP 改革与公共服务供给机制创新》,中国基础设施和公用事业特许经营展论坛,2016 年 7 月 8 日。

手段,最大限度调动社会资本参与 PPP 的积极性。

问题 10:PPP 模式有哪些优点?

答:(1)消除费用的超支。政府与社会资本共同参与项目建设过程,保证了项目在技术和经济上的可行性,缩短前期工作周期,使项目费用降低。PPP 模式只有当项目已经完成并得到政府批准使用后,社会资本才能开始获得收益,因此 PPP 模式有利于提高效率和降低工程造价,能够消除项目完工风险和资金风险。

(2)有利于转换政府职能,减轻财政负担。政府可以从繁重的事务中脱身出来,从过去的基础设施公共服务的提供者变成一个监管的角色,从而保证质量,也可以在财政预算方面减轻政府压力。

(3)促进了投资主体的多元化。利用社会资本来提供资产和服务能为政府部门提供更多的资金和技能,促进了投融资体制改革。同时,社会资本参与项目还能推动在项目设计、施工、设施管理过程等方面的革新,提高办事效率,传播最佳管理理念和经验。

(4)政府和社会资本可以取长补短,发挥政府公共机构和社会资本各自的优势,弥补对方身上的不足。双方可以形成互利的长期目标,可以以最有效的成本为公众提供高质量的服务。

(5)项目参与各方整合组成战略联盟,对协调各方不同的利益目标起关键作用。

(6)风险分配合理。PPP 模式在项目初期就可以实现风险分配,同时由于政府分担一部分风险,使风险分配更合理,减少了承建商与投资商风险,从而降低了融资难度,提高了项目融资成功的可能性。政府在分担风险的同时也拥有一定的控制权。

(7)应用范围广泛,该模式突破了引入私人企业参与公共基础设施项目组织机构的多种限制,可适用于城市供热等各类市政公用事业及道路、铁路、机场、医院、学校等。

2.1.2 PPP 模式的架构

问题 11:PPP 模式的典型架构是什么样的?

答:PPP 模式的典型做法是政府和社会资本共同组成 SPV(项目公司),针对特定项目或资产,政府部门通过招标方式选择有经营管理和投资能力的社会资本参与到项目中来,并以项目合同的形式授予项目公司有一定年限的经营权(一般是 20~30 年),由 SPV(项目公司)负责项目设计、融资、建设、运营,允许项目公司通过经营该项目而取得相关利益作为回报。待合同期满后,SPV(项目公司)终结并将项目移交给政府。

问题 12:PPP 模式中有哪些参与主体?各自的职责是什么?

答:PPP 模式的参与主体有政府、社会资本、金融机构及其他参与主体。政府在 PPP 项目中是引导者、管理者、监督者;社会资本负责项目的投融资、建设、运营、维护等;金融机构为项目提供融资支持。其他参与主体包括建设单位、运营公司、材料供应商、咨询机构、律师事务所等。

问题 13：PPP 模式的常规架构是怎样建立的？

答：PPP 模式常规架构的建立如图 2-1 所示：

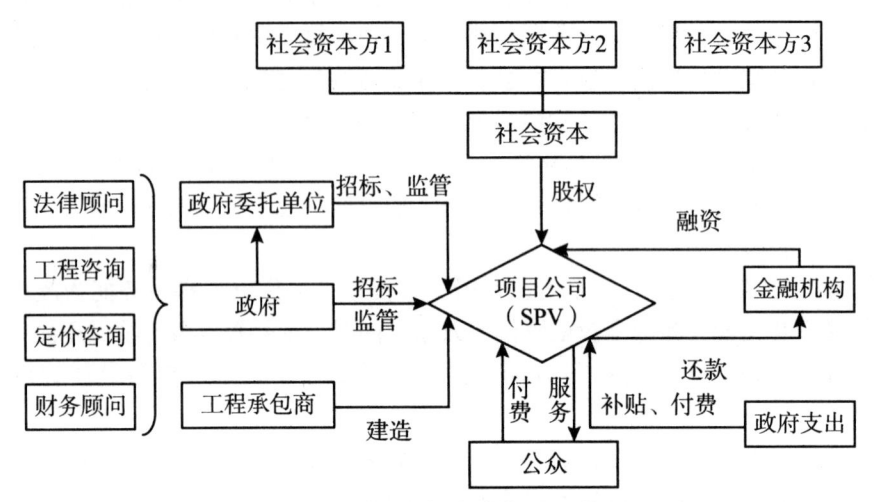

图 2-1　PPP 模式的常规架构图

问题 14：在 PPP 模式中，政府角色有何转换？

答：政府与社会资本合作提供公共服务并不是政府公共服务供给责任的卸载，而是政府公共服务供给角色发生了变化，即政府从公共服务的提供者、生产者、监督者三者合一的主体转变为了公共服务的提供者和监督者两位一体。

问题 15：国家为推广 PPP 模式专门设立了什么机构？

答：进一步推进 PPP 工作提供必要的技术支撑和组织保障，更好地促进 PPP 规范健康发展，国家设立了政府和社会资本合作（PPP）中心。2014 年 12 月，财政部 PPP 中心正式获批成立，主要承担 PPP 工作的政策研究、咨询培训、信息统计和国际交流等职责，负责 PPP 项目的开展。助推更多 PPP 项目实施，实现稳增长、调结构、惠民生和企业发展的多赢。2016 年 4 月，国家发展改革委、保监会、清华大学共同发起成立清华大学政府和社会资本合作（PPP）研究中心，主要目标是逐步建设成为 PPP 领域的国家级专业智库、高端人才培养基地和国际交流中心。

问题 16：地方政府积极参与推广 PPP 项目的目的是什么？

答：一是融资需求，解决项目建设资金缺口，化解地方政府债务风险。《国务院关于加强地方政府性债务管理的意见》全面规范地方政府性债务，要求剥离融资平台公司政府融资职能。地方政府推广 PPP 模式，首先是希望解决融资难问题。

二是政府向社会提供优质公共服务和公共产品（新建项目），进一步提高公共服务和公共产品的质量（存量项目）。

三是转变政府职能，提高政府行政能力。原来由政府自己花钱做的事情，改由社会资本实施，放手把投资权和运营权都交给社会资本，政府作为监管机构。

问题 17：社会资本和社会资本方如何界定？

答：社会资本是 PPP 项目的实际投资人，是指已建立现代企业制度的境内外企业法人,但不包括本级政府所属融资平台公司及其控股国有企业①,也不能直接是金融机构。

社会资本方是指与政府签署PPP项目合同的社会资本或投资者专门成立的项目公司。

问题18:国有企业可以作为PPP模式中的社会资本吗?

答:在我国市场经济体制下,国有企业和民营企业一样,都可以作为PPP项目的社会资本合作主体,但应独立于当地政府②。从逻辑上,国有企业不应该是当地政府直接所有的,或者是当地政府能够起到控制作用的平台公司及其附属机构。如果PPP合作模式中的社会资本与政府部门之间存在附属关系,从逻辑上二者之间就无法构成能够相对独立、相对制衡、相互博弈、合作共赢的伙伴关系,这样的PPP模式,就失去了其合作的初衷,难以发挥PPP模式对机制创新、打破垄断等方面的作用。

问题19:地方政府融资平台可以作为PPP模式中的社会资本吗?

答:《国务院办公厅转发财政部发展改革委人民银行关于在公共服务领域推广政府和社会资本合作模式指导意见的通知》规定:对已经建立现代企业制度、实现市场化运营的,在其承担的地方政府债务已纳入政府财政预算、得到妥善处置并明确公告今后不再承担地方政府举债融资职能的前提下,可作为社会资本参与当地政府和社会资本合作项目,通过与政府签订合同方式,明确责权利关系。严禁融资平台公司通过保底承诺等方式参与政府和社会资本合作项目,进行变相融资。

问题20:PPP模式对社会资本合作主体的资格有什么要求?

答:PPP项目具有公益性特征,对社会资本合作伙伴必须提出严格的要求。PPP项目社会资本合作主体的选择,主要考虑:(1)信誉良好。投资人要有良好的银行资信、财务状况及相应的偿债能力;重合同、守信用,具有社会责任感。(2)具有建设营造、经营管理、运营维护同类工程的业绩、资质或经验。社会资本合作伙伴或其联合体要有良好的业绩与技术能力,必须具备相应的专业资质资格,经验丰富。(3)资金充足,具有较强的财务与融资能力。具有良好的银行资信、财务状况,相应的偿债能力及同类项目成功的盈利模式和竞争模式。(4)专业知识与技术力量雄厚。具备专业的PPP人才、技术人才、财经人才与管理人才团队。(5)设备配置等要素实力良好。拥有专业的设备及完成服务所必须的其他重要要素资源。(6)质量安全管理体系完善。近3年内没有发生过重大生产安全和质量事故,主动防范的意识强、措施得力,合规性较好。具有独立法人资格;能遵从合同合法合规运营。

问题21:社会资本如何参与PPP模式的运营?

答:社会资本参与运营分两类:一类是实业资本,它有设计建设运营的能力,一类是金融资本,提供投融资服务。

实业资本主要是做发起投资人,筛选项目,和政府谈合作、招投标,也是PPP风险的主要承担者。他们可以直接和政府签订框架合作协议,成立项目公司,或者发起PPP

---

① 财政部:《政府和社会资本合作模式操作指南》,2014年11月29日。
② 李开孟:《正确界定PPP模式中的社会资本主体资格》,载《中国投资》2015年第12期。

产业基金对项目公司进行股权投资,负责项目运作。

金融机构参与 PPP 项目,可以作为社会资本联合体直接投资,也可以作为资金提供方参与项目。如果作为社会资本直接参与模式,金融机构必须联合有运营能力的社会资本和政府签订三方合作协议,在协议约定的范围内参与 PPP 项目的投资运作。如果作为资金的提供方,金融机构可以为其他社会资本方或者项目公司提供融资,间接参与 PPP 项目。

问题 22:PPP 项目中为什么要成立项目公司?

答:在 PPP 实践中,社会资本通常不会直接作为 PPP 项目的实施主体,而会专门针对该项目成立项目公司(SPV),负责项目具体实施。项目公司是依法设立的自主经营、自负盈亏的具有独立法人资格的经营实体。成立具有独立法人的 SPV 有利于项目的运营,可根据项目和股东的特点,合理确定本贷比、股东结构和贷款结构,优势互补、强强联合,并根据各自股份的多少决定各股东的管理权、控制力,不易产生法律上无法处置的纠纷,追求在共赢中目标利益回报的实现,体现了政府和社会资本是平等合作,共同实施。

问题 23:政府如何激发社会资本参与 PPP 模式的热情?

答:为激发社会资本参与 PPP 模式的热情,政府首先要做好以下三个方面的工作:

(1)招标过程的公平、公正和公开。招标是 PPP 模式中社会资本与政府实质接触的首要环节,这个环节中政府能否做到公平和公正将直接决定着社会资本的参与热情。政府要做到公平、公正就必须对所有竞标者一视同仁,真正基于竞标者的资质、出价、融资能力以及在业内的过往表现等来选择,而不是基于人情关系或慑于领导权威等非相关因素。

(2)设置动态谈判机制。政府在与社会资本的合作中,不能只考虑借助社会资本提高公共服务供给效率和质量以及化解地方债务等有利于政府的一面,还要考虑留给社会资本一个合理的盈利空间的一面。

(3)政府要有契约精神。契约精神对政府和社会资本的要求是一样的,但基于政府与社会资本之间的关系,即政府由于拥有公共权力并占有大量的公共资源,相较于社会资本而言具有天然优势,因此契约精神对政府的要求就更为迫切也至关重要。

问题 24:PPP 模式下政商关系有什么新特点?

答:(1)紧密合作型关系。合作伙伴关系是 PPP 模式中政商关系的最大特征。政府部门对市政能够遴选和发起潜在项目,而社会资本方在专业技术、项目管理和融资投资上具有优势,能够更好满足公共产品需求。由于本身相对复杂、持续期长、风险因素多,项目的成功也需要政府方和社会资本方构建紧密合作型关系,在项目进行中通过互信谈判协调利益化解风险。

(2)持续期较长。由于 PPP 项目大多建设运营周期长,在项目运作期间政府和商人之间的协商、谈判、调整等都属于长期关系,这就要求项目各方建立一种全过程、全周期的伙伴式关系。

(3)政府深度参与。PPP 项目离不开政府全程的深度参与,这种"深度"不是对微观项目的直接干预,而是要求政府宏观上间接引导做好沟通协调,确保社会资本方的商业利益得到维护，同时确保公众利益的最大化。

（4）监管与被监管关系。在项目实施阶段，政府和企业之间既有合作又伴随着监管，政府一方通常作为监管者对项目质量及运营考核进行评价，对商业机构项目运营中追求利润最大化的同时是否损害公共利益进行监管，防止监管缺位。

问题25：金融机构参与PPP项目的具体方式有哪些？

答：（1）政策性银行。政策性银行可以释放国家对所鼓励的PPP项目方向、合作模式的信号，成为国家宏观调控的一种手段，但是相对于其他金融企业，政策性银行的参与市场化程度相对较低。

（2）商业银行。商业银行是PPP项目最重要的资金提供方，可以通过资金融通、投资银行、现金管理、项目咨询服务、夹层融资等方式参与PPP项目。

（3）保险公司。保险公司是PPP项目的重要参与者。PPP项目通常资金规模较大、生命周期长，在项目建设和运营期间面临诸多风险。保险公司可以开发信用险种为PPP项目的履约风险和运营风险承保，增加PPP项目结构设计的灵活性，降低和转移PPP项目参与方的风险。

（4）证券公司。证券公司可以为PPP项目公司提供IPO保荐、并购融资、财务顾问、债券承销等投行业务，也可以通过资产证券化、资管计划、另类投资等方式介入。

（5）信托公司。信托公司参与PPP项目可以通过直接和间接两种模式。直接参与是指通过项目分红收回投资；间接参与，即信托公司为PPP模式中的参与方融资，或者与其他社会资本作为联合体共同投资项目公司，采取明股实债的方式，在约定时间由其他社会资本回购股权退出。此外，信托公司还可以为PPP项目公司提供融资，通过过桥贷款、夹层融资等形式介入。

（6）PPP产业基金。PPP产业基金是指以股权、债权及夹层融资等工具投资基础设施PPP项目的投资基金，可以为基金投资人提供一种低风险、中等收益、长期限的类固定收益。PPP产业基金通常与承包商、行业运营商等组成投资联合体，作为社会资本参与PPP项目投资运营。

问题26：PPP项目中咨询机构的职责主要包括哪些内容？

答： PPP项目运作参与合作者众多、资金结构复杂、项目开发期较长、风险较大，为确保项目操作规范和高效，必要时可聘请专业机构协助和积极发挥第三方专业机构作用。专业咨询机构可以为政府提供全过程的咨询服务，包括前期准备、选择社会资本、谈判、协助政府和社会资本签署协议等，咨询机构的参与可以最大限度地保证项目规范、专业地运作，提高项目的效率和运作成果。

咨询机构在PPP项目中的主要职责主要包括以下五个方面：

（1）提供政策咨询。由于项目的运作涉及国家的产业政策、行业政策、税收、金融等各方面的政策，咨询公司可以帮助PPP项目公司了解这些政策，并按照政策的要求设计项目框架，规避项目的政策风险。

（2）协助确定融资方案。咨询公司可以充分发挥自身的专业优势，依据其掌握的市场信息和融资经验，帮助PPP项目公司设计适合项目特点的最佳融资计划，确定合理的融资结构。

（3）协助制订风险管理方案。咨询公司能够对项目全生命周期内的风险作出较为准确专业的判断，制订合理的风险分配方案，使项目的风险管理合理有效。

（4）协助选择合作伙伴。PPP项目建设需要众多的合作伙伴参与，包括设计单位、建设单位、监理单位等，咨询公司可以协助项目公司选择信誉卓越、技术精专的合作伙伴，协助进行工程的合理安排，有效控制工程的进度、成本和质量。

（5）协助项目开发运营。咨询公司可以为PPP项目公司提供长期的市场分析和预测，设计规避市场风险的有效方案。项目开发运营过程中的项目相关报告、文件以及会议等也都在咨询公司的协助下完成。

2.1.3 PPP 的特征

问题 27：PPP 运行的特征有哪些？

答：PPP 的运行具有三个重要特征：伙伴关系、利益共享和风险分担。其中，伙伴关系是政府和社会资本合作的核心特征，利益共享和风险分担是伙伴关系的基础。基于利益共享和风险分担，政府和社会资本才能建立伙伴关系，达成合作，共同提供公共产品或服务。

问题 28：政府和社会资本之间存在什么样的伙伴关系？

答：（1）政府和社会资本之间存在的伙伴关系是契约关系。
（2）政府和社会资本之间存在的伙伴关系是长期合作关系。
（3）政府和社会资本之间存在的伙伴关系是合法的政商关系。

问题 29：政府和社会资本之间形成合作伙伴关系的核心是什么？

答：政府和社会资本之所以能够形成合作伙伴关系，核心问题是在其中存在一个共同的目标：在某个具体项目上，以最少的资源，实现最多最好的产品或服务的供给。社会资本是以此目标实现自身利益的追求，而政府（公共部门）则是以此目标实现公共福利和利益的追求[1]。

问题 30：政府在公私伙伴关系中该如何给自己定位？

答：PPP 模式中虽然强调社会资本在提高效率上的重要作用，但政府的作用并未弱化，而是起到了引导、帮助、监督等重要作用，政府仍然对资产和服务的所有权进行有效控制。但政府与社会资本伙伴关系的定位，必然要求政府与非政府的市场主体在平等的基础上，以平等主体的身份，通过缔结相应的法律协议，建立起法律意义上的真正的合作伙伴关系[2]。为了更好地发挥政府与市场的作用，必须清晰界定政府的定位。在 PPP 模式中，政府既是合作者，又是监管者，为此，政府应当切实转变角色，进行相应的体制与机制变革。

问题 31：政府和社会资本实现什么样的利益共享？

答：PPP 模式中公共部门与私营部门并不是简单分享利润，还需要控制私营部门可

---

[1] 贾康：《伙伴关系是首要问题》，载《湖南日报》2014 年 8 月 19 日。
[2] 吴渊：《PPP 模式下的政府定位变革》，载《中国经济导报》2016 年 5 月 18 日（A03）。

能的高额利润，即不允许私营部门在项目执行过程中形成超额利润。其主要原因是，任何 PPP 项目都是带有公益性的项目，不以利润最大化为目的。共享利益除了指共享 PPP 的社会成果，还包括使作为参与者的私人部门、民营企业或机构取得相对平和、长期稳定的投资回报，使社会资本"盈利但不暴利"。

问题 32：PPP 项目中一般存在哪些风险？

答：PPP 项目的主要风险有政策风险、汇率风险、技术风险、财务风险、营运风险等。

（1）政策风险。在项目实施过程中，由于政府政策的变化而影响项目的盈利能力被称为政策风险。PPP 项目失败原因主要归结于法律法规与合同环境的不够公开透明，政府政策的不连续性变化过于频繁，政策风险使私营合作方难以预料与防范。目前一些地方政府出台了有关法规，为 PPP 的进一步广泛与成功应用提供了政策支持也在一定程度上化解了私营合作方的政策风险。

（2）汇率风险。在当地获取的现金收入，不能按预期的汇率兑换成外汇为汇率风险。其原因可能是因为货币贬值，也可能是因为政府将汇率人为地定在一个很不合理的官方水平上。这毫无疑问会减少收入的价值降低项目的投资回报。

（3）技术风险。直接与项目实际建设与运营相联系，技术风险应由私营合作方承担以 BOT 为例，私营合作方在基础设施建成后需运营与维护一定时期，因此私营合作方最为关注运营成本的降低，运营成本的提高将减少私营合作方的投资回报，这将促使私营合作方高质量完成基础设施的建设，以减少日后的运营成本。

（4）财务风险。基础设施经营的现金收入不足以支付债务和利息，从而可能造成债权人求诸法律的手段逼迫项目公司破产，造成 PPP 模式应用的失败。现代公司理财能通过设计合理的资本结构等方法、手段最大限度地减少财务风险。私营合作方可能独自承担此类风险，如果债务由公共部门或融资担保机构提供了担保，则公共部门和融资担保机构也可分担部分财务风险。

（5）营运风险。在实际运营过程中，由于基础设施项目的经营状况或服务提供过程中受各种因素的影响、项目盈利能力往往达不到私营合作方的预期水平而造成较大的营运风险。私营合作方可以通过基础设施运营或服务提供过程中创新等手段提高效率增加营运收入或减少营运成本降低营运风险，所以理应是营运风险的主要承担者。私营合作方可以通过一些合理的方法将 PPP 运用过程中的营运风险控制在一定的范围内或转嫁。

问题 33：PPP 项目风险分担要遵循哪些原则？

答：（1）风险由最适宜的一方来承担，要合理分配项目风险，项目设计、建设、财务、运营维护等商业风险原则上由社会资本承担，政策、法律和最低需求风险等由政府承担。

（2）承担的风险程度与所得的回报大小相匹配，要综合考虑政府风险转移意向、支付方式和市场风险管理能力等要素，量力而行，减少政府不必要的财政负担。

（3）社会资本承担的风险要有上限，超过上限，启动补贴或调节/调价机制。对项目收入不能覆盖成本和收益，但社会效益较好的政府和社会资本合作项目，地方各级财政部门可给予适当补贴。财政补贴要以项目运营绩效评价结果为依据，综合考虑产品或服务价格、建造成本、运营费用、实际收益率、财政中长期承受能力等因素合理确定。

问题34：政府是否应该承担PPP项目的兜底责任？

答：PPP项目是风险分担的机制，政府当然不能兜底。这里的风险分担，是指谁能承担风险，就由谁承担。如果PPP项目需要政府兜底，严格意义上就不是PPP项目了，社会资本就没有动力了。所以PPP项目本质上不应该由政府兜底。

问题35：PPP模式运用的关键环节是什么[①]？

答：(1) 建立长期的政府与企业合作机制。关键在于政府要处理好与市场主体之间的关系，由"经营者"转变为"监管者""合作者"。发挥投资人在整合设计、建设、运营、管理等方面的综合优势，让"专业人做专业事"。

(2) 建立合理的利益共享机制。通过政府核定经营收费价格以及以购买服务方式补贴标准，实现项目建设运营的自我平衡，既要保障公共利益，提高公共服务质量和效率，又要避免企业出现暴利和亏损，实现"盈利但不暴利"。

(3) 建立平等的风险分担机制。政府和社会资本应该平等参与、诚实守信，按照合同办事，依据对风险的控制力，承担相应的责任，不过度转移风险至合作方。企业主要承担投融资、建设、运营和技术风险，政府主要承担国家政策、标准调整变化的宏观风险，双方共同承担不可抗力风险。

(4) 建立严格的监管和绩效评价机制。政府对PPP项目运作、公共服务质量和资金使用效率等进行全过程监管和综合考核评价，认真把握和确定服务价格和项目收益指标，加强成本监审、考核评估、价格调整审核，可以考虑引入第三方进行社会评价。健全完善正常、规范的风险管控和退出机制，禁止政府为项目担保，防范项目风险转换为政府债务风险。对未能如约、按量、保质提供公共产品和服务的项目，应按约坚决要求企业退出并赔偿，投资人必须按合约规定及时退出并依法赔偿，严格责任追究。对防范企业自身经营管理能力不足引发项目风险应注意及时规避。

问题36：所有的项目都适合采用PPP模式吗？

答：尽管PPP模式有诸多优势，但并不是所有项目都适合PPP模式，我国在PPP模式的摸索中，也逐渐总结出一些经验，判断一个项目是否适合PPP模式最核心的原则是：运用PPP模式后，能够降低成本，提高效率，改善公共服务。适宜采用PPP模式的项目，一般具有价格调整机制相对灵活、市场化程度相对较高、投资规模相对较大、需求长期稳定等特点。基础设施和公共服务项目通过恰当的机制安排皆可采用PPP模式。

《关于在公共服务领域推广政府和社会资本合作模式指导意见的通知》中规定：在能源、交通运输、水利、环境保护、农业、林业、科技、保障性安居工程、医疗、卫生、养老、教育、文化等公共服务领域，鼓励采用政府和社会资本合作模式，吸引社会资本参与，为广大人民群众提供优质高效的公共服务。

[①] 郭远洋：《PPP项目操作手册》，http://www.ccgp.gov.cn/ppp/llyj/201512/t20151215_6324231.html。

2.1.4　PPP 模式的类型

问题 37：按照服务于社会经济发展的不同方面，PPP 分为哪几类？

答：按照服务于社会经济发展的不同方面，PPP 项目大致可分为经济、社会和政府三类。经济类包括交通运输、市政公用事业、园区开发、节能环保等领域；社会类包括保障性住房、教育、文化、卫生等领域；政府类主要服务于司法执法、行政、防务等领域。

问题 38：按照 PPP 项目运作方式分类，PPP 主要有哪些类型？

答：根据财政部《PPP 模式操作指南》中的规定，按照 PPP 项目运作方式分类，主要包括委托运营、管理合同、建设—运营—移交（BOT，Build–Operate–Transfer）、建设—拥有—运营（BOO，Build–Own–Operate）、转让—运营—移交（TOT，Transfer–Operate–Transfer）、改建—运营—移交（ROT，Rehabilitate–Operate–Transfer）等。具体运作方式的选择主要由 PPP 项目类型、融资需求、改扩建需求、收费定价机制、投资收益水平、风险分配基本框架和期满处置等因素决定。

问题 39：根据不同的回报机制，PPP 怎么分类？

答：根据项目回报机制的不同，PPP 项目可分为使用者付费方式、政府付费方式和可行性缺口补助方式（Viability Gap Funding/Subsidy，VGF）。

使用者付费方式通常用于可经营性系数较高、财务效益良好、直接向终端用户提供服务的基础设施项目，如市政供水、城市管道燃气和收费公路等。

政府付费方式通常用于不直接向终端用户提供服务的终端型基础设施项目，如市政污水处理厂、垃圾焚烧发电厂等，或者不具备收益性的基础设施项目，如市政道路、河道治理等。

可行性缺口补助方式指用户付费不足部分由政府以财政补贴、股本投入、优惠贷款、融资担保和其他优惠政策，给予社会资本经济补助。VGF 通常用于可经营性系数较低、财务效益欠佳、直接向终端用户提供服务但收费无法覆盖投资和运营回报的基础设施项目，如医院、学校、文化及体育场馆、保障房、价格调整之后或需求不足的网络型市政公用项目、交通流量不足的收费公路等。

2.2　PPP 模式的演进

2.2.1　PPP 的起源

问题 40：PPP 模式起源是什么，其发展状况如何？

答：在经济起步阶段，很多国家发展基础设施建设是以国家财政支撑为主导。但随着经济高速发展，基础设施建设日益增多，国家财政显得"势单力薄"。20 世纪 70 年代,西方国家逐渐放松对国家垄断经营的基础设施领域的管制,引进民间资本,建立竞争机制,成为了过去40多年西方国家经济增长的重要动力。英国率先提出PPP模式,积极开展公共服务民营化。此后该模式逐步在美国、法国、澳大利亚等多国得到广泛应用。

（1）英国。英国在PPP的实践方面走在世界前列,特别是它的自来水供应很有代表性,已经走了一个循回,从400多年前就有了私人供水的历史,后来逐渐被国有化,到了20世纪80年代初又被民营化。从私营到国营再到私营,整整走了一圈。英国是PPP的先驱、倡导者,同时也是PPP的促进者。特别是在撒切尔夫人上台之后,极大推动了PPP的进程。1992年,马斯特里赫特条约（Treaty of Maastricht）的签订及英国在该协议上对降低财政赤字的承诺,促使了英国开始对电力、电信、自来水和煤气等公用基础设施进行了大规模的市场民营化改革,并提出了"私有化无禁区"的概念,即将原先有政府财政负担的公园维护、垃圾清扫、校园伙食、精神病院,通过不同形式转让给私人部门经营。同时,上述改革政策也可以帮助英国政府缓解紧缩的财政压力,把政府的债务转化为私人部门的债务,并将公共基础建设项目中存在的建设时间超期以及成本超支的风险移给更加专业的私人部门去规避或承担,从而帮助基础设施项目建设筹集更多的资金,增加基础设施的投资规模。

为了尽快推动上述市场民营化改革,英国财政部在1993年设立了私人融资工作组,第二年又宣布,所有资本性投资项目均需要进行私人融资可行性的测试。随后,私人融资工作组于1995年出版了系统性介绍私人融资（Private Finance Initiative,PFI）模式的手册。两年后,英国财政部又设立了工作组专门负责PFI推广工作。为了向政府部门提供更好的技术支持并推动整个PPP市场的发展,在英国财政部门的牵头下,政府和私人部门于2001年设立了政府的咨询单位——英国伙伴关系（Partnership UK）组织,并替代了前期的财政部工作小组。在英国伙伴关系组织全面推进PPP工作10年之后,英国财政部又于2011年设立了基础设施局（Infrastructure UK）,全面负责PPP工作。在相关法律法规逐步完善并建立完整的辅导机制的条件下,PPP模式在英国得到了快速发展,英国政府也建立了完整的法律、政策、实施和监督体系,迅速积累了大量案例经验和研究成果,英国的PPP模式也很快成为世界各国学习效法的标杆。

PPP模式已在英国发展了20余年,总体来看,取得了相当令人满意的成绩。首先,在扩大利用社会民间资本、提高基础设施和公共服务方面,英国财政部认为绝大多数的PPP项目能够满足成本预算以及工期时限的要求,甚至有些项目出现了工期提前以及实际成本低于预算的情况,并且也认为PPP项目的运营绩效要优于预期。同样,英国国家审计署也宣称,PPP模式已成为英国中央和地方政府采购基础设施的主导方法。其次,在完善英国现代化政府采购和治理机制方面,PPP模式促进了英国政府现代化治理的进程,其在实践中形成的理念、机制和方法影响了英国的政府采购方式,长期预算规划制度也被引入英国财政体系。

总体而言,英国的PPP模式在世界范围内发展最为成熟,其运作模式也深刻地影响了欧美、亚太和拉美等国。这些国家也在摸索中建立了适合本国PPP的政策框架和实施要件,但关键要素和内容仍与英国的PPP模式相仿或一致。

（2）法国。法国的供水服务也是从地方的私人供水开始，自17世纪中期一直保持了下来，曾经历了不同的管理和租借合约形式，最终将供水服务演变为公有制下的私人提供。由于认识上的差异，法国人并不把公私合作伙伴关系看作是一种新的观念，因为他们接受特许经营的理念，而事实上特许经营是公私伙伴关系的一种形式。其实这并不重要，重要的是在100多年前法国现实生活中就出现了PPP，当时的形式是"社会经济混合体"和"特许经营"。今天，特许经营制度在法国仍然是建设和管理"商业型"公共服务设施和公共基础设施的最普遍模式。在1995年，75%人口的供水是通过PPP合同实现的。里昂水务和威望迪（现在叫Veolia Environment）两家PPP模式的经营者控制着全国62%的供水、36%的污水处理、75%的市中心供热、60%的垃圾处理、55%的电缆运营以及36%的垃圾收集。大部分铁路网络、供水设施和街道照明也是在PPP模式下发展起来的。法国在水务方面的PPP相当有名，经验丰富，21世纪初威望迪公司以约20亿元人民币的价格，获得控制我国浦东自来水厂50%的股权和50年经营权。

在交通方面，法国还有个著名的案例，是160公里长的苏伊士运河。这项特许经营权是1854年由统治埃及的土耳其总督授予的。运河于1869年竣工，特许经营的期限为99年，自运河开航之日起计算（但在1956年埃及政府将苏伊士运河公司国有化时，特许经营权随之终止）。

基础设施和公共服务方面，在法国采用了两种不同的制度：政府直接管理制度和基于PPP模式的私人特许经营制度（在法国叫做公共服务委托制）。在政府直接管理制度下，基础设施或服务直接由公共机构或国有机构建设和运营。大量基础设施在将特许经营合同授予公共特许经营者的形式下进行管理和开发，成立特殊目的的公共企业来建造和运营。例如，20世纪50年代组建特许经营控股公司用于开发法国高速公路网，当时由地方政府和公共信贷机构提供股本金是一种使中央政府避开其预算限制的方式。但是，征收的通行费受到管制，并且上涨率低于通货膨胀率，这损害了公司的收益，恶化了公司的资产负债表。当这些公司遇到财务困难时，大部分都被政府接管了。自20世纪90年代以来，采用PPP方案为基础设施项目融资和设计迅速复苏，法国的公用事业公司，如威望迪集团、苏伊士里昂水务、布依格集团、万喜建筑公司、SAUR、索迪斯集团和康运思公司，充分利用了这种新形势。法国政府已经向私人特许经营者开放了以下项目：Millau高架桥、连接Perpignan和Figureras的高速公路以及几个高速公路路段。在地方层面，几乎所有的公共服务都向特许经营者开放。污水处理、垃圾收集与管理、电缆、城市交通、体育运动设施、学校餐饮、殡仪服务和供水都可以按照委托管理合同来组织。长期以来，法国的PPP主要形式是特许经营。

（3）澳大利亚。澳大利亚在运用PPP模式实施大型基础设施项目方面同样处于世界领先地位，其PPP模式的运用主要分布在国防、公路、铁路、卫生、教育、司法、娱乐等部门。

在政府机构监督管理方面，澳大利亚在2000年就已建立了地方性的PPP管理机构。到2008年，澳大利亚创立全国层面的PPP管理机构，即澳大利亚基础设施（Infrastructure Australia，IAU），推广PPP模式在基础设施方面的运用是该机构的职能之一。

在法律制度方面，虽然澳大利亚在国家层面没有对PPP有专门立法，但IAU在

2008年发布了一整套全国公私合作指南，用以规范PPP项目的运作，各州也在此基础上再制定适合本地运用的操作指南，这些指南是各州开展PPP项目的主要依据。

在运营模式方面，澳大利亚运行PPP最普遍的模式是投资者成立一个专门的项目公司，由该项目公司与政府就融资、建设和运营签订项目协议，期限一般为20~30年。一旦项目公司出现不能履行合约的状况，政府可以随时跟进，最后在合同到期时项目资产将无偿转交给政府。

虽然澳大利亚在推进PPP模式的进程中，曾为了促进经济增长和提高效率，不断地加大私人资本参与范围，并将项目建设和运营的风险更多地交由项目公司承担，使得私人资本享受的收益同期承担风险之间产生不匹配，进而导致部分PPP项目以失败告终。但是，最终澳大利亚还是通过不断地吸取经验和教训，从保障私人资本的权益出发，充分发挥政府和私人资本的各自优势，使得PPP模式能够在基础设施建设中良好地运用和发展，也保证了澳大利亚能够在PPP模式实施基础设施项目方面处于世界领先地位。

（4）加拿大。加拿大是国际公认的运用PPP模式建设公共基础设施和服务最好的国家之一，其PPP模式的运用主要涉及交通、医疗、司法、教育、文化、住房、环境和国防等行业。

在政府组织保障方面，加拿大在2008年建立了联邦级的PPP单位——PPP加拿大（PPP Canada）主要负责审核和建议联邦级的PPP项目，为PPP模式管理制定政策和最优实践，提供技术援助，并与地方级的PPP单位合作，推广PPP模式在公共基础设施中的广泛运用。PPP Canada由加拿大联邦政府所有，并通过财政部向国会报告，且具有独立的董事会。加拿大联邦政府选择这种组织形式是因为这可以让私人部门通过董事会监测PPP单位的运作，在管理上具有更高的灵活性。

另外，加拿大联邦政府为鼓励地方政府采用和推广PPP模式，在PPP Canada设立了一个规模为12亿美元"P3加拿大基金"，任何层级的地方政府都可以申请该基金，适用于交通、水务、能源、安全、固体废物处理、文化、体育、旅游、电信、海事、宇航等领域，但该基金对项目的投入加上其他的联邦资金援助不能超过项目建设成本的25%。

在法律制度方面，加拿大各级政府积极制定基础设施规划，不断完善PPP项目采购流程。加拿大工业部出版的《对应公共部门成本——加拿大最佳实践指引》和《PPP公共部门物有所值评估指引》是目前PPP项目在加拿大运作的主要依据。

（5）美国。美国实际上在很久以前就在使用各种形式的PPP，主要涉及交通、水利等公共领域。但在20世纪90年代，为了在不提高税收的前提下向不断增长的人口提供公共服务的情况下，美国政府开始大力推广PPP模式在公共基础设施中的运营。目前在美国，PPP模式已经延伸到了几乎所有的公共部门，从学校、医院、监狱到输油管道、交通运输、垃圾处理，甚至在军事、航空航天等领域，私人部门参与公共基础设施建设的力度也日益加强。

由于美国作为一个联邦制国家，各个州和地方政府都具有比较大的自治权，因此各个州及地方政府会根据自己的要求实行不同模式和不同程度的PPP。

但是，PPP模式在美国也面临很多阻力，如美国的税收体制等方面的原因，因为根据法律规定，美国的联邦政府和州政府有权发行债券。债券是免税的，而私人部门融资则要缴税，这就使私人投资的成本高于政府投资，在客观上无法促进私营部门的参与。

问题41：全球PPP发展总体状况如何？

答：从全球的发展情况来看，依据世界银行的统计，PPP模式主要使用在能源、电力、交通以及水处理等行业，采用的形式以BOO/BOT/BROT等方式为主。从总量上看，依据全球PPP研究机构PWF的统计，1985~2011年以来，全球基础设施PPP名义价值达到了7751亿美元；从地域上看，英国、澳洲等国家的PPP模式较为成熟，其中使用量也较大，而发展中国家相对使用较少，不过近年来也在快速增长中。

在发展中国家，PPP规模也在逐渐扩张。世界银行针对发展中国家参与和实施PPP项目开发了相应的PPI数据库，从数据上看，1990年以来，发展中国家PPP项目经历了两次快速发展。其中，1990~1997年的快速增长主要源自于拉美地区和太平洋地区宏观经济较为稳定，金融自由化不断深化，对PPP的需求较多；2002~2013年的快速增长主要得益于PPP的制度和法律逐渐完善，其效果也较为明显，世界各国的效仿增加。从PPP项目的投向看，主要集中在交通、通信、能源方面，但近年来供水和水污染治理方面的项目也增长较快。

2.2.2 PPP在中国的演进

问题42：PPP在中国的发展分为哪几个阶段[①]？

答：从20世纪80年代中期引入中国至今，PPP发展经历了四个阶段，现在迈入第五个阶段。

（1）探索阶段。从20世纪80年代中期到1993年，是中国PPP发展的第一个阶段，即探索阶段。

探索阶段的出现有两个背景：第一，1978年以来的改革开放吸引了很多境外资金进入中国，其中有一部分资金尝试性地进入了基础设施领域。第二，20世纪80年代中期，中等发达国家出现债务危机，为推动经济继续发展，土耳其首先出现了BOT（建设—运营—转让）模式，然后被其他发展中国家效仿，中国香港商人也把这个概念带入了中国。当时，中国没有与BOT直接相关的法规，也没有规范的审批程序。探索阶段的项目都是投资人发起、通过谈判和政府达成一致，没有招标过程。这些项目也是地方政府自发推进的，没有中央政府的关注、总结和大规模推广。

探索阶段的代表项目有深圳沙角B电厂BOT项目、广州白天鹅饭店和北京国际饭店等。沙角B项目作为BOT模式的案例，受到了国内外广泛认可，并已在15年特许经营期满后于2000年成功移交给当地政府。由于时间较早，该项目的文件较简单，只有几页纸。项目的外商是广东华侨，其在商业因素外还有回报家乡的考虑，这也是在合同简单的条件下项目能顺利执行的原因。当然，项目也留下了一些教训。比如，投资商是

[①] 金永祥：《从中国PPP发展历程看未来》，http://news.bjx.com.cn/html/20140805/534142.shtml。

按照特许经营期限设计项目的，很多设施在移交给政府后需要重新建设，这个经验在1994年北京做BOT研究时被写入报告。

（2）试点阶段。1994~2002年是中国PPP发展的第二阶段，即试点阶段。

1992年初，邓小平南行以及当年底召开的十四大，确立了建立社会主义市场经济体制的目标，为基础设施市场化投融资改革提供了理论依据。1993年新一届政府成立后，国家计委开始研究投融资体制改革，包括BOT可行性问题。1994年，国家计委选择了五个BOT试点项目——广西来宾B电厂项目、成都第六水厂项目、广东电白高速公路项目、武汉军山长江大桥项目和长沙望城电厂项目。除了国家的试点项目，各地政府也推出了一些PPP项目，比较典型的有上海黄浦江大桥BOT项目、北京第十水厂BOT项目、北京西红门经济适用房PPP项目、北京肖家河污水项目等。当时国家和地方的BOT试点项目涉及的行业很多，包括电力、自来水、污水、燃气、大桥、区域开发等。这些试点项目有的成功执行，有的在运作或执行时失败了。无论成败，都为后来的BOT项目运作积累了重要的知识，带来了一定的规律规则。

（3）推广阶段。2003~2008年是PPP发展的第三个阶段，即推广阶段。

2002年的中共十六大提出中国社会主义市场经济体制已经初步建立，市场在资源配置中发挥基础性作用，为PPP的推广提供了理论基础。十六大精神是建设部2002年底出台《关于加快市政公用行业市场化进程的意见》的大背景。随着相关文件的出台，全国各主要城市掀起了PPP高潮。PPP项目不断推进，建设部又陆续出台一些文件，包括2004年的"126号文"（《市政公用事业特许经营管理办法》），该办法及各地出台的特许经营条例是这一时期开展PPP项目的基本法律依据。

在推广阶段，PPP项目最多的是污水处理项目。当时正值全国各地建设污水处理厂的高峰，此外，也有自来水、地铁、新城、开发区、燃气、路桥项目。比较著名的PPP项目有合肥王小郢污水TOT项目、兰州自来水股权转让项目、北京地铁四号线项目、北京亦庄燃气BOT项目、北京房山长阳新城项目等。从2003~2008年这段时间，市场经济取得了胜利，项目量显著提高。

（4）反复阶段。2009~2012年是中国PPP发展的第四个阶段，即反复阶段。

2009年发生金融危机以后中国推出了"四万亿"经济刺激计划。PPP生态遭到破坏，PPP受到严重冲击。尽管在2010年，国务院出台了鼓励和引导民间投资的"新36条"（《国务院关于鼓励和引导民间投资健康发展的若干意见》）。但由于2009年以来外资受金融危机影响投资能力减弱，"新36条"的效果不明显。这个阶段PPP项目很多，前提是把包括央企在内的国企也视同为社会投资人。这个时期，国企尤其是央企拿到大量银行授信，参与的很多项目都是以PPP方式进行的，导致私人资本和外资无法参与竞争，社会上出现了玻璃门、弹簧门和国进民退等说法。当然，这个阶段有些地区还是比较规范的，继续推出一些竞争性的PPP项目，私人资本、外资和国资同台竞争。如大连垃圾处理PPP项目经过充分竞争，垃圾处理费每吨只有50多元。为了促进民间投资，2012年国务院各部委出台了20多个落实"新36条"的细则，PPP市场也没有发生实质性改变，PPP市场没有出现充分竞争、溢价频发的火爆场面。

反复阶段的后期PPP市场出现了新的变化。在PPP推广阶段，私人资本较广泛地参与了 PPP 项目，其中有些新进入这个领域的企业不够专业，有些企业拿到一两个项目无法实现规模经营，所以在第四阶段出现了并购整合的案例，这完全符合市场规律，并购整合在下阶段应该还会有较大的发展。

（5）普及阶段。2013 年开始，中国 PPP 发展进入第五个阶段，普及阶段。

中国城市化经过 10 年高速发展，在取得成就的同时出现了大量问题：房价见顶，土地财政难以为继；地方债务快速增长；环境问题日益突出，治理需要大量资金。国有体制投资效率越来越低。参与城市建设的央企负债率快速攀升，融资和抗风险能力快速减弱。转变发展方式势在必行。

中共十八大提出"让市场在资源配置过程中发挥决定性作用"，这为 PPP 的普及提供了理论基础。2013 年的全国财政工作会议结束后，时任财政部部长楼继伟作了关于 PPP 的专题报告，对 PPP 在国家治理现代化、让市场在资源配置中发挥决定性作用、转变政府职能、建设现代财政体制和促进城镇化健康发展等方面的作用给予了高度期待。进入 2014 年，财政系统组织了多次官方 PPP 培训，地方财政厅局的 PPP 培训也接连不断。住建部和财政部结合财政体制改革开始准备有关指导意见，地方政府积极上报 PPP 试点项目。为落实国务院推进 PPP 的文件精神，2014 年底国家发改委、财政部分别出台了《关于开展政府和社会资本合作的指导意见》《政府和社会资本合作模式操作指南》，就 PPP 的适用范围、实施主体、联审机制、部门责任、实施流程等提出了明确的指导意见。2015 年，国内新一轮 PPP 全面推进。国家部委出台了一系列政策文件，进一步细化和完善 PPP 操作规则。各地方政府出台了 PPP 实施意见，并公布和推介了大量 PPP 项目。专业中介机构积极参与 PPP 的咨询服务，提供实施方案，协作各级政府发布 PPP 项目的采购招标信息。社会资本积极参与 PPP 项目投资建设，中国 PPP 发展进入普及阶段。

2.2.3　PPP 在中国的发展现状

问题 43：PPP 在我国的发展现状如何？

答：目前，PPP 模式顺利推进。在经济"新常态"和深化改革的背景下，全新的发展特征为 PPP 模式的推广提供了广阔的空间，PPP 模式成为基础设施建设投融资改革的重要方向。从政策环境、项目落实推进速度两方面来看，预期未来将持续快速增长。

从政策环境来看，PPP 相关政策从 2014 年 5 月开始逐步推出，2016 年 4 月 14 日国务院发布的 2016 年《政府工作报告》中，其中 32 项量化指标任务分工的通知中明确强调完善政府和社会资本合作模式，用好 1800 亿元 PPP 引导基金。中央政府及各地区纷纷设立 PPP 产业引导基金（以下简称"PPP 引导基金"）。PPP 引导基金的设立，在助力于撬动国内价值万亿的 PPP 市场的同时，也促进了国内 PPP 产业高效和规范化发展，为社会资本参与 PPP 项目保驾护航。

从项目的落实推进速度来看，截至 2016 年 6 月末，纳入财政部 PPP 综合信息平台项目库的项目数达到 9285 个，总投资额 10.6 万亿元，比 3 月末增加 1564 个、1.8 万亿元；其中已进入执行阶段项目 619 个，总投资额 1 万亿元，比 3 月末增加 250 个、0.5

万亿元，入库项目正在加速落地，落地率稳步提升。

问题 44：当前我国发展 PPP 模式有什么优势？

答：当前我国发展 PPP 模式有四大优势：

（1）国家大力倡导和支持。在我国，中央和各地政府都鼓励和推广 PPP 模式，国务院、财政部、发改委都先后出台了一系列政策规定办法，支持 PPP 模式的应用发展。

（2）丰富的经验积累。无论在国外还是在国内，PPP 都不是一个新事物。可以借鉴国外经验，总结我国在相关项目实施过程中的经验教训，为推广 PPP 模式打下基础。

（3）雄厚的资金优势。社会资本是经济增长、公民社会和有效政府的重要前提条件。我国社会资本丰富多样，民间资本发展迅速，迎合了 PPP 模式的发展需求。

（4）广阔的发展空间。在我国转型发展，全面改革的前进步伐下，为 PPP 模式创造了广阔的发展空间。

问题 45：PPP 模式在我国的发展还存在什么潜在问题？

答：尽管过去 30 余年来，从水务、电力到交通运输等领域，在地方政府层面我国已实施超过上千个 PPP 项目。但由于这些项目多为地方政府自行发起，呈现出流程个案化、管理分散化、合同非标准化和分歧解决机制不完善的特点。PPP 模式在中国的推广过程仍存在一些问题。

第一，法律制度尚不健全，审批、监管和争端解决制度仍未明确；

第二，政府部门针对 PPP 模式的组织架构安排仍不成熟，技术支持和动态监管两大职能相互合作、适当分离的架构仍未成型；

第三，科学的项目评估制度仍未建立，可能存在国有资产流失和官员腐败风险；

第四，部分领域未开放，政策不配套。

问题 46：PPP 模式应当如何进一步改进？

答：未来 PPP 债将在地方政府性债务模式扮演重要角色，如何趋利避害，以尽可能发挥 PPP 模式的优势至关重要。PPP 模式比较复杂，涉及多方利益，协调利益分配是实施 PPP 项目的关键。成功推广 PPP 模式，促进民间资本进入公共品与服务领域，需要建立一个行之有效的保障机制。

首先，制定法律、法规保障私人部门利益。公共品与服务项目通常前期投资额高，回报周期长，影响项目的因素多，收益不确定性大，私人部门在参与这些项目时会考虑进入后的风险。如果没有相应法律、法规保障私人部门利益，PPP 模式难以有效推广。通过立法等形式，对私人部门利益予以保障，方能吸引更多民间资本进入。

其次，完善风险分担机制。政府部门对政治风险、法律变更的承受能力强，而融资、经营等风险，与企业经营活动直接相关，根据项目具体情况在政府和私人部门之间分配风险，建立合理公平的风险分担机制。

最后，协调好参与方利益。在 PPP 项目中，政府主要任务是监管，对私人部门的利润进行调节，代表公众利益的同时保证私人部门能够得到合理收益。在签订合同时，制定好收益分配规则，均衡各方收益。如果私人部门从 PPP 项目获得利润较低时，政府根据合同对其进行补贴以保证合作继续，反之，若私人部门从 PPP 项目中获得超额利润时，政府可根据合同控制其利润水平。

问题 47：当前应如何做好 PPP 工作[①]？

答：当前做好 PPP 工作应该注意以下三点。

一要靠"法"。国务院常务会议已明确由国务院法制办会同财政部、发改委等有关部门,加快 PPP 条例起草相关工作,解决当前最突出的问题,消除社会资本后顾之忧,鼓励社会资本大胆投资。

二要靠"规范"。PPP 不是简单的融资工具,不能将其仅作为投融资方式,政府要在全生命周期内参与管理,将绩效考评作为政府支付对价的依据,杜绝固定回报、明股实债的"假 PPP"项目。

三要靠"引导"。财政部将积极研究在资金安排上,对公共服务领域采用 PPP 模式建设的项目给予倾斜,进一步激发社会资本参与积极性,放大财政资金杠杆效应。

2.3 PPP 的相关理论

问题 48：PPP 模式有哪些理论作为支撑？

答：PPP 模式的理论基础主要有：治理理论、公共选择理论、合作国家理论、市场失灵理论、政府纠偏理论等。

2.3.1 治理理论

问题 49：治理理论的含义是什么？

答：（1）治理是指一系列来自政府,但又不限于政府的社会公共机构和行为者的复杂关系；

（2）治理意味着在为社会和经济问题寻求解决方案的过程中,存在着界限和责任方面的模糊性；

（3）治理明确肯定了在涉及集体行为的各个社会公共机构存在着权利依赖；

（4）治理意味着参与者最终将形成一个自主的网络；

（5）治理意味着,办好事情的能力并不限于政府的权利、政府发号施令或运用权威。在公共事务的管理中还存在着其他的管理方法和技术,政府有责任使用这些新的方法和技术来更好地对公共事务进行控制和引导。

问题 50：研究治理理论的途径有哪些？

答：治理理论研究的三种不同的途径：（1）政府管理的途径；（2）公民社会的途径；（3）合作网络的途径。

问题 51：治理理论具有什么特征？

答：（1）对国家权力中心论的超越。国家已不再享有唯一的统治权威,这种权威是和其他主体共同分享的。（2）对传统管理方式的超越。民主协商和谈判更多地取代

[①] 史耀斌：《杜绝明股实债的"假 PPP"》,载《经济日报》2016 年 7 月 27 日。

正式的强制性的管理。（3）各个治理主体以互信、互利为基础，以相互依赖为特征，追求共同利益，实现社会发展和公共利益最大化。

问题52：治理的本质是什么？

答：治理在本质上是对政府失败和市场失灵的一种反映，它旨在弥补两者的缺陷，寻求两者之上的第三条道路；政府意味着政府在治理过程中不是以权威的身份参与治理，而是以与其他团体、公民平等的身份去参与，与它们协商合作，共同治理。它的根本特征是自愿性、一致同意、责任性和公开性、透明性。

问题53：PPP实施的本质属于治理的什么范畴？

答：就公共部门而言，PPP是一种优化的项目采购机制，也是一个复杂的合同关系；而就公共治理而言PPP是权威式的统治的治道变革，从属于合同式治理的范畴。

问题54：在治理理论视角下，早期的PPP思想是如何产生的？

答：治理理论视角下，行政任务不再仅仅是单独由行政机关完成，还可以是行政机关、社会公共机构和私人机构，甚至公私合作或通过授权、委托等形式由私人完成，即行政任务完成的公私合作。正是在治理理论的指导下，公共行政进行改革，以行政机关为代表的公部门和私人开始由对峙走向合作，共同完成行政任务。也就是说，治理理论催生了现代意义上的公私合作。

问题55：PPP模式对治理现代化的作用机理有哪些？

答：PPP模式以重塑政府、市场、民众等多元治理主体的基本关系为切入点，以摆正最大多数人民群众享受优质高效公共服务为出发点，以增强政府的合作、沟通、协商能力为着眼点，成为推进治理体系和治理能力现代化的重要助推器。PPP模式对治理现代化的作用机理主要体现在以下几个方面。

（1）PPP模式有利于改进治理机制。PPP项目实施所体现的治理能力是政府、社会资本和公民互动形成的一种以协商、谈判、沟通的方式解决社会公共事务的能力，是现代治理能力的范畴。所以，PPP是推进治理能力现代化的具体体现。

（2）PPP模式有利于提高治理能力。PPP模式既发挥了市场主体的优势，又实现了政府的社会目标，理顺了政府和社会资本的关系，实现了合作共赢，达成了治理目标，体现了治理精髓。

（3）PPP模式有利于强化治理约束。PPP要求严格的问责机制，这对于国家治理体系和治理能力现代化具有重要意义。

2.3.2 公共选择理论

问题56：什么是公共选择？

答：所谓公共选择，就是指非市场的集体选择，实际上就是政府选择，即通过集体行动和政治过程来决定公共物品的需求、供给和产量，是对资源配置的非市场选择。

问题57：公共选择理论的内涵是什么？

答：公共选择理论一个著名的假设即以经济人假设为出发点，"经济人"假设认为："人是关心个人利益的，是理性的，并且是效用最大化的追逐者"，在市场领域中如此，在公共领域更是如此。市场本身是有缺陷的，市场会失灵，政府同样也会失灵；市场解决不好的问题，政府也不一定能解决得好，而且政府失灵将给社会带来更大的灾难，造成更大的资源浪费。在"经济人"预设的前提下，公共选择理论认为政府低效和规模不断膨胀的根本原因在于官僚制在公共服务供给中的垄断特性。具体说来，就是缺乏竞争，缺乏利润激励以及缺乏监督机制。因此，改善官僚制的运转效率、消除政府失灵的根本途径在于取消任何形式的"公共垄断"以及在公共部门中恢复竞争，引入市场竞争机制。

公共选择理论主要是从经济学的角度来分析政府的管理活动，公共选择理论认为政府存在普遍的失败，并提出了自己独特的解决问题的方式，即更多地关注政府与社会的关系，主张用市场力量改造政府的功能，提高政府效率，以克服政府失败。它认为没有任何逻辑理由证明公共服务必须由政府官僚机构来提供。政府应退出某些活动领域，尽可能地使许多活动返回到私营部门，"最好的"结果是市场作用的最大化，政府的作用则相应减少。

问题58：公共选择理论的主要观点是什么？

答：公共选择理论主张将市场竞争机制引入政府公共服务领域，打破政府独家提供公共服务的垄断地位，将政府的一些职能释放给市场和社会，建立公私之间的竞争，通过外部的政府与市场关系的重组来改革政府。鉴于此，公共选择理论重新强调市场的价值，它给政府开出的药方就是要让政府将其不应该做的和做不好的事交给市场来完成。其中，公共服务市场化可以说是解决公共物品提供低效率的较佳途径。

问题59：公共服务市场化的具体含义有哪些？

答：（1）将决策和执行分开，即政府更多的是"掌舵"（决策），而不是"划桨"（执行）；（2）公共服务的供给者多元并存，打破垄断，竞争发展；（3）公共服务的消费者有在多元的供给者之间选择的权力和用以选择的资源。

问题60：PPP在公共选择理论是如何被倡导的？

答：公共选择理论认为公私合作是公共服务市场化的一个重要形式，公共选择理论强调个人自由和市场作用，打破政府垄断，建立公私机构之间的竞争机制，从而使公众获得自由选择的机会，并认为这是解决政府困境的根本出路。公私合作的价值取向是市场化，其好处是削减政府规模、国家控制和公共预算，减少政府管制及其补贴，利用市场机制帮助政府甩掉财政包袱。同时，公私合作不仅提高了效率，还有利于建立政府与私人间的新型伙伴关系，如美国一些政府部门在治安、消防、社会福利等方面都与私营企业签订合同，保持公与私的伙伴关系。

2.3.3 合作国家理论

问题61：什么是合作国家理论？

答：在"合作国家"理念支配下，国家诚挚地要求社会"参与"，透过合作可以激发出社会中私人部门的潜能，利用私人部门的资金、技术、管理经验等优势。在合作国家中，国家与社会之间的距离已经消弭，国家不再单方面定义公共福祉与实现公共利益，而是透过与社会上私人团体或个人合作，共同实现公共利益。

问题62：合作国家理论重点强调了什么？

答：合作国家背景下，强调建立在市场基础上政府与非政府组织、政府与私人部门之间通过合作、协商、伙伴关系的方式完成行政任务，实现公共利益，达到行政目的。

问题63：在合作国家理论中国家职责有何转变？

答：在合作国家中，行政机关与私人合作共同分担行政任务，透过与私人合作的方式以实现公益作为目的。国家透过引导、管制以及监督等各种措施，保证私人活动能够质与量兼顾地提供公共服务。国家在履行给付的同时，对部分国家任务的履行经由私人接手，国家仅监督和担保责任[①]。

问题64：合作国家理论与PPP模式发展有何联系？

在"合作国家"理念指引下，国家日益繁多的行政任务不再仅由国家行政机关单独完成，而是在行政任务完成过程中，开始引入由国家行政机关为代表的公部门和私人团体及个人为代表的私部门合作完成的公私合作制。"合作国家"理念为公私合作提供了理论支点。

2.3.4 市场失灵理论

问题65：什么是市场失灵理论？

答：市场失灵理论认为：完全竞争的市场结构是资源配置的最佳方式；但在现实经济中，完全竞争市场结构只是一种理论上的假设，理论上的假设前提条件过于苛刻，现实中是不可能全部满足的。由于垄断、外部性、信息不对称和在公共物品领域，仅仅依靠价格机制来配置资源无法实现效率—帕累托最优，出现了市场失灵。

问题66：市场失灵可以分为哪些类型？

答：市场失灵可以分为三种类型，分别是：效率性市场失灵、公平性市场失灵和不成熟性市场失灵。

（1）效率性市场失灵。效率性市场失灵是指市场机制本身所固有的缺陷可能导致资源配置缺乏效率，也被称为狭义的市场失灵。

（2）公平性市场失灵。公平性市场失灵是以市场机制是有效率的为既定前提，由于市场机制本身所导致的社会难以接受的有失公平的后果，也被称为广义的市场失灵。

（3）不成熟性市场失灵。这种市场失灵是以市场本身发育不完善为前提的，由于市场本身的不成熟所导致的市场机制的功能未能充分发挥作用。

问题67：市场失灵主要表现在哪些方面？

答：市场失灵主要表现为以下几个方面：

（1）公共性。市场机制不能保证公共物品的供给和公共资源的有效利用与保护。

（2）外部性。外部性在现实经济中广泛存在。无论是正的外部性还是负的外部性，都会导致市场失灵，影响市场对资源的配置。

---

① 陈军：《公私合作理论基础研究》，载《延边大学学报》2009年第4期。

（3）垄断性。凭借规模和技术优势而形成的垄断，造成了市场价格的扭曲，从而导致市场失灵。

（4）收入分配不公。市场作用的一个基本结果是"马太效应"，即资源将会呈现集中的趋势，也就是我们常说的"穷者越穷，富者越富"的问题。因此市场是不能解决收入分配不公，反而会加剧收入差距。这也是市场失灵的一种表现。

（5）经济波动与失衡。市场本身发育不完善导致市场失灵，表现为经济波动和区域发展不平衡。

问题68：什么是公共产品？公共产品具有什么特点？

答：由公共部门提供用来满足社会公共需要的商品和服务称之为公共产品。它具有以下特点：

（1）不可分割性。公共产品指一种商品，其效用不可分割地影响整个公众，而不管其中任何个人是否愿意消费。

（2）非竞争性。非竞争性是指该产品增加消费者的边际成本为零，增加消费者不会减少任何一个消费者的消费量，增加消费者不增加该产品的成本耗费。它在消费上没有竞争性，属于利益共享的产品。

（3）非排他性。私人产品只能是占有人才可消费，谁付款谁受益。然而，任何人消费公共产品不排除他人消费。因而不可避免地会出现"白搭车"现象。

问题69：什么是准公共产品？

答：准公共产品是指具有有限的非竞争性或有限的非排他性的公共产品，它介于纯公共产品和私人产品之间。具体包括教育、文化、广播、电视、医院、应用科学研究、体育、公路、农林技术推广等事业单位向社会提供的产品，还包括实行企业核算的自来水、供电、邮政、市政建设、铁路、港口、码头、城市公共交通等。

问题70：在公共服务领域，如何解决市场失灵？

答：公共产品的这两个特征使公共产品无法按市场原则自发地生产出来，但公共产品对消费者来说往往又是不可缺少的。所以，为了弥补这一市场缺陷，必须通过政府干预，来达到社会资源的合理配置。政府可以直接生产公共产品，或者通过激励非政府部门提供这类产品或服务，在不排除、并适当满足私人部门的投资营利目标的同时，为社会更有效率地提供公共产品和服务，使有限的资源发挥更大的作用。

2.3.5 政府失灵理论

问题71：什么是政府失灵？

答：政府失灵，政府为弥补市场失灵而对经济、社会生活进行干预的过程中，公共部门在提供公共物品时趋向于浪费和滥用资源，致使公共支出规模过大或者效率降低，政府的活动或干预措施缺乏效率，或者说政府作出了降低经济效率的决策或不能实施改善经济效率的决策。

问题72：政府失灵的主要表现是什么？

答：政府失灵表现为：（1）政府决策的无效率；（2）政府机构运转的无效率；

(3) 政府干预的无效率。

问题 73：为什么会出现政府失灵？

答：公共政策牵涉面广、制约因素多，政府在制定、实施公共政策过程中可能偏离公众目标，造成政府失灵。

(1) 公共决策过程中的缺陷导致公共政策的低效甚至偏离公共目标；
(2) 公共政策执行的低效率引起了政策失灵；
(3) 公共政策自身的不确定性引起的干预失灵；
(4) 寻租造成的政府失灵；
(5) 政府在调控经济的过程中所固有的缺陷导致政府失灵。

问题 74：PPP 如何解决市场失灵和政府失灵？

答：当市场出现失灵时，就需要政府来通过公共政策的手段来解决这些问题。然而政府也有失灵的时候，PPP 在解决市场失灵和政府失灵中发挥了特殊的作用。PPP 是政府与企业在长期合作，提供公共产品、公共服务的各种形式的一个统称。面对双重困境，PPP 模式提供了政府在市场经济条件下，增加和改善公共服务的一种新的途径。在 PPP 领域，政府与市场是要合作的，二者之间的边界实际上已经被打破，公共产品不完全由政府单独提供，私人部门也可以提供公共产品。政府与市场从对立转向合作，同时，PPP 模式提供了一种进一步深化政府改革，深化公共治理体系改革的一种新的思路[①]。

2.4　PPP 模式的运作机制

2.4.1　PPP 模式的目标

问题 75：PPP 模式的目标是什么？

答：PPP 模式的目标有两种，一是低层次目标，指特定项目的短期目标；二是高层次目标，指特定项目的长期目标，如表 2-2 所示。

表 2-2　　　　　　　　　　PPP 模式的目标

目标层次	机构之间		机构内部
	公共部门	社会资本	
低层次目标	增加或提高基础设施服务水平	获取项目的有效回报	分配责任和收益
高层次目标	资金的有效利用	增加市场份额或占有量	有效服务设施的供给

---

① 薛澜：《PPP 如何解决市场失灵和政府失灵》，http://ppp.chinadevelopment.com.cn/2016qingdao/2016/06/1055243.shtml。

问题 76：PPP 模式的政策目标是什么？

答：对政府来说，PPP 的有效运作承载着"剥离政府性债务""增加公共产品、公共服务"和"国资有进有退及保值增值"三重目标[①]（见表2-2）。

2.4.2　PPP 模式运行的特点

问题 77：PPP 项目运行具有哪些特点？

答：在 PPP 项目运行中具有以下特点：

（1）物有所值：一种方法，比较传统采购模式与 PPP 模式的优劣。其结果决定是否采用 PPP 模式。物有所值考虑的是项目全生命周期内不同方案的成本与风险，通常采用定性分析与定量分析。

（2）风险分担：政府和社会资本各有分担。风险由最适宜管理风险的一方承担。

（3）全生命周期管理：包括设计、建设、运营、维护全过程，双方通过签订长期合同明确各自的权利与义务。

（4）关注服务，而不仅仅是资产的建设：确定产品或服务标准，包括关键的绩效指标。基于项目的服务标准支付补贴或付费。不达标则不付费或少付费，导致扣减付费的形式有三种：运营绩效、服务质量、项目质量不达标。

（5）竞争性采购：一般与两个以上竞争者谈判，同时有备选。谈判不是单纯价格比较，而是综合评价。

（6）鼓励创新：注重产出标准而不是实现形式。专业人做专业事，充分发挥社会资本的技术创新和服务创新。

（7）透明度与合理性：在 PPP 项目实施过程中，具有较高的信息透明度和合理性。

（8）有效的监督，包括服务质量与价格。

问题 78：PPP 模式中物有所值的本质是什么？

答：要保证 PPP 项目能够高效，就要从源头抓起，在项目识别、准备、采购各个阶段判断项目是否适合采用 PPP 模式。判断的标准就是相较于传统的政府投资模式，采用 PPP 是否能"少花钱、多办事、办好事"，这是物有所值的本质。

问题 79：PPP 模式下应建立什么样的风险分担机制？

答：PPP 模式下建立平等的风险分担机制。政府和社会资本应该平等参与、诚实守信，按照合同办事，坚持"谁最能控制风险，谁最能得到收益，谁的管控成本最低，谁承担风险；风险也可以共同分担"，不过度转移风险至合作方。社会资本主要承担投融资、建设、运营和技术风险，政府主要承担国家政策、标准调整变化的宏观风险，双方共同承担不可抗力风险。同时，PPP 模式中社会公益项目的比重很大，而社会资本存在天然的逐利性，因此政府作为公共利益的代表履行好监管职能尤为重要。

问题 80：什么是全生命周期？

答：全生命周期是指 PPP 项目从设计、融资、建造、运营、维护至终止移交的完整

[①]　王东宾：《PPP 模式具有三重政策目标》，载《21 世纪经济报道》2015 年 6 月 11 日。

周期。具体周期形式根据项目所采用的 PPP 方式而定。

PPP 的模式需要实施项目全生命周期的合同管理，在合同有效期内对公共服务的质量和价格进行持续的监管，并且将政府付费和使用者付费与绩效评价相结合、相挂钩。这样才能够确保 PPP 项目在长达二三十年的合同期内，政府有能力及时、足额按照合同履约。

问题 81：PPP 模式的合作期限有什么特点？

答：PPP 模式合作具有长期性。根据财政部印发的《关于进一步做好政府和社会资本合作项目示范工作的通知》的规定：政府和社会资本合作期限原则上不低于 10 年。在 PPP 项目的实践中，项目合作期限设定一般不低于 10 年，最长不超过 30 年。

问题 82：如何设计 PPP 模式的合作期限形式？

答：根据 PPP 项目运作方式和付费机制的不同，项目合作期限的形式可以分为以下两种形式：一是自合同生效之日起一个固定期限；二是分别设置设计建设期限和运营期限，并规定运营期限为项目开始运营之日起一个固定期限。这样可以有效区分项目的建设阶段和运营阶段，为政府监督管理 PPP 项目提供明确的时间节点及绩效考核标准，激励社会资本提供更好的服务，实现物有所值的目标。

问题 83：PPP 模式下，为什么要重点建立项目绩效评价机制？

答：PPP 项目的各参与方在项目执行过程中更加注重项目前期投资决策，而缺乏对项目全生命周期的有效监督，导致项目绩效的监控处于无章可循的状态，合作双方缺乏分担风险、共享利益的有效机制。建立严格的绩效评价机制，可以激励社会资本强化管理创新、技术创新，提高公共服务质量。PPP 项目绩效评价重点从绩效目标实现程度、运营管理、资金使用、公共服务质量、公众满意度等方面开展，建立相应的结果应用机制，提高项目的执行效率。

问题 84：PPP 项目盈利方式有哪些？

答：PPP 项目盈利方式主要有以下四种方式：（1）项目运营回报，包括使用者付费和工程利润；（2）政府补贴；（3）补偿项目投资回报；（4）通过低成本融资（如企业债）来提高整体利润（见图 2-2）。

图 2-2　PPP 项目盈利方式图

问题 85：怎样实现 PPP 模式下的利益共享？

答：PPP 是一种长期的合作关系，吸引社会资本的关键在于建立稳定可预期的政策环境，降低政策风险。对于社会资本来讲，在满足项目建设和运营服务质量的前提下，要追求相对稳定的收益和回报率，而对于公共部门来说，要从提高服务质量和效率的角度出发，平衡项目的风险和收益，避免出现暴利和亏损，达到"激励相容"效果。通过政府核定经营收费价格以及以购买服务方式补贴标准，实现项目建设运营的自我平衡，既要保障公共利益，提高公共服务质量和效率，又要避免企业出现暴利和亏损，实现"盈利但不暴利"。

问题 86：PPP 模式下，政府如何保障公共利益？

答：政府为了保障公共利益，应做好以下工作：

（1）设立合理的风险分担机制，政府和社会资本分担风险，强调按照"风险由最适宜的一方来承担"的原则，在政府与社会资本之间合理分配。

（2）理顺合作关系，实现利益共享，避免暴力和亏损，保障项目高效、稳定运营。

（3）加强对项目的控制和监管，建议在项目公司设立由政府委派的董事和监事（社会资本单独投资的可以设立外部董事），项目公司完善项目定期监管制度。

（4）建立项目信息公开制度，利用社会力量加强对项目的监督。

2.4.3　PPP 项目的融资模式

问题 87：PPP 项目都有哪些融资方式？

答：PPP 项目由于投资金额规模大，投资期限长，通常会借用一些金融工具，保证项目的顺利实施。

（1）银团贷款。银团贷款是 PPP 项目融资最常用的融资工具，也是项目融资中分散风险最有效的方法，同时，还是保证 PPP 项目融资顺利实施，保护投资者利益最好的模式。

（2）融资租赁。PPP 模式下的融资租赁是一个多赢选择，政府部门得到了基础设施的所有权；私人部门获得了足以弥补成本并取得合理利润的租金；银行获得了贷款利息收入；公众可以尽快享受到高质量的公共服务①。

（3）工程保理。工程保理又称托收保付，PPP 项目建设和运营中，销售方将其现在或将来的基于其与买方订立的货物销售/服务合同所产生的应收账款转让给保理商（提供保理服务的金融机构），由保理商向其提供资金融通、信用风险担保、账款催收等一系列服务的综合金融服务。

（4）资产证券化。推进 PPP 模式发展，应将 PPP 项目投资所形成的收益或现金流（比如收费权、PPP 项目每年产生的经营性收入）变成可投资的工具，形成可以上市交易的证券化产品。只有增强投入 PPP 项目资本的流动性，社会资本才会积极进入②。

（5）PPP 基金。PPP 项目的各主体之间的关系复杂，投资规模大回收时间长，因此

---

① 姚东旻：《融资租赁：PPP 模式融资新选择》，http://www.csai.cn/zhaiquan/780509.html。
② 赵福军：《资产证券化是推动 PPP 发展的重要引擎》，载《上海证券报》2016 年 1 月 20 日。

PPP项目需要较为灵活的融资方式。通过设立PPP基金，运用规模化及专业化的运营方式降低融资成本，可以避免传统融资方式的瓶颈。

问题88：PPP融资模式与传统融资模式有何不同？

答：理论上，PPP融资模式和传统政府融资模式的关键区别，在于社会资本是否有机会参与传统由政府投资的项目，分享决策权与收益权：

（1）从分工来看，传统的模式下，政府负责项目的前期规划、论证、建设、运营、维护等全过程管理；在PPP模式下，政府负责规划、论证、定价等宏观管理，社会资本方参与项目规划、论证、建设、运营、维护全过程（分工不同、风险分担也不同）。

（2）从结果来看，传统的模式是政府融资，项目建成后，政府增加了债务。PPP模式是社会资本方或项目公司（SPV）负责融资。政府不负担融资的责任，因此也不构成政府债务（债务承担主体不同）。

（3）从管理角度来看，传统模式下，政府需要对项目进行全过程管理，事无巨细，责任全由政府承担。在PPP模式下，政府只需要对项目进行绩效评价、价格调整等宏观管理（承担的管理监管责任不同）。

问题89：PPP融资模式与传统融资模式相比，有什么鲜明的特征？

答：PPP模式和传统政府融资模式相比，存在以下四个鲜明特征：全生命周期、物有所值、风险共担、激励相容。

全生命周期，就是强调政府要全面参与PPP项目全过程，对公共服务的质量和价格进行全过程监管，确保实现公共利益最大化。

物有所值，就是强调与传统模式相比，采用PPP能够增加公共服务供给、优化风险分配、提高运营效率、降低运营成本。

风险分担，就是强调按照"风险由最适宜的一方来承担"的原则，在政府与社会资本之间合理分配。

激励相容，就是强调以有效的激励约束机制为核心，以收益分配和绩效考核制度为手段，最大限度调动社会资本参与PPP的积极性。

问题90：PPP项目可以通过几种融资租赁方式进行融资建设？

答：融资租赁公司可以通过三种方式参与基础设施建设——直接融资租赁，可以大幅度缓解基础建设的资金压力；设备融资租赁，可以解决购置成本较高的大型设备的融资难题；售后回租方式，即购买"有可预见的稳定收益的基础设施资产"并回租，这样可以盘活存量资产，改善相关企业的财务状况。

问题91：资产证券化如何促进PPP模式的发展？

答：PPP模式的项目有政府补贴支撑、回报期限长、现金流稳定，是资产证券化的良好的基础资产。基础设施资产证券化作为解决存量地方政府性债务和PPP模式继续推进的工具，能够有效地吸引社会资本参与扩大基础设施所提供的公共产品和服务供给。针对PPP项目融资以及PPP项目投资后的资本流动性不足等问题，应大力发展PPP项目资产证券化，将PPP项目资产证券化打造成加速PPP项目落地和PPP模式发展的重要引擎。

问题92：PPP基金的主要运作模式有哪些？

答：目前PPP基金主要总结为三种模式：

(1)"政府+金融机构",这种模式一般为省级政府与大型金融机构合作成立母基金,再由各地申报项目,经金融机构审核,母基金做优先级,地方财政做劣后级,杠杆比例大多为1:4,成立子基金。这种模式的优点在于地方政府做劣后,承担主要风险,但项目需要通过省政府审核。

(2)"金融机构+地方国企",二者合作发起设立有限合伙基金,这种模式的融资结构由金融机构主导,一般由金融机构做LP优先级,地方国企或平台公司做LP的次级,金融机构指定的股权投资管理人做GP。

(3)企业自发成立的产业投资基金,这类企业实力雄厚,管理与运营能力一流,目标是与政府对接项目,参与到以往以政府为主导的项目中,在与政府达成框架协议后,通过联合银行等金融机构成立有限合伙基金,对接项目。

问题93:当前PPP融资存在哪些问题?

答:PPP项目融资涉及很多问题,与法律体系、合同体系、信用体系、能力建设等密切相关,其中有四个核心问题尤其需要关注。第一,有限追索的问题。其本质是风险分担,而风险分担本质上是各参与方特别是政府的信用问题。现在一个PPP项目要找到资本金不难,贷款也不难,但要做到有限追索项目融资才难。PPP项目期限长、风险大,投资PPP难以获得房地产那样的暴利,抑制了金融机构的放贷意愿。国内金融机构对PPP项目一直很慎重,要求社会资本的母公司完全担保,甚至要求政府担保。在法制不健全、政府不守信的大环境下,敢于长期投入重金的只有国企。但如果只是国企动,社会资本不动,这样的PPP实际还是没有多少意义,仍然是在体制内转悠。第二,地方政府要有信用。地方政府信用缺位,契约意识淡薄,导致社会资本顾虑重重。由于存在政策变更风险、政府兑现风险、政府换届风险,导致社会资本参与PPP有"三怕"顾虑(怕陷阱、怕违约、怕反复),所以,后续政府部门参与PPP时必须转变心态,提高契约意识,秉承"收益共享、风险分担"的合作理念,履行合同约定,保障PPP项目的顺利推进。第三,金融体系要改革。投融资工作是PPP这个系统工程的关键环节之一,非常重要。融资难、融资贵、渠道不畅是当前PPP融资中的主要问题,是相关体制、机制、渠道和产品等要素不适应、不协调、不配套的结果,需要政府、金融机构、社会资本的通力合作和改革创新加以解决。应该着力建立完善的金融机制,不应只着眼于PPP项目推进本身。第四,能力建设。现在政府和金融机构都缺少PPP专业经验和人才,也缺少具备全过程全方位集成能力特别是有运营意愿和能力的投资主体[①]。

2.4.4 PPP项目的运行操作

问题94:PPP项目操作的总体要求是什么?

答:在PPP项目操作中的总体要求为:

(1)打破地域垄断和所有制限制。政府通过竞争机制择优选择合作伙伴,吸引各类社会资本参与项目的投融资、建设和运营等;鼓励有一定技术能力和管理经验的专业

---

① 王守清:《PPP项目融资难在哪里》,http://huanbao.bjx.com.cn/news/20160310/714920.shtml。

性企业通过兼并、收购，跨地域参与市场竞争，培育具有开拓国内外市场能力的大型市政公用服务企业，提高产业集中度。鼓励以市代县、城乡一体化中的同类项目进行打包，扩大市场规模。

（2）落实费价政策。将市政公用服务价格收费或政府支付服务费作为合作伙伴的经营收入来源。政府要合理确定费价标准，完善价格调整机制，在合作伙伴履约的前提下及时足额支付服务费和补贴，既保护消费者权益，又保证投资者的合理收益。政府支付的服务费应通过竞争程序确定，并纳入地方财政预算管理。向用户收费的各类市政公用产品价格，应按照相关规定进行成本监审并及时调整到位，价格不到位的，政府应予以补贴。

（3）规范运行操作。按照城镇市政公用各类专项规划筛选适宜 PPP 的项目，强化项目前期策划和论证，做好信息公开；通过竞争机制选择合作伙伴，按照"政府引导、企业主导、市场运作、利益共享、风险分担"的原则，由政府与市场主体合作组建项目公司，具体负责项目的投资、建设、运营、管养和服务；政府与合作伙伴、项目公司通过合同或特许经营协议明确约定各自的权、责、利；强化项目实施的全过程监管。

问题 95：PPP 项目的操作流程有哪些？

答：整个 PPP 项目的运作分为 5 个阶段 19 个步骤，分别为项目识别阶段、项目准备阶段、项目采购阶段、项目执行阶段、项目移交阶段（见图 2-3）。

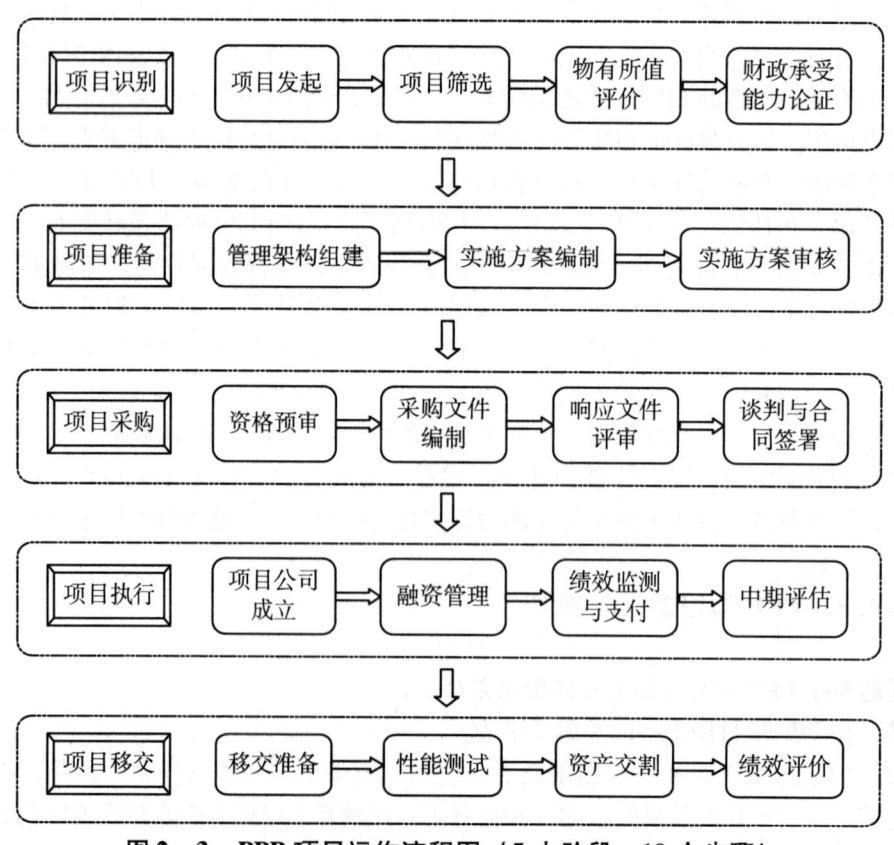

图 2-3　PPP 项目运作流程图（5 大阶段、19 个步骤）

(1) 项目识别阶段,这是 PPP 项目的第一个阶段,大多数项目政府要作为发起人,具体进行 PPP 项目遴选、识别和储备方面开展更多工作,并尝试适用 VFM(物有所值)及财政承受力论证方法,以促成科学决策。社会资本也可以作为发起人。

(2) 项目准备阶段,要组织编写项目实施方案,实施方案是指导整个 PPP 项目运作的纲领,编写实施方案是一项复杂的工作。

(3) 项目采购阶段,政府在完成项目识别和准备等前期工作后,遵循公开、公平、公正和诚实信用原则依法选择社会资本合作者。

(4) 项目执行阶段,政府方通过公开采购方式选定社会资本后,将通过参股方式设立项目公司。项目运营阶段,政府方的参与更多体现在预算管理、合理补贴、运营监管、绩效考核、价格调整等方面。

(5) 项目移交阶段,在项目合作期限结束或者项目合同提前终止后,项目公司将全部项目设施及相关利益以合同约定的条件和程序移交给政府或者政府指定的其他机构。

问题 96:在 PPP 项目运行的各个阶段中有哪些政府机构参与其中?

答: 政府机构参与 PPP 项目运行的常见模式包括以下内容:

(1) 项目发起:财政部门(政府和社会资本合作中心)向行业主管部门征集 PPP 项目。

(2) 项目筛选:财政部门(政府和社会资本合作中心)会同行业主管部门进行项目评估筛选,确定备选项目。

(3) 项目开发计划:财政部门(政府和社会资本合作中心)根据筛选结果制定项目年度和中期开发计划。

(4) 项目方案的编写:行业主管部门向财政部门提交方案。

(5) 物有所值评价:财政部门(政府和社会资本合作中心)会同行业主管部门开展物有所值评价工作。

(6) 财政承受能力论证:各级财政部门(或 PPP 中心)负责开展行政区域内 PPP 项目财政承受能力论证工作。

(7) 项目准备、采购、移交等工作:项目实施机构,政府或其指定的有关职能部门或事业单位可作为项目实施机构。

(8) 项目合同签约:项目实施机构。PPP 项目合同需经本级政府同意。

问题 97:如何防范以 PPP 名义变相融资?

答: 各级财政部门应当会同行业主管部门加强对 PPP 项目的监督管理,切实保障项目运行质量,严禁以 PPP 项目名义举借政府债务。

财政部门应当会同相关部门加强项目合规性审核,确保项目属于公共服务领域,并按法律法规和相关规定履行相关前期论证审查程序。项目实施不得采用建设—移交方式。

政府与社会资本合资设立项目公司的,应按照《公司法》等法律规定以及 PPP 项目合同约定规范运作,不得在股东协议中约定由政府股东或政府指定的其他机构对社会资本方股东的股权进行回购安排。

财政部门应根据财政承受能力论证结果和PPP项目合同约定,严格管控和执行项目支付责任,不得将当期政府购买服务支出代替PPP项目中长期的支付责任,规避PPP项目相关评价论证程序。

问题98:如何加强监督管理,防范PPP项目财政风险?

答: 财政部驻各地财政监察专员办事处应对PPP项目财政管理情况加强全程监督管理,重点关注PPP项目物有所值评价和财政承受能力论证、政府采购、预算管理、国有资产管理、债务管理、绩效评价等环节,切实防范财政风险。

第3章 项目识别

3.1 项目识别的界定

3.1.1 项目识别的含义

问题1：项目识别的含义是什么？
答：项目识别是PPP全生命周期五大阶段中的第一个阶段，处于五大阶段的首位。在大多数项目中，政府要作为发起人，具体进行PPP项目遴选、识别和储备方面开展更多工作，并通过物有所值及财政承受力等论证方法进行科学的论证与决策。

问题2：项目识别阶段应遵照执行的政府文件有哪些？
答：《政府和社会资本合作模式操作指南（试行）》（以下简称《操作指南》）；
《政府和社会资本合作项目财政承受能力论证指引》；
《PPP物有所值评价指引（试行）》；
《国务院办公厅转发财政部、发展改革委、人民银行关于在公共服务领域推广政府和社会资本合作模式指导意见的通知》。

问题3：哪些项目适合PPP模式？
答：《操作指南》中明确规定投资规模较大、需求长期稳定、价格调整机制灵活、市场化程度较高的基础设施及公共服务类项目，适宜采用政府和社会资本合作模式。《国务院办公厅转发财政部、发展改革委、人民银行关于在公共服务领域推广政府和社会资本合作模式指导意见的通知》中规定：在能源、交通运输、水利、环境保护、农业、林业、科技、保障性安居工程、医疗、卫生、养老、教育、文化等公共服务领域，鼓励采用政府和社会资本合作模式，吸引社会资本参与，为广大人民群众提供优质高效的公共服务。

3.1.2 项目识别的流程

问题4：项目识别阶段的操作流程是怎样的？
答：项目识别阶段的操作流程如图3-1所示。

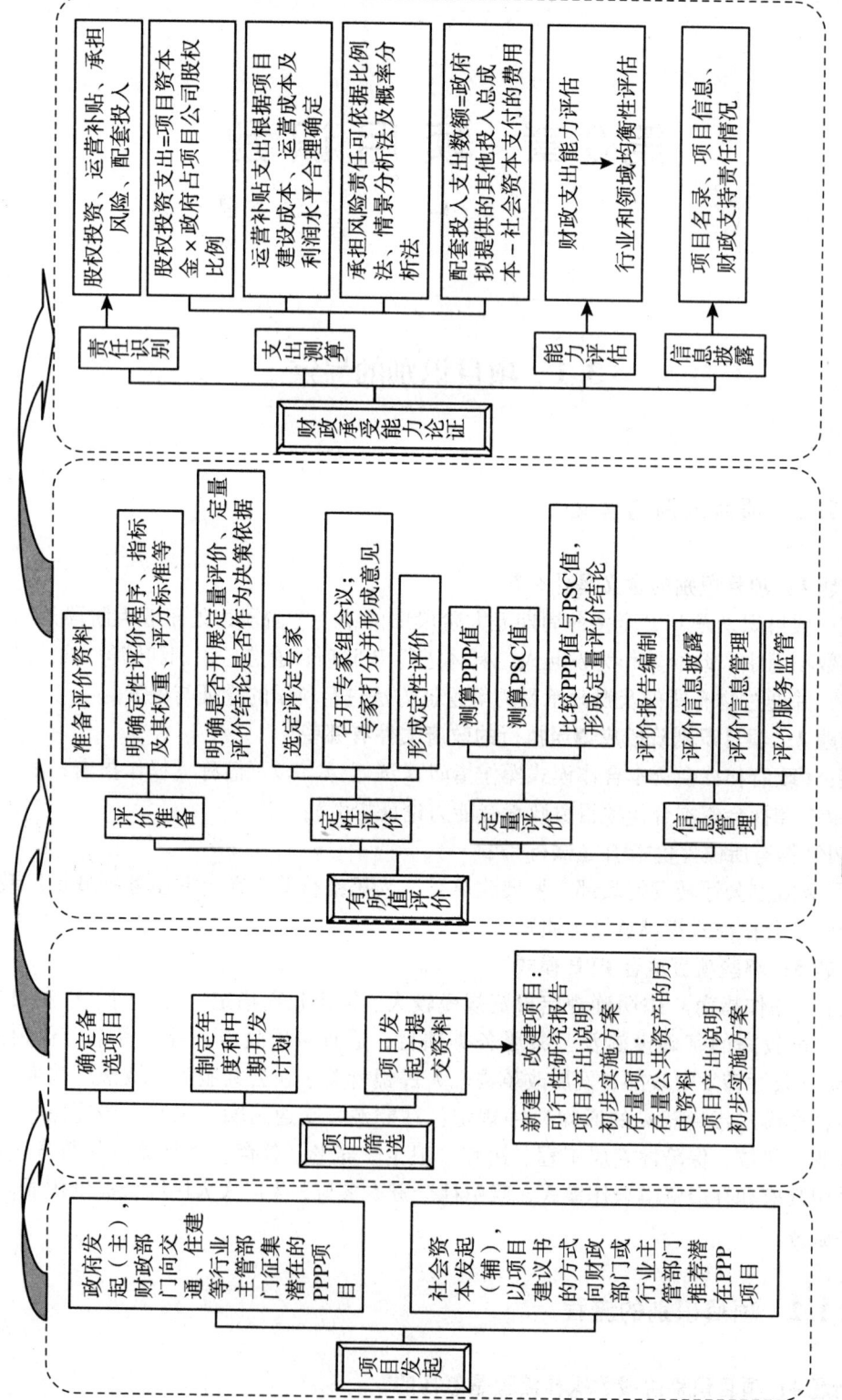

图 3-1 项目识别阶段的操作流程图

问题 5：在 PPP 项目识别阶段，需要给政府提交哪些文件？

答：在 PPP 项目识别阶段，财政部门（或 PPP 中心）会同行业主管部门需要给政府提交以下文件：《项目可行性研究报告》《项目产出说明》《实施方案》《物有所值评价报告》《财政承受能力论证》以及《风险评估报告》。除此之外，考虑到项目的具体情况，可能还需要其他相关文件。

问题 6：PPP 产出的概念是什么？

答：狭义的 PPP 产出是指 PPP 的"项目产出"，即满足项目需求的基础设施项目资产、公共产品和服务等直观的产出，通过产出说明书的形式进行定义和规范。项目产出是一个绝对概念，强调不同模式间对项目需求响应结果的一致性。也就是说，无论采用传统的公共采购模式还是采用 PPP 模式，项目产出均指向同一个对具体的基础设施建设、融资、运营服务等需求标准的满足，是结果导向的指标。

广义的 PPP 产出是指 PPP 的"模式产出"，即采用 PPP 模式相比传统的公共采购模式而言产生的效益差别（即 Value for Money 或 VFM，物有所值），以货币化（定量化，可能为正值或负值）和非货币化（定性描述和判断）方式衡量。模式产出是个相对概念，基本原理与项目评估中的前后比较法类似，强调 PPP 模式与公共采购模式间的差异性的比较，因此同一个 PPP 项目的模式产出可能随不同的边界条件而异，没有一个绝对的标准。

问题 7：项目产出说明书有什么作用？

答：项目产出说明书是用来定义和规范 PPP 项目产出的说明性文件，作为项目纲要（或投资者须知）的一部分，用于向参与 PPP 项目的私人部门（即投资者）明确需求以及满足该等需求所需的产出要求。在应用项目产出说明书时，应关注最终的项目产出品和服务绩效能否满足需求，而非该等产出的交付方式。

问题 8：在 PPP 项目识别阶段，相关文件的编写流程是怎样的？

答：行业主管部门以《项目可行性研究报告》和《项目产出说明》中的数据为基础，编写《实施方案》，完成后，行业主管部门将《项目可行性研究报告》《项目产出说明》和《实施方案》提交财政部门，由财政部门会同行业主管部门依据上述三个文件，进行物有所值评价以及财政承受能力评价。

3.2 项目发起

问题 9：PPP 项目发起的方式包括哪些？

答：根据《操作指南》中规定，政府和社会资本合作项目由政府或社会资本发起，以政府发起为主。

问题 10：项目年度和中期开发计划是如何制定的？

答：财政部门（政府和社会资本合作中心）会同行业主管部门，对潜在政府和社会资本合作项目进行评估筛选，确定备选项目，根据筛选结果制定项目年度和中期开发计划。

3.2.1 政府发起

问题11：什么是政府发起？

答：根据《操作指南》中的相关规定，政府发起是指财政部门（政府和社会资本合作中心）应负责向交通、住建、环保、能源、教育、医疗、体育健身和文化设施等行业主管部门征集潜在政府和社会资本合作项目。行业主管部门可从国民经济和社会发展规划及行业专项规划中的新建、改建项目或存量公共资产中遴选潜在项目。

问题12：政府发起PPP项目的形式是什么？

答：《操作指南》中指出：财政部门（PPP中心）为政府发起的牵头机构，各行业主管部门或其指定机构为具体发起单位。一般由政府发起方以请示或回报的形式提出。

问题13：对于政府发起项目，项目识别工作是什么？

答：政府发起PPP项目的，应当由行业主管部门提出项目建议，由县级以上人民政府授权的项目实施机构编制项目实施方案，提请同级财政部门开展物有所值评价和财政承受能力论证。

问题14：在PPP项目中政府发起和项目实施机构是同一单位吗？

答：政府发起方主要是提出和推荐可应用PPP模式的项目，做好前期准备工作，供相关部门筛选。项目实施机构主要是负责项目的后续运作，根据行业类别不同，可以是地方政府，也可以是政府授权的其他部门或机构。它们并不一定是同一单位。

3.2.2 社会资本发起

问题15：什么是社会资本发起？

答：《操作指南》规定，社会资本发起是指社会资本方应以项目建议书的方式向财政部门（政府和社会资本合作中心）推荐潜在的PPP项目。

《政府和社会资本合作项目财政管理暂行办法》规定：社会资本发起PPP项目的，应当由社会资本向行业主管部门提交项目建议书，经行业主管部门审核同意后，由社会资本方编制项目实施方案，由县级以上人民政府授权的项目实施机构提请同级财政部门开展物有所值评价和财政承受能力论证。

问题16：社会资本发起和提前介入PPP项目有什么好处？

答：社会资本发起和提前介入PPP项目，有利于发挥社会资本的创新能力和其经验丰富等优势，有利于项目实施机构完善实施方案，有利于社会资本对于整个项目的了解，进而能够在一定程度上降低项目风险，更好地促进项目落地和实施。

问题17：社会资本发起有什么优点？

答：社会资本具有更丰富的现场实践经验，更丰富的社会资源，更先进的技术设备以及更灵活的运营策略，能够发挥其创新能力，利于项目实施机构完善实施方案，降低项目风险，促进项目落地实施。

问题 18：PPP 项目中社会资本方与社会资本发起方是一回事吗？

答：社会资本发起方是指项目由其发起，并不意味着其就是 PPP 项目中与政府合作的社会资本方。根据《操作指南》中的有关规定，PPP 项目经过筛选纳入 PPP 项目开发目录后，项目实施机构应将项目实施方案提请本级人民政府审核，本级人民政府审核同意后，由项目实施机构按照政府采购管理相关规定，依法组织开展社会资本合作方采购工作。项目最终中标的社会资本方是经过严格评选出来的，如果项目发起方的社会资本符合采购条件，发起方就是社会资本方，否则，社会资本方就是其他供应商。

问题 19：PPP 社会资本方提前介入应注意什么问题？

答：在社会资本方提前介入机制的建设过程中，应注意以下问题：

（1）社会资本方提前介入机制要制度化、规范化，不管是以政府工作会议纪要的形式，还是政策法规的形式，不管是临时性决议还是长期性法规，最终要推动社会资本方提前介入机制的立法。

（2）社会资本方的提前介入要尽量有公示性，使 PPP 整个流程在阳光下运行，曝光度越高，PPP 的合法合规性就越强，以此最大程度地降低政府部门违法、违规的风险。

（3）政府方在整个谈判过程中不能作出中标的承诺。PPP 专业咨询机构在推荐社会资本方的过程中也不能向任何推荐方承诺中标。

3.3 项目筛选

3.3.1 项目评估筛选

问题 20：项目评估筛选的目的是什么？

答：项目筛选是初步对发起的 PPP 项目进行谈判和选择，将明显不适合 PPP 的项目排除。每个 PPP 项目都需要进行前期的调研、论证和分析，避免不切实际的决定。

问题 21：对项目进行评估筛选前提条件是什么？

答：根据在对项目进行评估筛选前首先要确认该项目是否符合当地城市总体规划或专项规划，同时还要求项目必须有明确的项目发起方。

问题 22：项目评估筛选的主体是谁？

答：根据《操作指南》中的第七条规定，财政部门（政府和社会资本合作中心）会同行业主管部门，对潜在政府和社会资本合作项目进行评估筛选。

问题 23：项目评估筛选的标准是什么？

答：项目评估筛选的标准是能否有效利用资源，具体表现为：

（1）项目的经济可行性和技术可行性——项目是否有开发意义；

（2）商业可行性——项目是否有商业吸引力；

(3) 物有所值——项目是否能够降本增效；
(4) 财政责任——项目是否由财政负担。

问题 24：商业可行性有什么含义？

答：一般来说，如果项目具有良好的财务回报并且只需要社会资本方承担合理范围内的风险，社会资本方就会认为项目具有商业吸引力，即具有商业可行性。

问题 25：适合采用 PPP 模式的项目一般具备什么特征？

答：适合采用 PPP 的项目一般应具备以下几个基本特征：

（1）参与方至少有一方应为公共机构。财政部《关于印发政府和社会资本合作模式操作指南（试行）的通知》明确此公共机构为县级以上人民政府或其指定的有关职能部门或事业单位。

（2）需求长期稳定。公共产品（含公共服务）具备长期、持续、连贯的大量需求是 PPP 应用的基本前提。

（3）参与各方应建立长期合作关系，合作关系应是持久且有关联的。PPP 的本质是社会资本向政府提供一项服务，而非一项资产。需要政府与社会资本建立长期稳定的合作伙伴关系，各尽其责、利益共享、风险分担，社会资本承担起设计、融资、建设、运营等全生命周期的责任，特别是运营环节，合作期限往往持续数 10 年。

（4）投资额具有一定规模。PPP 项目一般有较高的交易成本，如果投资额过小，交易成本占比过高，则很难实现项目的物有所值（VFM）。原则上项目投资规模要达到 1 亿元以上。

（5）项目对所提供的服务有一定的专业性要求。能发挥社会资本的技术、融资、管理等方面的优势，且鼓励社会资本在项目全生命周期的合作过程中，更加注重服务或解决方案创新的项目比较适合采用 PPP。

（6）风险能够合理分担给社会资本。项目风险能否得到合理转移，也是判断项目是否采用 PPP 的重要考量因素。如果项目大部分风险并不适合转移给社会资本方（或者即便可以转移给社会资本方，成本也相当高），则项目并不适合采用 PPP，而是由政府方来实施更物有所值。

问题 26：PPP 项目的选择途径有哪些？

答：新建和改扩建项目主要是从地方的经济和社会发展规划、行业专项规划中筛选，也可以从地方的重点工程中筛选。

存量项目主要是从地方政府各部门或平台公司正在实施的项目或正在提供日常管理和运营维护的公共服务设施中筛选。推荐潜在 PPP 项目的主体可以是财政部门或行业主管部门，也可以是社会资本方。

问题 27：存量项目的含义是什么？

答：政府投融资平台运作的在建的项目、已建成投入运行或经营的基础设施或公共服务项目属于存量项目。

问题 28：为什么鼓励具备条件的存量项目转型 PPP 项目？

答：政府投融资平台的存量项目转型 PPP 项目对于化解地方存量债务、盘活国有资产、促进融资平台转型等方面有重要意义。

问题 29：如何实现存量项目按 PPP 模式改造？

答：推进符合条件的存量项目按 PPP 模式改造。对地方政府自建自管的存量项目，可优先考虑按照 PPP 模式转型；对企业已是投资运营主体的存量项目，可按照 PPP 模式改造，加强政府和社会资本的风险分担与权益融合；对企业在建但因各种原因停滞的项目，政府可以注入一定资金，与企业合作。对经充分论证确需新建的项目，也可按照 PPP 模式设计运作①。

问题 30：中央财政通过什么奖励方式支持存量项目转型 PPP 模式？

答：根据财政发布的《关于实施政府和社会资本合作项目以奖代补政策的通知》，针对转型为 PPP 项目的地方融资平台公司存量项目，按项目化解存量债务规模的 2% 给予奖励。享受奖励资金支持的存量项目，其地方政府存量债务应通过合同条款明确地转移至项目公司或社会资本合作方，化债安排可行、交易成本合理、社会资本收益适度。

问题 31：所有的存量项目都可以转型为 PPP？

答：这种说法是不对的，政府投融资平台的存量项目转型 PPP 项目是由条件的。如果存量项目合同变更成本高，融资结构调整成本高，或贷款人不同意，或不能化解政府性债务风险，不能降低债务成本，或未能通过物有所值评价及财政承受能力论证时，政府投融资平台的存量项目就不适合转型为 PPP。

问题 32：项目筛选的流程是什么？

答：通过对项目的可行性进行分析，对项目进行评估筛选，根据筛选结果制订项目年度和中期开发计划。对于列入年度开发计划的项目，项目发起方应按财政部门（政府和社会资本合作中心）的要求，进行物有所值评价和财政承受能力论证，并提交相关资料。对通过评价论证的项目，可以进行项目准备阶段，如图 3-2 所示。

评估筛选 ▷ 制订开发计划 ▷ 物有所值财政承受能力 ▷ 提交资料

图 3-2　项目筛选流程图

3.3.2　备选项目入库

问题 33：PPP 综合信息平台的作用是什么？

答：综合信息平台是全国 PPP 项目信息的管理和发布平台。各级财政部门可依托互联网通过分级授权，在信息管理平台上实现项目信息的填报、审核、查询、统计和分析等功能；在信息发布平台上发布 PPP 项目相关信息，分享 PPP 有关政策规定、动态信息和项目案例。综合信息平台按照项目库、机构库和资料库实行分类管理，项目库用于收集和管理全国各级 PPP 储备项目、执行项目和示范项目信息，包括项目全生命周期各环节的关键信息；机构库用于收集和管理咨询服务机构与专家、社会资本、金融机构等参与方信息；资料库用于收集和管理 PPP 相关政策法规、工作动态、指南手册、培训材

---

① 财政部：《关于市政公用领域开展政府和社会资本合作项目推介工作的通知》，2015 年 3 月 14 日。

料和经典案例等信息。

问题34：PPP综合信息平台的运营主体是谁？

答：财政部《关于规范政府和社会资本合作（PPP）综合信息平台运行的通知》规定：PPP综合信息平台由财政部PPP工作领导小组办公室委托财政部PPP中心组织开发，由财政部PPP中心和信息网络中心共同承担运行和管理工作，共包括PPP信息发布平台和PPP信息管理平台两大部分。

问题35：PPP项目库有哪些组成部分？

答：项目库包含储备库、执行库和示范库三个子库。由各级财政部门会同相关部门评估、筛选的PPP项目，基本信息均应录入PPP综合信息平台。经省级财政部门审核满足上报要求的，列为储备项目。编制项目实施方案，通过物有所值评价、财政承受能力论证，并经本级政府审核同意的，列为执行项目。通过中央或省级财政部门评审并列为中央或省级示范项目的，列为示范项目。

问题36：所有PPP项目必须列入项目库？

答：财政部《关于规范政府和社会资本合作（PPP）综合信息平台运行的通知》规定：所有PPP项目必须列入项目库。原则上，经地方各级财政部门会同相关部门评估、筛选的潜在PPP项目基本信息，均应录入综合信息平台。省、市、县级财政部门应与相关部门密切沟通，保证符合条件的项目及时、准确、规范、完整列入项目库。未纳入综合信息平台项目库的项目，不得列入各地PPP项目目录，原则上不得通过财政预算安排支出责任。

问题37：如何做好PPP综合信息平台运行各项工作？

答：（1）统一授权分级录入项目库信息。地方各级财政部门要按照PPP项目操作流程，做好本地区PPP项目各阶段信息填报、资料上传与管理工作。

（2）统筹集中录入机构库和资料库信息。

（3）规范发布和使用综合信息。

问题38：通过什么途径可以查询PPP综合信息？

答：各省、市、县级财政部门、行业主管部门、实施机构、社会资本、咨询服务机构、金融机构、专家、公众等用户，可通过互联网在线访问网址、查询PPP相关信息。

问题39：对PPP项目信息公开有何要求？

答：各级财政部门应依托PPP综合信息平台，建立PPP项目库，做好PPP项目全生命周期信息公开工作，保障公众知情权，接受社会监督。

项目准备、采购和建设阶段信息公开内容包括PPP项目的基础信息和项目采购信息，采购文件，采购成交结果，不涉及国家秘密、商业秘密的项目合同文本，开工及竣工投运日期，政府移交日期等。项目运营阶段信息公开内容包括PPP项目的成本监测和绩效评价结果等。

财政部门信息公开内容包括本级PPP项目目录、本级人大批准的政府对PPP项目的财政预算、执行及决算情况等。

3.3.3 制定开发计划

问题40：对于列入年度开发计划的项目，项目发起方提交哪些资料？

答：对于列入年度开发计划的项目，项目发起方应按财政部门（政府和社会资本合作中心）的要求交相关资料，具体如表3-1所示。其中，社会资本发起的新建、改建项目可提交项目建议书替代可行性研究报告。

表3-1　　　　　　　列入年度开发计划的项目所交材料

项目	文件
新建、改建项目	项目可行性研究报告
	项目产出说明
	项目实施方案
存量项目	公共资产的历史资料
	项目产出说明
	实施方案

问题41：社会资本方牵头编制的项目可研报告可能存在什么问题？

答：对于一般而言，由社会资本方发起的PPP项目，政府出于减少前期可研咨询费用、或不懂专业知识甩包袱的考虑，会要求社会资本方自行聘请咨询机构编写项目可研报告。这给社会资本方提供了谋取PPP项目暴利的契机。

PPP项目实施方案涉及投资建设额、运营成本等数据，主要来源于项目可研报告和尽职调查。由社会资本方牵头编制的项目可研报告，难免存在扩大项目投资建设规模、增加运营成本等问题，存在可研数据失真，导致政府财政支出大幅增加[①]。

问题42：项目评估筛选是否必须完成《工程项目可行性研究报告》？

答：对于项目识别阶段的评估筛选阶段，新建工程类项目的《工程项目可行性研究报告》不是必备前提条件，但这是项目立项审批的重要支撑性报告，它的提供有利于对项目进行系统的了解及项目评估工作的开展。

问题43：项目初步实施方案应包括哪些具体内容？

答：《财政部关于进一步做好政府和社会资本合作项目示范工作的通知》对项目实施方案的内容进行了指导。项目实施方案主要包括以下四个方面。

（1）项目基本情况。包括但不限于项目名称、类型（在建或建成）、地点、联系人；项目建设的必要性、前期工作合规性（可研、环评、土地等）、技术路线、所处阶段（申报、设计、融资、采购、施工、运行）、开工和计划完成时间；总投资及资本构成、资产负债、股权结构、融资结构及主要融资成本、收益情况（总收益、收入来源、

---

① 谢娜：《PPP项目财政支出测算陷阱解析》，http://www.chinappp.cn/News/NewsDetail/2271.html。

收费价格和定价机制）；政府现有支持安排、社会资本介入情况（如有）；纠纷情况（如有）等。

（2）可行性分析。包括但不限于对《通知》要求满足情况的分析、行业主管部门和融资平台意愿、项目对社会资本的吸引力分析、债权人转换配合意愿及担保解除可能性等。

项目采用PPP模式要进行"物有所值"定性分析，重点关注PPP与政府传统采购模式相比能否增加供给，优化风险分担，降低项目全生命周期成本，提高运营效率，促进创新和竞争。

（3）初步实施安排。包括但不限于政府和社会资本的权利义务、风险分担、PPP运作方式、投融资结构、政府配套安排、合同期限、收益回报方式、收费定价调整机制、财政可承受能力评估、合作伙伴选择方式、项目公司（SPV）设立情况等。

（4）财务测算。包括但不限于投资回报测算、现金流量分析、项目财务状况、项目存续期间政府补贴情况等。

3.4 物有所值评价

3.4.1 物有所值评价的基本内容

问题44：物有所值的含义是什么？

答：物有所值，系从英文名称 Value for Money（VFM）翻译而来，是指一个组织运用其可利用资源所获得的长期最大利益。

物有所值是一个比较的概念，也就是说，值不值是通过事先预设的某个（些）主观或客观的标准进行衡量对比后得出的带有明确倾向性的结论，即要么达到同样的目的所需要的投入更少，要么同样的投入可以获得更多的产出（包括数量和质量）。但在实际评价过程中，一般是假定未来产出是相同的，换算为比较不同模式下的政府支出成本的净现值大小。

问题45：什么是物有所值评价？

答：物有所值评价就是采用财务分析方法，对传统模式下的公共部门比较值（PSC）和采用PPP模式的平台管理费用进行比较。

《PPP物有所值评价指引（试行）》指出：物有所值评价是判断是否采用PPP模式代替政府传统投资运营方式提供公共服务项目的一种评价方法。这是项目是否适合采用PPP模式实施的基本前提，是PPP项目全生命周期管理的关键环节，也是吸引社会资本方进行投资的重要因素。

问题46：物有所值评价应遵循什么原则？

答：物有所值评价遵循真实、公允、客观、公正的原则，判断项目采用PPP模式比政府传统采购模式相比是否更物有所值。

问题 47：政府部门可以单独直接完成物有所值评价吗？

答：按照"让专业的人办专业的事"原则，各级财政部门应会同行业主管部门，积极利用第三方专业机构和专家力量开展物有所值评价工作，原则上不能由政府或政府部门单独直接完成。

《政府和社会资本合作项目财政管理暂行办法》规定：项目实施机构可依法通过政府采购方式委托专家或第三方专业机构，编制项目物有所值评价报告。受托专家或第三方专业机构应独立、客观、科学地进行项目评价、论证，并对报告内容负责。

问题 48：无法通过物有所值评价就意味着项目不可行吗？

答：一个项目无法通过物有所值评价，则意味着此项目难以实施或被迫推迟。如果此项目民众需求迫切而政府当前财力无法承担，尽管从物有所值评价角度来看采用 PPP 模式可能从经济上是不划算的，但是考虑到项目提早实施给广大民众带来的社会效益可能远远大于 PPP 模式引致成本的增加，综合经济社会效益及其时间价值衡量，采用 PPP 模式推动此类项目建设仍是可行和必要的。

问题 49：物有所值评价包含哪些方法？

答：物有所值评价，按照能否或是否适宜货币化衡量，分为定性评价和定量评价，若项目评价缺乏数据，则以定性分析为主。

问题 50：物有所值评价应在什么阶段开展？

答：财政部《PPP 物有所值评价指引（试行）》第四条规定中华人民共和国境内拟采用 PPP 模式实施的项目，应在项目识别及准备阶段开展物有所值评价。

问题 51：所有备选项目都要进行物有所值评价吗？

答：只有通过筛选并被列入当年年度开发计划的项目需要做物有所值评价。

3.4.2 物有所值评价的操作

问题 52：物有所值评价的工作流程是什么？

答：物有所值评价的工作流程如图 3-3 所示。

问题 53：物有所值评价工作要求是什么？

答：财务部门应会同行业主管部门依据项目初步实施方案对备选 PPP 项目进行物有所值评价。通过物有所值评价的项目，由财政部门出具物有所值评价报告及批复。

问题 54：物有所值评价准备工作包括什么内容？

答：首先，准备物有所值评价资料；其次，项目本级财政部门（或 PPP 中心）应会同行业主管部门，明确是否开展定量评价，并明确定性评价程序、指标及其权重、评分标准等基本要求；最后，明确定量评价内容、测算指标和方法，以及定量评价结论是否作为采用 PPP 模式的决策依据。

问题 55：物有所值评价主要包括哪些资料？

答：物有所值评价资料主要包括：实施方案、项目产出说明、风险识别和分配情况、存量公共资产的历史资料、新建或改扩建项目的（预）可行性研究报告、设计文件等。

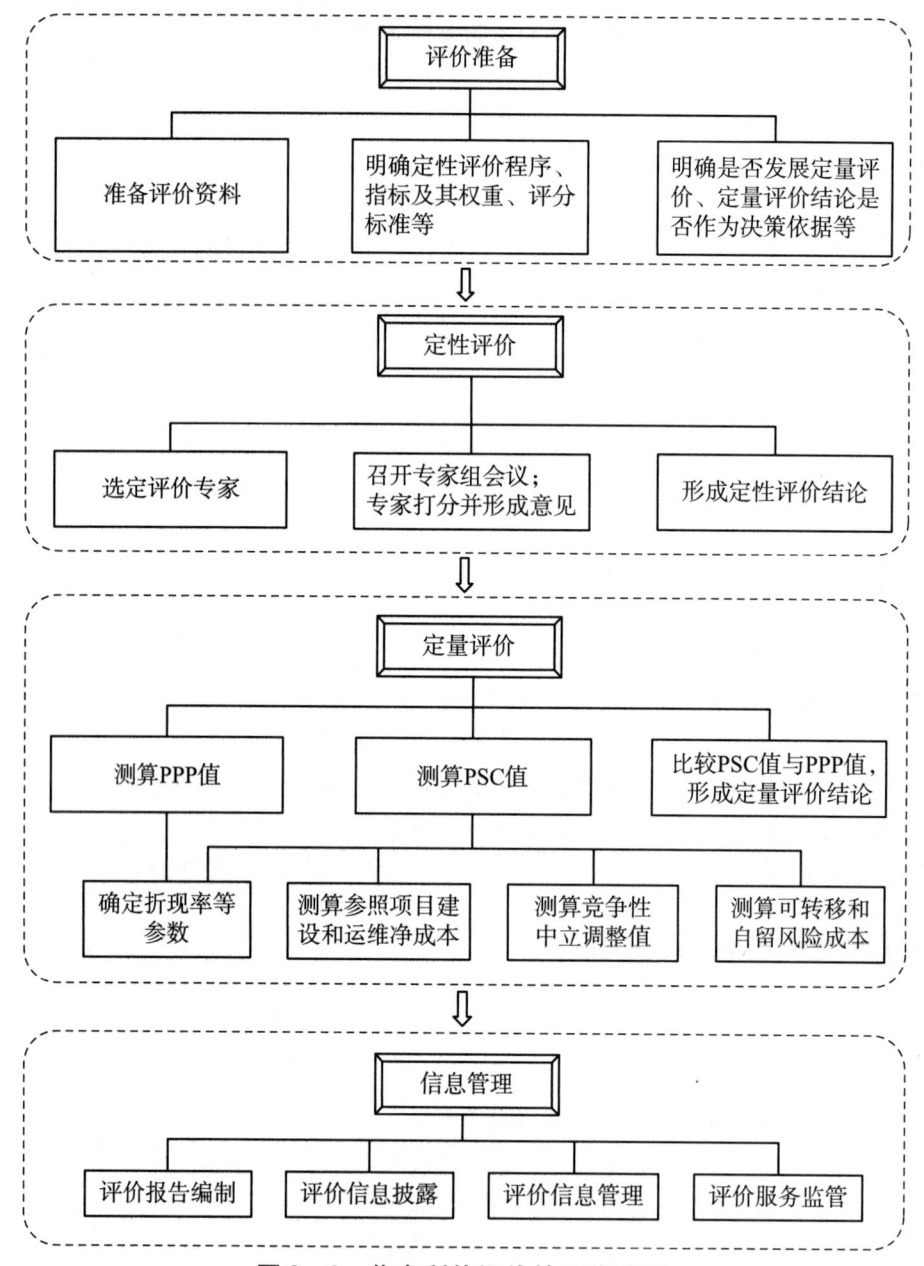

```
┌─────────────────────────────────────────────────┐
│                    评价准备                      │
│         ┌──────────┬──────────┬──────────┐      │
│         │准备评价资料│明确定性评价│明确是否发展│     │
│         │          │程序、指标及│定量评价、定│     │
│         │          │其权重、评分│量评价结论是│     │
│         │          │标准等     │否作为决策依│     │
│         │          │          │据等       │     │
└─────────────────────────────────────────────────┘
                        ⇩
┌─────────────────────────────────────────────────┐
│                    定性评价                      │
│         ┌──────────┬──────────┬──────────┐      │
│         │选定评价专家│召开专家组会│形成定性评价│     │
│         │          │议；专家打分│结论       │     │
│         │          │并形成意见  │          │     │
└─────────────────────────────────────────────────┘
                        ⇩
┌─────────────────────────────────────────────────┐
│                    定量评价                      │
│         ┌──────────┬──────────┬──────────┐      │
│         │测算PPP值  │测算PSC值   │比较PSC值与│     │
│         │          │           │PPP值，形成│     │
│         │          │           │定量评价结论│     │
│    ┌────┴───┬──────┴──┬───────┴──┬─────────┐   │
│    │确定折现率│测算参照项│测算竞争性│测算可转移│   │
│    │等参数   │目建设和运│中立调整值│和自留风险│   │
│    │        │维净成本  │          │成本      │   │
└─────────────────────────────────────────────────┘
                        ⇩
┌─────────────────────────────────────────────────┐
│                    信息管理                      │
│    ┌────────┬─────────┬─────────┬─────────┐    │
│    │评价报告 │评价信息  │评价信息  │评价服务  │    │
│    │编制    │披露     │管理     │监管     │    │
└─────────────────────────────────────────────────┘
```

图 3-3 物有所值评价的工作流程

问题 56：在开展物有所值评价时，对项目初步实施方案有什么要求？

答：财政部门在开展物有所值评价时，应当对项目初步实施方案进行分析论证，确保项目回报机制清晰、风险分配框架合理。

问题 57：良好的项目回报机制是什么样的？

答：项目回报机制应当参照行业规律、市场价格、同类型项目实施情况等因素，统筹利用公共资源和公共资产，多形式、多渠道挖掘项目合理回报来源，实现社会资本回报诉求和公众负担能力的平衡。鼓励社会资本通过减少能源资源消耗、开发创造项目商业附加价值以及挖掘资源多样化利用价值，提升公共服务的供给质量和效率。

问题 58：怎样确定项目风险分配框架？

答：按照风险分配优化、风险收益对等、风险可控原则，综合考虑政府风险管理能力、项目回报机制、风险保留意愿和市场风险管理能力等要素，合理确定风险分配框架。

问题 59：现阶段，项目物有所值评价主要采用什么方法？

答：现阶段以定性评价方法为主，选择性开展定量评价，鼓励采用定性评价和定量评价结合的方法，充分判别项目采用 PPP 模式的有效性、可行性和合理性，切实把好项目全生命周期管理第一关。

3.4.3 物有所值定性评价

问题 60：物有所值定性评价的含义是什么？

答：《操作指南》指出：定性评价重点关注项目采用政府和社会资本合作模式与采用政府传统采购模式相比能否增加供给、优化风险分配、提高运营效率、促进创新和公平竞争等。

问题 61：怎样进行物有所值定性评价？

答：物有所值定性分析采用专家评分法，主要包括确定定性分析指标、组成专家小组、召开专家小组会议和做出定性分析结果。

问题 62：物有所值定性评价六项指标有哪些？

答：定性评价指标包括全生命周期整合程度、风险识别与分配、绩效导向与鼓励创新、潜在竞争程度、政府机构能力、可融资性六项基本评价指标。

（1）全生命周期整合程度指标主要考核在项目全生命周期内，项目设计、投融资、建造、运营和维护等环节能否实现长期、充分整合。

（2）风险识别与分配指标主要考核在项目全生命周期内，各风险因素是否得到充分识别并在政府和社会资本之间进行合理分配。

（3）绩效导向与鼓励创新指标主要考核是否建立以基础设施及公共服务供给数量、质量和效率为导向的绩效标准和监管机制，是否落实节能环保、支持本国产业等政府采购政策，能否鼓励社会资本创新。

（4）潜在竞争程度指标主要考核项目内容对社会资本参与竞争的吸引力。

（5）政府机构能力指标主要考核政府转变职能、优化服务、依法履约、行政监管和项目执行管理等能力。

（6）可融资性指标主要考核项目的市场融资能力。

问题 63：物有所值定性评价完全依靠六项基本指标进行分析吗？

答：不是的。项目本级财政部门（或 PPP 中心）会同行业主管部门，可根据具体情况设置补充评价指标。补充评价指标主要是六项基本评价指标未涵盖的其他影响因素，包括项目规模大小、预期使用寿命长短、主要固定资产种类、全生命周期成本测算准确性、运营收入增长潜力、行业示范性等。

问题 64：在开展物有所值评价时，各项指标的权重和评分标准分别为多少？

答：《PPP 物有所值评价指引（试行）》第二十条规定：在各项评价指标中，六项基本评价指标权重为 80%，其中任一指标权重一般不超过 20%；补充评价指标权重为 20%，其中任一指标权重一般不超过 10%。

每项指标评分分为五个等级，即有利、较有利、一般、较不利、不利，对应分值分别为 100～81 分、80～61 分、60～41 分、40～21 分、20～0 分。项目本级财政部门（或 PPP 中心）会同行业主管部门，按照评分等级对每项指标制定清晰准确的评分标准。

问题 65：定性评价对专家组的要求是什么？

答：定性评价专家组包括财政、资产评估、会计、金融等经济方面专家，以及行业、工程技术、项目管理和法律方面专家等。《PPP 物有所值评价指引（试行）》第二十三条规定：项目本级财政部门（或 PPP 中心）会同行业主管部门组织召开专家组会议。

问题 66：对物有所值评价所需资料的递交有何要求？

答：定性评价所需资料应于专家组会议召开前送达专家，确保专家掌握必要信息。

问题 67：专家组会议的基本程序是什么？

答：（1）专家在充分讨论后按评价指标逐项打分；
（2）按照指标权重计算加权平均分，得到评分结果，形成专家组意见。

问题 68：如何确定物有所值定性评价结论？

答：项目本级财政部门（或 PPP 中心）会同行业主管部门根据专家组意见，做出定性评价结论。原则上，评分结果在 60 分（含）以上的，通过定性评价；否则，未通过定性评价。

3.4.4 物有所值定量评价

问题 69：物有所值定量评价的含义是什么？

答：《PPP 物有所值评价指引（试行）》中指出：定量分析是在假定采用 PPP 模式与政府传统采购模式的产出绩效相同的前提下，通过对 PPP 项目全生命周期内政府支出成本的净现值（PPP 值）与公共部门比较值（PSC 值）进行比较，判断 PPP 模式能否降低项目全生命周期成本。

问题 70：什么是 PPP 值？

答：PPP 值是 PPP 项目全生命周期内政府支出成本的净现值，即指政府实施 PPP 项目全生命周期内股权投资、运营补贴、风险承担和配套投入等各项财政支出责任的现值。

问题 71：如何计算 PPP 值？

答：PPP 值 = 股权投资的现值 + 运营补贴的现值 + 风险承担现值 + 配套投入现值

注：股权投资、运营补贴、风险承担和配套投入的支出责任测算参照《政府和社会资本合作项目财政承受能力论证指引》。（在本章下一节财政承受能力论证中的第三部分支出测算详细解答了有关股权投资、运营补贴、风险承担和配套投入的支出责任测算方法）

问题72：什么是PSC值，如何计算？

答：PSC值是公共部门比较值，是以下三项成本的全生命周期现值之和：

（1）参照项目的建设和运营维护净成本；

（2）竞争性中立调整值；

（3）项目全部风险成本。

计算公式为：

PSC值＝参照项目的建设和运营维护净成本现值＋竞争性中立调整值现值＋项目全部风险成本现值。

问题73：如何确定参照项目？

答：财政部《PPP物有所值评价指引（试行）》规定，参照项目可根据具体情况确定为：

（1）假设政府采用现实可行的、最有效的传统投资方式实施的、与PPP项目产出相同的虚拟项目；

（2）最近五年内，相同或相似地区采用政府传统投资方式实施的、与PPP项目产出相同或非常相似的项目。

问题74：参照项目的建设净成本包括什么内容？

答：建设净成本主要包括参照项目设计、建造、升级、改造、大修等方面投入的现金以及固定资产、土地使用权等实物和无形资产的价值，并扣除参照项目全生命周期内产生的转让、租赁或处置资产所获的收益。

问题75：参照项目的运营维护净成本包括什么内容？

答：运营维护主要包括参照项目全生命周期内运营维护所需的原材料、设备、人工等成本，以及管理费用、销售费用和运营期财务费用等，并扣除假设参照项目与PPP项目付费机制相同情况下能够获得的使用者付费收入等。

问题76：竞争性中立调整值包括什么内容？

答：竞争性中立调整值主要是采用政府传统投资方式比采用PPP模式实施项目少支出的费用，通常包括少支出的土地费用、行政审批费用、有关税费等。

问题77：项目全部风险成本包括什么内容？

答：项目全部风险成本包括可转移给社会资本的风险承担成本和政府自留风险的承担成本，参照《政府和社会资本合作项目财政承受能力论证指引》第二十一条及有关规定测算。

风险承担支出应充分考虑各类风险出现的概率和带来的支出责任，可采用比例法、情景分析法及概率法进行测算。如果PPP合同约定保险赔款的第一受益人为政府，则风险承担支出应为扣除该等风险赔款金额的净额。

（1）比例法。在各类风险支出数额和概率难以进行准确测算的情况下，可以按照项目的全部建设成本和一定时期内的运营成本的一定比例确定风险承担支出。

（2）情景分析法。在各类风险支出数额可以进行测算、但出现概率难以确定的情况下，可针对影响风险的各类事件和变量进行"基本""不利"及"最坏"等情景假设，测算各类风险发生带来的风险承担支出。计算公式为：

$$风险承担支出数额 = 基本情景下财政支出数额 \times 基本情景出现的概率$$
$$+ 不利情景下财政支出数额 \times 不利情景出现的概率$$
$$+ 最坏情景下财政支出数额 \times 最坏情景出现的概率$$

（3）概率法。在各类风险支出数额和发生概率均可进行测算的情况下，可将所有可变风险参数作为变量，根据概率分布函数，计算各种风险发生带来的风险承担支出。

问题78：政府自留风险承担成本与PPP值中的全生命周期风险承担支出责任一样吗？

答：政府自留风险承担成本等同于PPP值中的全生命周期风险承担支出责任，两者在PSC值与PPP值比较时可对等扣除。

问题79：测算PSC值与PPP值中的折现率一样吗？

答：财政部用于测算PSC值的折现率与测算PPP值的折现率相同，参照《政府和社会资本合作项目财政承受能力论证指引》第十七条及有关规定测算：年度折现率应考虑财政补贴支出发生年份，并参照同期地方政府债券收益率合理确定。

问题80：如何确定物有所值定量评价结论？

答：PPP值小于或等于PSC值的，认定为通过定量评价，且两者差额越大，说明采取PPP模式相对于传统采购模式具有更多的优势；PPP值大于PSC值的，认定为未通过定量评价。

问题81：物有所值定量评价有何优势？

答：尽管现阶段由于各种原因仍以定性评价为主，但定量方法通过建立计量模型，进行周密精确的数据测算，更有指导性、针对性。

3.4.5 物有所值评价报告和信息管理

问题82：对物有所值评价报告有何要求？

答：财政部《PPP物有所值评价指引（试行）》第三十四条规定，项目本级财政部门（或PPP中心）会同行业主管部门，在物有所值评价结论形成后，完成物有所值评价报告编制工作，报省级财政部门备案，并将报告电子版上传PPP综合信息平台。

《政府和社会资本合作项目财政管理暂行办法》第七条规定：各级财政部门应当会同同级行业主管部门根据项目实施方案共同对物有所值评价报告进行审核。物有所值评价审核未通过的，项目实施机构可对实施方案进行调整后重新提请本级财政部门和行业主管部门审核。

问题83：物有所值评价报告的内容包括什么？

答：财政部物有所值评价报告内容包括：

（1）项目基本情况；

（2）物有所值评价原则及方法；

(3) 定性评价指标设定；
(4) 物有所值定性评价；
(5) 物有所值定价评价（如有）；
(6) 评价结论，分为"通过"和"未通过"；
(7) 附件。

问题 84：物有所值评价报告中项目的基本信息包含哪些内容？

答：项目基本情况介绍主要包含十二方面的内容。分别是项目名称、项目类型、项目建设地点、项目概况、项目收益情况、项目运作方式、项目融资结构、项目产出说明、项目回报机制、项目风险分配框架、项目配套安排。

问题 85：物有所值评价报告中评价方法包含哪些内容？

答：评价方法主要包括定性评价程序、指标及权重、评分标准、评分结果、专家组意见以及定量评价的 PSC 值、PPP 值的测算依据、测算过程和结果等。

问题 86：如何对物有所值评价下结论？

答：物有所值评价结论分为"通过"和"未通过"。"通过"的项目，就可进行财政承受能力论证。

问题 87：对于未通过物有所值论证的项目是不是就不可采用 PPP 模式？

答：对于"未通过"物有所值论证的项目，可在调整实施方案后重新评价，仍未通过的不宜采用 PPP 模式。

问题 88：物有所值评价报告中的附件包括哪些内容？

答：《PPP 物有所值评价指引（试行）》明确物有所值评价报告中的附件通常包括（初步）实施方案、项目产出说明、可行性研究报告、设计文件、存量公共资产的历史资料、PPP 项目合同、绩效监测报告和中期评估报告等。

问题 89：对物有所值评价报告的信息披露有何要求？

答：项目本级财政部门（或 PPP 中心）应在物有所值评价报告编制完成之日起 5 个工作日内，将报告的主要信息通过 PPP 综合信息平台等渠道向社会公开披露，但涉及国家秘密和商业秘密的信息除外。

问题 90：在 PPP 项目合作期内和期满后，物有所值评价报告还有什么作用？

答：在 PPP 项目合作期内和期满后，项目本级财政部门（或 PPP 中心）应会同行业主管部门，将物有所值评价报告作为项目绩效评价的重要组成部分，对照进行统计和分析。

问题 91：财政部门在物有所值评价中的工作有哪些？

答：各级财政部门（或 PPP 中心）应加强物有所值评价数据库的建设，做好定性和定量评价数据的收集、统计、分析和报送等工作。同时，会同行业主管部门，加强对物有所值评价第三方专业机构和专家的监督管理，通过 PPP 综合信息平台进行信用记录、跟踪、报告和信息公布。省级财政部门应加强对全省（市、区）物有所值评价工作的监督管理。

问题 92：切实做好 PPP 项目物有所值评价工作的保障措施有哪些？

答：为切实做好 PPP 项目物有所值评价工作，应采取以下保障措施：

(1) 加强组织领导。各级财政部门要高度重视物有所值评价工作，切实将其作为统领 PPP 项目全过程管理的重要前提，积极聘请和依托具有相应资质、经验的专业机构和专家，周密制定评价内容、程序、指标和方法等，认真审慎开展物有所值评价工作。要加强上下联动，省级将加强对市县指导，将物有所值评价报告作为审核项目入库、开展示范的基础条件，督促做好物有所值评价各项工作，市县要及时将好做法好经验上报省财政厅，注重形成工作合力。

（2）强化学习培训。物有所值评价是国际上通用的做法，已形成了一套完整规范的评价体系。各级财政部门要加大学习培训力度，积极通过专题培训、案例分析等多种方式，认真借鉴国外先进做法，深入汲取经验教训，重点加强实操管理方面的学习培训，真正吃透精神、学会操作，注重学用结合，更好指导实践。

（3）注重调查研究。物有所值是财政部门的一项创新性工作，定性与定量评价相结合的方法是今后发展趋势。各级财政部门要立足本地实际，结合不同项目特点，充分借助专业力量，积极研究定量评价的具体方法，要切实做好定性和定量评价资料、数据收集、分析和报送工作，加快探索形成本地区的物有所值数据库，为建立健全内容全面、指标科学、程序规范、运行有效的物有所值评价体系奠定坚实基础。

3.5 财政承受能力论证

3.5.1 财政承受能力论证的基本内容

问题 93：什么是财政承受能力论证？

答：财政承受能力论证是指识别、测算 PPP 项目的各项财政支出责任，科学评估项目实施对当前及今后年度财政支出的影响，为 PPP 项目财政管理提供依据。

问题 94：财政承受能力论证包括什么内容？

答：为确保财政中长期可持续性，财政部门应根据项目全生命周期内的财政支出、政府债务等因素，对部分政府付费或政府补贴的项目，开展财政承受能力论证，每年政府付费或政府补贴等财政支出不得超出当年财政收入的一定比例。

问题 95：政府在 PPP 项目中的财政支出包括什么？

答：财政部《政府和社会资本合作项目财政管理暂行办法》（以下简称《PPP 财政管理暂行办法》）第二十三条规定：PPP 项目中的政府支出，包括政府在 PPP 项目全生命周期过程中依据法律和合同约定需要从财政资金中安排的股权投资、运营补贴、配套投入、风险承担，以及上级财政对下级财政安排的 PPP 专项奖补资金支出。

问题 96：开展财政承受能力论证的意义何在？

答：开展 PPP 项目财政承受能力论证，是政府履行合同义务的重要保障，有利于规范 PPP 项目财政支出管理，有序推进项目实施，有效防范和控制财政风险，实现 PPP 可持续发展。

问题 97：财政承受能力论证的工作要求是什么？

答：《政府和社会资本合作项目财政管理暂行办法》规定：经审核通过物有所评

价的项目，由同级财政部门依据项目实施方案和物有所值评价报告组织编制财政承受能力论证报告，统筹本级全部已实施和拟实施PPP项目的各年度支出责任，并综合考虑行业均衡性和PPP项目开发计划后，出具财政承受能力论证报告审核意见。

问题98：财政承受能力论证的工作流程是什么？

答：财政承受能力论证的工作流程如图3-4所示。

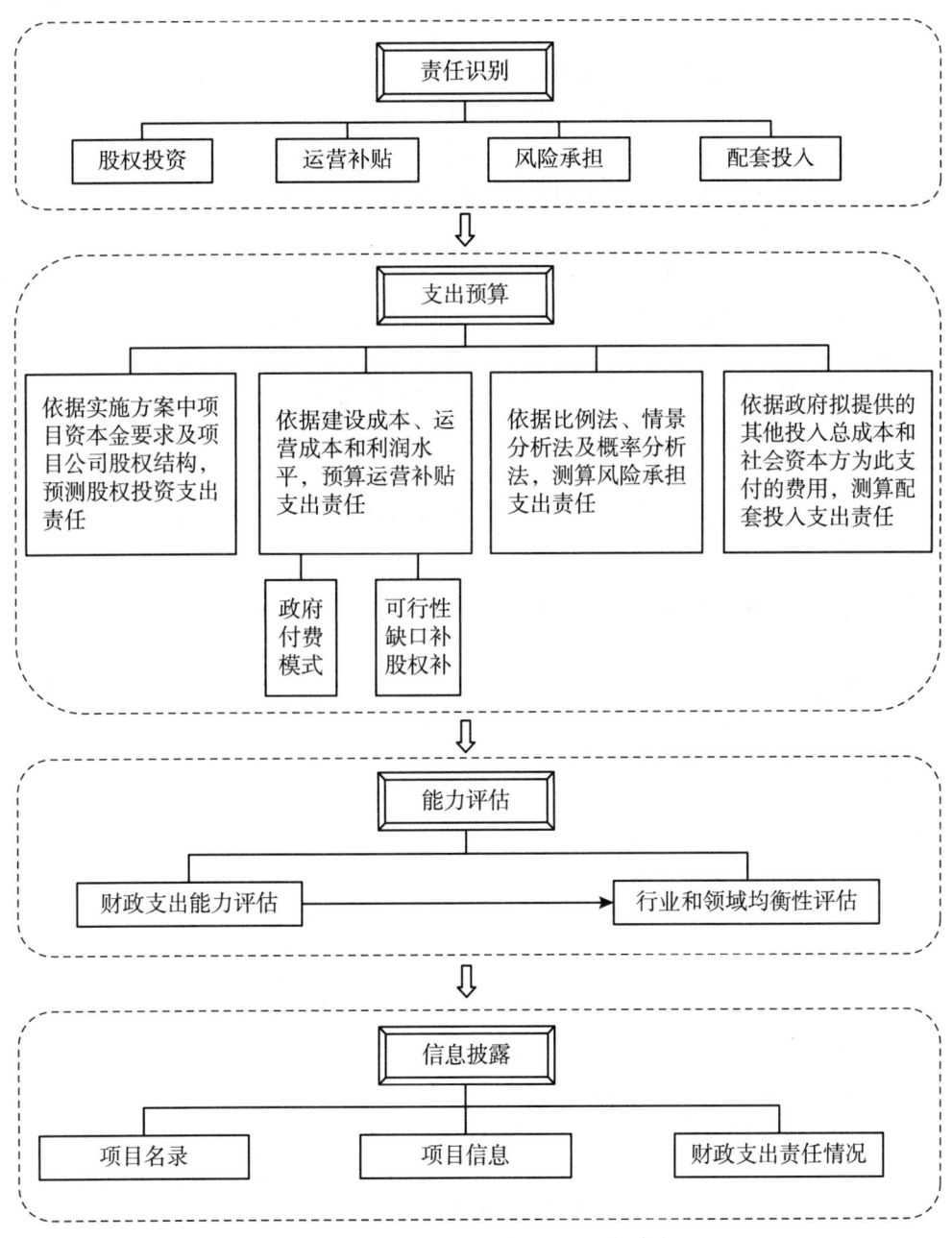

图3-4 财政承受能力论证工作流程图

问题 99：财政承受能力论证工作应遵循什么原则？

答：财政承受能力论证采用定量和定性分析方法，坚持合理预测、公开透明、从严把关，统筹处理好当期与长远关系，严格控制 PPP 项目财政支出规模。

问题 100：支出预算有什么要求？

答：《政府和社会资本合作项目财政管理暂行办法》规定：每年 7 月底之前，行业主管部门应按照当年 PPP 项目合同约定，结合本年度预算执行情况、支出绩效评价结果等，测算下一年度应纳入预算的 PPP 项目收支数额。

问题 101：支出编制包括什么内容？

答：行业主管部门应将需要从预算中安排的 PPP 项目支出责任，按照相关政府收支分类科目、预算支出标准和要求，列入支出预算。

问题 102：对财政预算安排中的 PPP 支出规模有何要求？

答：《政府和社会资本合作项目财政承受能力论证指引》第二十五条规定：每一年度全部 PPP 项目需要从预算中安排的支出责任，占一般公共预算支出比例应当不超过 10%。省级财政部门可根据本地实际情况，因地制宜确定具体比例，并报财政部备案，同时对外公布。

问题 103：其他专业中介机构可以参与项目财政承受能力论证吗？

答：PPP 项目财政承受能力论证工作由财政部门（或 PPP 中心）和同行业主管部门共同开展。考虑项目具体情况，必要时可通过政府采购方式聘请专业中介机构协助。

问题 104：在财政承受能力论证工作中，各级财政部门（或 PPP 中心）的主要职责是什么？

答：各级财政部门（或 PPP 中心）负责组织开展行政区域内 PPP 项目财政承受能力论证工作。省级财政部门负责汇总统计行政区域内的全部 PPP 项目财政支出责任，对财政预算编制、执行情况实施监督管理。

财政部门（或 PPP 中心）应当会同行业主管部门，共同开展 PPP 项目财政承受能力论证工作。

各级财政部门（或 PPP 中心）要以财政承受能力论证结论为依据，会同有关部门统筹做好项目规划、设计、采购、建设、运营、维护等全生命周期管理工作。

3.5.2　责任识别

问题 105：PPP 项目全生命周期过程的财政支出责任包括哪些？

答：PPP 项目全生命周期过程的财政支出责任，主要包括股权投资、运营补贴、风险承担、配套投入等。

问题 106：股权投资支出责任是指什么？

答：股权投资支出责任是指在政府与社会资本共同组建项目公司的情况下，政府承担的股权投资支出责任。如果社会资本单独组建项目公司，政府不承担股权投资支出责任。

问题 107：运营补贴支出责任是指什么？

答：运营补贴支出责任是指在项目运营期间，政府承担的直接付费责任。不同付费模式下，政府承担的运营补贴支出责任不同。政府付费模式下，政府承担全部运营补贴支出责任；可行性缺口补助模式下，政府承担部分运营补贴支出责任；使用者付费模式下，政府不承担运营补贴支出责任。

问题108：风险承担支出责任是指什么？

答：风险承担支出责任是指项目实施方案中政府承担风险带来的财政或有支出责任。通常由政府承担的法律风险、政策风险、最低需求风险以及因政府方原因导致项目合同终止等突发情况，会产生财政或有支出责任。

问题109：政府和社会资本分别承担什么样的风险？

答：《操作指南》中明确规定：按照风险分配优化、风险收益对等和风险可控等原则，综合考虑政府风险管理能力、项目回报机制和市场风险管理能力等要素，在政府和社会资本间合理分配项目风险。原则上，项目设计、建造、财务和运营维护等商业风险由社会资本承担，法律、政策和最低需求等风险由政府承担，不可抗力等风险由政府和社会资本合理共担。

问题110：配套投入支出责任是指什么？

答：配套投入支出责任是指政府提供的项目配套工程等其他投入责任，通常包括土地征收和整理、建设部分项目配套措施、完成项目与现有相关基础设施和公用事业的对接、投资补助、贷款贴息等。配套投入支出应依据项目实施方案合理确定。

3.5.3 支出测算

问题111：财政部门应如何对项目全生命周期内财政支出责任进行测算？

答：财政部门（或PPP中心）应当综合考虑各类支出责任的特点、情景和发生概率等因素，对项目全生命周期内财政支出责任分别进行测算。

问题112：如何安排PPP项目支出预算？

答：安排PPP项目财政支出预算，应在保障保工资、保运转、保民生等刚性支出，以及债务还本付息、存量PPP项目等履约支出后，充分考虑绩效评价、价格调整等因素合理确定。

问题113：项目全生命周期内财政支出主要有哪些？

答：项目全生命周期内财政支出主要有股权投资支出、运营补贴支出、风险承担支出和配套投入支出。

问题114：如何测算股权投资支出？

答：《政府和社会资本合作项目财政承受能力论证指引》第十五条规定：股权投资支出应当依据项目资本金要求以及项目公司股权结构合理确定。股权投资支出责任中的土地等实物投入或无形资产投入，应依法进行评估，合理确定价值。计算公式为：

$$股权投资支出 = 项目资本金 \times 政府占项目公司股权比例$$

问题115：如何测算运营补贴支出？

答：《政府和社会资本合作项目财政承受能力论证指引》第十六条规定，运营补贴支出应当根据项目建设成本、运营成本及利润水平合理确定，并按照不同付费模式分别测算。

（1）对政府付费模式的项目，在项目运营补贴期间，政府承担全部直接付费责任。政府每年直接付费数额包括：社会资本方承担的年均建设成本（折算成各年度现值）、年度运营成本和合理利润。计算公式为：

$$当年运营补贴支出数额 = \frac{项目全部建设成本 \times (1+合理利润率) \times (1+年度折现率)^n}{财政运营补贴周期（年）} + 年度运营成本 \times (1+合理利润率)$$

（2）对可行性缺口补助模式的项目，在项目运营补贴期间，政府承担部分直接付费责任。政府每年直接付费数额包括：社会资本方承担的年均建设成本（折算成各年度现值）、年度运营成本和合理利润，再减去每年使用者付费的数额。计算公式为：

$$当年运营补贴支出数额 = \frac{项目全部建设成本 \times (1+合理利润率) \times (1+年度折现率)^n}{财政运营补贴周期（年）} + 年度运营成本 \times (1+合理利润率) - 当年使用者付费数额$$

n 代表折现年数。财政运营补贴周期指财政提供运营补贴的年数。

问题116：在测算运营补贴支出时，如何确定年度折现率？

答：年度折现率应考虑财政补贴支出发生年份，并参照同期地方政府债券收益率合理确定。

问题117：在测算运营补贴支出时，如何确定利润率？

答：合理利润率应以商业银行中长期贷款利率水平为基准，充分考虑可用性付费、使用量付费、绩效付费的不同情景，结合风险等因素确定。

在计算运营补贴支出时，应当充分考虑合理利润率变化对运营补贴支出的影响。

问题118：定价和调价机制对运营补贴支出有何影响？

答：PPP项目实施方案中的定价和调价机制通常与消费物价指数、劳动力市场指数等因素挂钩，会影响运营补贴支出责任。在可行性缺口补助模式下，运营补贴支出责任受到使用者付费数额的影响，而使用者付费的多少因定价和调价机制而变化。在计算运营补贴支出数额时，应当充分考虑定价和调价机制的影响。

问题119：如何测算风险承担支出？

答：《财政部关于印发〈政府和社会资本合作项目财政承受能力论证指引〉的通知》第二十一条规定：风险承担支出应充分考虑各类风险出现的概率和带来的支出责任，可采用比例法、情景分析法及概率法进行测算。

（1）比例法。在各类风险支出数额和概率难以进行准确测算的情况下，可以按照项目的全部建设成本和一定时期内的运营成本的一定比例确定风险承担支出。

（2）情景分析法。在各类风险支出数额可以进行测算、但出现概率难以确定的情况下，可针对影响风险的各类事件和变量进行"基本""不利"及"最坏"等情景假设，测算各类风险发生带来的风险承担支出。计算公式为：

$$风险承担支出数额 = 基本情景下财政支出数额 \times 基本情景出现的概率 \\ + 不利情景下财政支出数额 \times 不利情景出现的概率 \\ + 最坏情景下财政支出数额 \times 最坏情景出现的概率$$

（3）概率法。在各类风险支出数额和发生概率均可进行测算的情况下，可将所有可变风险参数作为变量，根据概率分布函数，计算各种风险发生带来的风险承担支出。

问题120：政府作为保险第一受益人时，是否影响风险承担支出的测算？

答：是的，如果PPP合同约定保险赔款的第一受益人为政府，则风险承担支出应为扣除该等风险赔款金额的净额。

问题121：配套投入支出应当如何测算？

答：《政府和社会资本合作项目财政承受能力论证指引》第二十二条规定，配套投入支出责任应综合考虑政府将提供的其他配套投入总成本和社会资本方为此支付的费用。配套投入支出责任中的土地等实物投入或无形资产投入，应依法进行评估，合理确定价值。计算公式为：

配套投入支出数额 = 政府拟提供的其他投入总成本 − 社会资本方支付的费用

3.5.4 财政承受能力评估

问题122：财政承受能力评估主要分为哪几类？

答：财政部门（或PPP中心）识别和测算单个项目的财政支出责任后，汇总年度全部已实施和拟实施的PPP项目，进行财政承受能力评估。财政承受能力评估分为两大类：

（1）财政支出能力评估，是根据PPP项目预算支出责任，评估PPP项目实施对当前及今后年度财政支出的影响。

（2）行业和领域均衡性评估，是根据PPP模式适用的行业和领域范围，以及经济社会发展需要和公众对公共服务的需求，平衡不同行业和领域PPP项目，防止某一行业和领域PPP项目过于集中。

问题123：如何解决财政收支矛盾，化解政府债务风险？

答：鼓励列入地方政府性债务风险预警名单的高风险地区，采取PPP模式化解地方融资平台公司存量债务。同时，审慎控制新建PPP项目规模，防止因项目实施加剧财政收支矛盾。

问题124：怎样确定未来年度一般公共预算支出数额？

答：在进行财政支出能力评估时，未来年度一般公共预算支出数额可参照前五年相关数额的平均值及平均增长率计算，并根据实际情况进行适当调整。

问题125：各级财政部门对通过审核的PPP项目需要进行哪些后续工作？

答："通过论证"且经同级人民政府审核同意实施的PPP项目，各级财政部门应当将其列入PPP项目目录，并在编制中期财政规划时，将项目财政支出责任纳入预算统筹安排。

问题126：如何保证合同内容与财政承受能力论证保持一致？

答：在PPP项目正式签订合同时，财政部门（或PPP中心）应当对合同进行审核，确保合同内容与财政承受能力论证保持一致，防止因合同内容调整导致财政支出责任出现重大变化。财政部门要严格按照合同执行，及时办理支付手续，切实维护地方政府信用,保障公共服务有效供给。

3.5.5 财政承受能力论证报告和信息管理

问题127:财政承受能力论证报告的内容包括什么?
答:财政部财政承受能力论证报告内容包括:
(1) 项目基本情况;
(2) 责任识别;
(3) 支出测算;
(4) 财政承受能力评估;
(5) 论证结论;
(6) 附件。

问题128:对项目进行财政承受能力论证后应如何安排?
答:财政承受能力论证的结论分为"通过论证"和"未通过论证"。"通过论证"的项目,各级财政部门应当在编制年度预算和中期财政规划时,将项目财政支出责任纳入预算统筹安排。"未通过论证"的项目,则不宜采用PPP模式。

财政部《政府和社会资本合作项目财政管理暂行办法》规定:各级财政部门应当建立本地区PPP项目开发目录,将经审核通过物有所值评价和财政承受能力论证的项目纳入PPP项目开发目录管理。

问题129:省级财政部门应如何进行信息披露?
答:各级财政部门(或PPP中心)应当通过官方网站及报刊媒体,每年定期披露当地PPP项目目录、项目信息及财政支出责任情况。应披露的财政支出责任信息包括:PPP项目的财政支出责任数额及年度预算安排情况、财政承受能力论证考虑的主要因素和指标等。

问题130:物有所值评价和财政承受能力论证有何不同?
答:物有所值评价和财政承受能力论证不同之处表现为以下四点:
(1) 评价的先后顺序不同。在PPP项目运行中要先进行物有所值评价,再进行财政承受能力论证。
(2) 评价目的不同。物有所值评价主要是用于决策是否应当采用PPP模式的问题,判断采用PPP模式的必要性,只有预期PPP模式能够带来物有所值就予以采用,否则就应当采用其他采购模式。财政承受能力论证是用来判断采用PPP模式的可行性,确保每年政府付费或政府补贴等财政支出不得超过当面财政收入的一定比例。
(3) 评估对象不同。物有所值评价是对项目本身进行评审,通过定量和定性分析方法判断是否采用PPP模式。财政承受能力论证则是对项目的政府支出部门进行分析,判断PPP项目的可行性。
(4) 评估程序不同。物有所值评价程序是:首先制定项目产出说明,其次定义参照项目,然后进行物有所值定量分析,最后根据定量分析结果判断是否采用PPP模式。财政承受能力论证程序是:首先进行责任识别,其次进行支出测算,然后能力评估,最后披露相关信息。

问题 131：项目什么时候才能进入项目准备阶段？

答：先通过物有所值判断项目是否采取 PPP 模式，再利用财政承受能力论证判断项目实施的可行性。只有通过物有所值评价和财政承受能力论证的项目，才可进行项目准备阶段。否则，就不能采用 PPP 模式。

问题 132：项目实施后财政部门的后续工作有哪些？

答：项目实施后，各级财政部门（或 PPP 中心）及项目实施机构应跟踪了解项目运营情况，包括项目使用量、成本费用、考核指标等信息，定期对外发布。

第4章 项目准备

4.1 项目准备的界定

4.1.1 项目准备的含义

问题1：项目准备的内涵是什么？

答：项目准备是PPP全生命周期五大阶段中的第二个阶段，处于项目识别之后，项目采购之前，主要是通过构建PPP项目管理架构，组织编写项目实施方案，并通过一定的审核程序将合格的实施方案报政府审批，为PPP项目的其他阶段奠定基础。

问题2：项目准备内容有哪些？

答：项目准备阶段包括管理架构组建、实施方案编制以及实施方案审核三个步骤。

管理架构组建：政府相关部门成立PPP项目领导小组，并进一步成立PPP项目办事机构，政府授权指定项目实施机构，建立协调机制。

实施方案编制：经过物有所值评价和财政承受能力论证的项目，将在这一阶段进一步完善项目实施方案，为进入采购阶段做好准备。

实施方案审核：财政部门作为牵头部门，协同行业主管部门以及专家成立PPP联审小组，对实施方案进行评价审核，若是通过审核，则将实施方案报政府审批。

问题3：什么样的项目可以进入项目准备阶段？

答：通过物有所值评价和财政承受能力论证，纳入PPP项目开发目录的项目，可进行项目准备。即项目要按照规定程序完成可行性研究、立项、环评、土地等前期工作，并通过物有所值评价和财政承受能力论证，才可以进入项目准备阶段。

问题4：怎样扎实做好PPP项目的前期工作？

答：《关于进一步共同做好政府和社会资本合作（PPP）有关工作的通知》规定，扎实做好PPP项目前期工作，要加强项目可行性研究，充分论证、科学决策，确保合理有效地提供公共产品和服务。项目决策后，选择条件成熟、适合采用PPP模式的项目，依法选择社会资本方，加快前期工作。

问题5：项目准备阶段的主要目的是什么？

答：项目准备阶段的主要目的是对PPP项目的实施性、风险性、盈利性和稳定预期等因素进行充分考量。PPP 项目投资规模大，持续时间长，不定因素较多，做好 PPP 项目的前期准备工作，保证项目实施方案内容完整，交易边界、产出范围及绩效标准清晰，风险识别和分配充分、合理，利益共享机制能够实现激励相容，运作方式及采购方式选择合理合规，合同体系、监管架构有效健全等，无论对政府和社会资本方的合作，还是对 PPP 项目的长远运作，都非常必要。

4.1.2 项目准备的流程

问题 6：项目准备阶段的操作流程是怎样的？
答：项目准备阶段的操作流程如图 4-1 所示。

问题 7：准备阶段的操作内容主要有哪些？
答：通过物有所值评价和财政承受能力论证的项目，进行项目准备。项目准备阶段是项目从发起完成后到社会资本甄选采购前全部准备工作的过程。该阶段的主要工作包括项目运作方式的选择、风险分配基本框架的构建、项目交易结构的设计、合同体系构建和项目合同核心边界条件的设计、监管结构的设计、采购方式的选择[①]。

问题 8：进入项目准备阶段应准备的资料有哪些？
答：已经过项目识别阶段的项目，在项目准备阶段至少应包括：项目物有所值评价报告，按照《PPP 项目物有所值评价指引》要求编制，如已通过财政部门审核，应提供相应证明文件；项目财政承受能力论证报告，按照《PPP 项目财政承受能力论证指引》要求编制，如已通过财政部门审核，应提供相应证明文件；项目可行性研究报告，根据项目前期工作实际完成情况，至少应提供项目可行性研究报告及立项批复文件；如已完成初步设计及施工图设计，还应补充相关设计文件等；另外，还需提供环境影响评价报告及批复、土地等相关证明资料。

4.2 管理架构组建

4.2.1 管理架构的组建流程

问题 9：管理架构组建包括哪些内容？
答：管理架构的组建主要包括三部分，分别是：PPP 项目领导小组的成立、PPP 项目办事机构的成立和政府出具项目实施机构的授权。

问题 10：谁有资格建立专门协调机制？
答：《操作指南》规定，县级（含）以上地方人民政府可建立专门协调机制，主要负责项目评审、组织协调和检查督导等工作，实现简化审批流程、提高工作效率的目的。

[①] 中国 PPP 产业大讲堂：《PPP 模式核心要素及操作指南》，北京：经济日报出版社 2016 年版，第 150~151 页。

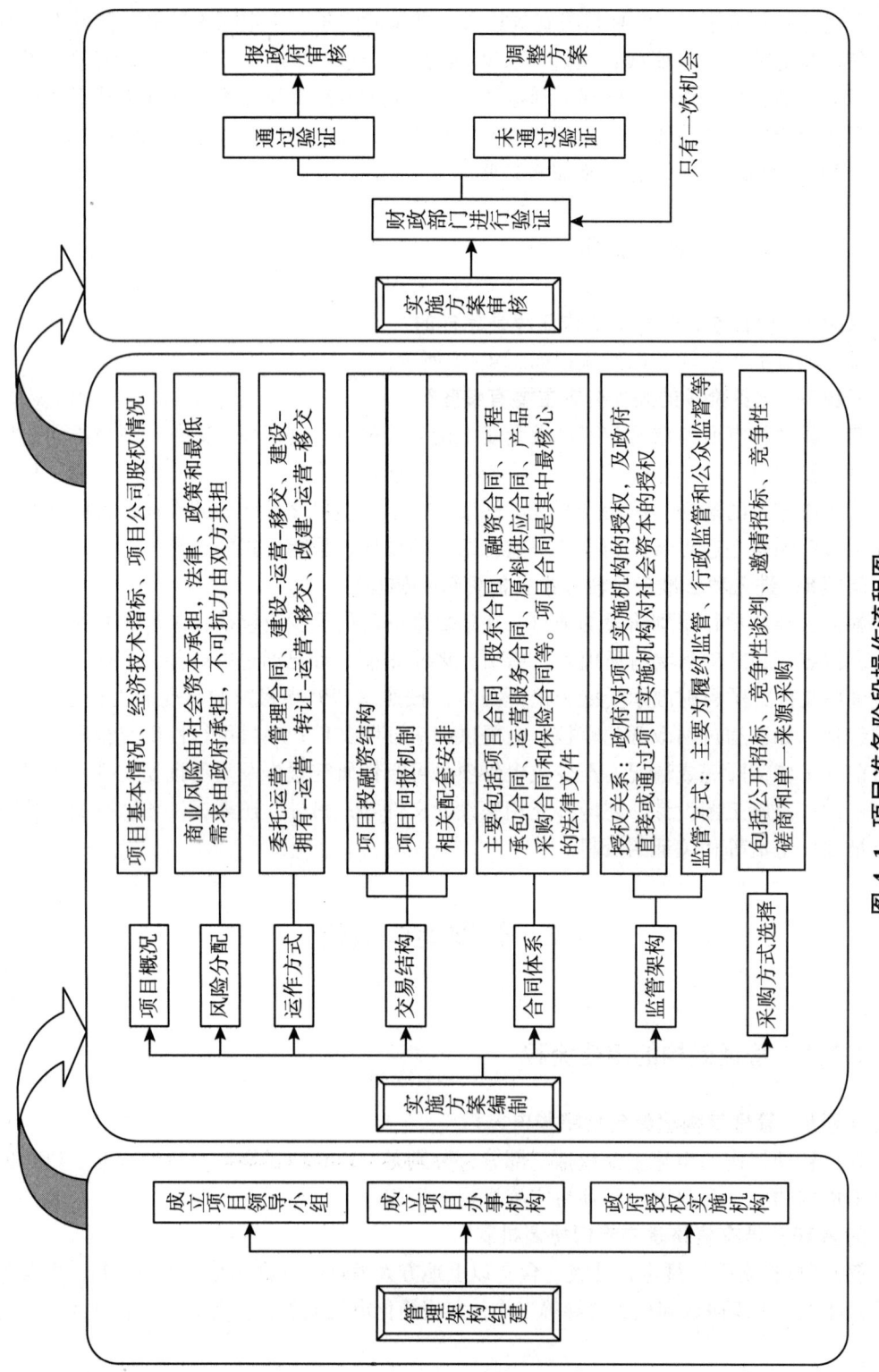

图 4-1 项目准备阶段操作流程图

问题 11：怎样组建 PPP 项目领导小组？

答：建立 PPP 项目领导小组，可以针对 PPP 项目专门设立，也可以针对某行政区域内所有 PPP 项目而设立。

可以成立 PPP 中心，建立由省、市（县）委、市（县）政府主要领导为组长的 PPP 工作领导小组，进而建立各部门联席会议机制等。主要负责项目筛选、实施方案的联合审查、组织协调和检查督导等工作，简化审批流程、提高工作效率，保障项目落地和执行。

问题 12：PPP 办公室的主要职责是什么？

答：PPP 办公室的主要职责：承担政府和社会资本合作工作的政策制定、项目储备、业务指导、项目评估、信息管理、宣传培训、绩效监管等任务，协调好 PPP 项目参与主体间的分工合作，为政府和社会资本合作工作提供必要的技术支撑和组织保障。

问题 13：项目实施机构是怎样成立的？

答：政府或其指定的有关职能部门或事业单位可作为项目实施机构，负责项目准备、采购、监管和移交等工作。代表项目参与中的政府方，参与 PPP 项目全生命周期活动。

问题 14：在项目准备阶段，项目实施机构的主要职责包括哪些？

答：在政府授权范围内准备项目前期基础资料，根据物有所值评价和财政承受能力论证审核结果完善项目实施方案，报本级人民政府审核。

问题 15：第三方专业机构的作用是什么？

答：在项目识别阶段，项目实施机构可依法通过政府采购方式委托专家或第三方专业机构，编制项目物有所值评价报告。受托专家或第三方专业机构应独立、客观、科学地进行项目评价、论证，并对报告内容负责。

另外，《财政部关于政府和社会资本合作示范项目实施有关问题的通知》指出，进一步完善实施方案，必要时可聘请专业机构协助，确保项目操作规范，符合《通知》《政府和社会资本合作模式操作指南（试行）》和《标准化合同文本》等一系列制度要求。

问题 16：PPP 项目全生命周期中应怎样加强组织领导？

答：《山东省人民政府办公厅转发省财政厅省发展改革委人民银行济南分行关于在公共服务领域推广政府和社会资本合作模式的指导意见的通知》规定，各级、各部门要按照职能分工，负责相关领域具体工作。各级财政、发展改革、人民银行等部门要积极会同教育、科技、民政、人力资源社会保障、国土资源、环境保护、住房城乡建设、交通运输、水利、农业、商务、文化、卫生计生等部门，加强政策沟通协调和信息交流，形成横向纵向联动，结合已有规划和当地实际，出台具体政策措施并抓好落实。

4.2.2 政府与社会资本合作的分机构责任

问题 17：国务院等部门在 PPP 模式中的组织领导作用是什么？

答：《国务院办公厅转发财政部、发展改革委、人民银行关于在公共服务领域推广政府和社会资本合作模式指导意见的通知》规定,国务院各有关部门要按照职能分工,负责相关领域具体工作和政策制定,加强对地方推广政府和社会资本合作模式的指导和监督。

问题18:财政部或PPP中心在PPP模式中的组织领导作用是什么?

答:财政部要会同有关部门,加强政策沟通协调和信息交流,完善体制机制。组织项目的发起与筛选,对项目进行物有所值评价以及财政承受能力论证,成立评价小组评审实施方案,组织相关部门对项目进行绩效评价,以财政承受能力论证结论为依据,会同有关部门统筹做好项目规划、设计、采购、建设、运营、维护等全生命周期管理工作。

问题19:行业主管部门在PPP模式中的组织领导作用是什么?

答:教育、科技、民政、人力资源社会保障、国土资源、环境保护、住房城乡建设、交通运输、水利、农业、商务、文化、卫生计生等行业主管部门,要结合本行业特点,积极运用政府和社会资本合作模式提供公共服务,探索完善相关监管制度体系。编制PPP项目收支预算,协助财政部门对备选项目进行筛选以及参与实施方案的评审,协助财政部门进行财政管理。

问题20:地方各级人民政府在PPP模式中的组织领导作用是什么?

答:地方各级人民政府要结合已有规划和各地实际,出台具体政策措施并抓好落实;可根据本地区实际情况,组建管理架构,建立工作协调机制,做好监督审核工作,推动政府和社会资本合作项目落地实施。

4.2.3 项目综合评价体系

问题21:怎样建立综合评价体系?

答:《国务院办公厅转发财政部、发展改革委、人民银行关于在公共服务领域推广政府和社会资本合作模式指导意见的通知》规定,建立政府、公众共同参与的综合性评价体系,建立事前设定绩效目标、事中进行绩效跟踪、事后进行绩效评价的全生命周期绩效管理机制,将政府付费、使用者付费与绩效评价挂钩,并将绩效评价结果作为调价的重要依据,确保实现公共利益最大化。

问题22:行业主管部门应制定什么标准体系?

答:行业主管部门根据经济社会发展规划及专项规划发起政府和社会资本合作项目,社会资本也可根据当地经济社会发展需求建议发起。行业主管部门应制定不同领域的行业技术标准、公共产品或服务技术规范,加强对公共服务质量和价格的监管[①]。

问题23:怎样健全财政管理制度?

答:开展财政承受能力论证,统筹评估和控制项目的财政支出责任,促进中长期财政可持续发展。建立完善公共服务成本财政管理和会计制度,创新资源组合开发模式,针对政府付费、使用者付费、可行性缺口补助等不同支付机制,将项目涉及的运营补

[①] 国务院办公厅:《国务院办公厅转发财政部 发展改革委 人民银行关于在公共服务领域推广政府和社会资本合作模式指导意见的通知》,2015年5月22日。

贴、经营收费权和其他支付对价等，按照国家统一的会计制度进行核算，纳入年度预算、中期财政规划，在政府财务报告中进行反映和管理，并向本级人大或其常委会报告。存量公共服务项目转型为政府和社会资本合作项目过程中，应依法进行资产评估，合理确定价值，防止公共资产流失和贱卖。项目实施过程中政府依法获得的国有资本收益、约定的超额收益分成等公共收入应上缴国库。

问题 24：怎样提高新建项目决策的科学性？

答：地方政府应根据当地经济社会发展需要，结合财政收支平衡状况，统筹论证新建项目的经济效益和社会效益，并进行财政承受能力论证，保证决策质量。根据项目实施周期、收费定价机制、投资收益水平、风险分配基本框架和所需要的政府投入等因素，合理选择建设—运营—移交（BOT）、建设—拥有—运营（BOO）等运作方式。

问题 25：怎样择优选择项目合作伙伴？

答：对使用财政性资金作为社会资本提供公共服务对价的项目，地方政府应当根据预算法、合同法、政府采购法及其实施条例等法律法规规定，选择项目合作伙伴。依托政府采购信息平台，及时、充分向社会公布项目采购信息。综合评估项目合作伙伴的专业资质、技术能力、管理经验、财务实力和信用状况等因素，依法择优选择诚实守信的合作伙伴。

问题 26：PPP 项目采用动态评估的原因是什么？

答：综合充分考虑资金时间价值等各种变量对项目的影响，对相关参数及机制进行及时修正，使项目运营更符合实际，保证项目运营不偏离设计目标及方向，保障政府及社会资本方的利益不受损失。

4.3 实施方案编制

4.3.1 实施方案编制依据

问题 27：实施方案的重要性体现在哪些方面？

答：PPP 项目注重全生命周期的经济效益和社会效益，涉及项目的设计、融资、建造、运营、维护至终止的完整周期，具有复杂性、长期性等特点。通过编制实施方案，确定项目概况、风险分配框架，做好风险防控，同时合理设置 PPP 项目的运作模式及交易结构，保证项目收益，通过设计合同体系，选择采购方式，设置监管架构，能够为项目的顺利实施提供保障。

问题 28：编制实施方案需完成的前期工作包括哪些？

答：前期要完成项目识别阶段的实施方案、可行性研究及财政部门对该 PPP 项目的物有所值评价以及财政承受能力论证分析，以上工作完成后才能进入实施方案的编制阶段。

问题 29：怎样编制实施方案？

答：项目实施机构应根据前期论证情况，对通过评价论证的项目组织编制实施方案,依次对项目概况、风险分配基本框架、项目运作方式、交易结构、合同体系、监管架构、采购方式选择等方面进行介绍。

问题30：编制实施方案的政策依据有哪些?

答：为科学规范地推广运用政府和社会资本合作模式,根据《中华人民共和国预算法》《中华人民共和国政府采购法》《中华人民共和国合同法》《国务院关于加强地方政府性债务管理的意见》《国务院关于深化预算管理制度改革的决定》和《财政部关于推广运用政府和社会资本合作模式有关问题的通知》等法律、法规、规章和规范性文件,制定政府和社会资本合作模式操作指南(试行),项目识别、准备、采购、执行、移交各环节操作流程都遵照该指南执行。

4.3.2 实施方案编制主体

问题31：项目实施方案由哪个机构组织编写?

答：《操作指南》规定,政府或其指定的有关职能部门或事业单位可作为项目实施机构,财政部门会同项目实施机构共同编制项目实施方案。《财政部关于政府和社会资本合作示范项目实施有关问题的通知》指出,各级财政部门要进一步完善实施方案,必要时可聘请专业机构协助,确保项目操作规范。

问题32：可以参与实施方案审核的相关主体有哪些?

答：《山东省人民政府办公厅转发省财政厅、省发展改革委、人民银行济南分行关于在公共服务领域推广政府和社会资本合作模式的指导意见的通知》规定,各级财政、发展改革、人民银行等部门应会同行业主管部门等建立项目联评联审机制,对项目审批、立项和实施方案进行联合评审。通过评审的项目,上报同级政府批准后实施。

4.3.3 实施方案编制内容

问题33：项目实施方案的编制内容主要有哪些?

答：财政部《操作指南》规定,项目实施方案的编制内容包括:项目概况、风险分配基本框架、项目运作方式、交易结构、合同体系、监管架构、采购方式选择等内容。

问题34：编制实施方案的必要性是什么?

答：实施方案主要确定项目实施的核心要点,是开展项目后续工作(招采、合同谈判、项目公司成立、项目建设、运营实施)的前提和基础,是PPP工作开展最为重要的依据。

问题35：项目实施方案的项目概况包括哪些内容?

答：项目概况主要包括基本情况、经济技术指标和项目公司股权情况等。

基本情况主要明确项目提供的公共产品和服务内容、项目采用政府和社会资本合作模式运作的必要性和可行性,以及项目运作的目标和意义。

经济技术指标主要明确项目区位、占地面积、建设内容或资产范围、投资规模或资产价值、主要产出说明和资金来源等。

项目公司股权情况主要明确是否要成立项目公司以及公司股权结构。

问题 36：制定风险分配框架应注意的问题是什么？

答：综合考虑政府风险管理能力、项目回报机制和市场风险管理能力等要素，按照风险分配优化、风险收益对等和风险可控等原则，明确政府方、社会资本方和两者共同承担的风险，在政府和社会资本间合理分配项目风险。

问题 37：项目实施方案中交易结构的内容有哪些？

答：项目实施方案的交易结构主要包括：

（1）项目投融资结构；

（2）项目回报机制；

（3）相关配套安排。

问题 38：合同体系主要包括哪些合同？

答：合同体系主要包括项目合同、股东合同、融资合同、工程承包合同、运营服务合同、原料供应合同、产品采购合同和保险合同等。项目合同是其中最核心的法律文件。项目边界条件是项目合同的核心内容，主要包括权利义务、交易条件、履约保障和调整衔接等边界。

问题 39：PPP 项目采购方式包括哪些种类？

答：项目采购方式选择要依据《中华人民共和国政府采购法》和《政府和社会资本合作项目政府采购管理办法》等相关法律文件执行，采购方式包括公开招标、竞争性谈判、邀请招标、竞争性磋商和单一来源采购。项目实施机构应根据项目采购需求特点，依法选择适当采购方式。

4.4　付费定价调整机制

4.4.1　政府付费及调价机制

问题 40：设置付费机制的基本原则是什么？

答：不同 PPP 项目适合采用的付费机制可能完全不同，一般而言，在设置项目付费机制时需要遵循以下基本原则：既能够激励项目公司妥善履行其合同义务，又能够确保在项目公司未履行合同义务时，政府能够通过该付费机制获得有效的救济。

问题 41：设置付费机制的主要考虑因素包括哪些？

答：在设置付费机制时，通常需要考虑以下因素：

（1）项目产出是否可计量。PPP 项目所提供的公共产品或服务的数量和质量是否可以准确计量，决定了其是否可以采用使用量付费和绩效付费方式。因此，在一些公用设施类和公共服务类 PPP 项目中，如供热、污水处理等，需要事先明确这类项目产出的数量和质量是否可以计量以及计量的方法和标准，并将上述方法和标准在 PPP 项目合同中加以明确。

（2）适当的激励。付费机制应当能够保证项目公司获得合理的回报，以对项目公司形成适当、有效的激励，确保项目实施的效率和质量。

（3）鉴于PPP项目的期限通常很长，为了更好地应对项目实施过程中可能发生的各种情势变更，付费机制项下一般也需要设置一定的变更或调整机制。

（4）可融资性。对于需要由项目公司进行融资的PPP项目，在设置付费机制时还需考虑该付费机制在融资上的可行性以及对融资方吸引力。

（5）财政承受能力。在多数PPP项目、尤其是采用政府付费和可行性缺口补助机制的项目中，财政承受能力关系到项目公司能否按时足额地获得付费，因此需要事先对政府的财政承受能力进行评估。

问题42：政府付费的含义是什么？

答：政府付费是指由政府直接付费购买公共产品或服务。其与使用者付费的最大区别在于付费主体是政府、而非项目的最终使用者。

根据项目类型和风险分配方案的不同，政府付费机制下，政府通常会依据项目的可用性、使用量和绩效中的一个或多个要素的组合向项目公司付费[①]。

问题43：什么是PPP项目的可用性付费？

答：可用性付费（Availability Payment）是指政府依据项目公司所提供的项目设施或服务是否符合合同约定的标准和要求来付费。

可用性付费通常与项目的设施容量或服务能力相关，而不考虑项目设施或服务的实际需求，因此项目公司一般不需要承担需求风险，只要所提供设施或服务符合合同约定的性能标准即可获得付费。

大部分的社会公共服务类项目（例如学校、医院等）以及部分公用设施和公共交通设施项目可以采用可用性付费。一些项目中也可能会与按绩效付费搭配使用，即如果项目公司提供设施或服务的质量没有达到合同约定的标准，则政府付费将按一定比例进行扣减。

问题44：什么样的PPP项目可以采用可用性付费？

答：符合以下条件的PPP项目，政府可以考虑采用按可用性付费：

（1）相对于项目设施或服务的实际使用量，政府更关注该项目设施或服务的可用性。例如，奥运会场馆。

（2）相对于项目公司，政府对于项目设施或服务的需求更有控制力，并且政府决定承担需求风险。例如，在学校PPP项目中，政府教育部门负责向各学校分配生源，其能够更好地管控学校设施的使用量，因此政府可基于学校设施的可用性向项目公司付款，而不考虑实际的学生人数。

问题45：可用性付费的基本原则有哪些？

答：可用性付费的一个基本原则就是在符合我国法律强制性规定的前提下，直至项目设施已建成且全面服务可用时（通常是项目开始运营时）才开始付款。但也存在一

---

① 财政部金融司：《PPP项目合同指南（试行）》，2014年12月30日。

些例外，比如改造项目，有可能改造的同时也需要项目公司继续提供服务，在这种情形下，政府可能需要就项目公司继续提供的服务支付一定费用。

在按可用性付费的项目中，通常在项目开始时就已经确定项目公司的投资成本，在项目开始运营后，政府即按照原先约定的金额向项目公司付款，但如果存在不可用的情形，再根据不可用的程度扣减实际的付款。

问题46：怎样对PPP项目的可用性付费进行"不可用"界定？

答：可用性付费的核心要素就是要明确界定项目在什么情况下为"可用"，什么情况下为"不可用"，其中"不可用"的界定更为重要。

在PPP项目合同签订之前，双方应当尽早确定"不可用"的认定标准，因其会直接影响项目财务模型的确定。在设定"不可用"标准时，通常需要考虑以下因素：

（1）该标准是否客观，即是否符合项目的实际情况和特点，是否可以测量和监控等。

（2）该标准是否合理，即是否超出项目公司的能力范围，是否为实施本项目所必需等。

问题47：在设置可用性付费时，需要考虑的其他要素有哪些？

答：除了"可用"与"不可用"的界定外，在设置可用性付费时，还需要考虑其他要素，例如：

（1）不同比例扣减机制的设置。设施或服务不可用所导致的经济后果通常由该设施或服务的重要程度决定。例如，在医疗服务设施项目中，手术室中的灯比走廊上的灯更为重要，因此因手术室灯不亮而扣减的金额也应当更高。设置不同比例扣减机制可以促使项目公司优先保证更为重要的设施或服务的可用性。

（2）宽限期的设置。在出现"不可用"的情形时，PPP项目合同中通常会给予项目公司一个宽限期，只有在该宽限期内项目公司仍然没有纠正该"不可用"情形的，可用性付费才会被扣减，如果在该期限内项目公司做出了有效补救，则可用性付费不会受到影响。

此外，在一些PPP项目合同中，也可能设置多次扣减的机制。如果在宽限期结束时项目公司未能纠正不可用情形，政府将根据合同约定的比例扣减相应付费；如果该不可用情形在宽限期结束后又持续了一定时期，则可能导致政府对付费的进一步扣减。这种机制主要是为了确保项目公司能够尽快恢复正常的设施或服务供给。但在设置这种多次扣减机制时，需要注意掌握尺度，因为其会使付费机制变得非常复杂。

（3）不可用设施或服务仍需使用的情形下的处理。在一些特定情形下，即使某些服务或设施没有达到可用性要求，政府仍然需要使用。在这种情形下，政府可考虑以下两种处理方式：一是如果政府的使用将导致项目公司无法纠正部分设施或服务的问题，则可以将受政府使用影响的部分服务或设施视为具有可用性；二是仅扣减部分、而非全部比例的政府付费。

（4）计划内暂停服务的认定。为避免争议，政府和项目公司应当在合同中明确约定计划内的暂停服务是否认定为不可用，通常情况下计划内的暂停服务应作为不可用的例外情形。

问题48：不可用情形中的豁免事由有哪些？

答：并非所有不可用情形出现，均会影响政府付费，在PPP项目合同中通常会约定一些豁免事由，对于因发生豁免事由而导致出现不可用情形的，不构成项目公司违约，仍可按照合同约定的金额获得政府付费。常见的豁免事由包括：

（1）政府可以提供合适的替代性服务（需由政府决定）；

（2）项目设施或服务在不可用期间内本就未计划使用；

（3）政府违约；

（4）政府提出的变更；等等。

需要特别强调，尽管按可用性付费的项目对项目公司而言风险更低、可融资性更高，但政府转移给项目公司的风险也相对有限。同时，相对于使用者付费项目和按使用量付费的项目，单纯按可用性付费的项目缺乏有效的收益激励机制，通常只能通过项目公司报告或政府抽查的方式对于项目进行监控，监控力度较弱，难以保证项目随时处于可用状态。因此，必要时可用性付费需要与绩效付费或使用量付费搭配使用。

问题 49：什么是 PPP 的使用量付费？

答：使用量付费（Usage Payment），是指政府主要依据项目公司所提供的项目设施或服务的实际使用量来付费。在按使用量付费的项目中，项目的需求风险通常主要由项目公司承担。因此，在按使用量付费的项目中，项目公司通常需要对项目需求有较为乐观的预期或者有一定影响能力。实践中，污水处理、垃圾处理等部分公用设施项目较多地采用使用量付费。

一些项目中，使用量付费也可能与绩效付费搭配使用，即如果项目公司提供的设施或服务未达到合同约定的绩效标准，政府的付费将进行相应扣减。

问题 50：使用量付费的基本原则是什么？

答：使用量付费的基本原则就是由政府（而非使用者）依据项目设施或服务的实际使用量向项目公司付费，付费多少与实际使用量大小直接挂钩。

问题 51：分层级付费机制的内涵是什么？

答：在按使用量付费的 PPP 项目中，双方通常会在项目合同签订前根据项目的性质、预期使用量、项目融资结构及还款计划等设置分层级的使用量付费机制。图 4-2 为比较典型的分层级的使用量付费机制。

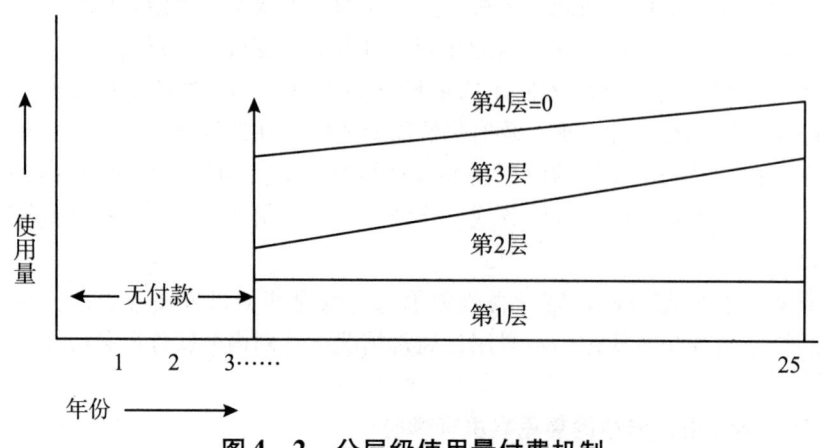

图 4-2 分层级使用量付费机制

图 4-2 中将使用量付费分为四个层级，其中第 1 层为"最低使用量"，第 4 层为"最高使用量"。

（1）最低使用量：即政府与项目公司约定一个项目的最低使用量，在项目实际使用量低于最低使用量时，不论实际使用量多少，政府均按约定的最低使用量付费。最低使用量的付费安排可以在一定程度上降低项目公司承担实际需求风险的程度，提高项目的可融资性。

（2）最高使用量：即政府与项目公司约定一个项目的最高使用量，在实际使用量高于最高使用量时，政府对于超过最高使用量的部分不承担付款义务。最高使用量的付费安排为政府的支付义务设置了一个上限，可以有效防止政府因项目使用量持续增加而承担过度的财政风险。

需要特别强调的是，即使在设置最低使用量的情形下，政府仍然需要承担实际使用量低于最低使用量的风险；即使在设置最高使用量的情形下，实际使用量低于最高使用量时，政府付费的金额仍然会因实际使用量的变化而变化，存在一定不确定性，需要进行合理的预算安排。

问题 52：PPP 项目的最低需求保障与政府保底承诺的区别？

答：最低需求保障，即"最低使用量付费"，是政府与项目公司约定一个项目的最低使用量，通常称为"保底量"，最低使用量的付费安排可以在一定程度上降低项目公司承担实际需求的风险，提高项目的可融资性。

政府保底承诺，又称"固定回报"，是指政府对社会资本投资基础设施项目、提供公共服务的投资，明确约定一个最低或固定的回报率。政府不得承诺固定投资回报，严禁通过保底承诺、回购安排、明股实债等方式进行变相融资，将项目包装成 PPP 项目。

问题 53：什么是 PPP 项目的绩效付费？

答：绩效付费（Performance Payment）是指政府依据项目公司所提供的公共产品或服务的质量付费，通常会与可用性付费或者使用量付费搭配使用。

在按绩效付费的项目中，政府与项目公司通常会明确约定项目的绩效标准，并将政府付费与项目公司的绩效表现挂钩，如果项目公司未能达到约定的绩效标准，则会扣减相应的付费。

问题 54：怎样设定绩效付费的绩效标准？

答：政府和项目公司应当根据项目的特点和实际情况在 PPP 项目合同中明确约定适当的绩效标准。设定绩效标准时，通常需要考虑以下因素：

（1）绩效标准是否客观，即该标准是否符合项目的实际情况和特点，是否可以测量和监控等。这是绩效付费能否有效实施的关键要素。

（2）绩效标准是否合理，即该标准是否超出项目公司的能力范围，是否为实施本项目所必需等。这是项目融资方的核心关之一。

问题 55：什么是绩效付费的绩效监控机制？

答：在按绩效付费的项目中，通常会专门编制绩效监控方案并将其作为 PPP 项目合同的附件，以明确项目公司的监控义务、政府的监控措施以及具体的绩效标准。在社会公共服务项目中，绩效监控机制的设置尤为重要。

问题56：PPP项目未达到绩效标准的后果是什么？

答：为了对项目公司形成有效约束，PPP项目合同中通常会明确约定未达到绩效标准的后果，具体包括：

（1）扣减政府付费。PPP项目合同中通常会根据设施或服务在整个项目中的重要程度以及未达到绩效标准的情形和影响程度分别设置相应的政府付费扣减比例。此外，实践中还有一种"递进式"的扣款机制：即对于首次未达到绩效标准的情形，仅进行警告或少量扣款，但如果该情形在某段时期内多次发生，则会逐渐增加对于该情形的扣款比例，以促使项目公司及时采取补救措施。

（2）如果长期或者多次无法达到绩效标准，或者未达到绩效标准的情形非常严重，还有可能构成严重违约从而导致合同终止。

问题57：政府付费的调价机制包括哪几种？

答：在长达20~30年的PPP项目生命周期中，市场环境的波动会对直接引起项目运营成本的变化，进而影响项目公司的收益情况。设置合理的价格调整机制，可以将政府付费金额维持在合理范围，防止过高或过低付费导致项目公司亏损或获得超额利润，有利于项目物有所值目标的实现。常见的调价机制包括：

（1）公式调整机制。指通过设定价格调整公式来建立政府付费价格与某些特定系数之间的联动关系，以反映成本变动等因素对项目价格的影响，当特定系数变动导致根据价格调整公式测算的结果达到约定的调价条件时，将触发调价程序，按约定的幅度自动调整定价。常见的调价系数包括：消费者物价指数、生产者物价指数、劳动力市场指数、利率变动、汇率变动等。调价系数的选择需要根据项目的性质和风险分配方案确定，并应综合考虑该系数能否反映成本变化的真实情况并且具有可操作性等。

（2）基准比价机制。指定期将项目公司提供服务的定价与同类服务的市场价格进行对比，如发现差异，则项目公司与政府可以协商对政府付费进行调价。

（3）市场测试机制。指在PPP项目合同约定的某一特定时间，对项目中某项特定服务在市场范围内重新进行采购，以更好地实现项目的物有所值。通过竞争性采购程序，政府和项目公司将可能会协商更换此部分服务的运营商或调整政府付费等。

问题58：基准比价机制和市场测试机制通常适用于哪些领域？

答：基准比价机制和市场测试机制通常适用于社会公共服务类项目，而很少出现在公共交通或者公用设施项目中，主要原因有二：

（1）在公共交通或者公用设施项目中，项目公司的各项服务互相关联、难以明确分割，很难对某一项服务单独进行比价或市场测试；

（2）难以找到与该项目公司所处的运营情况、市场条件完全相同的比较对象。

此外，政府在考虑采用基准比价机制和市场测试机制时还需要注意，这两种调价机制既有可能减少政府付费金额，也有可能增加政府付费金额。

4.4.2 使用者付费及定价机制

问题59：使用者付费的内涵是什么？

答：使用者付费机制是指由最终消费用户直接付费购买公共产品和服务。项目公司直接从最终用户处收取费用,以回收项目的建设和运营成本并获得合理收益。在此类付费项目中,项目公司一般会承担全部或者大部分的项目需求风险。

并非所有 PPP 项目都能适用使用者付费机制,使用者付费机制常见于高速公路、桥梁、地铁等公共交通项目以及供水、供热等部分公用设施项目中。

问题 60:设置使用者付费机制应考虑的问题有哪些?

答:设置使用者付费机制时,需要根据项目的特性和具体情况进行详细的评估,重点考虑以下几个问题:

(1) 项目是否适合采用使用者付费机制?

(2) 使用者付费如何设定?

(3) 政府是否需要保障项目公司的最低收入?是否需要设置机制避免项目公司获得过高的利润?

问题 61:使用者付费机制的项目应具备的条件有哪些?

答:具体 PPP 项目是否适合采用使用者付费机制,通常需要结合项目特点和实际情况进行综合评估。适合采用使用者付费机制的项目通常具备以下条件:

(1) 项目使用需求可预测。项目需求量是社会资本进行项目财务测算的重要依据,项目需求量是否可预测以及预测需求量的多少是决定社会资本是否愿意承担需求风险的关键因素。通常社会资本只有能够在一定程度上确定其可以通过使用者付费收回投资成本并且获得合理收益的情形下,才有参与 PPP 项目的意愿。

(2) 向使用者收费具有实际可操作性。在一些项目中,项目公司向使用者收费可能并不实际或者并不经济。例如,在采取使用者付费机制的公路项目中,如果公路有过多的出入口,使得车流量难以有效控制时,将会使采取使用者付费机制变得不具有成本效益,而丧失实际可操作性。

(3) 符合法律和政策的规定。根据相关法律和政策规定,政府可能对于某些项目实行政府定价或者政府指导价,如果按照该政府定价或政府指导价无法保障项目公司回收成本并获得合理收益,则无法适用使用者付费机制,但可以考虑采用可行性缺口补助机制。

问题 62:使用者付费机制的相对优缺点有哪些?

答:使用者付费机制的优势在于,项目公司承担需求风险,而且不用提供财政补贴,同时还可以通过与需求挂钩的回报机制激励项目公司提高项目产品或服务的质量。

但需要强调的是,除非需求量可预测且较为明确或者政府提供其他的补助或优惠政策,否则使用者付费项目的可融资性相对较低,如果融资难度和融资成本过高,则可能会导致项目无法实施;同时,由于项目公司承担较大的需求风险,在需求不足时,项目公司为了确保能够收回成本,有可能会要求提高使用费的定价或者变相降低产品或服务质量。

问题 63:使用者付费的定价方式包括哪几种?

答:实践中,使用者付费的定价方式主要包括以下三种:

(1) 根据《价格法》等相关法律法规及政策规定确定;

(2) 由双方在 PPP 项目合同中约定;

(3) 由项目公司根据项目实施时的市场价格定价。

其中，除了最后一种方式是以市场价为基础外，对于前两种方式，均需要政府参与或直接决定有关 PPP 项目的收费定价。

问题 64：政府参与定价应考虑的因素有哪些?

答：政府参与定价的考虑因素如下：

(1) 需求的价格弹性。指需求量对价格变动的敏感程度，即使用者对于价格的容忍程度。收费价格上涨到一定程度后，可能会导致使用量的下降。

(2) 项目公司的目标。即在综合考虑项目的实施成本、项目合作期限、预期使用量等因素的情况下，收费定价能否使项目公司获得合理的收益。

(3) 项目本身的目标。即能否实现项目预期的社会和经济效益。

(4) 有关定价是否超出使用者可承受的合理范围（具体可以参考当地的物价水平）。

(5) 是否符合法律法规的强制性规定；等等。

问题 65：政府参与定价的方式有哪些?

答：根据《PPP 项目合同指南（试行）》规定，政府参与收费定价通常可以采取以下几种具体方式：

(1) 由政府设定该级政府所辖区域内某一行业的统一价（某市政府对该市所有高速公路收费实行统一定价）。由于该使用费定价无法因具体项目而调整，如果社会资本在提交响应文件时测算出有关使用费定价无法覆盖其成本，则通常允许其要求政府提供一定的补贴。

(2) 由政府设定该级政府所辖区域内某一行业的最高价。在具体项目中，项目公司仅能够按照该最高价或者低于该最高价的价格进行财务评估，如果社会资本在提交响应文件时测算出即使采用最高价也无法使其收回成本时，则通常允许其要求政府提供可行性缺口补助。

(3) 由双方在合同中约定具体项目收费的价格。

(4) 由双方在合同中约定具体项目收费的最高价。

此外，在一些 PPP 项目中，双方还有可能约定具体项目收费的最低价。

问题 66：什么是 PPP 项目合同的唯一性条款?

答：在采用使用者付费机制的项目中，由于项目公司的成本回收和收益取得与项目的实际需求量直接挂钩，为降低项目的需求风险，确保项目能够顺利获得融资支持和稳定回报，项目公司通常会要求在 PPP 项目合同中增加唯一性条款，要求政府承诺在一定期限内不在项目附近新建竞争性项目。

问题 67：什么是付费机制的超额利润限制?

答：在一些情形下，使用者需求激增或收费价格上涨，将可能导致项目公司因此获得超出合理预期的超额利润。针对这种情形，政府在设计付费机制时可以考虑设定一些限制超额利润的机制，包括约定投资回报率上限，超额利润部分与项目公司按股份进行分成等。但基本的原则是无论如何限制，付费机制必须能保证项目公司获得合理的收益，并且能够鼓励其提高整个项目的效率。

4.4.3 可行性缺口补助

问题 68：可行性缺口补助的内涵是什么？

答：可行性缺口补助是在政府付费机制与使用者付费机制之外的一种折衷选择。对于使用者付费无法使社会资本获取合理收益、甚至无法完全覆盖项目的建设和运营成本的项目，可以由政府提供一定的补助，以弥补使用者付费之外的缺口部分，使项目具备商业上的可行性。但此种付费机制的基本原则是"补缺口"，而不能使项目公司因此获得超额利润。

问题 69：我国可行性缺口补助的形式主要包括哪几种？

答：在我国实践中，可行性缺口补助的形式多种多样，具体包括：

（1）投资补助。在项目建设投资较大，无法通过使用者付费完全覆盖时，政府可无偿提供部分项目建设资金，以缓解项目公司的前期资金压力，降低整体融资成本。通常政府的投资额应在制订项目融资计划时或签订 PPP 项目合同前确定，并作为政府的一项义务在合同中予以明确。投资补助的拨付通常不会与项目公司的绩效挂钩。

（2）价格补贴。在涉及民生的公共产品或服务领域，为平抑公共产品或服务的价格水平，保障民众的基本社会福利，政府通常会对特定产品或服务实行政府定价或政府指导价。如果因该定价或指导价较低导致使用者付费无法覆盖项目的成本和合理收益，政府通常会给予项目公司一定的价格补贴。例如地铁票价补贴。

（3）其他形式。此外，政府还可通过无偿划拨土地，投资入股，放弃项目公司中政府股东的分红权，以及授予项目周边的土地、商业等开发收益权等方式，有效降低项目的建设、运营成本，提高项目公司的整体收益水平，确保项目的商业可行性。

4.4.4 不同行业下的付费和调价机制

问题 70：公共交通项目的含义是什么？

答：公共交通项目通常包括机场、港口、公路、铁路、桥梁和城市轨道交通等，其共同特点是公共服务性强、投资规模较大。

问题 71：高速公路付费机制通常有哪几种？

答：在高速公路项目中，如何收取车辆通行费是一个非常关键的问题。实践中，高速公路项目通常有三种付费机制：

（1）使用者付费（又称为"Real Toll"）：项目公司直接向高速公路使用者收费；

（2）政府按使用量付费（又称为"Shadow Toll"）：政府根据高速公路的实际使用量、即车流量向项目公司付费，车流量越大，付费越多；

（3）政府按可用性和绩效付费：政府根据项目公司提供的高速公路是否达到合同约定的可用性标准来付费，并在此基础上根据项目公司的绩效设定相应的扣减机制。如果项目公司未能保证高速公路达到供公众使用的标准，政府将根据不达标高速公路的长度和数量以及不达标所持续的时间等，从应当支付给项目公司的费用中作相应扣减。

问题72：高速公路调价原则有哪些？

答：（1）保证合理回报原则：项目公司在收回高速公路的建设成本和运营维护成本后，应获得与同行业平均收益率相适应的合理收益回报；

（2）使用者可承受原则：高速公路收费价格不应过分高于使用者可承受的合理范围，如果使用者通过使用高速公路所获得的时间节约、距离缩短和安全提高等效益，不能补偿其付出的通行费、燃油费等成本，使用者就可能不会选择使用该高速公路出行；

（3）综合考虑原则：高速公路项目在进行价格调整时，除了应考虑项目公司的收益水平和高速公路使用者的承受能力外，还应当综合考虑通货膨胀、物价上涨和收费管理人员工资变化等各种影响因素。

问题73：公用设施项目的含义是什么？

答：公用设施通常是指政府有义务提供的市政公用基础设施，包括供电、供气、供水、供热、污水处理、垃圾处理等，有时也包括通信服务设施。公用设施项目普遍具有公益性、自然垄断性、政府监管严、价格弹性较小等特点，但不同的公用设施项目也具有不同的特性。

问题74：供电项目的电价组成要素有哪些？

答：在不同供电项目中的电价组成要素可能不同，通常包括容量电价和电量电价中的一种或两种。

（1）容量电价。容量电价是基于项目是否达到合同约定的容量标准而支付的电价，与项目是否被实际使用无关，可以看作是可用性付费的一种形式。根据项目的具体情况，容量电价通常由项目的建设成本、固定的运营维护成本等组成。

在采用容量电价时，合同中通常会就发电机组的额定功率、可用小时数等设定严格的标准，如果项目公司无法达到该标准，则会扣减相应的付费；如果项目的实际性能优于合同约定的标准，在一些项目中还有可能获得相应的奖励。

（2）电量电价。电量电价是基于项目公司每月实际供应的电量来进行支付的电价形式。电量电价通常会根据季节及用电的峰谷时段设置不同的价格，以激励项目公司在电力供应紧张时期多供电。电量电价的组成通常包括燃料成本以及非固定的运营维护成本等。

问题75：电价的调整机制主要有哪几种？

答：电价的调整机制主要包括基于公式调整机制和协商调整机制两种：

（1）公式调整机制。在电价调整公式中，通常可能会以燃料价格变动、利率变动、消费者物价指数等作为主要的调价系数，当上述系数变动达到约定的幅度时即可触发调价程序，按调价公式自动调整电价。

（2）协商调整机制。在一些供电项目中，双方会在项目采购阶段根据项目预算成本初步确定电价和电价组成要素，待项目建成后如果实际结算成本与预算成本差别较大的，双方再根据实际结算成本对电价和电价组成要素进行重新谈判。这种调价方式，也称为成本加成电价模式。

与之相对应的是馈网电价模式，即双方在项目采购阶段确定一个固定的馈网电价，并且在项目实施过程中不会因实际成本与预算成本有差别而对该电价进行调整。但在国际 PPP 实践中，一些以馈网电价为基础的供电项目，也可能设定一些调价机制，但通常调价幅度有限，并且一般不需要双方再次协商。

问题 76：社会公共服务领域包括的项目有哪些？

答：社会公共服务领域的项目通常包括医疗服务设施、学校、监狱、养老院、保障性住房等。在社会公共服务 PPP 项目中，项目公司有可能负责社会服务设施的建设和运营维护，或者为社会服务设施提供部分或全部的运营和管理服务，或者直接负责提供社会公共服务。此外，在一些 PPP 项目中，合作范围还可能包括项目周边土地开发和设施经营，如餐厅、商店等。

问题 77：社会公共服务项目的付费机制有哪些？

答：社会公共服务项目通常采用政府付费或者可行性缺口补助机制，很少采用单纯的使用者付费机制。这主要是因为社会公共服务项目通常具有较强的公益性（如学校、医疗机构等），其所提供的公共服务通常是免费的或者收费较低，项目公司很难通过单纯的使用者付费机制回收成本并获得合理收益。

（1）政府付费。社会公共服务项目通常采用依可用性和绩效付费的政府付费机制。例如，在公立学校项目中，由项目公司负责学校设施的建设并提供部分运营管理服务，在学校设施建成后，政府根据学校设施的可用性和项目公司的运营表现，按月向项目公司支付一笔固定费用。但是，如果项目公司没有达到学校设施的可用性标准（如教室数量不符合合同要求），或者一些项目公司提供的运营管理服务没有达到合同约定的绩效标准（如安保工作、卫生状况等未达标），则政府会在固定支付的费用中作相应的扣减。

（2）可行性缺口补助。在一些服务定价较低，使用者付费无法完全覆盖项目公司的投资成本和合理收益的项目中，可以考虑采用可行性缺口补助机制。例如，在养老服务和保障性住房项目中，使用者可以优惠价格购买服务或住房，而政府就该优惠价与市场价之间的差额部分向项目公司提供适当的补助，以保证项目公司收回成本并获得合理的收益。

问题 78：社会公共服务项目的调价机制主要包括哪几种？

答：常见的调价机制包括基准比价机制和市场测试机制两种：

（1）基准比价机制。采用基准比价机制通常不会直接导致服务提供者的更换。

（2）市场测试机制。相比基准比较机制，市场测试机制的程序更具透明性和竞争性，可以更好地实现项目的物有所值。采用市场测试机制有可能导致服务提供者的更换，市场测试后确定的采购价格既可能高于、也可能低于原来的价格。

问题 79：基准比价机制的具体操作程序是什么？

答：通常基准比价机制的具体操作程序如下：

（1）在 PPP 项目合同中约定一个固定周期或者一个特定日期，在该周期届满或该日期到来时，由项目公司启动比价程序，就其提供某项特定服务的价格与市场上提供同类服务的一般价格进行比较。

（2）项目公司应在 PPP 项目合同中约定的比价期限内（例如 40 周）完成比价工作。具体比价期限的长短需要根据相关服务的规模和性质确定。

（3）若比价结果显示同类服务市场价高于项目公司当前定价的，通常会有两种以下情形：若现有服务分包商依其分包合同仍有义务按原价提供服务的，则无需进行调价；若现有服务分包商依其合同有权重新调价的，则可由项目公司向政府申请调价。

（4）若比价结果显示同类服务市场价低于项目公司当前定价的，PPP 项目合同通常会规定项目公司必须与政府协商对该项服务的价格进行调整。

同时，鉴于在基准比价机制下的比价工作主要由项目公司负责实施，为加强政府对项目公司比价过程的监控，通常会在合同中规定政府有权对项目公司或其分包商提供服务的相关成本分析进行评估和审核。

问题 80：市场测试机制的操作程序具体包括哪些内容？

答：通常市场测试机制的具体操作程序如下：

（1）在合同约定的特定日期到来时，项目公司将会就特定的软性服务进行重新采购，通常原分包商可以参与采购程序，但应避免利益冲突的情况，例如项目公司的关联公司即不能参与。

（2）如果采购程序结果显示，项目公司通过替换该服务的分包商，更能够实现项目的物有所值，则政府和项目公司可协议更换该服务的分包商，政府则可因此减少付费或者获得更优质的服务。

（3）如果采购程序结果显示，该服务的原分包商更能实现项目的物有所值，则不会更换分包商，也不会对当前的服务定价进行调整。

市场测试机制的采购工作通常由项目公司负责实施，项目公司有义务确保采购工作的依法实施以及分包商之间的顺利交接。

4.5 风险分配框架

4.5.1 风险分配原则

问题 81：PPP 项目有什么风险特点？

答：PPP 项目具有建设周期长，投资额度大，获得收益回报晚，涉及参与主体多的特点，各方之间合同关系复杂，风险因素较之一般项目要多，项目风险主要有：政策风险、法律风险、建设风险、运营风险、财务风险、市场风险等、不可抗力风险等。项目风险的特点主要是：复杂性、阶段性、动态渐进性、层次性、边界模糊性等。

问题 82：怎样设计 PPP 项目的风险分配框架？

答：PPP 项目的风险分配框架设计如图 4-3 所示。

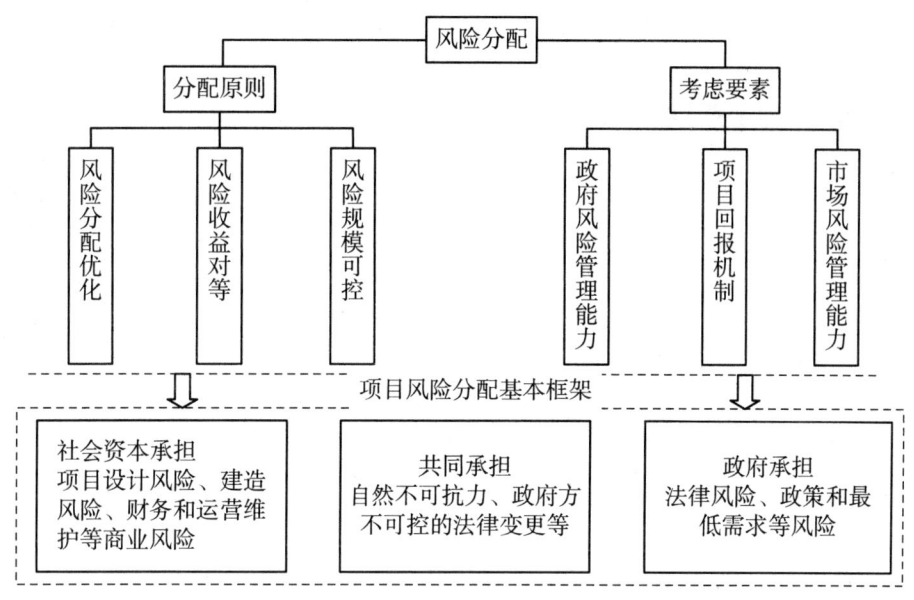

图 4-3 风险分配框架设计图

问题 83：PPP 项目合同中风险分配的具体内容有哪些？

答： PPP 项目合同的目的就是要在政府方和项目公司之间合理分配风险，明确合同当事人之间的权利义务关系，以确保 PPP 项目顺利实施和实现物有所值。在设置 PPP 项目合同条款时，要按照风险分配优化、风险收益对等和风险可控等原则，风险由对控制风险最有力、最有效率的一方承担，具体分配如下：

（1）承担风险的一方应该对该风险具有控制力；
（2）承担风险的一方能够将该风险合理转移（例如通过购买相应保险）；
（3）承担风险的一方对于控制该风险有更大的经济利益或动机；
（4）由该方承担该风险最有效率；
（5）如果风险最终发生，承担风险的一方不应将由此产生的费用和损失转移给合同相对方。

问题 84：按照分配原则，风险的承担通常怎样分配？

答： 财政部《操作指南》规定，项目的设计、建造、财务和运营维护等商业风险由社会资本承担，法律、政策和最低需求等风险由政府承担，不可抗力等风险由政府和社会资本合理共担。

问题 85：风险管理的主要内容是什么？

答： 风险识别。作为风险管理的基础，通过前期调查研究和收集资料，系统地判断和归类潜在的或存在的各种风险，项目过程中准确合理的风险识别对一个项目的成功与否至关重要。

风险评估。对已识别的风险，进行估计和评价，主要评估风险发生的概率，评估风险的危险程度，评估风险的重要性，进而综合考虑项目的整体风险及项目对风险的承受能力。

风险应对。在对风险评估的基础上，对风险进行转移控制，按照风险分配优化、风险收益对等和风险可控等原则,对风险进行科学合理分担,风险由对控制风险最有力、最有效率的一方承担。

问题 86:怎样设置 PPP 模式的风险分配流程?

答:基于风险分担动态原则,随着项目的推进,当项目所处的外部环境与内部环境发生变化时,会产生新的风险;另外,一些原有的风险属性可能会发生变化,公私双方需要完善原有的风险分担方案。当分担方案随着外部条件及合同中各方的新情况的出现而改变时,提倡各方要主动地根据自身的情况制定规避风险的措施,并共同协商如何解决风险,实现最终的双赢的局面。对于 PPP 项目的风险分担不能单从项目利益相关者一方的角度出发,需以项目的整体利益为出发点来考虑,并应结合项目的全生命周期做全面的考虑。在风险分配原则的基础上,提出了一个风险分担的框架,如图 4-4 所示。

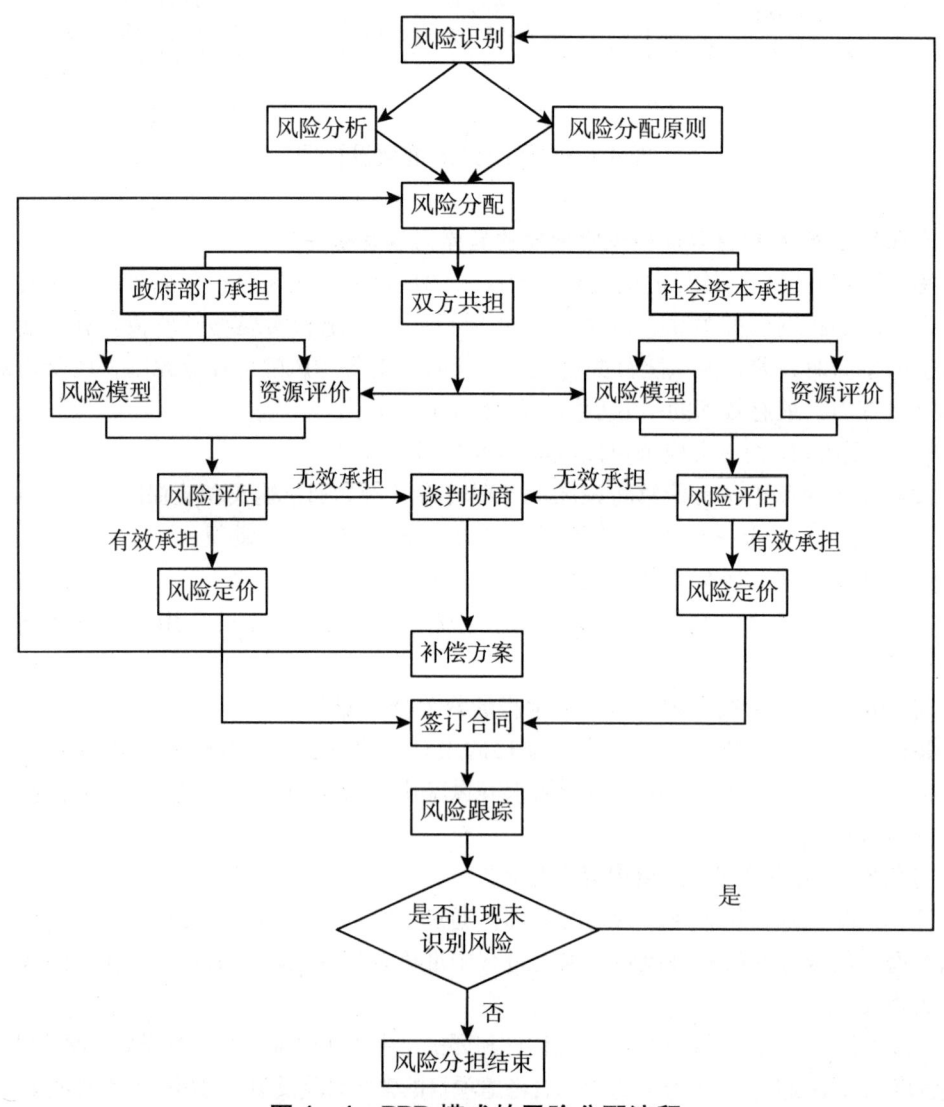

图 4-4 PPP 模式的风险分配流程

问题87：影响风险分配效率的因素有哪些？

答：（1）PPP项目自身特点。由于PPP建设周期长，投资额度大，获得收益回报晚，参与主体多以及合同关系复杂，政府与社会资本对风险分配都非常谨慎。

（2）对PPP模式存在误解。政府方的错误观点是，认为PPP模式是将全部风险转移给社会资本，而社会资本等参与者则可能认为项目合同周期长，潜藏着高风险，而存在规避心理。

（3）双方对风险承担的意愿。首先是双方对项目风险的认识深度以及对风险所持的态度，再者是当风险发生时，双方对风险的承担和管理能力。

（4）程序标准和合同规范问题。由于我国PPP模式应用尚不成熟，各个领域项目特点及各个地域情况的不同，造成了有针对性的标准程序和规范合同的缺乏，降低了谈判效率。

4.5.2 政府方承担的风险

问题88：通常由政府方承担的风险有哪些？

答： 通常由政府方承担的风险，包括：

（1）土地获取风险（在特定情形下也可能由项目公司承担）；

（2）项目审批风险（根据项目具体情形不同，可能由政府方承担，也可能由项目公司承担）；

（3）政治不可抗力（包括非因政府方原因且不在政府方控制下的征收征用和法律变更等）。

问题89：项目审批风险应该由谁承担？

答： 在遵守我国法律法规的前提下，按照一般的风险分配原则，项目审批风险通常应由对履行相关审批程序最有控制力且最有效率的一方承担，例如：

（1）如果项目公司可以自行且快捷地获得相关审批，则该义务可由项目公司承担；

（2）如果无政府协助项目公司无法获得相关审批，则政府方有义务协助项目公司获得审批；

（3）如果相关审批属于政府方的审批权限，则应由政府方负责获得。

问题90：土地获取风险具体应由谁承担？

答： 在PPP实践中，通常根据政府方和项目公司哪一方更有能力、更有优势承担取得土地的责任的原则，来判定由哪一方负责取得土地。依据PPP项目性质及土地使用权获取的经济和效率问题，土地使用权一般由政府负责提供，社会资本一般无法自行取得，通常情况下需要政府提供必要的协助。

问题91：法律变更带来的后果有哪些？

答：（1）政府方可控的法律变更的后果。在PPP项目中，某些法律变更事件可能是由作为PPP项目合同签约主体的政府方直接实施或者在政府方职权范围内发生的，例如由该政府方、或其内设政府部门、或其下级政府所颁行的法律。对于此类法律变更，可认定为政府方可控的法律变更，具体后果可能包括：

①在建设期间，如果因发生政府方可控的法律变更导致项目发生额外费用或工期延误，项目公司有权向政府方索赔额外费用或要求延长工期（如果是采用政府付费机制的项目，还可以要求认定"视为已开始运营"）；

②在运营期间，如果因发生政府方可控的法律变更导致项目公司运营成本费用增加，项目公司有权向政府方索赔额外费用或申请延长项目合作期限；

③如果因发生政府方可控的法律变更导致合同无法继续履行，则构成"政府违约事件"，项目公司可以通过违约条款及提前终止机制等进行救济。

（2）政府方不可控的法律变更的后果。对于超出政府方可控范围的法律变更，如由国家或上级政府统一颁行的法律等，应视为不可抗力，按照不可抗力的机制进行处理。在某些PPP项目合同中，也有可能将此类法律变更直接定义为政治不可抗力，并约定由政府方承担该项风险。

问题92：政治不可抗力的内涵及法律后果是什么？

答：政治不可抗力事件通常包括非因签约政府方原因导致的、且不在其控制下的征收征用、法律变更（即"政府不可控的法律变更"）、未获审批等政府行为引起的不可抗力事件。

在PPP实践中，考虑到政府方作为PPP项目合同的签约主体，对于上述不可抗力事件具有一定的影响能力，因此一些PPP项目合同中，将此类政治不可抗力事件归为政府方应承担的风险，并约定如下的法律后果：

（1）发生政治不可抗力事件，项目公司有权要求延长工期、获得额外补偿或延长项目合作期限；

（2）如因政治不可抗力事件导致项目提前终止，项目公司还可获得比其他不可抗力事件更多的回购补偿，甚至可能包括利润损失。

问题93：政府应采取什么措施健全风险管理？

答：《山东省人民政府办公厅转发省财政厅省发展改革委人民银行济南分行关于在公共服务领域推广政府和社会资本合作模式的指导意见的通知》规定，各级政府要以财政承受能力论证结果为依据，综合考虑政府风险转移意向、支付方式和市场风险管理能力等要素，研究制定项目收益与风险分担机制以及防范项目不能正常运转的应急方案。按照政府性债务管理要求合理确定补贴金额，严格控制政府或有债务，重点做好融资平台公司项目向政府和社会资本合作项目转型的风险控制工作，切实防范和控制财政风险。各行业主管部门应制定不同领域的行业技术标准、公共产品或服务技术规范，加强对公共服务质量和价格的监管。原则上，同一设区市内同一类项目，价格、收费等标准应基本一致。

问题94：通常情况下，政府方承担的风险明细有哪些？

答：风险分担的明细情况如表4-1所示①。

虽然本图表列出了各主体相应承担的风险，但是由于风险边界模糊性，以及签署合同时主体间的约定，有些风险划分仍存在争议，实际操作中风险的具体归属，应根据PPP项目的实际情况，由参与主体共同协商。

---

① 廖睿：《PPP操作指南：政府和社会资本合作实务》中国人民大学出版社2016年版，第91~93页。

表 4-1　　　　　　　　　　　政府方承担的风险

风险因素	主要风险集	承担结果
政治风险	特许权收回	通常由政府承担。这类风险一般情况下由政府引起，风险的发生归责于政府；政府对此类风险具有一定的控制力。
	征用/公有化	
	政局不稳/换届	
	政府信用风险	
	政府决策失误/审批延误	
	政府干预	
	政府官员腐败	
	政治不可抗力事件	
法律风险	法律监控及体系不完善风险	政府承担。由政府方直接实施或者在政府方职权范围内发生的，例如由该政府方、或其内设政府部门、或其下级政府所颁行的法律。
	政府方可控的法律变更	
	合同文件冲突	
	剩余风险	
	违约风险	由归责对象承担。
市场风险	唯一性风险	政府承担。政府对项目唯一性和最低需求有承诺的情况下，由政府承担。
	最低需求风险	
建造风险	土地获取风险	政府承担。依据PPP项目性质及土地使用权获取的经济和效率问题，土地使用权一般由政府负责提供，社会资本一般无法自行取得。
	公共设备服务提供	

4.5.3　社会资本承担的风险

问题 95：通常由项目公司承担的风险有哪些？

答：通常由项目公司承担的风险，包括：

（1）如期完成项目融资的风险；

（2）项目设计、建设和运营维护相关风险，例如完工风险、供应风险、技术风险、运营风险以及移交资产不达标的风险等；

（3）项目审批风险（根据项目具体情形不同，可能由政府方承担，也可能由项目公司承担）；

（4）获得项目相关保险。

问题 96：PPP 合同中项目的设计责任如何划分？

答：在 PPP 项目中，通常由项目公司对其所作出的设计承担全部责任。该责任不因该设计已由项目公司分包给其他设计单位或已经政府方审查而被豁免或解除。

问题 97：PPP 合同中项目的建设责任如何划分？

答：在 PPP 项目中，通常由项目公司负责按照合同约定的要求和时间完成项目的建设并开始运营，该责任不因项目建设已部分或全部由项目公司分包给施工单位或承包商实施而豁免或解除。

问题 98：运营维护中项目公司承担的相关风险有哪些？

答：如果项目公司因自身原因没有按照合同约定的时间和要求开始运营，将可能承担如下后果：

（1）一般的后果：无法按时获得付费、运营期缩短。通常来讲，根据 PPP 项目合同的付费机制和项目期限机制，如果项目公司未能按照合同约定开始运营，其开始获得付费的时间也将会延迟，并且在项目合作期限固定、不分别设置建设期和运营期且没有正当理由可以展期的情况下，延迟开始运营意味着项目公司的运营期（即获得付费的期限）也会随之缩短。

（2）支付逾期违约金。一些 PPP 项目合同中会规定逾期违约金条款，即如果项目公司未能在合同约定的日期开始运营，则需要向政府方支付违约金。

如果在 PPP 项目合同中加入逾期违约金条款，则应在项目采购阶段对逾期可能造成的损失进行评估，并据此确定逾期违约金的金额和上限（该上限是项目融资方非常关注的要点）。

（3）项目终止。如果项目公司延误开始运营日超过一定的期限（例如，200 日），政府方有权依据 PPP 项目合同的约定主张提前终止该项目。

（4）履约担保。为了确保项目公司按时按约履行合同，有时政府方也会要求项目公司以履约保函等形式提供履约担保。如果项目公司没有按照合同约定运营项目，政府方可以依据双方约定的履约担保机制获得一定的赔偿。

问题 99：怎样对项目的运营责任进行划分？

答：一般情况下，项目的运营由项目公司负责。但在一些 PPP 项目、特别是公共服务和公用设施行业下的 PPP 项目中，项目的运营通常需要政府方的配合与协助。在这类项目中，政府方可能需要提供部分设施或服务，与项目公司负责建设运营的项目进行配套或对接，例如垃圾处理项目中的垃圾供应、供热项目中的管道对接等。

具体项目中如何划分项目的运营责任，需要根据双方在运营方面的能力及控制力来具体分析，原则上仍是由最有能力且最有效率的一方承担相关的责任。

问题 100：暂停服务的分类及相应的责任包括哪些？

答：在项目运营过程中不可避免地会因一些可预见的或突发的事件而暂停服务。暂停服务一般包括两类：

（1）计划内的暂停服务。一般来讲，对项目设施进行定期的重大维护或者修复，会导致项目定期暂停运营。对于这种合理的、可预期的计划内暂停服务，项目公司应在报送运营维护计划时提前向政府方报告，政府方应在暂停服务开始之前给予书面答复或批准，项目公司应尽最大努力将暂停服务的影响降到最低。发生计划内的暂停服务，项目公司不承担不履约的违约责任。

（2）计划外的暂停服务。若发生突发的计划外暂停服务，项目公司应立即通知政府方，解释其原因，尽最大可能降低暂停服务的影响并尽快恢复正常服务。对于计划外的暂停服务，责任的划分按照一般的风险分担原则处理，即：

①如因项目公司原因造成，由项目公司承担责任并赔偿相关损失；

②如因政府方原因造成，由政府方承担责任，项目公司有权向政府方索赔因此造成的费用损失并申请延展项目期限；

③如因不可抗力原因造成，双方共同分担该风险，均不承担对对方的任何违约责任。

问题101：通常情况下，社会资本承担的风险明细有哪些？

答：风险分担的明细情况如表4-2所示。

虽然表4-2列出了各主体相应承担的风险，但是由于风险边界模糊性，以及签署合同时主体间的约定，有些风险划分仍存在争议，实际操作中风险的具体归属，应根据PPP项目的实际情况，由参与主体共同协商解决。

表4-2　　　　　　　　　　社会资本承担的风险明细

风险因素	主要风险集	承担结果
市场风险	市场需求变化风险	一般由社会资本承担。也可能与政府承诺有关，若政府对相应风险进行承诺，如对最低需求进行承诺，则相应风险由政府承担。但政府不承诺保底收益。
	市场竞争风险	
	市场收益不足风险	
融资风险	融资可行性风险	社会资本承担。社会资本应负责完成项目的融资，若因公司融资不到位，相应风险由社会资本承担。
	融资完成风险	
	融资成本风险	
建造风险	设计风险	社会资本承担。与项目建设相应的具体事宜由社会资本承担，其可根据情况将风险转移给相对方或相对方共同承担。社会资本也可购买相应的商业保险，将风险转移给保险公司。
	技术风险	
	原材料/基础设备供应风险	
	施工安全风险	
	建设/完工风险	
	工程质量风险	
运营风险	运营费用过高风险	社会资本承担。运营风险主要源于社会资本在运营过程中经验、管理不善等因素，根据风险分配原则，理应由社会资本承担。
	维修/更新成本过高风险	
	运营效率低下风险	
	运营收入不足风险	
	收费变更风险	
	运营安全风险	
移交风险	残值风险	社会资本承担。社会资本在运营期间和移交前对项目进行维护、检修，以保障项目移交后的质量。
	移交资产不完全风险	
管理风险	组织协调风险	社会资本承担。社会资本负责项目的组织和财务管理，其风险应由社会资本承担。

问题102：项目的维护责任通常由谁承担？

答：在PPP项目中，通常由项目公司负责根据合同约定及维护方案和手册的要求对项目设施进行维护和修理,该责任不因项目公司将部分或全部维护事务分包给其他运营维护商实施而豁免或解除。

4.5.4 双方共担的风险

问题103:通常由双方共担的风险有哪些?

答:《财政部关于规范政府和社会资本合作合同管理工作的通知》规定,通常由双方共担的风险为自然不可抗力。

问题104:什么是PPP合同中的不可抗力?

答:我国《合同法》第一百一十七条规定,"不可抗力是指不能预见、不能避免并不能克服的客观情况"。实践中,合同中有时会约定只有不可抗力事件发生且其效果持续一定期间以上足以影响合同的正常履行,才构成合同约定的不可抗力。

多数PPP项目合同采用的是概述加列举式,即先对不可抗力进行概括的定义,再列举具体的不可抗力情形,最后再加一个兜底的表述。

问题105:不可抗力的分类有哪些?

答:鉴于PPP项目合同的签约主体一方为政府,其所控制风险的范围和能力与一般的签约主体不同,因此实践中一些PPP项目合同会将不可抗力事件分为政治不可抗力和自然不可抗力,并对不同类型不可抗力事件的法律后果进行区别处理。

(1)政治不可抗力。政治不可抗力事件通常包括非因签约政府方原因导致的、且不在其控制下的征收征用、法律变更(即"政府不可控的法律变更")、未获审批等政府行为引起的不可抗力事件。

(2)自然不可抗力。主要是指台风、冰雹、地震、海啸、洪水、火山爆发、山体滑坡等自然灾害;有时也可包括战争、武装冲突、罢工、骚乱、暴动、疫情等社会异常事件。这类不可抗力则通常按照一般不可抗力的法律后果处理。

问题106:通常情况下,双方共同承担的风险明细有哪些?

答:风险分担的明细情况如表4-3所示。

虽然表4-3列出了各主体相应承担的风险,但是由于风险边界模糊性,以及签署合同时主体间的约定,有些风险划分仍存在争议,实际操作中风险的具体归属,应根据PPP项目的实际情况,由参与主体共同协商。

表4-3　　　　　　　　双方共同承担的风险明细

风险因素	主要风险集	承担结果
不可抗力风险	政府方不可控的法律变更	按风险分配原则,风险由双方共担。
	自然不可抗力	
市场风险	利率风险	通常情况下由双方共担,不排除由社会资本单独承担的情况。这三类风险与宏观经济形势有关,一定程度内,社会资本可通过相应的金融工具应对,若超出一定范围,则由政府宏观调节。

问题 107：不可抗力带来的法律后果有哪些？

答： 在 PPP 项目合同中，除政治不可抗力外，一般不可抗力的法律后果通常包括：

（1）免于履行。如在 PPP 项目合同履行过程中，发生不可抗力并导致一方完全或部分无法履行其合同义务时，根据不可抗力的影响可全部或部分免除该方在合同项下的相应义务。

但在一些 PPP 项目、特别是采用政府付费机制的项目中，也可能在 PPP 项目合同中约定由政府方承担全部或部分不可抗力风险，在不可抗力影响持续期间，政府仍然有义务履行全部或部分付款义务。

（2）延长期限。如果不可抗力发生在建设期或运营期，则项目公司有权根据该不可抗力的影响期间申请延长建设期或运营期。

（3）免除违约责任。不可抗力条款启动后，在不可抗力事件持续期间（或双方另外约定的期间），受影响方无需为其中止履约或履约延误承担违约责任。

（4）费用补偿。对于不可抗力发生所产生的额外费用，原则上由各方自行承担，政府不会给予项目公司额外的费用补偿。

（5）解除合同。如果不可抗力发生持续超过一定期间，例如 12 个月，任何一方均有权提出解除合同。

问题 108：项目运营中，怎样分担因中性原因导致项目无法按期运营的风险？

答： 此处的中性原因是指不可抗力及其他双方约定由双方共同承担风险的原因。不可抗力是指 PPP 项目合同签订后发生的，合同双方不能预见、不能避免并不能克服的客观情况，主要是指自然不可抗力，不包括按照合同约定属于政府方和项目公司违约或应由其承担风险的事项。

因中性原因导致政府方或项目公司不能按期开始运营的，受到该中性原因影响的一方或双方均可以免除违约责任（例如违约金、赔偿等），也可以根据该中性原因的影响期间申请延迟开始运营日。

4.6 交易结构

4.6.1 项目投融资结构

问题 109：项目投融资结构的含义是什么？

答： 财政部《操作指南》指出，项目投融资结构主要说明项目资本性支出的资金来源、性质和用途，项目资产的形成和转移等。

问题 110：PPP 项目的资金来源主要有哪些？

答： PPP 项目的资本金来源主要有政府和社会资本方的直接出资；商业银行及政策性银行提供的信贷资金；PPP 产业基金等证券市场资金；资产变现、产权转让和其他非现金资产等内部资金；中央和地方政府可用于项目建设的财政性资金及其他外部资金等。

问题111：项目资本金与注册资本的区别是什么？

答：项目资本金，指在PPP项目总投资中，由社会资本按协议投资比例认缴的非债务性资金。社会资本按其出资的比例依法享有所有者权益，可转让其出资，不得以任何方式抽回。项目资本金可用货币出资，也可以用实物、产权、非专利技术、土地使用权等作价出资。

注册资本，是公司登记机关依法登记的全体股东或者发起人认缴的出资额，与项目资本金的性质完全不同。

问题112：项目资产的形成和转移的内容包括哪些？

答：资产的形成，主要包括固定资产的形成和无形资产的形成。资产的转移，主要明确PPP项目合作期内资产的权属以及合作期满后资产的处理方式。

问题113：项目公司融资权利和义务的含义是什么？

答：在PPP项目中，通常项目公司有权并且有义务获得项目的融资。为此，PPP项目合同中通常会明确约定项目全生命周期内相关资产和权益的归属，以确定项目公司是否有权通过在相关资产和权益上设定抵质押担保等方式获得项目融资，以及是否有权通过转让项目公司股份以及处置项目相关资产或权益的方式实现投资的退出。

问题114：PPP项目的融资方通常包括哪些企业机构？

答：PPP项目的融资方通常有商业银行、出口信贷机构、多边金融机构（如世界银行、亚洲开发银行等）以及非银行金融机构（如信托公司）等。根据项目规模和融资需求的不同，融资方可以是一两家金融机构，也可以是由多家银行或机构组成的银团，具体的债权融资方式除贷款外，也包括债券、资产证券化等。

问题115：融资方的核心权利有哪些？

答：为了保证项目公司能够顺利获得融资，在PPP项目合同中通常会规定一些保障融资方权利的安排。融资方在提供融资时最为关注的核心权利包括：

（1）融资方的主债权和担保债权。如果项目公司以项目资产或其他权益（例如运营期的收费权）、或社会资本以其所持有的与项目相关的权利（例如其所持有的项目公司股权）为担保向融资方申请融资，融资方在主张其担保债权时可能会导致项目公司股权以及项目相关资产和权益的权属变更。因此，融资方首先要确认PPP项目合同中已明确规定社会资本和项目公司有权设置上述担保，并且政府方可以接受融资方行使主债权或担保债权所可能导致的法律后果，以确保融资方权益能够得到充分有效的保障。

（2）融资方的介入权。由于项目的提前终止可能会对融资方债权的实现造成严重影响，因此融资方通常希望在发生项目公司违约事件且项目公司无法在约定期限内补救时，可以自行或委托第三方在项目提前终止前对于项目进行补救。为了保障融资方的该项权利，融资方通常会要求在PPP项目合同中或者通过政府、项目公司与融资方签订的直接介入协议对融资方的介入权予以明确约定。

问题116：再融资的条件有哪些？

答：为了调动项目公司的积极性并保障融资的灵活性，在一些PPP项目合同中，还会包括允许项目公司在一定条件下对项目进行再融资的规定。

再融资的条件通常包括：再融资应增加项目收益且不影响项目的实施、签署再融资协议前须经过政府的批准等。此外，PPP 项目合同中也可能会规定，政府方对于因再融资所节省的财务费用享有按约定比例（例如 50%）分成的权利。

4.6.2 回报机制

问题 117：什么是 PPP 项目的回报机制？

答：财政部《操作指南》指出，项目回报机制主要说明社会资本取得投资回报的资金来源，包括使用者付费、可行性缺口补助和政府付费等支付方式。具体如图 4-5 所示。

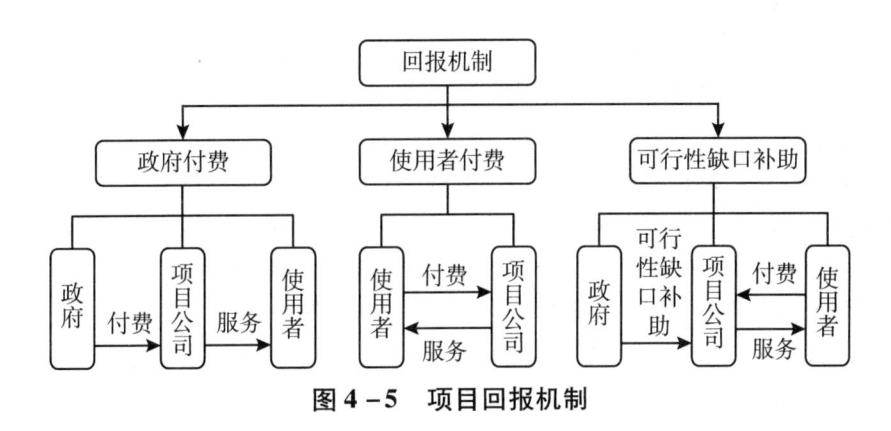

图 4-5 项目回报机制

问题 118：固定投资回报是否适用于 PPP 项目？

答：固定投资回报不能应用于 PPP 项目。根据《关于进一步共同做好政府和社会资本合作（PPP）有关工作的通知》的规定，坚决杜绝各种非理性担保或承诺、过高补贴或定价，避免通过固定回报承诺、明股实债等方式进行变相融资。

问题 119：怎样设计合理的项目回报机制？

答：PPP 的项目回报机制主要有政府付费、使用者付费和可行性缺口补助三种付费方式，付费机制关系 PPP 项目的风险分配和收益回报，实践中，需要根据各方的合作预期和承受能力，结合项目所涉的行业、运作方式等实际情况，因地制宜地设置合理的付费机制，同时还应考虑价格调整机制，建立科学合理的动态可调整的回报机制。

问题 120：政府在不同付费方式中承担的责任有哪些？

答：针对政府付费模式的项目，在项目运营补贴期间，政府承担全部直接付费责任；针对可行性缺口补助模式的项目，在项目运营补贴期间，政府承担部分直接付费责任。注：政府每年直接付费数额计算公式，在本书第 3 章已作出详细介绍，具体内容可参考第 3 章第 5 节支出测算部分。

问题 121：为什么说 PPP 的三种付费方式都由财政统筹管理？

答：PPP 项目，不论是采用政府付费、可行性缺口补贴，还是使用者付费方式，都应按照 PPP 的统一规则来规范，由财政统筹管理。

（1）PPP 项目的回报机制由多种因素决定，不是简单按行业领域预设的，同一类项目在不同地区可能采用不同的回报机制，同一个项目在不同时间所适用的回报机制也会随公共服务需求、市场环境和财力的变化而变化。如公路有的收费、有的不收费，有的过去收费、现在不收费。

（2）向使用者收费是政府让渡给社会资本的一项收费权，属于间接的政府收入，也是一项公共资源，这一点在之前谈特许经营时已经说明，因此应该由财政部门统筹管理。

（3）使用者付费项目仍存在或有或隐性的财政支出责任，同样需要按照 PPP 的统一程序进行物有所值评价和财政承受能力论证，单纯按照价格调控的思路来管理，很难做好公众利益与政府财力的平衡，更容易忽视后续监管和绩效评价。实践中，不少特许经营项目已经从单一的使用者付费方式转向可行性缺口补助[①]。

问题 122：怎样完善公共服务价格调整机制？

答：《国务院办公厅转发财政部、发展改革委、人民银行关于在公共服务领域推广政府和社会资本合作模式指导意见的通知》规定，积极推进公共服务领域价格改革，按照补偿成本、合理收益、节约资源、优质优价、公平负担的原则，加快理顺公共服务价格。依据项目运行情况和绩效评价结果，健全公共服务价格调整机制，完善政府价格决策听证制度，广泛听取社会资本、公众和有关部门意见，确保定价调价的科学性。及时披露项目运行过程中的成本变化、公共服务质量等信息，提高定价调价的透明度。

问题 123：怎样进一步建立完善合理的投资回报机制？

答：财政部《关于进一步共同做好政府和社会资本合作（PPP）有关工作的通知》规定，各地要通过合理确定价格和收费标准、运营年限，确保政府补贴适度，防范中长期财政风险。要通过适当的资源配置、合适的融资模式等，降低融资成本，提高资金使用效率。要充分挖掘 PPP 项目后续运营的商业价值，鼓励社会资本创新管理模式，提高运营效率，降低项目成本，提高项目收益。要建立动态可调整的投资回报机制，根据条件、环境等变化及时调整完善，防范政府过度让利。

4.6.3 相关配套安排

问题 124：交易结构中相关配套安排的含义是什么？

答：财政部《操作指南》规定，相关配套安排主要说明由项目以外相关机构提供的土地、水、电、气和道路等配套设施和项目所需的上下游服务。

明确 PPP 项目所占用土地的供给方式，明确 PPP 项目道路、电力、给排水等施工配套条件的责任主体及保障措施。

问题 125：怎样对 PPP 项目之外但在设计之内的关联工程进行安排？

答：PPP 项目之外但在设计之内的关联工程，如水电网管网、绿化工程、跨铁路桥梁公路段等，往往由地方平台公司或电力及铁路行业指定公司垄断承包，可由政府出面协调，并就相关权利义务及责任作出稳妥设计。

---

① 韩斌：《PPP 改革与公共服务供给机制创新》，中国基础设施和公用事业特许经营展论坛，2016 年 7 月 8 日。

另外与 PPP 项目工程相邻或嵌套的不在社会资本方投资范围内的工程项目,也应提前设置有关权利义务及责任条款,使之对 PPP 项目的规划设计和建设施工的不利影响降到最低。

问题 126:项目用地条款的含义是什么?

答:PPP 项目合同中的项目用地条款,是在项目实施中涉及的土地方面的权利义务规定,通常包括土地权利的取得、相关费用的承担以及土地使用的权利及限制等内容。

问题 127:怎样获取土地使用权?

答:实践中,根据 PPP 项目签约主体和具体情况的不同,土地使用权的取得通常有以下两种方式:

(1) 由政府方负责提供土地使用权;
(2) 由政府方协助项目公司获得土地使用权。

问题 128:政府方提供土地使用权的具体安排有哪些?

答:政府方以土地划拨或出让等方式向项目公司提供项目建设用地的土地使用权及相关进入场地的道路使用权,并根据项目建设需要为项目公司提供临时用地。项目的用地预审手续和土地使用权证均由政府方办理,项目公司主要予以配合。上述土地如涉及征地、拆迁和安置,通常由政府方负责完成该土地的征用补偿、拆迁、场地平整、人员安置等工作,并向项目公司提供没有设定他项权利、满足开工条件的净地作为项目用地。

问题 129:取得土地使用权或其他相关权利的费用包括哪些?

答:在取得土地使用权或其他相关权利的过程中可能会涉及的费用包括:土地出让金、征地补偿费用(具体可能包括土地补偿费、安置补助费、地上附着物和青苗补偿费等)、土地恢复平整费用以及临时使用土地补偿费等。

问题 130:怎样对取得土地使用权或其他相关权利的费用进行分担?

答:首先,取得土地使用权与支付相关费用的有可能不是同一主体。

其次,具体项目公司应当承担哪些费用和承担多少,需要根据费用的性质、项目公司的承担能力、项目的投资回报等进行综合评估。

问题 131:项目公司土地使用权的限制有哪些?

答:由于土地是为专门实施特定的 PPP 项目而划拨或出让给项目公司的,因此在 PPP 项目合同中通常还会明确规定,未经政府批准,项目公司不得将该项目涉及的土地使用权转让给第三方或用于该项目以外的其他用途。

除 PPP 项目合同中的限制外,项目公司的土地使用权还要受土地使用权出让合同或者土地使用权划拨批准文件的约束,并且要遵守《土地管理法》等相关法律法规的规定。

问题 132:政府方行使场地出入权的条件和限制包括哪些内容?

答:政府方行使场地出入权需要有一定的条件和限制,包括:

(1) 仅在特定目的(双方可在 PPP 项目合同中就"特定目的"的具体范围予以明确约定)下才有权进入场地,例如检查建设进度、监督项目公司履行 PPP 项目合同项下义务等;
(2) 履行双方约定的合理通知义务后才可入场;
(3) 需要遵守一般的安全保卫规定,并不得影响项目的正常建设和运营。

需要特别说明的是，上述条件和限制仅是对政府方合同权利的约束，政府方及其他政府部门为依法行使其行政监管职权而采取的行政措施不受上述合同条款的限制。

问题 133：参与者可以通过什么方式保障项目用地？

答：《山东省人民政府办公厅转发省财政厅、省发展改革委、人民银行济南分行关于在公共服务领域推广政府和社会资本合作模式的指导意见的通知》规定，实行多样化土地供应，对符合《划拨用地目录》的建设项目，可按划拨方式供地，划拨土地不得改变土地用途。建成的项目经依法批准可以抵押，抵押期限应当设定在合同约定经营期限范围内，确保土地使用权性质不变，待合同经营期满后，连同公共设施一并移交政府；实现抵押权后改变项目性质应当以有偿方式取得土地使用权的，应依法办理土地有偿使用手续。采取租赁方式取得土地使用权的，租金收入参照土地出让收入纳入政府性基金预算管理。以作价出资或者入股方式取得土地使用权的，应当以市、县人民政府作为出资人，制定作价出资或者入股方案，经市、县人民政府批准后实施。

问题 134：政府对公共交通项目的优惠政策有哪些？

答：《财政部关于规范政府和社会资本合作合同管理工作的通知》指出，政府对项目提供优惠政策有利于项目公司在高速公路项目中规避一定的投资风险，因此，项目公司在与政府谈判时会希望努力争取切实可行、规避风险的优惠条件。政府提供给项目的优惠政策可能包括向项目公司无偿划拨土地，授予周边土地或商业开发收益权以及优先审批、简化审批等。

问题 135：由政府方负责的公用设施项目的原料供应有哪些？

答：在原料无法从公开市场上取得、仅能由政府供应（例如污水、垃圾），或者项目公司无法承担有关原料供应风险的情形下，通常会约定由政府负责供应原料，同时会在合同中对原料的质量和数量予以明确约定。

（1）原料质量。通常原料的质量标准应根据项目的成本和运营标准等进行评估，原则上原料的质量应确保项目在不增加预计成本的情形下实现正常的运营。如果因政府供应的原料质量未达到约定标准而导致项目公司的运营成本增加，政府应给予相应的补偿。

（2）原料数量。在多数的公用设施项目中，原料供应的数量将直接决定项目提供产品或服务的数量，并且可能直接与项目公司的收益挂钩。因此，有必要对供应原料的数量进行明确约定。例如，一些污水处理项目的 PPP 项目合同中规定，政府应确保在整个项目期限内，收集和输送污水至污水处理项目指定的交付地点，并满足合同约定的基本水量（如日均污水量）和进水水质等。

4.7 项目运作方式

4.7.1 项目运作方式简介

问题 136：国际通用的 PPP 运作模式分类有哪些？

答：目前国际通用的 PPP 运作模式通常分为外包类、特许经营权类和私有化类，可可细分为15个子类。

外包类PPP运作模式分为模块式外包和整体外包，一般情况下政府拥有项目的所有权，并通过政府付费等方式向社会资本付费，社会资本承担的风险相对较小。

特许经营权类PPP运作模式分为转移—运营—转移（TOT）、建设—运营—转移（BOT）、建设—转移—运营（BTO）、私人融资活动（PFI）等方式，是指政府采用竞争方式依法授权中华人民共和国境内外的法人或者其他组织，通过协议明确权利义务和风险分担，约定其在一定期限和范围内投资建设运营基础设施和公用事业并获得收益，提供公共产品或者公共服务。合同期结束后社会资本须向政府转移项目所有权。

私有化类，主要是指项目私有化，一般模式有建设—拥有—经营、建设—开发—经营、购买—建设—经营三种，社会资本拥有项目所有权，主要通过使用者付费等方式获得收益，社会资本承担的风险最大。

问题137：委托运营的含义是什么？

答： 委托运营（Operation & Maintance，O&M）指政府将存量公共资产的运营维护职责委托给社会资本和项目公司，社会资本或项目公司不负责用户服务的政府和社会资本合作项目运作方式。政府保留资产所有权，只向社会资本或项目公司支付委托运营费。合同期限一般不超过8年。

问题138：管理合同的含义是什么？

答： 管理合同（Management Contract，MC）指政府将存量公共资产的运营、维护及用户服务职责授权给社会资本或项目公司的项目运作方式。政府保留资产所有权，只向社会资本或项目公司支付管理费。管理合同通常作为转让—运营—移交的过渡方式，合同期限一般不超过3年。

问题139：建设—运营—移交的含义是什么？

答： 建设—运营—移交（Build - Operate - Transfer，BOT）指由社会资本和项目公司承担新建项目设计、融资、建造、运营、维护和用户服务职责，合同期满后项目资产及相关权利等移交给政府的项目运作方式。合同期限一般为20～30年。

问题140：建设—拥有—运营的含义是什么？

答： 建设—拥有—运营（Build - Own - Operate，BOO）指由BOT方式演变而来，二者区别主要是BOO方式下社会资本或项目公司拥有项目所有权，但必须在合同中注明保证公益性的约束条款，一般不涉及项目期满转移。

问题141：转让—运营—移交的含义是什么？

答： 转让—运营—移交（Transfer - Operate - Transfer，TOT）指政府将存量资产所有权转让为社会资本或项目公司，并将其负责运营、维护和用户服务，合同期满后资产及其所有权等移交给政府的项目运作方式。合同期限一般为20～30年。

问题142：改建—运营—移交的含义是什么？

答： 改建—运营—移交（Rehabilitate - Operate - Transfer，ROT）指政府在TOT模式的基础上，增加改扩建内容的项目运作方式。合同期限一般为20～30年。

4.7.2 项目运作方式的选择

问题 143：PPP 运作方式主要特点是什么？

答：PPP 项目运作方式按其存在状态可分为存量项目和新建项目，按项目收益划分可分为经营性项目、准经营性项目和非经营性项目，同时根据所有权项目是否移交等特点，对四种主要的 PPP 运作方式进行了归纳总结，具体如表 4-4[①] 所示：

表 4-4　　　　　　我国 PPP 项目运作模式特点总结

运作方式	资产归属	期限	使用项目（按是否存量）存量/新建	适用项目（按是否经营性项目）经营性	准经营性	非经营性	社会资本参与度及风险
建设—运营—移交	政府	20~30 年	新建	是	是		较高
转让—运营—移交	政府	20~30 年	存量	是	是		较高
改建—运营—移交	政府	20~30 年	改建	是	是		较高
建设—拥有—运营	不涉及期满移交	20~30 年或更长	新建		是	是	较高

问题 144：PPP 运作模式选择依据是什么？

答：《山东省人民政府办公厅转发省财政厅、省发展改革委、人民银行济南分行关于在公共服务领域推广政府和社会资本合作模式的指导意见的通知》指出，政府或授权组织实施机构应根据项目实施周期、收费定价机制、投资收益水平、风险分配基本框架和所需要的政府投入等因素，合理选择建设运营移交（BOT）、建设拥有运营（BOO）等运作方式。积极运用转让运营移交（TOT）、改建运营移交（ROT）等方式，将融资平台公司存量公共服务项目转型为政府和社会资本合作项目，引入社会资本参与改造运营。另外，项目实施不得采用建设—移交方式。

问题 145：PPP 项目如何选择运作方式？

答：财政部《操作指南》指出，具体运作方式的选择主要由收费定价机制、项目投资收益水平、风险分配基本框架、融资模式、改扩建需求和期满处置等因素决定。PPP 项目运作方式的一般选择如图 4-6 所示。

[①] 中国一冶集团重点课题研究报告：《PPP 专题研究》，http://wenku.baidu.com/view/aea5115ab14e852459fb5700.html。

第4章 项目准备

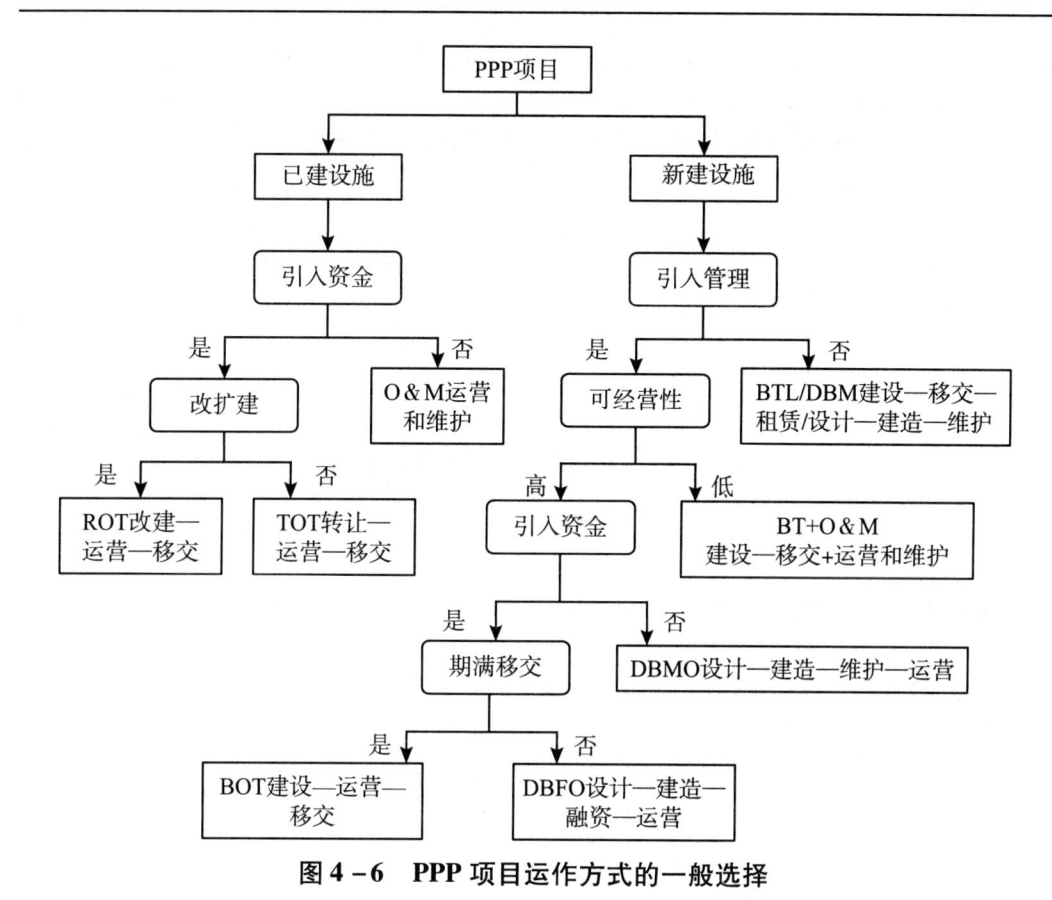

```
                    PPP项目
                   /      \
              已建设施      新建设施
                 |            |
              引入资金       引入管理
              /    \         /    \
            是      否      是      否
            |       |       |       |
          改扩建  O&M运营  可经营性  BTL/DBM建设—移交—
                和维护             租赁/设计—建造—维护
          /   \           /    \
         是    否         高     低
         |     |          |      |
       ROT改建 TOT转让   引入资金  BT+O&M
       —运营  —运营              建设—移交+运营和维护
       —移交  —移交     /    \
                       是     否
                       |      |
                    期满移交  DBMO设计—建造—维护—运营
                    /    \
                   是     否
                   |      |
                BOT建设  DBFO设计—建造—
                —运营—   融资—运营
                 移交
```

图 4-6 PPP 项目运作方式的一般选择

4.7.3 复合 PPP 运作方式

问题 146：复合 PPP 运作方式的含义是什么？

答：复合 PPP 运作方式是指在单一 PPP 运作方式的基础上加入股权融资、EPC 工程总承包、土地资源开发、成立专项投资基金等创新元素的 PPP 运作方式[①]。复合 PPP 项目，一般是为某一公共服务目标，结合多个专业或行业的项目。

问题 147：复合 PPP 项目的特点是什么？

答：复合型 PPP 项目所涉及的往往是某一区域公共产品或公共服务的综合治理目标，项目包含的各板块可能是相关行业，也可能是相关性不强的"跨界"行业。共同特点是投资规模大，项目周期长，各板块若独立核算往往盈亏极不平均，但各板块协调运作可达到政府公共服务目标及社会资本盈利目标的平衡[②]。

问题 148：复合型 PPP 项目各模块之间是什么样的关系？

答：不论构成复合型 PPP 项目的板块有几个，均不是相互独立的。不论各板块内容如何，其经济效益、社会效益均需综合评价和考量，作为同一项目申报。复合型 PPP 项

---

① 廖睿：《PPP 操作指南：政府和社会资本合作实务》，中国人民大学出版社 2016 年版，第 109 页。
② 中伦律师事务所：《复合型 PPP 项目操作要点》，http://mt.sohu.com/20160525/n451363971.shtml。

目不是几个项目的简单相加，而是需要将所有板块的每一个主体的权利义务关系统筹安排，达到政府和社会资本的权利义务的平衡。

问题 149：北京地铁 16 号线采用的 PPP 模式的特点是什么？

答：16 号线采用复合型 PPP 模式，首次在轨道交通项目中引入保险股权投资，采用"股权融资＋特许经营"的融资模式引入社会资本，合计引资 270 亿元，其中：股权融资规模 120 亿元，特许经营融资规模 150 亿元。16 号线项目采用复合型 PPP 模式引入保险股权投资，轨道交通建设和保险股权无论从资金规模、投资期限还是收益需求等方面都高度匹配，充分遵循了风险和收益相匹配的原则[①]。

4.8 合同体系与奖励设计

4.8.1 合同体系的法律依据

问题 150：PPP 合同体系涉及哪些法律关系？

答：财政部《PPP 项目合同指南（试行）》在编制说明中指出，PPP 从行为性质上属于政府向社会资本采购公共服务的民事法律行为，构成民事主体之间的民事法律关系。同时政府作为公共事务的管理者，在履行 PPP 项目的规划、管理、监督等行政职能时，与社会资本之间构成行政法律关系。

问题 151：PPP 合同体系的法律依据有哪些？

答：我国 PPP 项目合同相关法律关系的确立和调整依据主要是现行的民商法、行政法、经济法和社会法，包括《民法通则》《合同法》《预算法》《政府采购法》《公司法》《担保法》《保险法》《行政许可法》《行政处罚法》《行政复议法》《民事诉讼法》《仲裁法》《行政诉讼法》《会计法》《土地管理法》《建筑法》《环境保护法》等。

问题 152：PPP 模式中，各参与主体的地位是否平等？

答：政府和社会资本依法自由选择合作伙伴，充分尊重双方在合同订立和履行过程中的契约自由，依法保护 PPP 项目各参与方的合法权益。政府和社会资本是基于 PPP 项目合同的平等法律主体，双方法律地位平等、权利义务对等，应在充分协商、互利互惠的基础上订立合同，并依法平等地主张合同权利、履行合同义务。

《国务院办公厅转发财政部、发展改革委、人民银行关于在公共服务领域推广政府和社会资本合作模式指导意见的通知》亦指出，政府和社会资本法律地位平等、权利义务对等，必须树立契约理念，坚持平等协商、互利互惠、诚实守信、严格履约。

问题 153：含有行政审批和行政许可内容的合同，就一定是行政合同吗？

答：不一定。合同的性质由合同主要内容所决定，即使合同的一方当事人为政府，但是若合同涉及的相关行政审批和行政许可等其他内容，为合同履行行为之一，则这些

---

① 任宇航、肖靓：《北京地铁 16 号复合型 PPP 模式》，http://www.jt12345.com/article-3681-1.html。

内容为合同的组成部分，不能决定案涉合同的性质。

行政合同的内容是为了公共利益而执行公务，具有公益性。行政合同是为了履行公法上的权利和义务而签订的，如果合同内容只涉及私法上的权利和义务，则为民事合同①。所以，合同中即使有政府等行政主体参与，或涉及行政审批和行政许可等内容，也不能直接判定合同的性质为行政合同。

问题 154：怎样判定 PPP 合同的性质？

答：PPP 合同强调政府方和社会资本方的伙伴式合作，虽然政府方具有合同主体和公权力主体的双重身份，但二者在法律上是平等主体，合同相对人在订立合同及决定合同内容等方面仍享有充分的意思自治，并不受单方行政行为强制，若合同未就行政审批或行政许可事项本身进行约定，则合同涉及的相关行政审批和行政许可等其他内容，为合同履行行为之一，属于合同的组成部分，不能决定案涉合同的性质。

PPP 合同强调"契约精神"，注重合同中的"财产性因素"，合同内容包括的具体的权利义务及违约责任，应体现双方当事人的平等、等价协商一致的合意。判断 PPP 合同的性质，应综合考量合同的目的、职责、主体、行为、内容等方面内容，从私法的层面处理作为平等主体的政府方和社会资本方之间产生的相关争议。

问题 155：PPP 项目合同争议中项目参与主体的法律地位是否平等？

答：财政部《PPP 项目合同指南（试行）》规定，在 PPP 项目合同争议解决条款中，也可以选择诉讼作为最终的争议解决方式。需要特别注意的是，就 PPP 项目合同产生的合同争议，应属于平等的民事主体之间的争议，应适用民事诉讼程序，而非行政复议、行政诉讼程序。这一点不应因政府方是 PPP 项目合同的一方签约主体而有任何改变。

问题 156：为何 PPP 合同管理工作如此受重视？

答：PPP 模式是在基础设施和公共服务领域政府和社会资本基于合同建立的一种合作关系。"按合同办事"不仅是 PPP 模式的精神实质，也是依法治国、依法行政的内在要求。加强对 PPP 合同的起草、谈判、履行、变更、解除、转让、终止直至生效的全过程管理，通过合同正确表达意愿、合理分配风险、妥善履行义务、有效主张权利，是政府和社会资本长期友好合作的重要基础，也是 PPP 项目顺利实施的重要保障②。

问题 157：PPP 合同管理的核心原则有哪些？

答：《财政部关于规范政府和社会资本合作合同管理工作的通知》指出，各级财政部门在推进 PPP 工作中，应切实遵循的原则有：依法治国、平等合作、维护公益、诚实守信、公平效率、兼顾灵活。

问题 158：怎样保证 PPP 项目的公平效率？

答：在 PPP 项目合同中要始终贯彻物有所值原则，在风险分配和利益分担方面兼顾公平与效率：既要通过在政府和社会资本之间合理分配项目风险，实现公共服务供给效

---

① 于翔：《PPP 合同性质：大法官怎么看？》，http：//mp.weixin.qq.com/s?__biz = MzI3MDIwNjkyNw == &mid = 2247483691&idx = 1&sn = 558780bcd1642ee639a53060275e948f&scene = 23&srcid = 08024M2fknoAAYGrZzeteeIB#rd。

② 财政部：《财政部关于规范政府和社会资本合作合同管理工作的通知》，2014 年 12 月 30 日。

率和资金使用效益的提升，又要在设置合作期限、方式和投资回报机制时，统筹考虑社会资本方的合理收益预期、政府方的财政承受能力以及使用者的支付能力，防止任何一方因此过分受损或超额收益。

问题 159：在 PPP 合同管理工作中，财政部门发挥的作用有哪些？

答：在推进 PPP 过程中，各级财政部门会同行业主管部门做好合同审核和履约管理工作，确保合同内容真实反映各方意愿、合理分配项目风险、明确划分各方义务、有效保障合法权益，为 PPP 项目的顺利实施和全生命周期管理提供合法有效的合同依据。同时，组织加强对当地政府及相关部门、社会资本以及 PPP 项目其他参与方的法律和合同管理培训。财政部在总结各地实践的基础上，应逐步出台主要行业领域和主要运作方式的 PPP 项目合同标准示范文本，加快 PPP 模式推广应用。

4.8.2　合同种类

问题 160：项目实施方案的合同体系主要由哪些合同构成？

答：依据财政部《操作指南》，在 PPP 项目中，项目参与方通过签订一系列合同来确立和调整彼此之间的权利义务关系，构成 PPP 项目的合同体系，如图 4-7 所示。

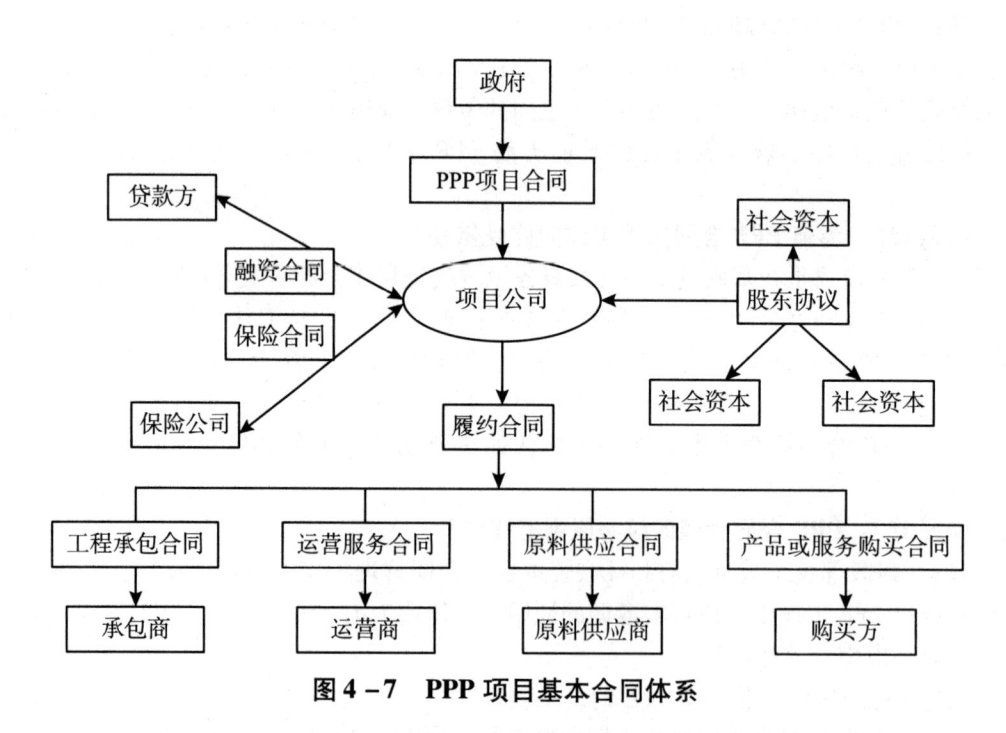

图 4-7　PPP 项目基本合同体系

问题 161：合同体系中各个合同之间存在怎样的关系？

答：在 PPP 项目合同体系中，各个合同之间并非完全独立、互不影响，而是紧密衔接、相互贯通，合同之间存在着一定的"传导关系"，了解 PPP 项目的合同体系和各个合同之间的传导关系，有助于对 PPP 项目合同进行更加全面准确的把握。

问题 162：项目合同的内涵是什么？

答：PPP 项目合同是政府方与社会资本方依法就 PPP 项目合作所订立的合同。其目的是在政府方与社会资本方之间合理分配项目风险，明确双方权利义务关系，保障双方能够依据合同约定合理主张权利，妥善履行义务，确保项目全生命周期内的顺利实施。PPP 项目合同是其他合同产生的基础，也是整个 PPP 项目合同体系的核心。

问题 163：怎样区分 PPP 项目合同的签约主体？

答：在项目初期阶段，项目公司尚未成立时，政府方会先与社会资本（即项目投资人）签订意向书、备忘录或者框架协议，以明确双方的合作意向，详细约定双方有关项目开发的关键权利义务。

项目公司成立后，由项目公司与政府方重新签署正式 PPP 项目合同，或者签署关于承继上述协议的补充合同。在 PPP 项目合同中通常也会对 PPP 项目合同生效后政府方与项目公司及其母公司之前就本项目所达成的协议是否会继续存续进行约定。

问题 164：PPP 项目合同架构通常有哪些？

答：实践中，PPP 项目合同架构通常包括以下几种：

（1）备忘录 + PPP 项目合同；

（2）投资协议 + PPP 项目合同；

（3）PPP 项目合同 + 合同权利义务承继；

（4）特许权协议 + PPP 项目合同。

问题 165：PPP 项目合同的主要内容有哪些？

答：通常情况下，PPP 项目合同的主要内容应包括：

（1）总则部分：包括合同相关术语的定义和解释、合同签订的背景和目的、声明和保证、合同生效条件、合同体系构成等。

（2）合同主体：明确项目合同各主体资格，并概括性地约定各主体的主要权利和义务。一般包括政府主体、社会资本主体，对其主要是通过主体资格、权利界定以及义务界定等予以合理界定。

（3）合作关系：约定政府和社会资本合作关系的重要事项，包括合作内容、合作期限、排他性约定及合作的履约保证等。

（4）投资计划及融资方案：约定项目投资规模、投资计划、投资控制、资金筹措、融资条件、投融资监管及违约责任等事项。

（5）项目前期工作：约定合作项目前期工作内容、任务分工、经费承担及违约责任等事项。

（6）工程建设：约定合作项目工程建设条件，进度、质量、安全要求，变更管理，实际投资认定，工程验收，工程保险及违约责任等事项。

（7）政府资产移交：约定政府向社会资本主体移交资产的准备工作、移交范围、履约标准、移交程序及违约责任等。

（8）运营和服务：约定合作项目运营的外部条件、运营服务标准和要求、更新改造及追加投资、服务计量、运营期保险、政府监管、运营支出及违约责任等事项。

（9）社会资本主体移交项目：约定社会资本主体向政府移交项目的过渡期、移交范围和标准、移交程序、质量保证及违约责任等。

（10）收入和回报：约定合作项目收入、回报模式，价格确定和调整方式，财务监管及违约责任等事项。

（11）不可抗力和法律变更：约定不可抗力事件范围以及法律变更的处理原则。

（12）合同解除：约定合同的退出机制，即明确合同解除事由、解除程序以及合同解除后的结算、项目移交等事项。

（13）违约处理：对于合同中涉及违约的各种情形在合同中予以集中约定，并对相应的违约责任进行明确细化。

（14）争议解决：约定争议解决方式，如协商、调解、仲裁或诉讼。

（15）其他约定：约定项目合同的其他未尽事项，包括：合同变更与修订、合同的转让、保密条款、信息披露、廉政和反腐、合同适用的法律、语言、货币等事项。

问题166：再谈判机制的重要性有哪些？

答：在合同中应设置再谈判机制，包括再谈判的出发点、再谈判的程序和争端的解决方式等。完善的再谈判机制一方面能够保证当市场变化、政策法律调整、或一方违反合同（包括政府违反合同建设竞争性项目、不按时支付，或企业运营不达标等）时，双方能够按照合同约定的流程进行再谈判保障自身权益；另一方面也可以通过一定的惩罚机制来规范双方的行为，避免投机性谈判。

问题167：什么是股东协议？

答：股东协议由项目公司的股东签订，用以在股东之间建立长期的、有约束力的合约关系。股东协议通常包括以下主要条款：前提条件、项目公司的设立和融资、项目公司的经营范围、股东权利、履行PPP项目合同的股东承诺、股东的商业计划、股权转让、股东会、董事会、监事会组成及其职权范围、股息分配、违约、终止及终止后处理机制、不可抗力、适用法律和争议解决等。

问题168：项目投资人订立股东协议的主要目的是什么？

答：项目投资人订立股东协议的主要目的在于设立项目公司，由项目公司负责项目的建设、运营和管理，因此项目公司的股东可能会包括希望参与项目建设、运营的承包商、原料供应商、运营商、融资方等主体。

问题169：政府是否可以成为项目公司的股东以及享有哪些权利？

答：可以。在某些情况下，为了更直接地参与项目的重大决策、掌握项目实施情况，政府也可能通过直接参股的方式成为项目公司的股东（但政府通常并不控股和直接参与经营管理）。在这种情况下，政府与其他股东相同，享有作为股东的基本权益，同时也需履行股东的相关业务，并承担项目风险。

问题170：履约合同包括哪些内容？

答：根据财政部《PPP项目合同指南（试行）》规定，履约合同包括了四类合同，分别是：工程承包合同（由项目公司同承包商签订）、运营服务合同（由项目公司同运营商签订）、原料供应合同（由项目公司同原料供应商签订）、产品或服务购买合同（由项目公司同购买方签订）。

问题171：工程承包合同的内涵及相关条款？

答：项目公司一般只作为融资主体和项目管理者而存在，本身不一定具备自行设计、采购、建设项目的条件，因此可能会将部分或全部设计、采购、建设工作委托给工程承包商，签订工程承包合同。项目公司可以与单一承包商签订总承包合同，也可以分别与不同承包商签订合同。承包商的选择要遵循相关法律法规的规定。

为了有效转移项目建设期间的风险，项目公司通常会与承包商签订一个固定价格、固定工期的"交钥匙"合同，将工程费用超支、工期延误、工程质量不合格等风险全部转移给承包商。此外，工程承包合同中通常还会包括履约担保和违约金条款，进一步约束承包商妥善履行合同义务。

问题172：运营服务合同的内涵是什么？

答：根据 PPP 项目运营内容和项目公司管理能力的不同，项目公司有时会考虑将项目全部或部分的运营和维护事务外包给由经验的专业运营商，并与其签订运营服务合同。个案中，运营维护事务的外包可能需要事先取得政府的同意。但是，PPP 项目合同中约定的项目公司的运营和维护的义务并不因项目公司将全部或部分运营维护事务外包给其他运营商实施而豁免或解除。

问题173：怎样对 PPP 项目的运营服务合作进行风险管理？

答：由于 PPP 项目的期限通常较长，在项目的运营维护过程中存在较大的管理风险，可能因项目公司或运营商管理不善而导致项目亏损。因此项目公司应优先选择资信状况良好、管理经验丰富的运营商，并通过在运营服务合同中预先约定风险分配机制或者投保相关保险来转移风险，确保项目平稳运营并获得稳定收益。

问题174：原料供应合同的内涵及相关条款有哪些？

答：有些 PPP 项目在运营阶段对原料的需求量很大、原料成本在整个项目运营成本中占比较大，同时受价格波动、市场供给不足等影响，又无法保证能够随时在公共市场上以平稳价格获取，继而可能会影响整个项目的持续稳定运营。因此，为了防控原料供应风险，项目公司通常会与原料的主要供应商签订长期原料供应合同，并且约定一个相对稳定的原料价格。

在原料供应合同中，一般会包括以下条款：交货地点和供货期限、供货要求和价格、质量标准和验收、结算和支付、合同双方的权利义务、违约责任、不可抗力、争议解决等。除上述一般性条款外，原料供应合同通常还会包括"照供不误"条款，即要求供应商以稳定的价格、稳定的质量品质为项目提供长期、稳定的原料。

问题175：什么是 PPP 项目的产品或服务购买合同？

答：在 PPP 项目中，项目公司的主要投资收益来源于项目提供的产品或服务的销售收入，因此保证项目产品或服务有稳定的销售对象，对于项目公司而言十分重要。根据 PPP 项目付费机制的不同，项目产品或服务的购买者可能是政府，也可能是使用者。以政府付费的供电项目为例，政府的电力主管部门或国有电力公司通常会事先与项目公司签订电力购买协议，约定双方的购电和供电协议。

问题176：什么是产品或服务购买合同的"照付不议"条款？

答：在一些产品购买合同中，会包括"照付不议"条款，即项目公司与产品购买者约定一个最低采购量，只要项目公司按照最低采购量供应产品，不论购买者是否需要采购该产品，均应按照最低采购量支付相应价款。

问题 177：融资合同的内容以及与之相关的条款有哪些？

答：从广义上讲，融资合同可能包括项目公司与融资方签订的项目贷款合同、担保人就项目贷款与融资方签订的担保合同、政府与融资方和项目公司签订的直接介入协议等多个合同。其中项目贷款合同是最主要的融资合同。

项目贷款合同一般包括以下条款：陈述与保证、前提条件、偿还贷款、担保与保障、抵消、违约、适用法律与争议解决等。同时，出于贷款安全性的考虑，融资方往往要求项目公司以其财产或其他权益作为抵押或质押，或由其母公司提供某种形式的担保或由政府作出某种承诺，这些融资保障措施通常会在担保合同、直接介入协议以及PPP项目合同中予以具体体现。

问题 178：保险合同的内容和涉及的保险种类有哪些？

答：由于PPP项目通常资金规模大、生命周期长，负责项目实施的项目公司及其他相关参与方通常需要对项目融资、建设、运营等不同阶段的不同类型的风险分别进行投保。

通常可能涉及的保险种类包括货物运输险、工程一切险、针对设计或其他专业服务的职业保障险、针对间接损失的保险、第三者责任险。为确保投保更有针对性和有效性，建议在制定保险方案或签署保险合同前，先咨询专业保险顾问的意见。

问题 179：PPP项目涉及的其他合同有哪些？

答：在PPP项目中还可能会涉及其他的合同，例如与专业中介机构签署的投资、法律、技术、财务、税务等方面的咨询服务合同。

4.8.3 PPP项目的奖励设计

问题 180：PPP项目以奖代补政策的主要目的是什么？

答：根据《关于实施政府和社会资本合作项目以奖代补政策的通知》规定，PPP项目以奖代补政策旨在支持和推动中央财政PPP示范项目加快实施进度，提高项目操作的规范性，保障项目实施质量。同时，引导和鼓励地方融资平台公司存量公共服务项目转型为PPP项目，化解地方政府存量债务。

问题 181：享受以奖代补政策支持的PPP项目应符合的要求有哪些？

答：《关于实施政府和社会资本合作项目以奖代补政策的通知》规定，享受以奖代补政策支持的PPP项目，必须严格执行国务院和财政部等部门出台的一系列制度文件，切实保障项目选择的适当性、交易结构的合理性、合作伙伴选择的竞争性、财政承受能力的中长期可持续性和项目实施的公开性，确保项目实施质量。不符合示范项目要求被调出示范项目名单的项目，不享受以奖代补政策支持。已经在其他中央财政专项资金中获得奖励性资金支持的PPP项目，不再纳入以奖代补政策奖励范围。

问题 182：示范项目和地方融资平台公司转型项目的以奖代补资金的发放流程是什么？

答：示范项目和地方融资平台公司转型项目所在地财政部门按年向省级财政部门报

送以奖代补资金申请书及相关材料。省级财政部门将辖内以奖代补资金申请材料审核汇总后，报送财政部及财政部驻当地财政监察专员办事处（以下简称专员办）。专员办对省级财政部门报送的以奖代补资金申请材料进行审核，按规定出具审核意见报送财政部。财政部结合专员办审核意见，对省级财政部门报送的项目进行审核评选后，按规定向省级财政部门拨付奖励资金。省级财政部门收到财政部拨付的奖励资金后，及时将奖励资金予以转拨，并编制奖励资金的审核、拨付和使用情况报告，经专员办审核后报财政部备案。

问题 183：什么是政府和社会资本合作（PPP）项目奖补资金？

答：山东省财政厅关于印发《山东省"政府和社会资本合作"项目奖补资金管理办法》的通知规定，政府和社会资本合作（PPP）项目奖补资金（以下简称"奖补资金"）是指由省财政预算安排，专项用于支持开展政府和社会资本合作工作的奖补资金，统筹用于补助各市、县（市、区）财政部门开展政府和社会资本合作项目的规划设计、可行性研究、物有所值评价和财政承受能力论证等前期费用。

问题 184：财政部门应按照什么原则管理奖补资金？

答：省财政按照"奖补结合"的原则，根据各级开展政府和社会资本合作工作情况，给予一次性奖励和补助。

各级财政部门要按照"据实申请、严格审核、鼓励先进、引导投入"的原则，科学分配、规范使用和管理奖补资金。

问题 185：奖补资金分配原则的内容是什么？

答：对通过政府和社会资本合作模式化解存量债务的项目以及列入国家示范和省级示范项目，省财政分别按照每个项目 70 万元、50 万元、40 万元（同时列入国家示范和省级重点的项目，按最高额度奖励）的标准，奖励项目所在市、县（市、区）。扣除以上奖励后的资金，按因素法确定分配额度。每个县（市、区）奖补资金总额不超过 1000 万元。

问题 186：奖补资金的申报条件有哪些？

答：奖补资金的申报条件如下：
（1）已纳入财政部信息统计平台的省级储备库项目；
（2）政府与社会资本方已签订 PPP 正式合同。

问题 187：申请奖补资金需提供哪些材料？

答：申请奖补资金需提供以下材料：
（1）政府和社会资本合作项目正式合同复印件；
（2）化解存量债务的有关证明材料；
（3）政府对项目实施政府和社会资本合作模式的审核批复复印件；
（4）政府和社会资本合作项目奖补资金申请表。

问题 188：奖补资金的审核和拨付流程是什么？

答：各市财政局应按申报通知要求组织所辖区、县（市）和省财政直接管理县（市）做好奖补资金申报工作，已获得过省级奖补资金的项目不在申报范围内，并于规定日期内将申报材料报送省财政厅。

省财政厅对申报材料进行审核把关，并组织专家进行评审，根据评审意见下达资金分配文件。

问题 189：怎样加强对奖补资金的监督管理？

答： 各级财政部门要严格按规定报送有关材料，不得弄虚作假、套取骗取奖补资金。对虚报材料骗取资金的，省财政厅将依法收回，并依据《财政违法行为处罚处分条例》等有关规定，对有关单位和责任人进行处理处罚。

各级财政部门要加强对奖补资金的管理，加快拨付进度，切实做到专款专用，严禁截留、滞留、转移、挪用资金。省财政厅将会同有关部门加强对奖补资金使用管理情况的监督检查。对违反国家财政财务制度的，将按照有关规定严肃处理，并收回奖补资金。

问题 190：山东省 PPP 项目奖补资金管理办法是否有执行期限？

答： 有，《山东省"政府和社会资本合作"项目奖补资金管理办法》规定，本办法自 2016 年 4 月 1 日起施行，有效期至 2019 年 3 月 31 日。

4.9 项目融资

4.9.1 PPP 项目的融资模式

问题 191：PPP 项目的融资方式主要有哪些？

答： PPP 项目融资中涉及的金融机构主要有政策性银行、商业银行、保险公司、债券公司、信托公司等，融资方式可以采取多样化形式，分散风险，主要有：项目贷款、银团贷款、融资租赁、委托贷款、夹层融资、资产证券化和 PPP 基金等。

问题 192：PPP 项目融资包括哪些具体工作？

答： 社会资本或项目公司负责项目融资，包括融资方案设计、机构接洽、合同签订和融资交割等工作。财政部门和项目实施机构负责监督管理工作，防止企业债务向政府的不当转移。

问题 193：应怎样制定 PPP 融资方案？

答： 应根据 PPP 项目的特征，运作模式，交易结构，风险分配框架等因素，综合考虑项目在建设、运营、维护等期间的融资需求，结合项目回报机制，制定安全高效的融资方案。

问题 194：PPP 项目融资的风险主要有哪些？

答： （1）项目建设风险。PPP 项目需要在规定的时间内建设完成达到可使用状态，才能在后续的经营中获得现金流和利润，尤其对于政府采用可用性付费方式直接购买产品和服务的非经营性项目，项目的"可用"是付费的前提条件。

（2）项目经营管理风险。实际运营过程中，由于基础设施项目的经营状况或服务提供过程中受各种因素的影响，项目盈利能力往往达不到预期水平而造成较大的营运风险。

(3) 增信措施落实风险。PPP项目融资中可能涉及房地产抵押、信用保证、股权质押、应收账款质押等多种增信方式，实际操作中可能存在增信方式不能落实的风险。

(4) 财政可承受能力风险。地方政府每一年度全部PPP项目需要从预算中安排的支出责任，占一般公共预算支出比例应当不超过10%。这关系到政府付费和缺口补贴的履约能力。

(5) 市场需求风险。由于市场需求变化、市场竞争风险以及市场收益不足等风险，金融机构对PPP项目的投资能否收回本金和获得合理的利润，很大一部分取决于PPP项目最终存在的价值。

4.9.2 拓宽融资渠道，创新融资工具

问题195：政府提倡哪些方式来创新融资方式拓宽融资渠道？

答：《国务院关于创新重点领域投融资机制鼓励社会投资的指导意见》指出，创新融资方式，拓宽融资渠道，包括以下方式：探索创新信贷服务、推进农业金融改革、充分发挥政策性金融机构的积极作用、鼓励发展支持重点领域建设的投资基金、支持重点领域建设项目开展股权和债权融资。

问题196：怎样探索创新信贷服务？

答：支持开展排污权、收费权、集体林权、特许经营权、购买服务协议预期收益、集体土地承包经营权质押贷款等担保创新类贷款业务。探索利用工程供水、供热、发电、污水垃圾处理等预期收益质押贷款，允许利用相关收益作为还款来源。鼓励金融机构对社会资本举办的社会事业提供融资支持。

问题197：通过什么方式推进农业金融改革？

答：探索采取信用担保和贴息、业务奖励、风险补偿、费用补贴、投资基金，以及互助信用、农业保险等方式，增强农民合作社、家庭农场（林场）、专业大户、农林业企业的贷款融资能力和风险抵御能力。

问题198：怎样发挥政策性金融机构的积极作用？

答：在国家批准的业务范围内，加大对公共服务、生态环保、基础设施建设项目的支持力度。努力为生态环保、农林水利、中西部铁路和公路、城市基础设施等重大工程提供长期稳定、低成本的资金支持。

问题199：怎样鼓励发展支持重点领域建设的投资基金？

答：大力发展股权投资基金和创业投资基金，鼓励民间资本采取私募等方式发起设立主要投资于公共服务、生态环保、基础设施、区域开发、战略性新兴产业、先进制造业等领域的产业投资基金。政府可以使用包括中央预算内投资在内的财政性资金，通过认购基金份额等方式予以支持。

问题200：政府用什么方式支持重点领域建设项目开展股权和债权融资？

答：大力发展债权投资计划、股权投资计划、资产支持计划等融资工具，延长投资期限，引导社保资金、保险资金等用于收益稳定、回收期长的基础设施和基础产业项

目。支持重点领域建设项目采用企业债券、项目收益债券、公司债券、中期票据等方式通过债券市场筹措投资资金。推动铁路、公路、机场等交通项目建设企业应收账款证券化。建立规范的地方政府举债融资机制，支持地方政府依法依规发行债券，用于重点领域建设。

问题201：怎样提高PPP项目融资效率？

答：财政部、发展改革委《关于进一步共同做好政府和社会资本合作（PPP）有关工作的通知》规定，要通过适当的资源配置、合适的融资模式等，降低融资成本，提高资金使用效率。各地要与中国PPP融资支持基金积极做好项目对接，推动中央和地方联动，优化PPP项目融资环境，降低融资成本。要坚决杜绝各种非理性担保或承诺、过高补贴或定价，避免通过固定回报承诺、明股实债等方式进行变相融资。

问题201：怎样做好综合金融服务？

答：《山东省人民政府办公厅转发省财政厅、省发展改革委、人民银行济南分行关于在公共服务领域推广政府和社会资本合作模式的指导意见的通知》指出，金融机构应创新符合政府和社会资本合作模式特点的金融服务，优化信贷评审方式，积极为政府和社会资本合作项目提供融资支持。鼓励项目公司或合作伙伴通过成立私募基金、引入战略投资者、发行债券等多种方式拓宽融资渠道。鼓励开发性金融机构发挥中长期贷款优势，参与改造政府和社会资本合作项目，引导商业性金融机构拓宽项目融资渠道。鼓励符合条件的项目运营主体在资本市场通过发行公司债券、企业债券、中期票据、定向工具等市场化方式进行融资。金融监管部门应加强监督管理，引导金融机构正确识别、计量和控制风险，按照风险可控、商业可持续原则支持政府和社会资本合作项目融资。

问题203：怎样完善政府的举债融资机制？

答：按照《国务院关于加强地方政府性债务管理的意见》《山东省人民政府关于贯彻国发〔2014〕43号文件加强政府性债务管理的实施意见》等有关规定，把化解政府存量债务与推广政府和社会资本合作模式结合起来，鼓励社会资本通过特许经营等方式，参与城市基础设施等一定收益的公益性事业投资和运营，减轻地方政府的债务压力，腾出更多资金用于重点民生项目建设。

4.9.3 山东省政府和社会资本合作（PPP）发展基金

问题204：设立山东省政府和社会资本合作发展基金的目的是什么？

答：山东省财政厅《山东省政府和社会资本合作（PPP）发展基金实施办法》指出：通过设立PPP发展基金，为基础设施和公共服务领域重点项目提供资金支持，增强社会资本投资信心，促进各地加快推广运用PPP模式，引导民间资本积极投向基础设施和公共服务领域，切实缓解基础设施投资缺口大、政府财力不足、债务负担较重等困难。同时，进一步推动政府投融资体制机制创新，有效发挥社会资本管理效率高、技术创新能力强的优势，加快形成多元化、可持续的PPP项目资金投入渠道，促进实现民生改善、发展动力增强等多重目标。

问题 205：山东省政府和社会资本合作发展基金的发起与设立具体包括的内容有哪些？

答：（1）基金名称：山东省政府和社会资本合作（PPP）发展基金（以下简称 PPP 发展基金）。

（2）基金规模：1200 亿元。

（3）基金期限：一般不超过 10 年，确需延长存续期时，须报省级股权投资引导基金决策委员会批准。

（4）基金出资人构成：

①政府引导基金出资人：A. 省财政厅；B. 省经济开发投资公司；C. 部分市县财政局。

②其他出资人：A. 银行机构；B. 保险、信托资金；C. 其他社会资本。

（5）基金募集：PPP 发展基金分 3 年募集到位。政府引导基金出资 80 亿元，银行、保险、信托等其他出资人出资 1120 亿元。

问题 206：山东省政府和社会资本合作发展基金的投资范围有哪些要求？

答： 基金的投资范围。PPP 发展基金的投资范围限于山东境内，投资重点为纳入省级 PPP 项目库且通过财政承受能力论证的 PPP 项目，其中对省级以上试点项目及参与引导基金出资市、县的适合项目，优先予以支持。

问题 207：山东省政府和社会资本合作发展基金采取什么样的运作模式？

答： 山东省经济开发投资公司（以下简称省经投公司）根据授权作为政府出资人代表，组织发起设立 PPP 发展基金。基金实行母子基金两级架构，在突出激励引导、切实发挥财政资金杠杆放大作用的同时，坚持市场化专业运作，借助专业投资机构多元化投融资服务和项目管理经验，采取股权、债权或股权债权组合等多种灵活有效方式，提升投资效率。引导基金在运作模式上，重点采取与知名投资机构合作设立子基金的方式，通过与若干家实力雄厚且市场声誉良好的国家级、省级机构合作设立子基金，充分发挥专业投资机构的管理优势，在引资的同时吸引高端管理人才、先进管理模式进驻山东，以保证投资的质量和效果。同时，也可与有意向的市开展合作，制定专门管理办法，支持部分市在当地设立 PPP 子基金，调动市县政府的积极性，推动 PPP 管理模式在全省加快推广。对事关全省发展的重大项目，也可由省经投公司通过合法规范形式管理投资，以提高基金投资效率。

问题 208：山东省政府和社会资本合作发展基金的管理体制包括哪些内容？

答：（1）引导基金管理体制。主要参照《省政府办公厅关于印发山东省省级股权投资引导基金管理暂行办法的通知》相关规定执行。省财政厅作为省级股权投资引导基金决策委员会办事机构，代表省政府履行引导基金出资人职责。省金融办作为省政府金融管理部门，负责指导监督引导基金管理公司的经营管理。引导基金投资重点、让利政策以及拟参股子基金等重大决策事项由省决策委员会确定。省财政厅及相关部门主要负责 PPP 项目储备库和项目信息平台建设，开展"物有所值"评估和财政承受能力论证，确保项目质量，优先选择价格调整机制灵活、市场化程度较高、投资规模较大、长期合同关系清楚、具有长期稳定需求的项目向子基金管理机构进行推介。

（2）子基金管理体制。主要采取所有权、管理权、托管权相分离的管理体制。省经投公司与社会投资人、基金管理机构签订出资人协议,确定各方的权利、义务、责任。优先级社会出资人按约定取得稳定合理回报,但不直接参与基金投资的项目决策。基金管理机构(GP)依据合伙协议或公司章程,按照市场规则负责子基金投资项目决策和投后管理。省经投公司根据授权代行引导基金出资人职责,按照出资协议对子基金运营进行监督。

问题209:山东省政府和社会资本合作发展基金投资回报的收益来源有哪些?

答:基金的收益来源主要有以下方面:

(1) 所投资PPP项目的股权分红收益及股权转让增值收益;

(2) 对PPP项目债权投入产生的利息收入;

(3) 基金间隙资金用于稳健类金融产品产生的收入;

(4) 其他合法收入。

问题210:山东省政府和社会资本合作发展基金采取什么样的方式进行收益分配?

答:(1) PPP发展基金在收益分配上主要采取优先与劣后的结构,政府引导基金以及基金管理团队可作为劣后级,其他社会出资人根据其风险偏好可作为优先级。

(2) 子基金每年所得收益,首先用于分配与优先级出资人约定的固定收益;基金收益超过优先级出资人固定收益的剩余部分,在其他出资人之间进行分配,也可作为浮动收益在优先级、劣后级出资人之间进行分配,具体分配政策在基金合伙协议或章程中明确。基金投资期内,对参与出资市县的累计投资额度一般不低于其出资额的3倍。参与出资的市县如当年未获得基金投入,其出资部分可享受优先级出资人的固定收益。

问题211:政府是否可以向政府投资基金的其他出资人承诺最低收益?

答:为更好地发挥政府出资的引导作用,政府可适当让利,但不得向其他出资人承诺投资本金不受损失,不得承诺最低收益。国务院另有规定的除外。

投资基金各出资方应当按照"利益共享、风险共担"的原则,明确约定收益处理和亏损负担方式。对于归属政府的投资收益和利息等,除明确约定继续用于投资基金滚动使用外,应按照财政国库管理制度有关规定及时足额上缴国库。投资基金的亏损应由出资方共同承担,政府应以出资额为限承担有限责任。

问题212:基金的监督管理和风险防控包括哪些内容?

答:(1) 基金的监督管理。引导基金参股设立子基金实行全过程公开透明操作,接受社会监督。子基金管理机构及其管理费率、社会资本出资人出资额度以及出资条件的确定等,一般应采取公平、公开、竞争、择优的遴选机制。引导基金及其子基金的资金必须委托符合条件的金融机构进行托管。子基金的具体运作情况实行社会中介机构独立审计制度。

(2) 基金的风险防控。省经投公司负责对子基金进行监管,密切跟踪其经营和财务状况,防范财务风险,定期向省财政厅报送引导基金及参股子基金的运行情况。当PPP发展基金的使用出现违法违规和偏离政策导向等情况时,省经投公司应及时向省财政厅、相关主管部门报告,并按协议采取终止合作等必要措施,最大限度防范化解风险。

(3) 基金的绩效评价。省财政厅、相关主管部门按照有关规定,对引导基金建立有效的绩效考核制度，定期对引导基金政策目标、政策效果及PPP发展基金投资运行情况进行评估，并纳入公共财政考核评价体系。

问题213：基金采取什么样的退出机制？

答：PPP发展基金在退出机制安排上，实行股权投资的，到期优先由项目的社会资本方回购，社会资本方不回购的，可由市县政府方回购，并写入项目的PPP合作协议中；实行债权投入的，由借款主体项目公司按期归还。当子基金清算出现亏损时，首先由基金管理机构以其对基金的出资额为限承担亏损，其次由引导基金作为劣后级出资人以其出资额为限承担亏损，其余部分由其他出资人按出资比例承担。

4.10 监管架构

4.10.1 监管主体

问题214：项目实施方案中监管架构的含义是什么？

答：监管架构主要包括授权关系和监管方式。

授权关系主要是政府对项目实施机构的授权，以及政府直接或通过项目实施机构对社会资本的授权；监管方式主要包括履约管理、行政管理和公众监督等。

问题215：监管架构的监管主体由谁组成？

答：建立独立、透明、可问责、专业化的PPP项目监管体系，形成由政府监管部门、投资者、社会公众、专家、媒体等共同参与的监督机制，监管主体主要包括：

（1）政府监管部门：《财政部关于规范政府和社会资本合作合同管理工作的通知》指出，政府作为公共事务的管理者，其负有向公众提供优质且价格合理的公共产品和服务的义务，承担PPP项目的规划、采购、管理、监督等行政管理职能，并在行使上述行政管理职能时形成与项目公司（或社会资本）之间的行政法律关系。

（2）行业主管部门：《国务院办公厅转发财政部、发展改革委、人民银行关于在公共服务领域推广政府和社会资本合作模式指导意见的通知》规定，教育、科技、民政、人力资源社会保障、国土资源、环境保护、住房城乡建设、交通运输、水利、农业、商务、文化、卫生计生等行业主管部门，要结合本行业特点，积极运用政府和社会资本合作模式提供公共服务，探索完善相关监管制度体系。

（3）社会公众：社会公众作为公共服务的最终使用者和部分付费者，提供监督评价和意见反馈，既能够为政府制定合理的项目收益指标和确定服务价格提供信息根据，又能对社会资本方进行公众监督，能够有效保障公共利益，提高公共服务质量和效率。

（4）社会资本及其他参与者：财政部《PPP项目合同指南（试行）》所称的社会资本是指依法设立且有效存续的具有法人资格的企业，包括民营企业、国有企业、外国企业和外商投资企业。社会资本是PPP项目的实际投资人。针对该项目成立项目公司，作为PPP项目合同及项目其他相关合同的签约主体，负责项目具体实施。其他参与者主要提供专业技术力量。

（5）利益相关方：利益相关方既可以是项目的参与者，又可以是项目的监督者，能够就项目关注点，以及项目在建设、运行和维护各阶段中的绩效预期、管理运营、风险管控等方面提供有效的监管信息，使项目操作更加公平公开有效率，防止暗箱操作，使项目实施偏离预期目标。

问题216：什么是运营委员会？

答：财政部《PPP项目合同指南（试行）》指出，在一些社会公共服务项目中，还会设立运营委员会来对项目的绩效进行监控。运营委员会一般由政府方和项目公司指派的至少两位代表组成，其职责根据项目的具体情况而定。

问题217：财政监察专员办事处的监督责任有哪些？

答：财政部驻各地财政监察专员办事处应对PPP项目财政管理情况加强全程监督管理，重点关注PPP项目物有所值评价和财政承受能力论证、政府采购、预算管理、国有资产管理、债务管理、绩效评价等环节，切实防范财政风险。

4.10.2 授权关系

问题218：什么是监管架构的授权关系？

答：《财政部关于印发社会和社会资本合作模式操作指南（试行）的通知》指出，授权关系主要是政府对项目实施机构的授权，以及政府直接或通过项目实施机构对社会资本的授权。

问题219：什么是政府对社会资本方直接或间接的授权？

答：直接授权是指政府直接与社会资本方签订协议。间接授权是指政府授权某一单位与社会资本方签订协议。

问题220：PPP项目实施机构未经授权的后果是什么？

答：PPP项目实施机构须按PPP政策规定由项目所属县级以上政府明确授权，未经授权，所签PPP合同效力即存在不确定性。

问题221：项目实施机构怎样进行项目接管？

答：项目实施机构应根据政府授权，按照合同约定的移交形式、补偿方式、移交内容和标准，认真及时做好项目接管，保障项目设施持续运行，保证公共利益不受侵害。

4.10.3 监管方式

问题222：怎样对社会资本或项目公司的履行合同义务进行监督？

答：财政部《操作指南》指出，项目实施机构应根据项目合同约定，监督社会资本或项目公司履行合同义务，定期监测项目产出绩效指标，编制季报和年报，并报财政部门（政府和社会资本合作中心）备案。

政府有支付义务的，项目实施机构应根据项目合同约定的产出说明，按照实际绩效直接或通知财政部门向社会资本或项目公司及时足额支付。设置超额收益分享机制的，社会资本或项目公司应根据项目合同约定向政府及时足额支付应享有的超额收益。

项目实际绩效优于约定标准的，项目实施机构应执行项目合同约定的奖励条款，并可将其作为项目期满合同能否展期的依据；未达到约定标准的，项目实施机构应执行项目合同约定的惩处条款或救济措施。

在项目合同执行和管理过程中，项目实施机构应重点关注合同修订、违约责任和争议解决等工作。

问题 223：什么是政府部门的行政监管？

答：政府相关职能部门应根据国家相关法律法规对项目履行行政监管职责，重点关注公共产品和服务质量、价格和收费机制、安全生产、环境保护和劳动者权益等。

社会资本或项目公司对政府职能部门的行政监管处理决定不服的，可依法申请行政复议或提起行政诉讼。

问题 224：公众监督的内容主要包括哪些？

答：公众监督的内容主要包括：建立起社会监管体系，建立舆论监督和委托第三方监督工作机制，建立健全社会监督网络和舆论监督反馈。

问题 225：合同监管的内容是什么？

答：合同监管即保证项目公司服务质量符合特许经营协议规定，保证政府依据特许经营协议对项目公司的要求得到遵从和履行。付费 VS 绩效、续约 VS 绩效、股权公众监督：用户公共、项目利益相关方按照各自的利益和角色进行监管[①]。

问题 226：项目参与主体怎样接受社会监督以保障公众知情权？

答：政府、社会资本或项目公司应依法公开披露项目相关信息，保障公众知情权，接受社会监督。

社会资本或项目公司应披露项目产出的数量和质量、项目经营状况等信息。政府应公开不涉及国家秘密、商业秘密的政府和社会资本合作项目合同条款、绩效监测报告、中期评估报告和项目重大变更或终止情况等。

社会公众及项目利益相关方发现项目存在违法、违约情形或公共产品和服务不达标准的，可向政府职能部门提请监督检查。

问题 227：PPP 项目不同阶段的监管内容分别包括哪些？

答：（1）识别阶段：对物有所值，财政承受评价监管；

（2）准备阶段：对实施方案编制内容进行评审监管；

（3）采购阶段：对采购文件、采购流程、采购过程、采购结果进行监管；

（4）执行阶段：项目采购确认的监管、项目建设阶段的监管、项目竣工验收阶段的监管、项目运营阶段的监管；

（5）移交阶段：对移交程序及过渡期的安排、移交设施的范围、内容、移交标准要求、移交费用安排、移交后等进行监管。

问题 228：应采取什么措施加强对 PPP 项目全生命周期的监督管理？

答：财政部、发展改革委《关于进一步共同做好政府和社会资本合作（PPP）有关工

[①] 中国PPP产业大讲堂：《PPP模式核心要素及操作指南》，经济日报出版社2016年版，第168页。

作的通知》规定,各地要对PPP项目有关执行法律、行政法规、行业标准、产品或服务技术规范等进行有效的监督管理,并依法加强项目合同审核与管理,加强成本监督审查。要杜绝固定回报和变相融资安排,在保障社会资本获得合理收益的同时,实现激励相容。

问题229:怎样对PPP项目全生命周期的信息进行公开?

答:各级财政部门应依托PPP综合信息平台,建立PPP项目,对PPP项目全生命周期信息公开工作,保障公众知情权,接受社会监督。

(1)项目准备、采购和建设阶段信息公开内容包括PPP项目的基础信息和项目采购信息,采购文件,采购成交结果,不涉及国家秘密、商业秘密的项目合同文本,开工及竣工投运日期,政府移交日期等。

(2)项目运营阶段信息公开内容包括PPP项目的成本监测和绩效评价结果等。

(3)财政部门信息公开内容包括本级PPP项目目录、本级人大批准的政府对PPP项目的财政预算、执行及决算情况等。

问题230:财政部门怎样履行财政监督管理职责?

答:《关于进一步做好政府和社会资本合作项目示范工作的通知》规定,示范项目所在地财政部门要认真做好示范项目物有所值定性分析和财政承受能力论证,有效控制政府支付责任,合理确定财政补助金额,每一年度全部PPP项目需要从预算中安排的支出责任占一般公共预算支出比例应当不超过10%。省级财政部门要统计监测所有PPP项目的政府支付责任并报财政部备案,加强示范项目管理,督促下级财政部门严格履行合同约定,保护社会资本的合法权益,切实维护政府信用。

问题231:怎样确保PPP项目的公众受益?

答:加强政府监管,将政府的政策目标、社会目标和社会资本的运营效率、技术进步有机结合,促进社会资本竞争和创新,确保公共利益最大化。

4.10.4 政府方的监督和介入

问题232:政府方的监督和介入内涵是什么?

答:由于PPP项目通常是涉及公共利益的特殊项目,从履行公共管理职能的角度出发,政府需要对项目执行的情况和质量进行必要的监控,甚至在特定情形下,政府有可能临时接管项目。PPP项目合同中关于政府方的监督和介入机制,通常包括政府方在项目实施过程中的监督权以及政府方在特定情形下对项目的介入权两部分内容。

问题233:什么是政府方的监督权?

答:在项目从建设到运营的各个实施阶段,为了能够更好地了解项目进展、确保项目能够按照合同约定履行,政府方通常会在PPP项目合同中规定各种方式的监督权利,这些监督权通常散见于合同的不同条款中。需要特别说明的是,政府方的监督权必须在不影响项目正常实施的前提下行使,并且必须要有明确的限制,否则将会违背PPP项目的初衷,将本已交由项目公司承担的风险和管理角色又揽回到政府身上。

问题234:常见政府方的监督权包括哪些方式?

答:不同项目、不同阶段下的政府监督权的内容均有可能不同,常见的政府方监督权包括：
（1）项目实施期间的知情权；
（2）进场检查和测试；
（3）对承包商和分包商选择的监控；
（4）参股项目公司。

问题235：项目实施期间的政府知情权包括哪些内容？

答：政府方的上述知情权贯穿项目实施的各个阶段，每一阶段知情权的内容和实现方式也会有所不同，具体包括：

（1）建设期—审阅项目计划和进度报告。在项目正式开工以前（有时在合同签订前），项目公司有义务向政府提交项目计划书，对建设期间重要节点作出原则规定，以保障按照该工程进度在约定的时间内完成项目建设并开始运营。

在建设期间，项目公司还有义务定期向政府提交项目进度报告，说明工程进度及项目计划的完成情况。

有关上述项目计划和进度报告的格式和报送程序，应在PPP项目合同的合同条款或者附件中予以明确约定。

（2）运营维护期—审阅运营维护手册和有关项目运营情况的报告。在开始运营之前，项目公司通常应编制项目运营维护手册，载明生产运营、日常维护以及设备检修的内容、程序和频率等，并在开始运营日之前报送政府备查。

在运营维护期间，项目公司通常还应定期向政府报送有关运营情况的报告或其他相关资料，例如运营维护报告（说明设备和机器的现状以及日常检修、维护状况等）、严重事故报告等。此外，有时政府也会要求项目公司定期提交经审计的财务报告、使用者相关信息资料等。

问题236：政府进场检查和测试一般需遵循的条件有哪些？

答：在PPP项目合同中，有时也会规定在特定情形和一定限制条件下，政府方有权进入项目现场进行检查和测试。

政府方行使进场检查和测试权不得影响项目的正常实施，并且受制于一些特定的条件，例如：需要遵守一般的安全保卫规定，并且不得影响项目的正常建设和运营；履行双方约定的合理通知义务后才可入场；仅在检查建设进度、监督项目公司履约情况等特定目的下才有权进入场地等。

问题237：政府方通常采取什么途径对承包商和分包商的选择进行监控？

答：有时政府方也希望在建设承包商或者运营维护分包商的选择上进行一定程度的把控。通常可能采取两种途径：

（1）在合同中约定建设承包商或运营维护分包商的资质要求。但须特别注意，上述要求必须是保证本项目建设质量或者运营质量所必需的且合理的要求，不得不合理地限制项目公司自行选择承包商或分包商的权利。

（2）事先知情权。要求项目公司在签订工程承包合同或运营维护合同前事先报告政府方，由政府方在规定的期限（例如，5个工作日）内确认该承包商或分包商是否符合上述合同约定的资质要求；如果在规定期限内，政府方没有予以正式答复，则视为同意项目公司所选择的承包商或分包商。

需要特别说明的是，在 PPP 项目中，原则上项目公司应当拥有选择承包商和分包商的充分控制权。政府方对于项目质量的控制一般并不依赖于对承包商及分包商选择的直接控制，而是通过付费机制和终止权利来间接把控项目的履约。例如，如果项目质量无法达到合同约定的标准，项目的付费就会被扣减，甚至在严重情形下，政府方可以终止项目。

问题 238：政府方参股项目公司的含义是什么？

答：在 PPP 实践中，为了更直接地了解项目的运作以及收益情况，政府也有可能通过直接参股项目公司的方式成为项目公司股东、甚至董事（即使政府所持有的股份可能并不多），以便更好地实现知情权。在这种情形下，原则上政府与其他股东相同，享有作为股东的基本权益，同时也需履行股东的相关义务，并承担项目风险，但是经股东协商一致，政府可以选择放弃部分权益或者可能被免除部分义务。有关政府与其他股东的权利义务安排，通常会规定在项目公司的股东协议中。

问题 239：什么是政府方的介入权？

答：在一些 PPP 项目合同中，会赋予政府方在特定情形下（如紧急情况发生或者项目公司违约）直接介入项目实施的权利。但与融资方享有的介入权不同，政府方的介入权通常适用于发生短期严重的问题且该问题需要被快速解决、而政府方在解决该问题上更有优势和便利的情形，通常包括项目公司未违约情形下的介入和项目公司违约情形下的介入两类。需要注意的是，上述介入权是政府一项可以选择的权利，而非必须履行的义务。

问题 240：项目公司未违约的前提下，政府方可以介入的情形及相应的法律后果有哪些？

答：（1）政府方可以介入的情形。

为了保证项目公司履行合同不会受到不必要的干预，只有在特定的情形下，政府方才拥有介入的权利。常见的情形包括：

①存在危及人身健康或安全、财产安全或环境安全的风险；

②介入项目以解除或行使政府的法定责任；

③发生紧急情况，且政府合理认为该紧急情况将会导致人员伤亡、严重财产损失或造成环境污染，并且会影响项目的正常实施。

如果发生上述情形，政府方可以选择介入项目的实施，但政府方在介入项目之前必须按 PPP 项目合同中约定的通知程序提前通知项目公司，并且应当遵守合同中关于行使介入权的要求。

（2）政府方介入的法律后果。在项目公司未违约的情形下，发生了上述政府方可以介入的情形，政府方如果选择介入项目，需要按照合同约定提前通知项目公司其介入的计划以及介入的程度。该介入的法律后果一般如下：

①在政府方介入的范围内，如果项目公司的任何义务或工作无法履行，这些义务或工作将被豁免；

②在政府方介入的期间内，如果是采用政府付费机制的项目，政府仍应当按照合同

的约定支付服务费或其他费用，不论项目公司是否提供有关的服务或是否正常运营；

③因政府方介入引发的所有额外费用均由政府承担。

问题241：项目公司违约的前提下，政府方介入权的行使条件以及法律后果有哪些？

答：（1）政府方介入的前提。如果政府方在行使监督权时发现项目公司违约，政府方认为有可能需要介入的，通常应在介入前按照PPP项目合同的约定书面通知项目公司并给予其一定期限自行补救；如果项目公司在约定的期限内仍无法补救，政府方才有权行使其介入权。

（2）政府方介入的法律后果。政府方在项目公司违约情形下介入的法律后果一般如下：

①政府方或政府方指定第三人将代项目公司履行其违约所涉及的部分义务；

②在项目公司为上述代为履行事项提供必要协助的前提下，在政府方介入的期间内，如果是采用政府付费或可行性缺口补助机制的项目，政府方仍应当按照合同约定就不受违约影响部分的服务或产品支付费用或提供补助；

③任何因政府方介入产生的额外费用均由项目公司承担，该部分费用可从政府付费中扣减或者由项目公司另行支付；

④如果政府方的介入仍然无法补救项目公司的违约，政府方仍有权根据提前终止机制终止项目合同。

4.11 实施方案审核

4.11.1 审核标准

问题242：怎样确保财政风险可控性？

答：项目识别环节、项目准备环节都需要进行物有所值评价和财政承受能力论证，也就是说项目准备阶段实施方案也必须通过物有所值评价和财政承受能力论证，以确保财政风险可控性。

问题243：主要对实施方案的哪些内容进行审核？

答：可从项目建设的必要性及合规性、PPP模式的适用性、财政承受能力及价格的合理性等方面，对项目实施方案进行可行性评估，确保物有所值。审查结果是项目决策的重要依据。

4.11.2 审核程序

问题244：项目实施方案的审核流程有哪些？

答：财政部《操作指南》指出，财政部门（政府和社会资本合作中心）应对项目实施方案进行物有所值和财政承受能力验证，通过验证的，由项目实施机构报政府审核；未通过验证的，可在实施方案调整后重新验证；经重新验证仍不能通过的，不再采用政府和社会资本合作模式。

项目实施方案的验证只有一次调整机会，若是经重新验证仍不能通过的，项目将不再采用政府和社会资本合作模式。

问题 245：实施方案审核的具体步骤？

答： 在实施方案的审核阶段，首先专家小组对实施方案进行评价，然后 PPP 领导小组召开部分联席会议，审核实施方案，若是通过审核验证的上报政府审批实施方案。

《山东省人民政府办公厅转发省财政厅省发展改革委人民银行济南分行关于在公共服务领域推广政府和社会资本合作模式的指导意见的通知》规定，审核实施方案，各级财政、发展改革、人民银行等部门应会同行业主管部门等建立项目联评联审机制，对项目审批、立项和实施方案进行联合评审。通过评审的项目，上报同级政府批准后实施。

问题 246：怎样简化项目审核流程？

答： 进一步减少审批环节，建立项目实施方案联评联审机制，提高审查工作效率。项目合同签署后，可并行办理必要的审批手续，有关部门要简化办理手续，优化办理程序，主动加强服务，对实施方案中已经明确的内容不再作实质性审查。

问题 247：实施方案审核阶段的备案资料有哪些？

答： 实施方案审核阶段的备案资料如下：
（1）评估报告或者专家评估意见；
（2）PPP 项目请示文件；
（3）PPP 项目方案的政府批复文件；
（4）联席会议纪要。

第 5 章 项目采购

5.1 项目采购的界定

5.1.1 项目采购的含义

问题 1：什么是采购？

答：采购，是指以合同方式有偿取得货物、工程和服务的行为，包括购买、租赁、委托、雇用等。

货物，是指各种形态和种类的物品，包括原材料、燃料、设备、产品。

工程，是指建设工程，包括建筑物和构筑物的新建、改建、扩建、装修、拆除、修缮等。

服务，是指除货物和工程以外的其他政府采购对象。

问题 2：什么是项目采购？

答：财政部《关于印发〈政府和社会资本合作项目政府采购管理办法〉的通知》第二条规定指出：PPP 项目采购，是指政府为达成权利义务平衡、物有所值的 PPP 项目合同，遵循公开、公平、公正和诚实信用原则，按照相关法规要求完成 PPP 项目识别和准备等前期工作后，依法选择社会资本合作者的过程。

问题 3：项目采购的主体是谁？

答：对于纳入 PPP 项目开发目录的项目，项目实施机构应根据物有所值评价和财政承受能力论证审核结果完善项目实施方案，报本级人民政府审核。本级人民政府审核同意后，由项目实施机构按照政府采购管理相关规定，依法组织开展社会资本方采购工作。项目实施机构可以依法委托采购代理机构办理采购。

问题 4：项目采购的对象是什么？

答：PPP 项目采购的对象是社会资本，即选择合适的社会资本方作为合作伙伴。项目采购会在多个竞争者之间综合考虑其资质、技术、资金等各要素，选择最适合该 PPP 项目的社会资本进行合作。

问题 5：PPP 项目采购与传统政府采购有什么联系？

答：《中华人民共和国政府采购法》中规定政府采购，是指各级国家机关、事业单位和团体组织,使用财政性资金采购依法制定的集中采购目录以内的或者采购限额标准以上的货物、工程和服务的行为。项目采购不同于传统意义上的政府采购,但从广义范围来看,仍属于政府采购的范畴。PPP项目已纳入政府采购管理工作,自然拓展政府采购边界,其较传统的政府采购项目显然提升了产品或服务水平。

问题6:项目采购与传统政府采购的异同点?

答:相同点:项目采购和传统政府采购都遵循公开透明原则、公平竞争原则、公正原则和诚实信用原则。在采购过程中都有政府参与。

不同点:(1)与传统政府采购相比,项目采购没有询价这一采购方式,采购方式新增了竞争性磋商,并引入两阶段采购模式。

(2)项目采购新增了强制资格预审、现场考察和答疑,对项目采购结果及合同文本公式做出了规范性要求。

(3)与传统政府采购不同,项目采购中项目实施机构可以自行选定评审专家。

(4)项目采购用市场化手段引入担保机构进行第三方监管,以弥补行政监督手段的不足。

(5)项目采购要求在采购完成后公开项目采购合同,引入社会监督。

问题7:与传统政府采购项目比较,为什么说PPP项目提升了产品和服务质量?

答:对于PPP项目而言,其较传统的政府采购项目显然提升了产品或服务水平,原因是:第一,PPP项目能够自然拓展政府采购的边界。与政府采购计划目标一般具有严格的边界不同,PPP项目一方面很难确定严格的边界,另一方面也势必具有更为广泛的边界,原因在于PPP模式的应用范围一般是落在基础设施领域,基础设施建设过程中和竣工后,设备升级、专业维护等方面的配套服务与其建设密不可分,且基础设施具有长期使用的特征,势必呈现跨越一个较长时间区间的特性,相关配套服务更不是一次、两次能够解决,而是一个长期的合作过程。第二,在自然拓展政府采购边界的基础上,PPP项目也能够减少政府支出的压力。如上所述,传统的政府采购项目完工后就要一次性支付完毕,而PPP项目则不必当期支付,从而可缓解政府财政支出压力。实际上,鉴于PPP项目具有能够自然拓展政府采购边界和长期性的特点,在项目落成后,其长期运行的20~30年中,把相关维护、升级等配套服务交由社会资本方承担,可使PPP项目较政府采购而言呈现出"工程"加"服务"的升级特点,从而节省了政府在基础设施长期使用过程中可能产生的维护、升级等支出。

问题8:项目采购的特点是什么?

答:(1)PPP项目的采购需求非常复杂,难以一次性地在采购文件中完整、明确、合规地描述,往往需要合作者提供设计方案和解决方案,由项目实施机构根据项目需求设计提出采购需求,并通过谈判不断地修改采购需求,直至合作者提供的设计方案和解决方案完全满足采购需求为止。

(2)不是所有的PPP项目都能提出最低产出单价。有些项目如收费高速公路,可能要求报出最短收费年限,导致项目在采购环节无法实施价格竞争;还有些回报率低的公益性项目,政府还将延长特许经营权限。

(3)PPP项目采购金额大,交易风险和采购成本远高于传统采购项目,竞争程度较传统采购项目低，出现采购活动失败情形的几率也较传统采购为高。

（4）PPP项目的采购合同比传统的采购合同更为复杂，可能是一个合同体系，对采购双方履行合同的法律要求非常高，后续的争议解决也较传统采购更为复杂。

（5）许多PPP项目属于面向社会公众提供公共服务，采购结果的效益需要通过服务受益对象的切身感受来体现，无法像传统采购那样根据采购合同规定的每一项技术、服务指标进行履约验收，而是结合绩效评价、社会公众评价、第三方评价等其他方式完成履约验收[①]。

问题9：PPP项目采购的核心内容是什么？

答：PPP项目采购的核心内容是："先明确采购需求，后竞争报价"的两阶段采购模式。

问题10：PPP项目采购的政策依据有哪些？

答：目前，PPP项目采购主要依据以下各项规定：
《中华人民共和国政府采购法》；《中华人民共和国政府采购法实施条例》；《政府采购非招标采购方式管理办法》；《政府和社会资本合作项目政府采购管理办法》；《政府采购竞争性磋商采购方式管理暂行办法》；《政府和社会资本合作模式操作指南（试行）》；《政府和社会资本合作项目财政管理暂行办法》。

问题11：《政府采购法》和《招标投标法》存在哪些差异？

答：《政府采购法》和《招标投标法》是属于同一位阶的两部规范公共采购行为的法律，由此原本应该统一的政府采购市场被分割成两大块，即政府采购工程市场和政府采购货物、服务市场。

首先，政府采购法与招标投标法规范的主体不同。政府采购法规范的主体是各级国家机关、事业单位和团体组织。而招标投标法规范的主体则无限制，任何主体在进行货物、工程、服务采购时都可以采用招标投标的方式。

其次，政府采购法与招标投标法规范的行为不同。政府采购法规定的是政府采购行为，而招标投标法规范的是招标投标行为。招标投标法规范所有的招标投标行为，包括政府的招标采购行为，也包括非政府的招标采购行为。招标虽然是政府采购制度要求的最主要程序，但是，它并不是政府采购的唯一程序。因此政府采购法规范的采购行为也包括采取其他的采购方式，如询价采购、竞争性谈判、单一来源采购等。

政府采购和招投标的运行过程不同，政府采购制度所涉及的范围更广。政府采购法和招标投标法都涉及民事责任、行政责任和刑事责任的规定，但侧重点是不同的。政府采购法强调的是行政责任，而招标投标法强调的是民事责任。

最后，政府采购工程时，政府采购法与招标投标法有着密切的关系。政府采购法已将工程采购纳入政府采购范畴，而且政府采购法第四条明确规定"政府采购工程进行招标投标的，适用招标投标法"。

---

① 中国PPP产业大讲堂：《权威解读——PPP项目采购管理的那些事儿》，http://www.zgppp.cn/PPPxueyuan/shendupouxi/2015-05-22/50.html。

问题 12：将 PPP 项目采购纳入政府采购管理工作的意义是什么？

答：将 PPP 项目选择合作者的过程纳入政府采购管理的主要考虑是：

（1）PPP 是政府从公共服务的"生产者"转为"提供者"而进行的特殊采购活动。我国政府采购法第二条第七款规定"本法所称服务，是指除货物和工程以外的其他政府采购对象"，对政府采购服务做了兜底式定义。从法律定义上看，PPP 属于服务项目政府采购范畴。同时，世界主要国际组织和国家在选择 PPP 合作方时都遵循政府采购规则，并把服务和工程特许经营权的授予也视为政府采购公共服务的一种方式，将其纳入政府采购监管。因此，将 PPP 项目选择合作者的过程纳入政府采购管理，可以进一步促进我国政府采购制度与国际规则对接，也符合世界贸易组织《政府采购协定》（GPA）对政府采购的定义——为了政府目的以任何合同方式开展的采购活动。

（2）我国政府采购法规定了公开招标、邀请招标、竞争性谈判、询价、单一来源五种采购方式，并授权监管部门认定新的采购方式。这些法定采购方式（包括竞争性磋商方式），能够比较好地适用于 PPP 项目采购中公开竞争、选择性竞争和有限竞争的情况，并充分实现"物有所值"的价值目标，使 PPP 项目采购更具可操作性。

（3）政府采购法律制度规定了优先采购节能环保产品，支持中小企业等宏观调控和政策功能目标。将 PPP 项目选择合作者的过程纳入政府采购管理，将更加有利于 PPP 项目发挥公共性和公益性作用。

问题 13：项目采购的操作形式有哪些？

答：项目采购中，政府可以直接采购社会资本，也可以授权 PPP 项目实施机构在项目实施过程中选择社会资本合作。PPP 项目实施机构可以委托政府采购代理机构办理 PPP 项目采购事宜。PPP 项目咨询服务机构从事 PPP 项目采购业务的，应当按照政府采购代理机构管理的有关要求及时进行网上登记。

问题 14：项目采购管理包括什么内容？

答：对于纳入财政部 PPP 综合信息平台的项目，项目实施机构应将项目实施方案提请本级人民政府审核，本级人民政府审核同意后，由项目实施机构按照政府采购管理相关规定，依法组织开展社会资本合作方采购工作。

问题 15：PPP 项目采购活动的监督管理部门是谁？

答：《关于印发政府和社会资本合作项目政府采购管理办法的通知》规定，各级人民政府财政部门应当加强对 PPP 项目采购活动的监督检查，依法处理采购活动中的违法违规行为。

PPP 项目采购有关单位和人员在采购活动中出现违法违规行为的，依照政府采购法及有关法律法规追究法律责任。

5.1.2　项目采购的流程

问题 16：项目采购的工作流程是什么？

答：项目采购的工作流如图 5-1 所示。

第 5 章 项目采购

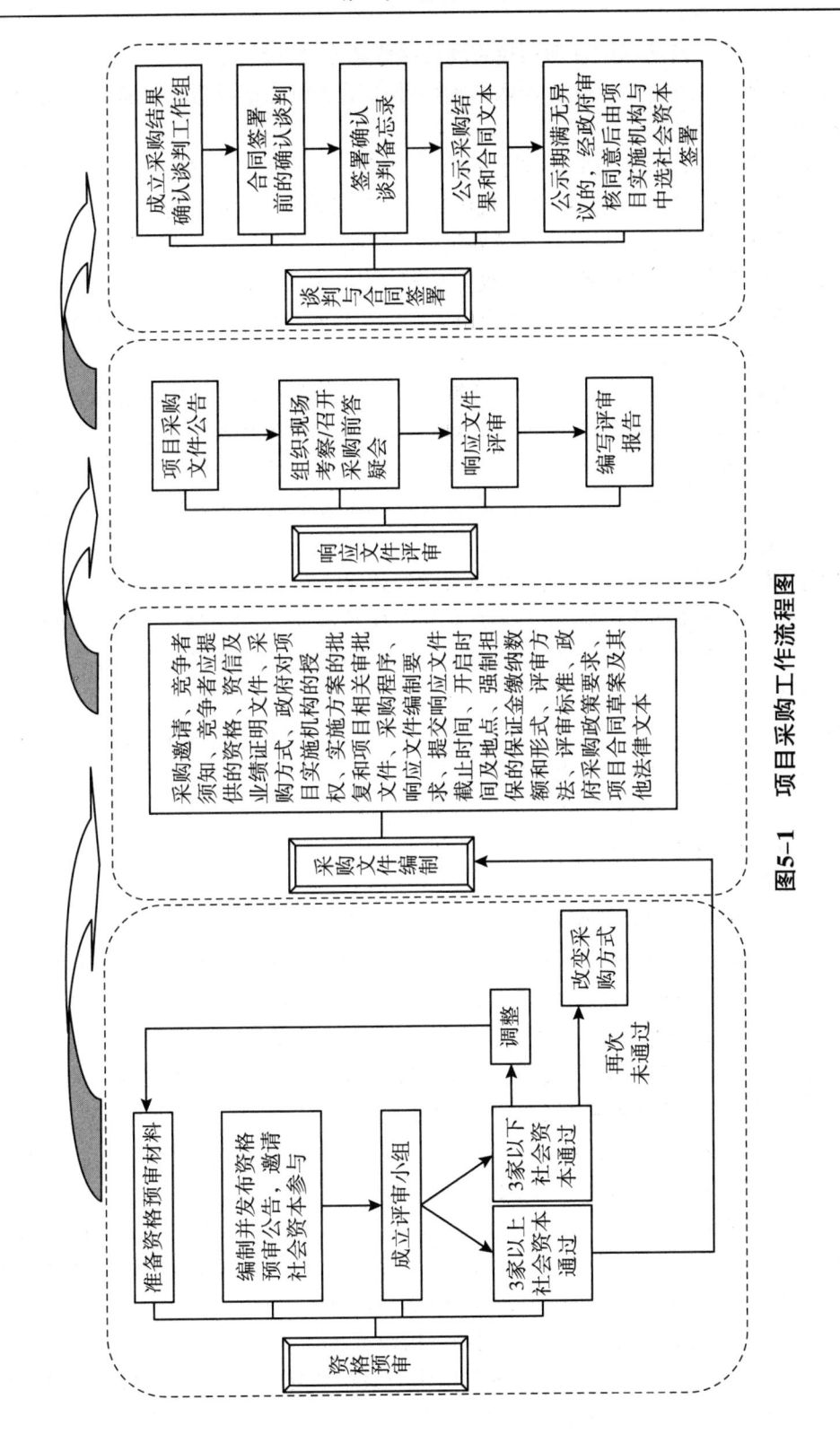

图5-1 项目采购工作流程图

问题 17：加强政府采购活动内控管理有哪些具体措施？

答： 财政部《关于加强政府采购活动内部控制管理的指导意见》提出了四个方面的内控措施：

（1）明晰事权，依法履职。要求采购人、集中采购机构和监管部门加强内部归口管理和内部监督；采购人与采购代理机构之间要明确委托代理的权利义务。

（2）合理设岗，权责对应。合理界定岗位职责和责任主体，梳理风险事项；采购需求制定与内部审核、合同签订与验收等不相容岗位要分开设置；评审现场组织、单一来源采购项目议价等相关业务原则上应由 2 人以上共同办理；采购及相关人员应当实行定期轮岗。

（3）分级授权，科学决策。主管预算单位应当加强所属预算单位管理；建立健全采购人、集中采购机构和监管部门采购事项内部决策机制和内部审核制度。

（4）优化流程，重点管控。加强关键环节的控制，对不符合规定的及时纠正；要明确各个节点的工作时限要求，提高采购效率；要强化利益冲突管理，严格执行回避制度。

问题 18：怎样对 PPP 项目采购的争议进行处理？

答： 根据《关于印发政府和社会资本合作项目政府采购管理办法的通知》规定，参加 PPP 项目采购活动的社会资本对采购活动的询问、质疑和投诉，依照有关政府采购法律制度规定执行。

项目实施机构和中标、成交社会资本在 PPP 项目合同履行中发生争议且无法协商一致的，可以依法申请仲裁或者提起民事诉讼。

5.1.3 项目采购的方式

问题 19：项目采购方式有哪些？

答： 项目采购方式包括公开招标、邀请招标、竞争性谈判、竞争性磋商和单一来源采购。根据《政府和社会合作项目财政管理暂行办法》第十一条规定：项目实施机构应当优先采用公开招标、竞争性谈判、竞争性磋商等竞争性方式采购社会资本方，鼓励社会资本积极参与、充分竞争。根据项目需求必须采用单一来源采购方式的，应当严格符合法定条件，并经上级政府采购主管部门批准。

（1）公开招标采购是指招标人在媒体上公开刊登通告，吸引所有有兴趣的供应人参加投标，并按本细则的程序选定中标人的一种采购方式。

（2）邀请招标，也称为有限竞争性招标，是指招标方根据供应商或承包商的资信和业绩，选择若干供应商或承包商（不能少于三家），向其发出投标邀请，由被邀请的供应商、承包商投标竞争，从中选定中标者的招标方式。

（3）竞争性谈判，是指采购人或代理机构通过与多家供应商（不少于三家）进行谈判，最后从中确定中标供应商。政府采购中的谈判是指采购人或代理机构和供应商就采购的条件达成一项双方都满意的协议的过程。

（4）竞争性磋商：即采购人、政府采购代理机构通过组建竞争性磋商小组，与符合条件的供应商就采购货物、工程和服务事宜进行磋商,供应商按照磋商文件的要求提交响应文件和报价,采购人从磋商小组评审后提出的候选供应商名单中确定成交供应商的采购方式。

(5)单一来源采购:是指在没有竞争的条件下,采购方与供应商一对一地进行交易。由于单一来源采购具有特殊的非竞争性,产生腐败和舞弊的风险较大,因此在 PPP 政府采购中较少采用。

问题 20:竞争性磋商采购方式的核心内容、主要思路是什么,与竞争性谈判采购方式有哪些联系和区别?

答:竞争性磋商采购方式是财政部首次依法创新的采购方式,核心内容是"先明确采购需求、后竞争报价"的两阶段采购模式,倡导"物有所值"的价值目标。

竞争性磋商和竞争性谈判两种采购方式在流程设计和具体规则上既有联系又有区别:在"明确采购需求"阶段,二者关于采购程序、供应商来源方式、磋商或谈判公告要求、响应文件要求、磋商或谈判小组组成等方面的要求基本一致;在"竞争报价"阶段,竞争性磋商采用了类似公开招标的"综合评分法",区别于竞争性谈判的"最低价成交"。之所以这样设计,就是为了在需求完整、明确的基础上实现合理报价和公平交易,并避免竞争性谈判最低价成交可能导致的恶性竞争,将政府采购制度功能聚焦到"物有所值"的价值目标上来,达到"质量、价格、效率"的统一。

问题 21:竞争性磋商采购方式的适用范围有哪些?

答:财政部《关于印发〈政府采购竞争性磋商采购方式管理暂行办法〉的通知》规定了五种适用情形:一是政府购买服务项目;二是技术复杂或性质特殊,不能确定详细规格或者具体要求的;三是因艺术品采购、专利、专有技术或者服务的时间、数量事先不能确定等原因不能事先计算出价格总额的;四是市场竞争不充分的科研项目,以及需要扶持的科技成果转化项目;五是按照招标投标法及其实施条例必须进行招标的工程建设项目以外的工程建设项目。其中,前三种情形主要适用于采购人难以事先确定采购需求或者合同条款,需要和供应商进行沟通协商的项目;第四种情形主要适用于科研项目采购中有效供应商不足三家,以及需要对科技创新进行扶持的项目;第五种情形主要适用于政府采购工程类项目,并与招标投标法律制度和《政府采购非招标采购方式管理办法》做了衔接。综合来看,竞争性磋商采购方式在政府购买服务、PPP、科技创新扶持、技术复杂的专用设备等项目采购中将具有较高的可操作性和适用性。

问题 22:为什么询价方式不适用于 PPP 项目采购?

答:由于询价方式仅适用于规格标准统一、现货货源充足且市场价格变化不大的标配货物的采购,而 PPP 项目作为政府采购公共服务项目,显然不适用。

问题 23:由谁确定采购方式,社会资本方是否可以提出采购方式建议?

答:通常采购方式的选择,由所在地的财政部门最终确定,最终体现在"实施方案"中,批准了实施方案,就相当于批准了项目的采购方式。

社会资本可以根据项目的实际情况,提出采购方式的建议,但最终的决定权仍在地方财政。

问题 24：不同的 PPP 项目采购方式使用条件是什么？

答： 根据《中华人民共和国政府采购法》《政府采购竞争性磋商采购方式管理暂行办法》《政府和社会资本合作项目政府采购管理办法》《政府和社会资本合作模式操作指南（试行）》《政府采购非招标采购方式管理办法》等相关法律法规规定，PPP 项目采购方式的适用条件如表 5-1 所示。

表 5-1　　　　　　　　　PPP 项目采购方式的适用条件

采购方式	适用条件
公开招标	公开招标主要适用于核心边界条件和技术经济参数明确、完整、符合国家法律法规和政府采购政策，且采购中不作更改的项目。
邀请招标	具有特殊性，只能从有限范围的供应商采购； 采用公开招标方式的费用占政府采购项目总价值的比例过大的。
竞争性谈判	(1) 招标后没有供应商投标或者没有合格标的或者重新招标未能成立的； (2) 技术复杂或者性质特殊，不能确定详细规格或者具体要求的； (3) 采用招标所需时间不能满足用户紧急需要的； (4) 不能事先计算出价格总额的。
竞争性磋商	(1) 政府购买服务项目； (2) 技术复杂或者性质特殊，不能确定详细规格或者具体要求的； (3) 因艺术品采购、专利、专有技术或者服务的时间、数量事先不能确定等原因不能事先计算出价格总额的； (4) 市场竞争不充分的科研项目，以及需要扶持的科技成果转化项目； (5) 按照招标投标法及其实施条例必须进行招标的工程建设项目以外的工程建设项目。
单一来源采购	(1) 只能从唯一供应商采购的； (2) 发生了不可预见的紧急情况不能从其他供应商采购的； (3) 必须保证原有采购项目一致性或者服务配套的要求，需要继续从原供应商处添购，且添购资金总额不超过原合同采购金额10%的。

问题 25：PPP 项目主要采取什么采购方式？

答： 邀请招标、单一来源采购的适用情形相对较窄，而竞争性谈判则在评审办法方面有先天缺陷，故绝大多数 PPP 项目不适用上述三种采购方式。财政部印发《政府和社会资本合作项目政府采购管理办法》规定："公开招标主要适用于采购需求中核心边界条件和技术经济参数明确、完整、符合国家法律法规及政府采购政策，且采购过程中不作更改的项目。"由于公开招标程序非常严格，大多数 PPP 项目不适宜采用这种采购方式。因此，应首选竞争性磋商方式。

问题 26：PPP 项目采取不同采购方式的流程分别是什么？

答： 项目采购方式包括公开招标、邀请招标、竞争性谈判、竞争性磋商和单一来源采购。不同的采购方式有不同的采购流程，分别如图 5-2、图 5-3、图 5-4 和图 5-5 所示。

第5章 项目采购

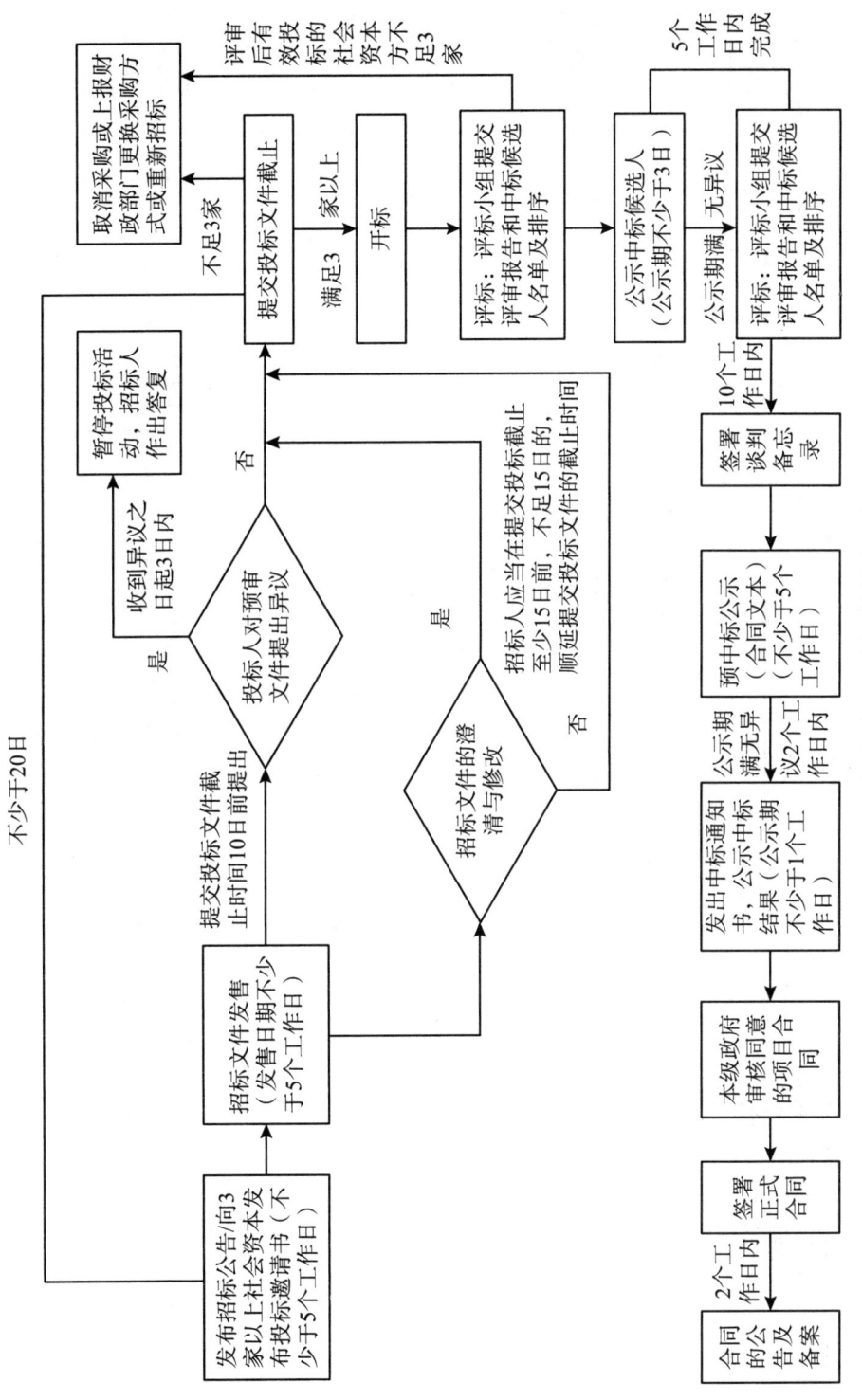

图5-2 公开招标/邀请招标流程图

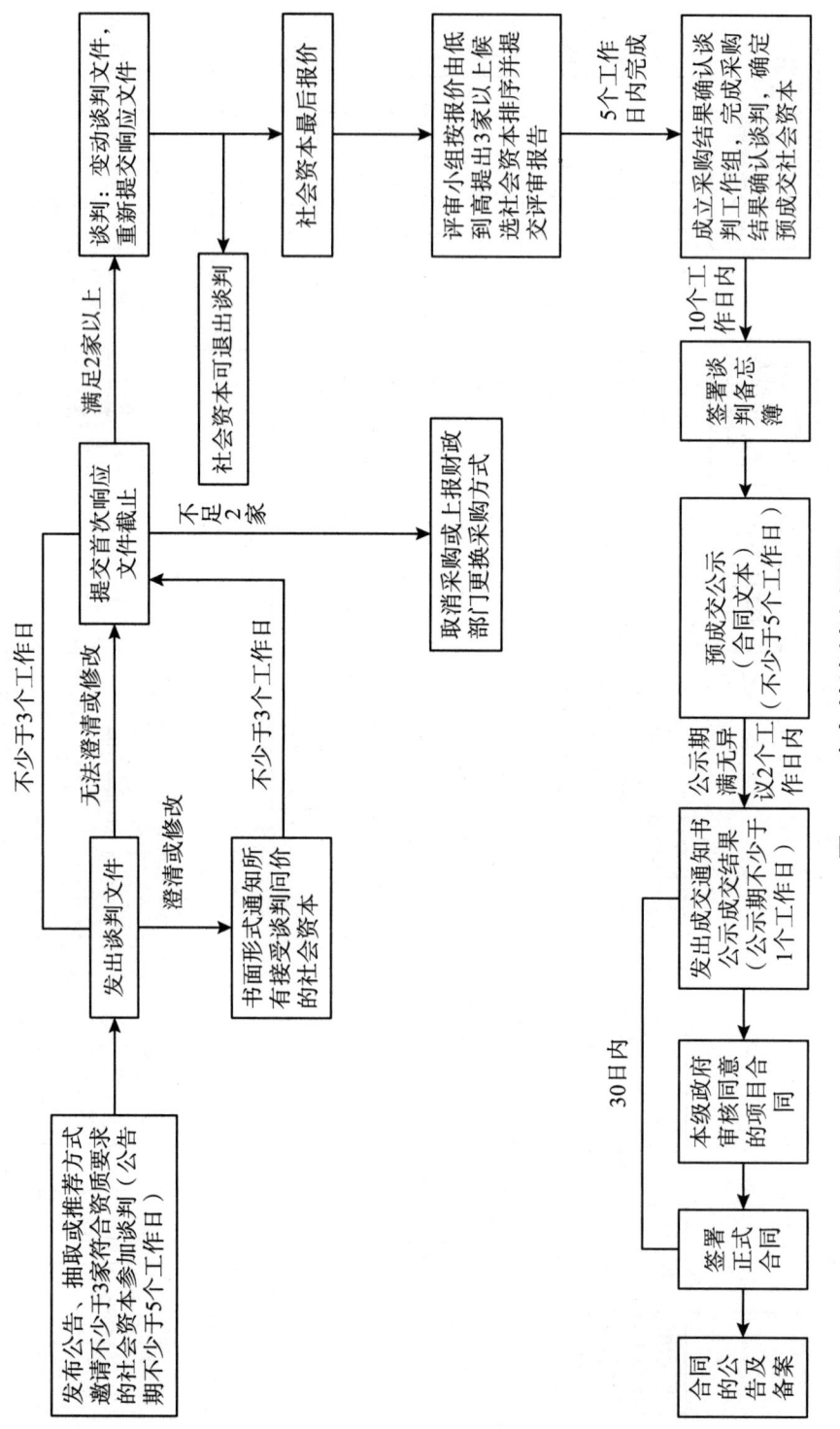

图5-3 竞争性谈判流程图

第5章 项目采购

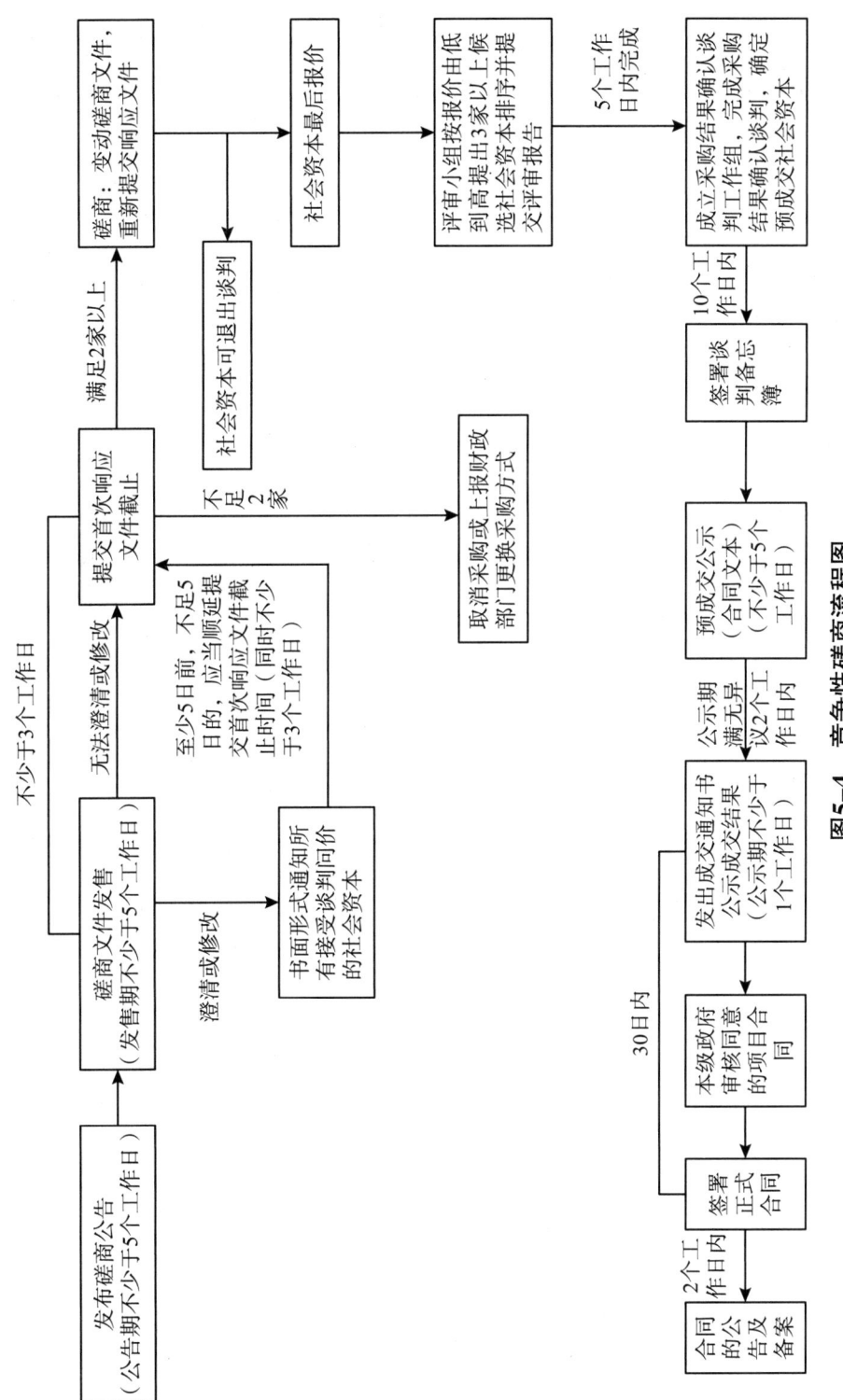

图5-4 竞争性磋商流程图

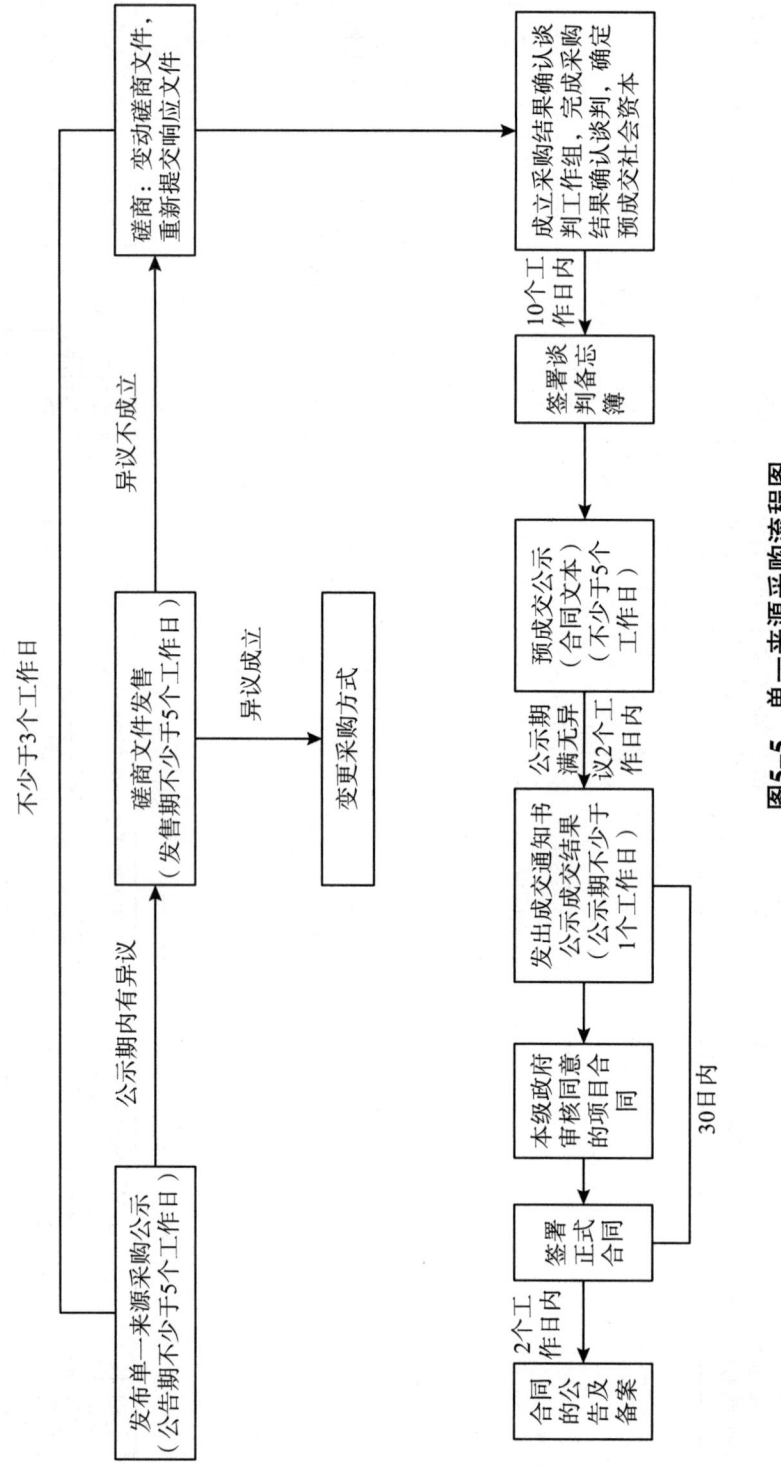

图5-5 单一来源采购流程图

问题 27：什么是联合体投标？

答：所谓联合体投标，是指两个以上法人或者其他组织组成一个联合体，以一个投标人的身份共同投标的行为。

问题 28：对联合体投标有什么特殊要求？

答：根据《政府采购货物和服务招标投标管理办法》规定：以联合体形式参加投标的，联合体各方均应当符合政府采购法第二十二条第一款规定的条件。采购人根据采购项目的特殊要求规定投标人特定条件的，联合体各方中至少应当有一方符合采购人规定的特定条件。联合体各方之间应当签订共同投标协议，明确约定联合体各方承担的工作和相应的责任，并将共同投标协议连同投标文件一并提交招标采购单位。联合体各方签订共同投标协议后，不得再以自己名义单独在同一项目中投标，也不得组成新的联合体参加同一项目投标。

5.2 资格预审

5.2.1 资格预审的基本内容

问题 29：什么是项目资格预审？

答：财政部《关于印发〈政府和社会资本合作项目政府采购管理办法〉的通知》规定：PPP 项目采购应当实行资格预审。项目实施机构应当根据项目需要准备资格预审文件，发布资格预审公告，邀请社会资本和与其合作的金融机构参与资格预审，验证项目能否获得社会资本响应和实现充分竞争。

问题 30：资格预审是不是 PPP 项目采购的必经前置程序？

答：是的。PPP 项目中，无论采取何种采购方式，均应进行资格预审程序。这是由于 PPP 项目作为一种新型的政府采购服务、建立了政府与企业间的长期合作关系，政府希望通过前置的资格预审程序，实现项目实施机构对参与 PPP 项目的社会资本进行更为严格的筛选和把控，保障项目安全。

问题 31：项目资格预审主要包括哪些内容？

答：项目资格预审主要包括以下内容：

（1）准备资格预审材料；

（2）编制并发布资格预审公告；

（3）成立评审小组进行资格评审。

问题 32：项目资格预审应遵守什么原则？

答：评审小组或资格审查委员会成员应当遵循客观、公正、公平、审慎的原则，根据资格预审公告和采购文件规定的程序、资格预审文件载明的标准和方法进行资格预审和独立评审。采购人编制的资格预审文件应遵守公开、公平、公正和诚实信用原则。

问题 33：在项目资格预审工作中，项目实施机构的职责是什么？

答：项目实施机构应根据项目需要准备资格预审文件，发布资格预审公告，邀请社会资本和与其合作的金融机构参与资格预审,验证项目能否获得社会资本响应和实现充分竞争,并将资格预审的评审报告提交财政部门(政府和社会资本合作中心)备案。

问题 34:项目资格预审流程是什么?

答:项目资格预审的流程如图 5-6 所示。

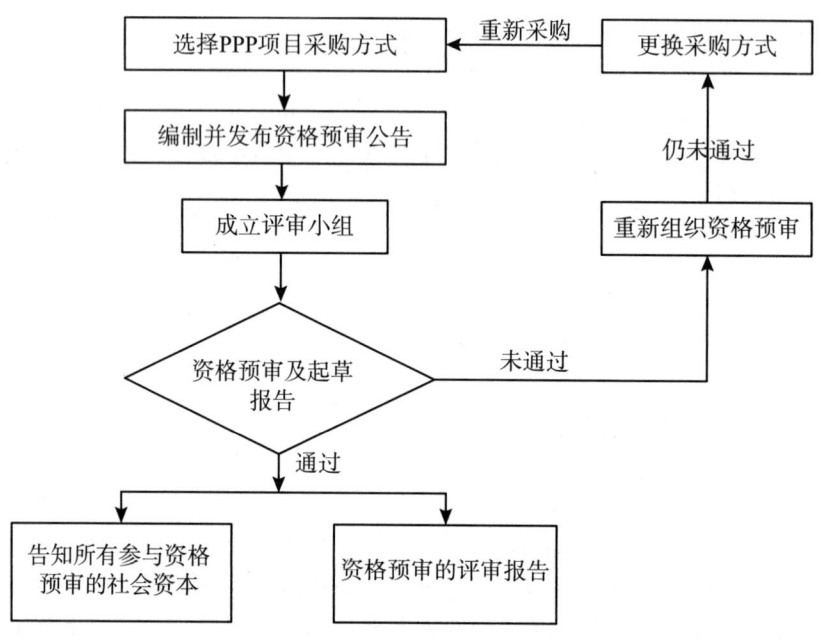

图 5-6 项目资格预审流程图

问题 35:项目预审工作中对社会资本数量有何要求?

答:财政部《关于印发政府和社会资本合作模式操作指南(试行)的通知》规定:项目有 3 家以上社会资本通过资格预审的,项目实施机构可以继续开展采购文件准备工作;项目通过资格预审的社会资本不足 3 家的,项目实施机构应在实施方案调整后重新组织资格预审;项目经重新资格预审合格社会资本仍不够 3 家的,可依法调整实施方案选择的采购方式。

问题 36:在项目资格预审工作中,采购条件有哪些?

答:项目实施机构应当根据项目特点和建设运营需求,综合考虑专业资质、技术能力、管理经验和财务实力等因素合理设置社会资本的资格条件,保证国有企业、民营企业、外资企业平等参与。

5.2.2 资格预审的准备工作

问题 37:什么是市场测试?

答:市场测试(Market Sounding 或称作 Soft Market Testing)是在启动 PPP 正式采购

程序前，政府方用以检验自己有关项目的方案设想是否符合市场参与主体如潜在竞标人、融资机构的意愿，引发其兴趣，并借此获得各类市场参与主体的反馈，对 PPP 方案进行可能的调整完善的一种工具。

问题 38：为何需要市场测试？[①]

答：市场测试对成功运作 PPP 项目而言，至少有以下几重益处：

（1）政府方无需承担高成本，即可了解市场参与主体的态度，提高 PPP 项目实际推向市场后的成功率。须知，PPP 项目尤其是大型复杂者，正式启动采购程序的成本非常高昂：工程技术可行性研究、各种专业中介机构（交易顾问团队）如财务、商务、法律、风险等，无论项目成功与否，都需要支付费用，政府相关部门也要投入大量人力物力和协调精力，如果设计的项目结构和条件不符合市场预期，损失的不仅是这些前期费用，还可能牵涉公共部门的政治声誉。

（2）提供更早的纠错机会，甚至可以据此终止 PPP 项目采购。设计合理且程序得当的市场测试，能提供来自市场的有效反馈，是很好的识别 PPP 项目方案设计问题的信号。潜在投资者对 PPP 初步方政府方可以进一步分析和完善 PPP 项目方案，让方案更加契合市场需求。甚至，在政府方发现无法满足市场的普遍期待时，可以据此终止计划中的 PPP 项目采购程序，避免强行推进造成的更大损失或进退维谷的局面。

（3）市场测试也给市场参与主体提供了解政府的项目目标和意图的好机会，投资者可以开展细致研究，组建更有实力的联合团队，做出合理决策。市场参与主体自然希望更早地了解政府对 PPP 项目设置的目标和运作意图，留出更多时间做详细评估；同样，若需组建投标联合体的情况下，市场主体也需要大量前期协调时间。

问题 39：市场测试工作中组织参与者包括哪些？

答：市场测试时，政府方需要组织与 PPP 项目相关的工程顾问、前期工作责任部门、行业监管部门参与市场测试，交易顾问团队的 PPP 专家、行业专家、法律专家、采购专家是市场测试工作的组织者和协调者。

问题 40：PPP 项目采购中包括哪些市场测试对象？

答：一般来说，具有拟测试的 PPP 项目类似经验的成熟投资者是理想的市场测试参与方，他们往往能提供高质量的反馈信息。所以在发布市场测试公告信息后，政府方应该要求交易顾问根据其经验和业内关系资源，鼓励和邀请一些有经验的投资机构来参加市场测试。另外，除了 PPP 项目的潜在投资者之外，融资机构也是一类重要的利益关联者，其对 PPP 项目的理解、认可和支持与否，对 PPP 最终成功影响很大，也是市场测试的主要对象，甚至可以专门为其设计和组织市场测试。

问题 41：市场测试应遵循什么原则？

答：市场测试提供了采购方和潜在竞标者在进入正式采购程序前的非正式沟通机会，但应该遵循一些基本原则，避免影响后续的公平竞争。

市场测试前政府方要明确告知，鼓励潜在投资者参与市场测试，但是即使不参加市

[①] 靳明伟：《详解 PPP 项目市场测试》，http://www.chinacem.com.cn/ppp-zcfg/2015-03/183387.html。

场测试的投资者仍然有资格参与正式的采购程序，而且参与市场测试的投资者并不会因此在正式采购程序中得到特别的优待。政府还应该告知，投资者不会因参与市场测试中提出的问题而遭到政府方的歧视；涉及投资者商业机密的讨论内容，政府可以安排一对一的沟通场合。

此外，应该声明市场测试不是正式采购程序的组成部分，政府提供的方案信息仍然可能进一步修改，对各方并不具有约束力。

问题42：市场测试需要准备哪些文件？

答：政府方及其交易顾问为市场测试准备的文件主要有：市场测试公告、项目简介、PPP项目初步方案和参与者反馈表。PPP初步方案主要包含项目技术经济指标、产出规范与说明（Output Specification）、投融资结构、回报机制、风险分担、合同结构及重要条款和采购及实施日程计划。如果是针对融资机构的市场测试，所需文件基本相同，内容重点方面根据影响项目可融资性的要素有所调整。重要的是，政府方交易顾问应该根据市场测试的全部信息，提交一份最终建议给政府PPP执行机构，供推进采购工作的决策和编制采购文件时参考。

问题43：市场测试工作中需要注意哪些内容？

答：意向投资者在市场测试环节提供的口头和书面反馈都应该被详细记录整理，包括参与者的企业基本信息、类似项目经验、感兴趣的项目、对项目方案的建议和意见等等。切忌在要求参与者填写信息时，让他们全部填写在同一份文件中；相反，应该分别提供单独表格供其填写，收回后内部汇总。在公开问答环节，应该事先安排人员对所提问题和答复做速记整理。给有特别要求的投资者提供一对一的沟通机会，应该记录沟通过程并整理出纪要存档。

市场测试环节结束后，政府方及其顾问团队在分析市场测试全过程（包含信息发布会和现场问答）的信息后，应汇总整理一份书面的市场测试分析报告，对下一步采购决策和PPP项目方案编制发挥更好的指导作用。

问题44：资格预审申请文件包括哪些内容？

答：《标准施工招标资格预审文件》（2010年版）规定：资格预审申请文件包括以下基本内容：

（1）资格预审申请函；
（2）法定代表人身份证明或其授权委托书；
（3）联合体共同投标协议；
（4）申请人基本情况；
（5）申请人近年财务状况；
（6）申请人近年完成的类似项目情况；
（7）申请人正在施工和新承接的项目情况；
（8）申请人近年发生的诉讼及仲裁情况；
（9）其他材料。

5.2.3 资格预审的评审

问题45：资格预审的评审内容是什么？
答：资格预审的评审内容主要有以下四个方面：
(1) 财务方面：能否有足够的资金承担该工程，且必须有一定数量的流动资金。
(2) 项目经验：是否承担过类似项目，特别是具有特殊要求的项目；施工工程的数量和规模。
(3) 人员：潜在投标人所具有的工程技术人员和管理人员的数量、工作经验和能力是否满足工程的要求，特别是派往本工程的项目经理的资历能否满足要求。
(4) 设备：潜在投标人所拥有的施工设备能否满足工程的要求。
此外，潜在投标人还须具有守合同、重信誉的良好记录，才能通过资格预审。

问题46：评审小组是如何构成的？
答：财政部《关于印发政府和社会资本合作模式操作指南（试行）的通知》规定：评审小组由项目实施机构代表和评审专家共5人以上单数组成，其中评审专家人数不得少于评审小组成员总数的2/3。评审专家可以由项目实施机构自行选定，但评审专家中应至少包含1名财务专家和1名法律专家。

问题47：项目实施机构代表能否加入评议小组？
答：项目实施机构代表不得以评审专家身份参加项目的评审。

问题48：资格预审有哪些评审方法？
答：资格预审的评审方法一般分为定性评审法和定性评审法。

定性评审法是以符合性条件为基准筛选资格条件合格的潜在投标人，通常，符合定性条件包括以下五方面的内容：
(1) 具有独立订立合同的权利；
(2) 具有履行合同的能力；
(3) 以往承担过类似工程的业绩情况；
(4) 财务及商业信誉情况；
(5) 法律法规规定的其他资格条件。资格预审文件通过对以上五方面的条件进行细化制定出评审细则，潜在投标人必须完全符合资格预审条件方能通过资格预审。

定量评审法是定性评审法的延伸和细化，评审标准较为复杂。一般包括以下两个方面内容：
(1) 资格符合性条件。包括潜在投标人的资质等级、安全生产许可证及三类人员安全生产合格证书等有关法律法规规定的资格是否满足要求；
(2) 建立百分制评分标准，即根据工程的具体情况将招标文件中商务部分内容，按照一定的分值比例建立起评分标准，并设定通过资格预审的最低分数值。潜在投标人通过资格预审的条件为通过资格符合性条件检查并且得分不低于最低分数值。具体评审步骤为首先对资格预审申请文件进行符合性条件检查，条件符合者方可按照资格预审文件的评分标准对其赋分，达到或超过最低分数线的潜在投标人评判为通过资格预审，具有进行投标的资格。

问题49：资格预审结果有哪些评定方式？

答：资格预审结果的评定有两种方式：合格制和评分制。

合格制是根据项目基本情况对社会资本设置一定的要求，达到要求的社会资本均为合格社会资本，都可以进入接下来的投标竞争。

评分制根据社会资本的情况对响应的社会资本进行资格评分排名，选取排名靠前的前多少名。

两种方式的选择依据是项目的竞争程度，若项目竞争较为激烈，则选用评分制，为后面的采购提供一个较高的可控性。

问题50：对于已进行资格预审的社会资本审查有何要求？

答：已进行资格预审的，评审小组在评审阶段不再对社会资本资格进行审查。允许进行资格后审的，由评审小组在响应文件评审环节对社会资本进行资格审查。项目实施机构可以视项目的具体情况，组织对符合条件的社会资本的资格条件，进行考察核实。

问题51：在项目资格预审工作中，采购评选的要求是什么？

答：项目实施机构应当分别评估项目潜在合作方在项目建设和运营环节的实施方案及成本报价，严禁合作方重建设、轻营运，通过运营环节的恶性低价获得项目主导权，通过设计、施工、核心材料采购等环节获得较高关联性收入、转移利润。

问题52：在项目资格预审工作中，评审小组成员与确认谈判工作组成员一致吗？

答：在项目资格预审工作中，评审小组成员与确认谈判工作组成员可以是一致的，也可以根据特殊情况进行替换获增补，但须符合相关法律法规的要求。

《关于印发〈政府和社会资本合作项目政府采购管理办法〉的通知》PPP项目采购评审结束后，项目实施机构应当成立专门的采购结果确认谈判工作组，负责采购结果确认前的谈判和最终的采购结果确认工作。

采购结果确认谈判工作组成员及数量由项目实施机构确定，但应当至少包括财政预算管理部门、行业主管部门代表，以及财务、法律等方面的专家。涉及价格管理、环境保护的PPP项目，谈判工作组还应当包括价格管理、环境保护行政执法机关代表。评审小组成员可以作为采购结果确认谈判工作组成员参与采购结果确认谈判。

问题53：资格预审公告主要包括什么内容？

答：资格预审公告应包括项目授权主体、项目实施机构和项目名称、采购需求、对社会资本的资格要求、是否允许联合体参与采购活动、拟确定参与竞争的合格社会资本的家数和确定方法，以及社会资本提交资格预审申请文件的时间和地点。提交资格预审申请文件的时间自公告发布之日起不得少于15个工作日。

问题54：对项目资格预审公告的信息披露有何要求？

答：财政部《关于印发〈政府和社会资本合作项目政府采购管理办法〉的通知》规定：资格预审公告应在省级以上人民政府财政部门指定的媒体上发布。资格预审合格的社会资本在签订项目合同前资格发生变化的，应及时通知项目实施机构。

财政部《政府和社会资本合作项目财政管理暂行办法》规定：各级财政部门应当加强对PPP项目采购活动的支持服务和监督管理，依托政府采购平台和PPP综合信息平台，及时充分向社会公开 PPP 项目采购信息，包括资格预审文件及结果、采购文件、响应文件提交情况及评审结果等，确保采购过程和结果公开、透明。

问题 55：通过资格预审的申请人可以放弃投标吗？

答：原则上，除了政策原因外，这种情况是不允许的。无故放弃投标的申请人会被列入不良行为记录。

5.3 采购文件编制

5.3.1 编制采购文件

问题 56：项目采购文件主要包括什么内容？

答：项目采购文件应包括采购邀请、竞争者须知（包括密封、签署、盖章要求等）、竞争者应提供的资格、资信及业绩证明文件、采购方式、政府对项目实施机构的授权、实施方案的批复和项目相关审批文件、采购程序、响应文件编制要求、提交响应文件截止时间、开启时间及地点、强制担保的保证金缴纳数额和形式、评审方法、评审标准、政府采购政策要求、项目合同草案及其他法律文本等。

采用竞争性谈判或竞争性磋商采购方式的，项目采购文件除上款规定的内容外，还应明确评审小组根据与社会资本谈判情况可能实质性变动的内容，包括采购需求中的技术、服务要求以及合同草案条款。

问题 57：采购文件的保存期限是多少？

答：采购文件的保存期限为从采购结束之日起至少要保存 15 年。

问题 58：采购文件编制主体是谁？

答：财政部《关于印发政府和社会资本合作模式操作指南（试行）的通知》规定：由实施机构负责编制项目采购文件。

问题 59：如何在实务中确保采购文件内容上的一致性和完整性？

答：政府采购项目信息包括采购文件（招标公告、澄清公告、招标文件等）、现场踏勘等。一方面，应确保采购文件内容的一致性。如招标公告的开标日期是 N 日，招标文件的开标日期也应是 N 日。另一方面，应保证采购文件内容的完整性。如招标公告明确供应商应具备系统集成一级资质，招标文件却遗漏了，这即是招标文件不完整的体现。上面列举的采购信息不一致和不完整的情形，必然引发供应商的质疑。同时，也属于《关于进一步规范政府采购评审工作有关问题的通知》中提到的"评审委员会发现采购文件存在歧义、重大缺陷导致评审工作无法进行"的范畴。

问题 60：如何在实务中确定社会资本方的采购条件？

答：在政府采购活动中，对供应商的资格、技术、商务条件等提出要求，是为了确保实现政府采购目的。《政府采购法》第二十二条对于供应商参加政府采购活动应当具备的条件进行了明确规定。政府实施机构可以根据采购项目的特殊要求，规定社会资本

方的特定条件,但不得以不合理的条件对社会资本方实行差别待遇或者歧视待遇。在具体实务中,主要涉及以下几个方面:

(1) 资格、技术、商务条件的设置要力求准确无瑕疵,不得将已取消或失效的资质条件作为供应商的准入"门槛"。如《国务院关于取消和调整一批行政审批项目等事项的决定》取消了"软件企业和集成电路设计企业认定及产品的登记备案",这一被取消的"双软"认证便不能再作为资格条件和评分依据;又如《关于印发〈政府采购促进中小企业发展暂行办法〉的通知》第三条规定"政府采购活动不得以注册资本金、资产总额、营业收入、从业人员、利润、纳税额等供应商的规模条件对中小企业实行差别待遇或者歧视待遇",不论出于何种理由,均不能将供应商的规模条件设定为门槛。

(2) 资格、技术、商务条件的设置要有针对性,即购买的货物、服务和工程要存在一定的客观因果关系。如某公共服务领域的平台项目,并不涉及国家秘密,招标文件要求供应商具有相应的国家保密局颁发的《涉密信息系统集成甲级资质》,这种条件的设置非但没必要,而且具有强烈的倾向性。

(3) 避免以不合理条件对社会资本方实行差别待遇或歧视待遇。《政府采购法实施条例》明文禁止以不合理的条件对供应商实行差别待遇或者歧视待遇的,主要包括:以特定行业业绩、奖项作为评分或加分因素。如某高校将 X 省的高校教材采购业绩作为评分项,以及某厅局将某国际评级机构排名作为评分项等,这些都于法无据,属于法律明令禁止的行为。另外,政府采购项目本身具有特殊性,需要在业绩和奖项上对供应商提出一定的要求,这是法律允许的,不能"一刀切"。如某中央空调采购项目,社会资本方把具有实施过类似项目业绩作为加分项,应该是可行的。

(4) 保证审查或评审标准的一致性。《政府采购法实施条例》第二十条第五款,就是禁止在同一个项目中对不同的供应商持不同的审查或评审标准,即"双重标准"。

(5) 非招标方式应避免存在排斥潜在社会资本方的行为,具体表现在两个方面:一是在谈判过程中,社会资本方利用商务、技术、合同条款可以变更的便利,排斥潜在的供应商;二是在谈判过程中,社会资本方利用推荐供应商的机会,与评审专家一起推选中意供应商[①]。

问题 61:PPP 项目采购文件的编制与传统政府采购文件的编制文本是否一致?

答:PPP 项目采购文件和传统采购文件在一般性内容上存在一致性。但鉴于 PPP 项目本身的特殊性,我国在有关法律法规、部门规章中对 PPP 采购文件内容进行了特殊规定:明确项目实施机构应当在资格预审公告、采购公告、采购文件、项目合同中列明采购本国货物和服务、技术引进和转让等政策要求;列明对本国社会资本的优惠措施及幅度、外方社会资本采购我国生产的货物和服务要求等相关政府采购政策;对社会资本参与采购活动和履约保证的强制担保要求。

---

① 陆文婷:《PPP 专题(五):PPP 项目中采购文件编制实务解答》,http://www.rhrlawyer.com/index.php?a=show&c=content&id=686。

问题 62：项目实施机构在进行采购文件编制时有什么特殊要求？

答：项目实施机构应当在资格预审公告、采购公告、采购文件、项目合同中列明采购本国货物和服务、技术引进和转让等政策要求，以及对社会资本参与采购活动和履约保证的担保要求。

财政部《关于印发政府和社会资本合作模式操作指南（试行）的通知》规定：项目实施机构应在资格预审公告、采购公告、采购文件、采购合同中，列明对本国社会资本的优惠措施及幅度、外方社会资本采购我国生产的货物和服务要求等相关政府采购政策，以及对社会资本参与采购活动和履约保证的强制担保要求。社会资本应以支票、汇票、本票或金融机构、担保机构出具的保函等非现金形式缴纳保证金。

5.3.2 现场考察和答疑会

问题 63：何时进行现场考察或召开答疑会，有何要求？

答：在采购文件发售后，项目实施机构应当组织社会资本进行现场考察或者召开采购前答疑会。

项目实施机构应当组织社会资本进行现场考察或者召开采购前答疑会，但不得单独或者分别组织只有一个社会资本参加的现场考察和答疑会。项目实施机构可以视项目的具体情况，组织对符合条件的社会资本的资格条件进行考察核实。

问题 64：采购文件的发售以及售价有哪些规定？

答：财政部《关于印发政府和社会资本合作模式操作指南（试行）的通知》指出：采购文件售价，应按照弥补采购文件印制成本费用的原则确定，不得以营利为目的，不得以项目采购金额作为确定采购文件售价依据。采购文件的发售期限自开始之日起不得少于 5 个工作日。

问题 65：竞争性磋商公告包括哪些内容，其发布有何要求？

答：竞争性磋商公告应包括项目实施机构和项目名称、项目结构和核心边界条件、是否允许未进行资格预审的社会资本参与采购活动，以及审查原则、项目产出说明、对社会资本提供的响应文件要求、获取采购文件的时间、地点、方式及采购文件的售价、提交响应文件截止时间、开启时间及地点。

竞争性磋商公告应在省级以上人民政府财政部门指定的媒体上发布。

问题 66：对社会资本缴纳保证金有什么具体要求？

答：在项目采购阶段，项目实施机构应当在采购文件明确要求社会资本方在签订 PPP 项目合同同时或之前缴纳履约保证金。除此之外，社会资本方还须在提交响应文件截止日前缴纳参加采购的保证金。参加采购活动的保证金的数额不得超过项目预算金额的 2%。履约保证金的数额不得超过政府和社会资本合作项目初始投资总额或资产评估值的 10%。无固定资产投资或投资额不大的服务型合作项目，履约保证金的数额不得超过平均 6 个月的服务收入额。

5.4 响应文件评审

5.4.1 响应文件的基本内容

问题67：什么是响应文件？

答：响应文件是参与政府采购活动的社会资本方或投标人按照招标文件、谈判文件、磋商文件、询价通知书等要求编制的投标文件。投标文件应对招标文件提出的要求和条件作出实质性响应，并对其提交的响应文件的真实性、合法性承担法律责任。

问题68：响应文件编制主体是谁？

答：响应文件由潜在投标人、供应商、投标联合体或社会资本以及与其合作的金融机构编制。

问题69：响应文件包括哪些内容？

答：财政部《政府采购货物和服务招标投标管理办法》第三十条规定：投标人应当按照招标文件的要求编制投标文件。投标文件应对招标文件提出的要求和条件作出实质性响应。投标文件由商务部分、技术部分、价格部分和其他部分组成。

问题70：采取竞争性磋商方式采购的项目提交相应文件的时间要求？

答：财政部《关于印发政府和社会资本合作模式操作指南（试行）的通知》规定：提交响应文件的时间自公告发布之日起不得少于10日。

问题71：采购文件的澄清或修改有何要求？

答：提交首次响应文件截止之日前，项目实施机构可以对已发出的采购文件进行必要的澄清或修改，澄清或修改的内容应作为采购文件的组成部分。澄清或修改的内容可能影响响应文件编制的，项目实施机构应在提交首次响应文件截止时间至少5日前，以书面形式通知所有获取采购文件的社会资本；不足5日的，项目实施机构应顺延提交响应文件的截止时间。

5.4.2 评审响应文件

问题72：什么时候开始响应文件的审批工作？

答：评审专家对通过资格预审的社会资本提交首次响应文件截止之日的同时进入到响应文件审批环节。

问题73：采购中标人的投标应当符合什么条件？

答：采购中标人的投标应当符合下列条件之一：

（1）能够最大限度地满足招标文件中规定的各项综合评价标准；

（2）能够满足招标文件的实质性要求，并且经评审的投标价格最低；但是投标价格低于成本的除外。

问题74：如何设置采购评审标准？

答：项目实施机构应当综合考虑社会资本竞争者的技术方案、商务报价、融资能力等因素合理设置采购评审标准，确保项目的长期稳定运营和质量效益提升。

问题75：采购评审中如何确定评审专家？

答：国务院《中华人民共和国政府采购法实施条例》规定：除国务院财政部门规定的情形外，采购人或者采购代理机构应当从政府采购评审专家库中随机抽取评审专家。

问题76：采购评审中能否自行选定评审专家？

答：财政部《关于印发〈政府采购竞争性磋商采购方式管理暂行办法〉的通知》规定：采用竞争性磋商方式的政府采购项目，评审专家应当从政府采购评审专家库内相关专业的专家名单中随机抽取。市场竞争不充分的科研项目，以及需要扶持的科技成果转化项目，以及情况特殊、通过随机方式难以确定合适的评审专家的项目，经主管预算单位同意，可以自行选定评审专家。技术复杂、专业性强的采购项目，评审专家中应当包含1名法律专家。

问题77：政府采购招标评标方法有哪些？

答：政府采购招标评标方法分为最低评标价法和综合评分法。

最低评标价法，是指投标文件满足招标文件全部实质性要求且投标报价最低的供应商为中标候选人的评标方法。技术、服务等标准统一的货物和服务项目，应当采用最低评标价法。

综合评分法，是指投标文件满足招标文件全部实质性要求且按照评审因素的量化指标评审得分最高的供应商为中标候选人的评标方法。采用综合评分法的，评审标准中的分值设置应当与评审因素的量化指标相对应。

招标文件中没有规定的评标标准不得作为评审的依据。

问题78：政府采购招标评标遵循什么样的工作程序？

答：评标应当遵循下列工作程序：

（1）投标文件初审。初审分为资格性检查和符合性检查。

一是资格性检查。依据法律法规和招标文件的规定，对投标文件中的资格证明、投标保证金等进行审查，以确定投标供应商是否具备投标资格。

二是符合性检查。依据招标文件的规定，从投标文件的有效性、完整性和对招标文件的响应程度进行审查，以确定是否对招标文件的实质性要求作出响应。

（2）澄清有关问题。对投标文件中含义不明确、同类问题表述不一致或者有明显文字和计算错误的内容，评标委员会可以书面形式（应当由评标委员会专家签字）要求投标人作出必要的澄清、说明或者纠正。投标人的澄清、说明或者纠正应当采用书面形式，由其授权的代表签字，并不得超出投标文件的范围或者改变投标文件的实质性内容。

（3）比较与评价。按招标文件中规定的评标方法和标准，对资格性检查和符合性检查合格的投标文件进行商务和技术评估，综合比较与评价。

（4）推荐中标候选供应商名单。中标候选供应商数量应当根据采购需要确定，但必须按顺序排列中标候选供应商。

（5）编写评标报告。

问题79：磋商小组成员义务有哪些？

答：根据《政府采购竞争性磋商采购方式管理暂行办法》和《政府和社会资本合作项目政府采购管理办法》相关的规定，评审专家在评审过程中应履行遵守评审工作纪律、保守知悉的商业秘密、发现供应商存在违法行为时向财政部门报告、受到非法干涉时向财政和监察等部门举报等四项义务。

按照客观、公正、审慎原则和采购文件事先规定的事项进行独立评审；当响应文件按无效响应处理时，告知提交响应文件的供应商；采购文件（磋商文件）违反国家有关强制性规定时，停止评审并向采购人或采购代理机构（项目实施机构）说明情况等。

问题80：最后报价必须在响应文件审批前提供吗？

答：根据《政府采购竞争性磋商采购方式管理暂行办法》第二十一条：磋商文件能够详细列明采购标的的技术、服务要求的，磋商结束后，磋商小组应当要求所有实质性响应的供应商在规定时间内提交最后报价，提交最后报价的供应商不得少于3家。磋商文件不能详细列明采购标的的技术、服务要求，需经磋商由供应商提供最终设计方案或解决方案的，磋商结束后，磋商小组应当按照少数服从多数的原则投票推荐3家以上供应商的设计方案或者解决方案，并要求其在规定时间内提交最后报价。

问题81：项目采用竞争性磋商采购方式开展采购的，如何对响应文件进行评审？

答：评审小组对响应文件进行两阶段评审：

第一阶段：确定最终采购需求方案。评审小组可以与社会资本进行多轮谈判，谈判过程中可实质性修订采购文件的技术、服务要求以及合同草案条款，但不得修订采购文件中规定的不可谈判核心条件。实质性变动的内容，须经项目实施机构确认，并通知所有参与谈判的社会资本。具体程序按照《政府采购非招标方式管理办法》及有关规定执行。

第二阶段：综合评分。最终采购需求方案确定后，由评审小组对社会资本提交的最终响应文件进行综合评分，编写评审报告并向项目实施机构提交候选社会资本的排序名单。具体程序按照《政府采购货物和服务招标投标管理办法》及有关规定执行。

问题82：怎么对中标候选供应商排序？

答：根据《政府采购货物和服务招标投标管理办法》规定：

（1）采用最低评标价法的，按投标报价由低到高顺序排列。投标报价相同的，按技术指标优劣顺序排列。评标委员会认为，排在前面的中标候选供应商的最低投标价或者某些分项报价明显不合理或者低于成本，有可能影响商品质量和不能诚信履约的，应当要求其在规定的期限内提供书面文件予以解释说明，并提交相关证明材料；否则，评标委员会可以取消该投标人的中标候选资格，按顺序由排在后面的中标候选供应商递补，以此类推。

（2）采用综合评分法的，按评审后得分由高到低顺序排列。得分相同的，按投标报价由低到高顺序排列。得分且投标报价相同的，按技术指标优劣顺序排列。

（3）采用性价比法的，按商数得分由高到低顺序排列。商数得分相同的，按投标报价由低到高顺序排列。商数得分且投标报价相同的，按技术指标优劣顺序排列。

问题 83：在响应审批环节中，社会资本可以退出吗？

答：根据《政府采购竞争性磋商采购方式管理暂行办法》第二十二条规定：已提交响应文件的供应商，在提交最后报价之前，可以根据磋商情况退出磋商。采购人、采购代理机构应当退还退出磋商的供应商的磋商保证金。

问题 84：什么是无效投标？

答：无效投标是指投标人的投标文件没有按照招标文件的要求进行处理或不符合招标文件的要求，而在开标前被采购代理机构拒绝，不能进入投标程序。

问题 85：怎么判断无效投标？

答：《政府采购货物和服务招标投标管理办法》第56条规定，投标文件属下列情况之一的，应当在资格性、符合性检查时按无效投标处理：一是应交未交投标保证金的；二是未按照招标文件规定要求密封、签署、盖章的；三是不具备招标文件中规定资格要求的；四是不符合法律、法规和招标文件中规定的其他实质性要求的。

问题 86：什么是投标无效？

答：投标无效是指投标文件对招标文件没有作实质性响应，被评标委员会评审为不符合要求的投标文件。投标无效的认定是依据招标文件的相关条款确定的，它与采购标的有关。

问题 87：什么是废标？废标的标准是什么？

答：废标是指在政府采购活动中，由于响应的供应商不足规定的数量，当事人有违法违规行为或其他可能影响政府采购结果或公平竞争、采购活动因国家政策或不可抗拒的因素无法进行的等情况下，由有关当事人提出，经过一定的程序，经政府采购监督管理部门批准后对已进行的政府采购活动予以中止或终止以及废除中标结果的行为。《政府采购法》第36条规定，在招标采购中出现下列情形之一的应予废标：一是符合专业条件的供应商或者对招标文件作实质响应的供应商不足3家；二是出现影响采购公正的违法、违规行为；三是投标人的报价均超过了采购预算，采购人不能支付；四是因重大变故，采购任务取消。

问题 88：如何区别无效投标、投标无效和废标？

答：无效投标的认定一般在开标前，在没有打开投标书时就已经无效了，其投标文件没有资格参与评标，无效投标认定可以是代理机构的工作人员，也可以是委托人。无效投标仅针对单个投标人。

投标无效大多是开标后、评标中被确认的，是中途退出评标。因此，其认定是在开标后。投标无效的确认只能是该项目的评标委员会。投标无效也是仅针对单个投标人。

废标是指整个招标活动无效或终止，该决定必须是采购代理机构或政府采购监督管理部门做出。并不是招标中有无效投标和投标无效就一定导致废标，但所有的投标者都被认定或确定为无效投标和投标无效一定会导致废标的结果。当然，也不一定因为没有无效投标和投标无效就不能废标。废标也并不全是因为招标失败，有些招标成功但因重大变故、采购任务取消等原因也可废标。

5.4.3 编写评审报告

问题89：评审标报告主要包括哪些内容？

答：《政府采购竞争性磋商采购方式管理暂行办法》第二十六条规定：评审报告应当包括以下主要内容：

（1）邀请供应商参加采购活动的具体方式和相关情况；

（2）响应文件开启日期和地点；

（3）获取磋商文件的供应商名单和磋商小组成员名单；

（4）评审情况记录和说明，包括对供应商的资格审查情况、供应商响应文件评审情况、磋商情况、报价情况等；

（5）提出的成交候选供应商的排序名单及理由。

《政府采购货物和服务招标投标管理办法》规定：评标报告是评标委员会根据全体评标成员签字的原始评标记录和评标结果编写的报告，其主要内容包括：

（1）招标公告刊登的媒体名称、开标日期和地点；

（2）购买招标文件的投标人名单和评标委员会成员名单；

（3）评标方法和标准；

（4）开标记录和评标情况及说明，包括投标无效投标人名单及原因；

（5）评标结果和中标候选供应商排序表；

（6）评标委员会的授标建议。

《政府采购非招标采购方式管理办法》规定：谈判小组、询价小组应当根据评审记录和评审结果编写评审报告，其主要内容包括：

（1）邀请供应商参加采购活动的具体方式和相关情况，以及参加采购活动的供应商名单；

（2）评审日期和地点，谈判小组、询价小组成员名单；

（3）评审情况记录和说明，包括对供应商的资格审查情况、供应商响应文件评审情况、谈判情况、报价情况等；

（4）提出的成交候选人的名单及理由。

问题90：如何处理评议小组成员的异议？

答：《政府采购竞争性磋商采购方式管理暂行办法》第二十七条规定：评审报告应当由磋商小组全体人员签字认可。磋商小组成员对评审报告有异议的，磋商小组按照少数服从多数的原则推荐成交候选供应商，采购程序继续进行。对评审报告有异议的磋商小组成员，应当在报告上签署不同意见并说明理由，由磋商小组书面记录相关情况。磋商小组成员拒绝在报告上签字又不书面说明其不同意见和理由的，视为同意评审报告。

问题91：如何确定成交供应商？

答：采购代理机构应当在评审结束后2个工作日内将评审报告送采购人确认。

采购人应当在收到评审报告后5个工作日内，从评审报告提出的成交候选供应商中，按照排序由高到低的原则确定成交供应商，也可以书面授权磋商小组直接确定成交供应商。采购人逾期未确定成交供应商且不提出异议的,视为确定评审报告提出的排序第一的供应商为成交供应商。

问题 92:如何进行未中标补偿?

答:参加采购评审的社会资本所提出的技术方案内容最终被全部或部分采纳,但经采购未中选的,财政部门应会同行业主管部门对其前期投入成本予以合理补偿。

问题 93:如何确保采购过程和结果公开、透明?

答:各级财政部门应当加强对 PPP 项目采购活动的支持服务和监督管理,依托政府采购平台和 PPP 综合信息平台,及时充分向社会公开 PPP 项目采购信息,包括资格预审文件及结果、采购文件、响应文件提交情况及评审结果等,确保采购过程和结果公开、透明。

问题 94:对项目采购成交后的信息披露有何要求?

答:采购人或者采购代理机构应当在成交供应商确定后 2 个工作日内,在省级以上财政部门指定的政府采购信息发布媒体上公告成交结果,同时向成交供应商发出成交通知书,并将磋商文件随成交结果同时公告。

问题 95:项目采购成交结果公告包括什么内容?

答:成交结果公告应当包括以下内容:
(1) 采购人和采购代理机构的名称、地址和联系方式;
(2) 项目名称和项目编号;
(3) 成交供应商名称、地址和成交金额;
(4) 主要成交标的的名称、规格型号、数量、单价、服务要求;
(5) 磋商小组成员名单。

采用书面推荐供应商参加采购活动的,还应当公告采购人和评审专家的推荐意见。

问题 96:项目采购中可不可进行重新评审?

答:《政府采购竞争性磋商采购方式管理暂行办法》第三十二条规定:除资格性检查认定错误、分值汇总计算错误、分项评分超出评分标准范围、客观分评分不一致、经磋商小组一致认定评分畸高、畸低的情形外,采购人或者采购代理机构不得以任何理由组织重新评审。采购人、采购代理机构发现磋商小组未按照磋商文件规定的评审标准进行评审的,应当重新开展采购活动,并同时书面报告本级财政部门。

5.5 项目谈判与合同签署

5.5.1 项目合同的主要内容

问题 97:PPP 项目合同主要包括什么内容?

答:根据项目行业、付费机制、运作方式等具体情况的不同,PPP 项目合同可能会千差万别,但一般来讲会包括以下核心条款:引言、定义和解释;项目的范围和期限;

前提条件；项目的融资；项目用地；项目的建设；项目的运营；项目的维护；股权变更限制；付费机制；履约担保；政府承诺；保险；守法义务及法律变更；不可抗力；政府方的监督和介入；违约、提前终止及终止后处理机制；项目的移交；适用法律及争议解决；合同附件；等等。

除上述核心条款外，PPP项目合同通常还会包括其他一般合同中的常见条款，例如著作权和知识产权、环境保护、声明与保证、通知、合同可分割、合同修订等。

问题98：PPP项目合同的重要性体现在哪些方面？

答： 根据财政部《PPP项目合同指南（试行）》规定，PPP项目合同是整个合同体系的基础和核心，政府方与社会资本方的权利义务关系以及PPP项目的交易结构、风险分配机制等均通过PPP项目合同确定，并以此作为各方主张权利、履行义务的依据和项目全生命周期顺利实施的保障。

问题99：PPP项目合同形式是什么？

答： 合同形式包括口头形式和书面形式。PPP合同属于政府采购合同的范畴，根据《政府采购法》应当采取书面形式。

问题100：什么是项目合同的核心内容？

答： 财政部《关于印发政府和社会资本合作模式操作指南（试行）的通知》规定，项目边界条件是项目合同的核心内容，主要包括权利义务、交易条件、履约保障和调整衔接等边界。

权利义务边界主要明确项目资产权属、社会资本承担的公共责任、政府支付方式和风险分配结果等。

交易条件边界主要明确项目合同期限、项目回报机制、收费定价调整机制和产出说明等。

履约保障边界主要明确强制保险方案以及投资竞争保函、建设履约保函、运营维护保函和移交维修保函组成的履约保函体系。

调整衔接边界主要明确应急处置、临时接管和提前终止、合同变更、合同展期、项目新增改扩建需求等应对措施。

问题101：项目合同的合同主体有哪些？

答： PPP项目合同通常由以下两方签署：

（1）政府方。政府方是指签署PPP项目合同的政府一方的签约主体（即合同当事人）。在我国，PPP项目合同通常根据政府职权分工，由项目所在地相应级别的政府或者政府授权机构以该级政府或该级授权机构自己的名义签署。例如，某省高速公路项目的PPP项目合同，由该省交通厅签署。

（2）项目公司。项目公司是社会资本为实施PPP项目而专门成立的公司，通常独立于社会资本而运营。根据项目公司股东国籍的不同，项目公司可能是内资企业，也可能是外商投资企业。

问题102：项目合同中规定的政府方义务包括哪些？

答： 项目合同中规定的政府方义务包括以下内容：

（1）付款：政府付费或补贴；

(2) 土地：出让、划拨或租赁；
(3) 配套设施建设：管网；
(4) 审批手续；
(5) 原料供应（污水、垃圾）；
(6) 临时接管、回购。

问题 103：项目合同中规定的社会资本方义务包括哪些？

答： 项目合同中规定的社会资本方义务包括以下内容：
(1) 提供产品或服务；
(2) 提供履约担保：保证金、保函、第三人保证；
(3) 购买强制保险；
(4) 限制股权变更（范围、锁定期）；
(5) 保障政府知情权、检察权、介入权（临时接管）。

问题 104：常见的保险种类有哪些？

答： 在选择需要投保的险种时，各方需要考虑项目的具体风险以及相关保险能否在当地获得。实践中，可供选择的险种包括但不限于：

(1) 货物运输保险。投保货物运输相关保险主要是为了转移项目相关的材料和设备在运输途中遭遇损坏或灭失的风险。主要分为海洋货物运输保险、国内水路货物运输保险、国内陆路货物运输保险、航空货物运输保险和其他货物运输保险。

(2) 建筑工程一切险。建筑工程一切险是针对在项目现场的所有作业和财产的保险。这一保险主要承保因保险合同所列除外责任以外的自然灾害或意外事故造成的在建工程物质损失。同时，可以加保第三者责任险，以使保险公司承保与建筑工程直接相关的、由意外事故或由建筑作业所造成的工地内或邻近地区内的第三者人身伤亡或财产损失。

(3) 安装工程一切险。安装工程一切险是采用除外列明方式，为机器设备的安装和调试提供一切险保障。安装工程一切险承保被保险工程项目在安装过程中由于自然灾害、意外事故（不包括保险条款中规定的除外责任）等造成的物质损坏或灭失，以及与所承保工程直接相关的意外事故引起工地内及邻近区域的第三者人身伤亡、疾病或财产损失。

(4) 第三者责任险。从项目开始建设到特许权期结束的整个期间内，项目公司都要确保已对在项目所在地发生的、因实施工程或运营导致的第三者人身伤害或财产损失进行投保。这项保险非常重要，保险覆盖的风险事件应当尽可能的宽泛。

(5) 施工机具综合保险。这一保险通常是指在工程建设、安装、运营测试及调试期间，就项目公司选定的承包商自有或其租赁的施工机具的损坏或灭失的可保风险进行投保。具体承保的范围与除外责任，依具体保险合同的约定可能略有不同，投保的范围也需要根据项目作业的类型，以及关键设备的数量来定。

(6) 雇主责任险。这一保险通常是对所有雇员在从事与工程建设和运营有关的业务工作时，因遭受意外或患与业务有关的国家规定的职业性疾病而致伤、残或死亡的，对被保险人依照劳动合同和我国法律须承担的医疗费及赔偿责任等进行投保。

问题 105：什么是 PPP 项目合同的定义条款？

答：在 PPP 项目合同中通常还会包括定义条款，对一些合同中反复使用的关键名词和术语进行明确的定义，以便于快速索引相关定义和术语，并确保合同用语及含义的统一性，避免将来产生争议。

定义部分通常会包括"政府方""项目公司""工作日""生效日""运营日""移交日""不可抗力""法律变更""融资交割""技术标准""服务标准""性能测试"等 PPP 项目涉及的专业术语及合同用语。

问题 106：PPP 项目合同中常见的解释有哪些？

答：为了避免合同条款因不同的解释而引起争议，在 PPP 项目合同中通常会专门约定该合同的解释方法。常见的解释包括：标题仅为参考所设，不应影响条文的解释；一方、双方指本协议的一方或双方，并且包括经允许的替代该方的人或该方的受让人；一段时间（包括一年、一个季度、一个月和一天）指按公历计算的该时间段；"包括"是指"包括但不限于"；任何合同或文件包括经修订、更新、补充或替代后的该合同或文件等等。

问题 107：PPP 项目的范围条款的内容有哪些？

答：项目的范围条款，用以明确约定在项目合作期限内政府与项目公司的合作范围和主要合作内容，是 PPP 项目合同的核心条款。根据项目运作方式和具体情况的不同，政府与项目公司的合作范围可能包括设计、融资、建设、运营、维护某个基础设施或提供某项公共服务等。以 BOT 运作方式为例，项目的范围一般包括项目公司在项目合作期限内建设（和设计）、运营（和维护）项目并在项目合作期限结束时将项目移交给政府。

通常上述合作范围是排他的，即政府在项目合作期限内不会就该 PPP 项目合同项下的全部或部分内容与其他任何一方合作。

问题 108：对 PPP 项目的合作期限进行评估时，要考虑哪些因素？

答：项目的合作期限通常应在项目前期论证阶段进行评估。评估时，需要综合考虑以下因素：

（1）政府所需要的公共产品或服务的供给期间；
（2）项目资产的经济生命周期以及重要的整修时点；
（3）项目资产的技术生命周期；
（4）项目的投资回收期；
（5）项目设计和建设期间的长短；
（6）财政承受能力；
（7）现行法律法规关于项目合作期限的规定等。

问题 109：PPP 项目合作期限的规定方式主要有哪几种？主要区别是什么？

答：根据项目运作方式和付费机制的不同，项目合作期限的规定方式也不同，常见的项目合作期限规定方式包括以下两种：

（1）自合同生效之日起一个固定的期限（例如 25 年）；
（2）分别设置独立的设计建设期间和运营期间，并规定运营期间为自项目开始运营之日起的一个固定期限。

上述两种合作期限规定方式的最主要区别在于：在分别设置设计建设期间和运营期间的情况下，如建设期出现任何延误，不论是否属于可延长建设期的情形，均不会影响项目运营期限，项目公司仍然可以按照合同约定的运营期运营项目并获得收益；而在规定单一固定期限的情况下，如项目公司未按照约定的时间开始运营且不属于可以延长期限的情形，则会直接导致项目运营期缩短，从而影响项目公司的收益情况。

选择合理的项目合作期限规定方式的基本原则是，项目合作期限可以实现物有所值目标并且形成对项目公司的有效激励。需要特别注意的是，项目的实际期限还会受制于提前终止的规定。导致项目合作期限结束有两种情形：项目合作期限届满或者项目提前终止。

问题110：PPP项目合同中延期的事由有哪些？

答：政府和项目公司通常会在合同谈判时商定可以延期的事由，基本的原则是：在法律允许的范围内，对于项目合作期限内发生非项目公司应当承担的风险而导致项目公司损失的情形下，项目公司可以请求延长项目合作期限。常见的延期事由包括：

（1）因政府方违约导致项目公司延误履行其义务；

（2）因发生政府方应承担的风险导致项目公司延误履行其义务；

（3）经双方合意且在合同中约定的其他事由。

问题111：PPP项目合同的前提条件和作用是什么？

答：前提条件，也叫先决条件，是指PPP项目合同的某些条款生效所必须满足的特定条件。如果某一前提条件未能满足且未被豁免，PPP项目合同的有关条款将无法生效，并有可能进一步导致合同终止，未能满足该前提条件的一方将承担合同终止的后果。

对项目公司而言，在项目开始实施前赋予其一定的时间以完成项目的融资及其他前期准备工作，并不会影响项目期限的计算及项目收益的获取。而对政府方而言，项目公司只有满足融资交割、审批手续等前提条件才可以正式实施项目，有利于降低项目的实施风险。

问题112：履约担保的含义是什么，其方式有哪些？

答：在大部分PPP项目中，政府通常会与专门为此项目新设的、没有任何履约记录的项目公司签约。鉴于项目公司的资信能力尚未得到验证，为了确保项目公司能够按照合同约定履约，政府通常会希望项目公司或其承包商、分包商就其履约义务提供一定的担保。履约担保广义上是指为了保证项目公司按照合同约定履行合同并实施项目所设置的各种机制。

履约担保的方式通常包括履约保证金、履约保函以及其他形式的保证等。

问题113：保函的含义是什么？

答：在PPP实践中，最为常见、有效的履约担保方式是保函。保函是指金融机构（通常是银行）应申请人的请求，向第三方（即受益人）开立的一种书面信用担保凭证，用以保证在申请人未能按双方协议履行其责任或义务时，由该金融机构代其履行一定金额、一定期限范围内的某种支付责任或经济赔偿责任。在出具保函时，金融机构有可能要求申请人向金融机构提供抵押或者质押。

问题114：常见的保函种类有哪些？

答：政府可能根据项目的实际情况，要求项目公司在不同期间提供不同的保函，常见的保函包括：

（1）建设期的履约保函。建设期履约保函是比较常见的一种保函，主要用于担保项目公司在建设期能够按照合同约定的标准进行建设，并且能够按时完工。该保函的有效期一般是从项目合同全部生效之日起到建设期结束。

（2）运营维护期的履约保函/维护保函。运营维护期的履约保函，也称维护保函，主要用以担保项目公司在运营维护期内按照项目合同的约定履行运营维护义务。该保函的有效期通常视具体项目而定，可以一直到项目期限终止。在项目期限内，项目公司有义务保证该保函项下的金额一直保持在一个规定的金额，一旦低于该金额，项目公司应当及时将该保函恢复至该规定金额。

（3）移交维修保函。在一些PPP项目中，还可能会约定移交维修保函。移交维修保函提交时点一般在期满终止日12个月之前，担保至期满移交后12个月届满。

问题115：政府方常见的违约事件有哪些？

答：在约定政府方违约事件时，应谨慎考虑这些事件是否处于政府方能够控制的范围内并且属于项目项下政府应当承担的风险。常见的政府方违约事件包括：

（1）未按合同约定向项目公司付费或提供补助达到一定期限或金额的；

（2）违反合同约定转让项目合同项下义务；

（3）发生政府方可控的对项目设施或项目公司股份的征收或征用的（是指因政府方导致的或在政府方控制下的征收或征用，如非因政府方原因且不在政府方控制下的征收征用，则可以视为政治不可抗力）；

（4）发生政府方可控的法律变更导致项目合同无法继续履行的；

（5）其他违反项目合同项下义务，并导致项目公司无法履行合同的情形。

问题116：项目公司常见的违约事件有哪些？

答：常见的项目公司违约事件包括但不限于：

（1）项目公司破产或资不抵债的；

（2）项目公司未在约定时间内实现约定的建设进度或项目完工、或开始运营，且逾期超过一定期限的；

（3）项目公司未按照规定的要求和标准提供产品或服务，情节严重或造成严重后果的；

（4）项目公司违反合同约定的股权变更限制的；

（5）未按合同约定为PPP项目或相关资产购买保险的。

问题117：PPP项目合同的附件有哪些内容？

答：鉴于不同PPP项目的付费机制、运作方式、融资方式以及涉及的行业标准、技术规范等各不相同，具体的合同附件也会不同。常见的PPP项目合同附件包括：

（1）项目场地范围。该附件用于划定项目涉及的场地的地点、范围、面积等，有时会以平面图的形式列示。

（2）项目所需审批。该附件用于列明项目实施所需获得的全部或主要审批，以及政府方和项目公司在获得上述审批上的责任分工。

（3）技术附件。该附件用于详细阐述PPP项目设计、建设、运营、维护等所依据的具体技术标准和规范等。

（4）商务附件。该附件用于阐述PPP项目的商业方案，例如财务模型、融资计划、项目公司设立方案等。

（5）履约担保格式。为了确保项目公司在签订PPP项目合同后所提供的履约担保能够符合双方的约定，有时还会将履约担保的相关协议也作为合同附件，并约定项目公司将来按照该协议约定的内容和方式向政府方提供担保。

（6）移交条件。为了确保项目移交后符合政府的预期，双方可能会将项目移交的具体条件和标准在PPP项目合同的附件中予以明确规定。

5.5.2 项目合同的谈判

问题118：项目合同谈判的工作内容是什么？

答：项目实施机构应成立专门的采购结果确认谈判工作组。按照候选社会资本的排名，依次与候选社会资本及与其合作的金融机构就合同中可变的细节问题进行合同签署前的确认谈判，率先达成一致的即为中选者。确认谈判不得涉及合同中不可谈判的核心条款，不得与排序在前但已终止谈判的社会资本进行再次谈判。

问题119：采购结果确认谈判工作组是如何组成的？

答：《政府和社会资本合作项目政府采购管理办法》中规定：采购结果确认谈判工作组成员及数量由项目实施机构确定，但应当至少包括财政预算管理部门、行业主管部门代表，以及财务、法律等方面的专家。涉及价格管理、环境保护的PPP项目，谈判工作组还应当包括价格管理、环境保护行政执法机关代表。评审小组成员可以作为采购结果确认谈判工作组成员参与采购结果确认谈判。

问题120：成交社会资本如何被选出？

答：采购结果确认谈判工作组应当按照评审报告推荐的候选社会资本排名，依次与候选社会资本及与其合作的金融机构就项目合同中可变的细节问题进行项目合同签署前的确认谈判，率先达成一致的候选社会资本即为预中标、成交社会资本。

问题121：项目采购中，对确认谈判备忘录有什么工作要求？

答：项目实施机构应当在预中标、成交社会资本确定后10个工作日内，与预中标、成交社会资本签署确认谈判备忘录，并将预中标、成交结果和根据采购文件、响应文件及有关补遗文件和确认谈判备忘录拟定的项目合同文本在省级以上人民政府财政部门指定的政府采购信息发布媒体上进行公示，公示期不得少于5个工作日。项目合同文本应当将预中标、成交社会资本响应文件中的重要承诺和技术文件等作为附件。项目合同文本涉及国家秘密、商业秘密的内容可以不公示。

项目实施机构应当在公示期满无异议后2个工作日内，将中标、成交结果在省级以上人民政府财政部门指定的政府采购信息发布媒体上进行公告，同时发出中标、成交通知书。

问题 122：中标、成交结果公告内容包括什么？

答：采购中标、成交结果公告内容应当包括：项目实施机构和采购代理机构的名称、地址和联系方式；项目名称和项目编号；中标或者成交社会资本的名称、地址、法人代表；中标或者成交标的名称、主要中标或者成交条件（包括但不限于合作期限、服务要求、项目概算、回报机制）等；评审小组和采购结果确认谈判工作组成员名单。

问题 123：合同审查程序是什么？

答：采购结果公示结束后、PPP 项目合同正式签订前，项目实施机构应将 PPP 项目合同提交行业主管部门、财政部门、法制部门等相关职能部门审核后，报同级人民政府批准。

问题 124：合同审查应满足哪些要求？

答：PPP 项目合同审核时，应当对照项目实施方案、物有所值评价报告、财政承受能力论证报告及采购文件，检查合同内容是否发生实质性变更，并重点审核合同是否满足以下要求：

（1）合同应当根据实施方案中的风险分配方案，在政府与社会资本双方之间合理分配项目风险，并确保应由社会资本方承担的风险实现了有效转移；

（2）合同应当约定项目具体产出标准和绩效考核指标，明确项目付费与绩效评价结果挂钩；

（3）合同应当综合考虑项目全生命周期内的成本核算范围和成本变动因素，设定项目基准成本；

（4）合同应当根据项目基准成本和项目资本金财务内部收益率，参照工程竣工决算合理测算确定项目的补贴或收费定价基准。项目收入基准以外的运营风险由项目公司承担；

（5）合同应当合理约定项目补贴或收费定价的调整周期、条件和程序，作为项目合作期限内行业主管部门和财政部门执行补贴或收费定价调整的依据。

5.5.3 项目合同的签署

问题 125：对签订项目合同有何要求？

答：公示期满无异议的项目合同，应在政府审核同意后，由项目实施机构与中选社会资本签署。需要为项目设立专门项目公司的，待项目公司成立后，由项目公司与项目实施机构重新签署项目合同，或签署关于承继项目合同的补充合同。

项目实施机构应当在中标、成交通知书发出后 30 日内，与中标、成交社会资本签订经本级人民政府审核同意的 PPP 项目合同。

问题 126：项目采购代理机构能否代理签订 PPP 项目合同？

答：根据《政府采购法》规定：政府方可以委托采购代理机构代表其与供应商签订政府采购合同，但应当由采购代理机构提交政府方的授权委托书作为合同附件，否则合同不成立。

问题 127：在合同签署时，未进行工商登记的项目公司如何承接合同中的权利和义务？

答：根据《政府和社会资本合作项目政府采购管理办法》第十九条规定：项目实施机构应当在中标、成交通知书发出后 30 日内，与中标、成交社会资本签订经本级人民政府审核同意的 PPP 项目合同。需要为 PPP 项目设立专门项目公司的，待项目公司成立后，由项目公司与项目实施机构重新签署 PPP 项目合同，或者签署关于继承 PPP 项目合同的补充合同。

问题 128：项目合同签订后，对项目备案有何要求？

答：PPP 项目的采购合同自签订之日起 7 个工作日内，政府方应当将合同副本报同级政府采购监督管理部门和有关部门备案。

问题 129：对项目合同的信息披露有何要求？

答：项目实施机构应在项目合同签订之日起 2 个工作日内，将项目合同在省级以上人民政府财政部门指定的媒体上公告，但合同中涉及国家秘密、商业秘密的内容除外。

问题 130：对于未成交社会资本方的保证金如何退还？

答：政府方或者采购代理机构应当自中标通知书发出之日起 5 个工作日内退还未中标社会资本方的投标保证金，自政府采购合同签订之日起 5 个工作日内退还中标供应商的投标保证金。

问题 131：合同生效的前提条件有哪些？

答：财政部《PPP 项目合同指南（试行）》中规定：采购根据项目具体情况的不同，在项目正式实施之前需要满足的前提条件也不尽相同，实践中常见的前提条件包括：

（1）完成融资交割——通常由项目公司负责满足。完成融资交割是 PPP 项目合同中最重要的前提条件，只有确定项目公司及融资方能够为项目的建设运营提供足够资金的情况下，项目的顺利实施才有一定保障。

（2）获得项目相关审批——由项目公司或政府方负责满足。根据我国法律规定，项目公司实施 PPP 项目可能需要履行相关行政审批程序，只有获得相应的批准或备案，才能保证 PPP 项目的合法合规实施。

（3）保险已经生效——由项目公司负责满足。在 PPP 项目中，保险是非常重要的风险转移和保障机制。政府方为了确保项目公司在项目实施前已按合同约定获得了足额的保险，通常会将保险（主要是建设期保险）生效作为全部合同条款生效的前提条件。常见的安排是：项目公司已根据项目合同中有关保险的规定购买保险，且保单已经生效，并向政府方提交了保单的复印件。

（4）项目实施相关的其他主要合同已经签订——由项目公司负责满足。在一些 PPP 项目合同中，政府方为进一步控制项目实施风险，会要求项目公司先完成项目实施涉及的其他主要合同的签署工作，以此作为 PPP 项目合同的生效条件。

常见的安排是：项目公司已根据项目合同中有关规定签订工程总承包合同及其他主要分包合同，并且向政府方提交了有关合同的复印件。

（5）其他前提条件。在 PPP 项目合同中双方还可能会约定其他的前提条件，例如，项目公司提交建设期履约保函等担保。

问题 132：前提条件是否可以被豁免？

答：财政部《PPP 项目合同指南（试行）》规定，完成融资交割、获得项目相关审批、保险已经生效、项目实施相关的其他主要合同已经签订以及其他前提条件是可以被豁免的，但只有负责满足该前提条件的一方的相对方拥有该豁免权利。

问题 133：完成融资交割的含义是什么？

答：完成融资交割通常是指：项目公司已为项目建设融资的目的签署并向融资方提交所有融资文件，并且融资文件要求的就本项目获得资金的所有前提条件得到满足或被豁免。

问题 134：PPP 项目合同的前提条件未被满足的后果是什么？

答：合同终止。如果双方约定的上述任一前提条件在规定的时间内未满足，并且另一合同方也未同意豁免或延长期限，则该合同方有权终止项目合同。

问题 135：中标或者成交供应商拒绝与采购人签订合同，项目采购怎么办？

答：《中华人民共和国政府采购法实施条例》中规定：中标或者成交供应商拒绝与采购人签订合同的，采购人可以按照评审报告推荐的中标或者成交候选人名单排序，确定下一候选人为中标或者成交供应商，也可以重新开展政府采购活动。

问题 136：成交社会资本方无正当理由拒绝签订合同需要承担什么后果？

答：《政府采购非招标采购方式管理办法》第五十四条规定：成交后无正当理由不与采购人签订合同的，责令限期改正，情节严重的，列入不良行为记录名单，在 1 至 3 年内禁止参加政府采购活动，并予以通报。

问题 137：供应商应知其权益受到损害之日是指什么？

答：《政府采购法》第五十二条规定的供应商应知其权益受到损害之日，是指：

（1）对可以质疑的采购文件提出质疑的，为收到采购文件之日或者采购文件公告期限届满之日；

（2）对采购过程提出质疑的，为各采购程序环节结束之日；

（3）对中标或者成交结果提出质疑的，为中标或者成交结果公告期限届满之日。

问题 138：合同履行中发生争议且无法协商该怎么办？

答：《政府和社会资本合作项目政府采购管理办法》中规定：项目实施机构和中标、成交社会资本在 PPP 项目合同履行中发生争议且无法协商一致的，可以依法申请仲裁或者提起民事诉讼。

问题 139：合同终止的含义是什么？

答：如果双方约定的任一前提条件在规定的时间内未满足，并且另一合同方也未同意豁免或延长期限，则该合同方有权终止项目合同。

问题 140：合同终止的效力和后果是什么？

答：（1）合同项下的权利和义务将终止。如果由于未满足前提条件而导致合同终止，除合同中明确规定的在合同终止后仍属有效的条款外，其他权利义务将终止。

（2）经济赔偿。如因合同一方未能在规定的时间内满足其应当满足的前提条件而导致合同终止的，合同另一方有权向其主张一定的经济赔偿，但经济赔偿的额度应当与合同另一方因此所遭受的损失相匹配，并符合我国合同法关于损害赔偿的规定。

（3）提取保函。为了更好地督促项目公司积极履行有关义务、达成相关的前提条件，政府方也可以考虑在签署PPP项目合同时（甚至之前）要求项目公司就履行前提条件提供一份履约保函。

问题141：履约保函的决定要素有哪些？

答：项目中是否需要项目公司提供此类保函、保函金额多少，主要取决于以下因素：

（1）在投标阶段是否已经要求项目公司提供其他的保函；

（2）是否有其他激励项目公司满足前提条件的机制；

（3）项目公司不能达成前提条件的风险和后果；

（4）政府方因项目无法按时实施所面临的风险和后果；

（5）按时达成前提条件对该项目的影响；等等。

第 6 章 项目执行

6.1 项目执行的界定

6.1.1 项目执行的内容

问题 1：项目执行是如何定义的?

答：项目执行是 PPP 全生命周期五大阶段中的第四个阶段，处于项目采购之后，项目移交之前，是 PPP 项目实施过程的关键步骤之一，指的是真正将 PPP 项目付诸实践，是 PPP 项目运营的重要环节。项目执行的具体操作流程图如图 6-1 所示。

问题 2：项目执行主要包含哪些内容?

答：PPP 项目执行过程主要包括项目建设、项目运营、项目维护，这些步骤直接关系到项目的产出效率，提升社会公众服务质量，提高社会资本回报率。

6.1.2 项目执行的流程

问题 3：项目建设、运营、维护是通过什么方式进行的?

答：项目建设、运营、维护都是通过采购方式进行的，主要是指在建设、运营、维护中社会资本需要通过采购的方式进行勘察、设计、施工、监理等。这一阶段的采购与其他阶段的政府采购不同，它属于一般的采购，不受政府关于采购的法律法规的约束，可以选择招标、竞争性谈判、竞争性磋商、单一来源采购等方法进行，也可以根据实际情况选择其他符合法律要求的采购方式。

PPP 项目主要涉及基础建设和公共服务领域，项目建设、运营、维护过程的采购一般选择招标的方式进行。我国《招标投标法》第三条规定：在中华人民共和国境内进行下列工程建设项目包括项目的勘察、设计、施工、监理以及与工程建设有关的重要设备、材料等的采购，必须进行招标：(1) 大型基础设施、公用事业等关系社会公共利益、公众安全的项目；(2) 全部或者部分使用国有资金投资或者国家融资的项目；(3) 使用国际组织或者外国政府贷款、援助资金的项目。前款所列项目的具体范围和规模标准，由国务院发展改革部门会同国务院有关部门制订，报国务院批

第6章 项目执行

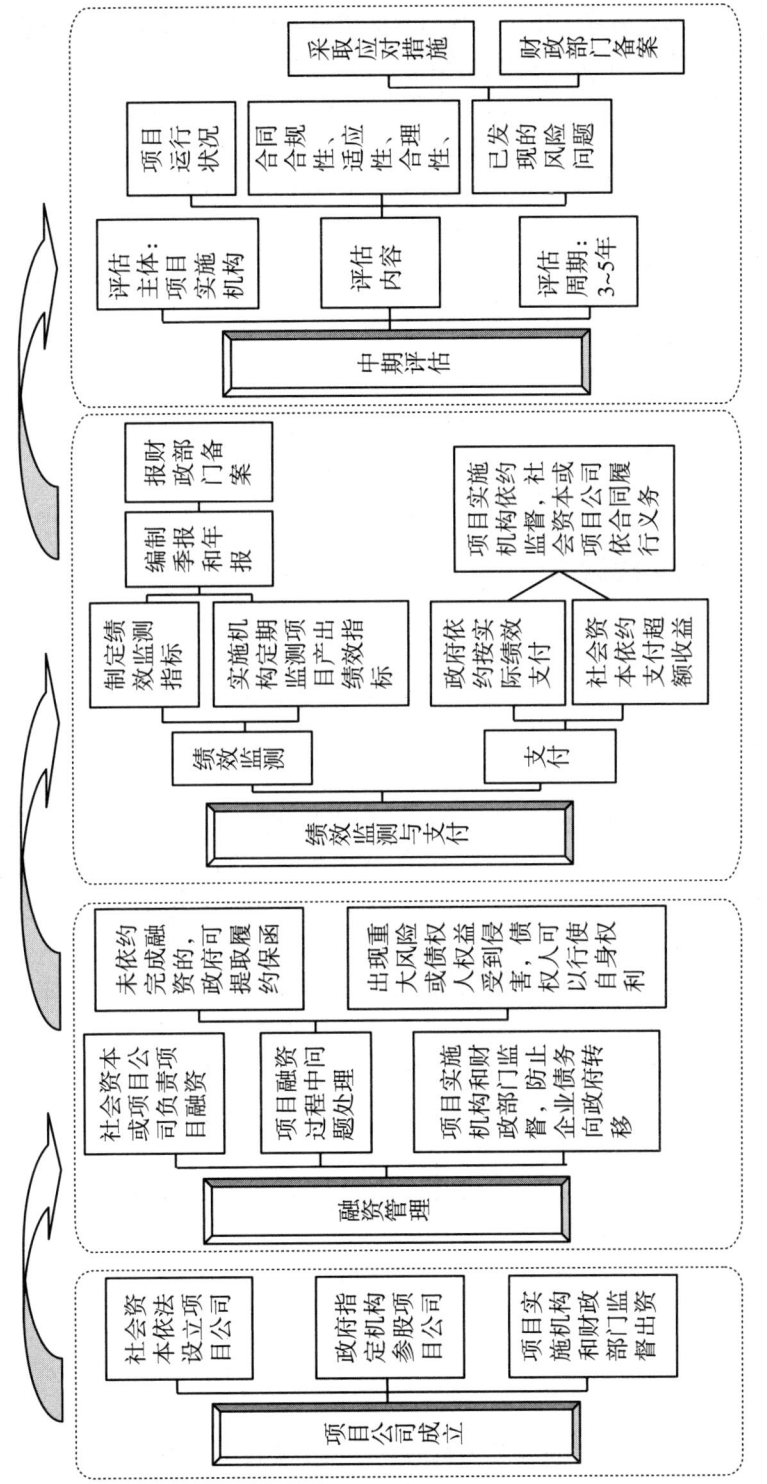

图6—1 项目执行流程图

准。法律或者国务院对必须进行招标的其他项目的范围有规定的，依照其规定。

问题4：项目建设、运营、维护过程的采购中可以不进行招标的情况有哪些？

答：《中华人民共和国招标投标法实施条例》第九条规定：除招标投标法第六十六条规定的可以不进行招标的特殊情况外，有下列情形之一的，可以不进行招标：(1) 需要采用不可替代的专利或者专有技术；(2) 采购人依法能够自行建设、生产或者提供；(3) 已通过招标方式选定的特许经营项目投资人依法能够自行建设、生产或者提供；(4) 需要向原中标人采购工程、货物或者服务，否则将影响施工或者功能配套要求；(5) 国家规定的其他特殊情形。招标人为适用前款规定弄虚作假的，属于招标投标法第四条规定的规避招标。

6.2 项目公司的设立

6.2.1 项目公司的概况

问题5：一般公司组织形式有哪些？

答：公司是经济发展实践中采用最多的一种企业形式，《中华人民共和国公司法》（以下简称《公司法》）规定：我国境内公司组织形式分为有限责任公司和股份有限公司这两种类型。

我国《公司法》第六条规定：设立公司，应当依法向公司登记机关申请设立登记。符合本法规定的设立条件的，由公司登记机关分别登记为有限责任公司或者股份有限公司；不符合本法规定的设立条件的，不得登记为有限责任公司或者股份有限公司。

问题6：《公司法》规定有限责任公司需要具备哪些条件？

答：《公司法》第三条规定：公司是企业法人，有独立的法人财产，享有法人财产权。公司以其全部财产对公司的债务承担责任。有限责任公司的股东以其认缴的出资额为限对公司承担责任；股份有限公司的股东以其认购的股份为限对公司承担责任。

第二十三条规定：设立有限责任公司，应当具备下列条件：

(1) 股东符合法定人数；
(2) 有符合公司章程规定的全体股东认缴的出资额；
(3) 股东共同制定公司章程；
(4) 有公司名称，建立符合有限责任公司要求的组织机构；
(5) 有公司住所。

第三十六条规定：有限责任公司股东会由全体股东组成。股东会是公司的权力机构，依照本法行使职权。

问题7：《公司法》规定股份有限公司的设立需要具备哪些条件？

答：《公司法》第七十六条规定：设立股份有限公司，应当具备下列条件：

(1) 发起人符合法定人数；

(2) 有符合公司章程规定的全体发起人认购的股本总额或者募集的实收股本总额；
(3) 股份发行、筹办事项符合法律规定；
(4) 发起人制订公司章程，采用募集方式设立的经创立大会通过；
(5) 有公司名称，建立符合股份有限公司要求的组织机构；
(6) 有公司住所。

第七十七条规定：股份有限公司的设立，可以采取发起设立或者募集设立的方式。发起设立，是指由发起人认购公司应发行的全部股份而设立公司。

募集设立，是指由发起人认购公司应发行股份的一部分，其余股份向社会公开募集或者向特定对象募集而设立公司。

第七十八条规定：设立股份有限公司，应当有2人以上200人以下为发起人，其中须有半数以上的发起人在中国境内有住所。

第八十条规定：股份有限公司采取发起设立方式设立的，注册资本为在公司登记机关登记的全体发起人认购的股本总额。在发起人认购的股份缴足前，不得向他人募集股份。

问题8：股份有限公司与有限责任公司的区别与联系分别有哪些？

答：联系：这两种组织形式都要求股东承担有限责任，并且对公司债务承担有限责任。

区别：有限责任公司的成立条件、公司章程、公司组织相对简便，规模相对较小，主要采用封闭式管理，股东之间的信任度比较高。

股份有限公司适用于规模比较大和公开募集资金为目的的企业。采用股份有限公司的形式能够快速完成融资，而且融资规模比较大。因其股东数量多，能够分散投资风险，实现股份自由转让。其劣势在于对股东的管理存在较大困难。

问题9：PPP项目执行过程中是否必须设立项目公司？

答：在项目执行过程中可以设立项目公司，一般情况下需要设立项目公司。国家要求政府及社会资本根据项目的具体情况决定是否设立项目公司。

关于项目公司是否设立，涉及相关文件或法律中也有说明，主要有：

《政府和社会资本合作模式及操作指南（试行）的通知》（以下简称《操作指南》）第十一条规定，项目实施机构在项目实施方案中应明确是否设立项目公司及公司股权结构。

《关于规范政府和社会资本合作合同管理工作的通知》指出，成立项目公司是社会资本在PPP项目实践中的通常做法。同时也指出，PPP项目的实际投资人是社会资本，社会资本方指与政府方签署PPP项目合同的社会资本或项目公司。从国内PPP项目的实施情况来看，PPP项目的实施主体不是社会资本，而是会针对PPP项目专门成立项目公司，作为与政府签订项目合同的主体，负责项目实施的大小事由。

项目公司与社会资本相比具有其独特的优势。项目公司的资本结构与一般的公司不同，便于PPP项目执行过程中进行融资和进行财务管理。社会资本的复杂性决定项目公司股东的多元化，各股东优势互补，能够降低公司管理成本，提升项目效率，提高决策水平，最大限度降低风险。

问题 10：项目公司应该如何设立？

答：社会资本可依法设立项目公司。政府可指定相关机构依法参股项目公司。项目实施机构和财政部门（政府和社会资本合作中心）应监督社会资本按照采购文件和项目合同约定，按时足额出资设立项目公司。

通过招标中选合作伙伴可依合同、按现代企业制度的要求筹组项目公司，由项目公司负责按合同进行设计、融资、建设、运营等；项目公司独立承担债务，自主经营、自负盈亏，在合同经营期内享有项目经营权，并按合同规定保证资产完好；项目公司的经营权未经政府允许不得私自转让。项目形成的固定资产所有权在合同期满后必须无偿移交政府。[①]

在项目公司设立的过程中，可根据实际情况决定政府是否出资及出资的比例，但政府在项目公司中的持股比例应当低于50%、且不具有实际控制力及管理权。

问题 11：项目公司通常以什么样的形式设立？

答：关于项目公司的设立形式国家一直没有明确的文件说明，由于PPP项目的特殊性引致项目公司的形式多选择有限公司。特点一：股东数量比较少，根据PPP项目的实施特点政府通过项目采购程序选择社会资本，通过项目采购的社会资本会成为项目公司的股东，所以项目公司的股东数量比较少；特点二：存在时间比较短，项目公司依附PPP项目的存在而存在，若PPP项目结束，项目公司就会面临清算；特点三：股权无法自由转让，项目公司的股权转让受到公司法和PPP项目协议、股东协议的限制、无法自由转让。所以比较而言，项目公司更适合有限责任公司形式而不是股份有限公司。

《PPP项目合同指南（试行）》规定：项目公司是依法设立的自主运营、自负盈亏的具有独立法人资格的经营实体。我国目前PPP项目设立的项目公司形式多以有限责任公司形式成立，而不采用合伙企业的形式。在项目公司成立的过程中，政府和社会资本承担的职责是不同的，各自分担的风险也不同，在有些项目中政府可能并不参与出资，这并不符合合伙企业的基本特征。

问题 12：项目公司设立过程中会涉及哪些核心问题？

答：（1）项目公司在设立阶段，为符合项目建设及运营要求，项目公司必须经过相关政府部门的审批。

（2）按照PPP项目的一般原则，项目的基本条件、规划条件、配套设施应由招标人负责提供，并在招标文件中明确。

（3）招标方对投资人提交的招标书进行技术、经济、环保等方面的审查后，选出符合要求并有竞争力的投资人。

（4）中标后，按照现行基本建设程序，以及现有法律规定，投标人还需到计划、规划、土地、环保等部门审批（此时通常转为依照企业投资项目的程序进行）。审批程序非常烦杂，有时会对项目进行二次审查。

（5）政府在协调各部门关系时有其优势，因此对于项目公司成立设计的审批流程

---

① FPEC 资源库：《PPP 项目的基金模式项目操作全程指引（上）》，http://mp.weixin.qq.com/s?__biz=MzA4NDEzMjMzNA==&mid=2650454553&idx=5&sn=480339f11ee3f9621101728f7d11c203&scene=1&srcid=0725pOHN0U6yRmcbsGwhzFTS&from=groupmessage&isappinstalled=0#wechat_redirect。

由政府授权的实施机构负责，其他具体事务由中标的社会资本方负责，如需政府和社会资本协调解决的，由政府和社会资本共同解决。所以，在项目合同中应约定政府和社会资本关于设立项目公司应承担的义务和责任。

问题 13：项目公司是否可以采用募集方式设立？

答：《公司法》第七十七条规定：股份有限公司的设立，可以采取发起设立或者募集方式设立的方式。发起设立，是指由发起人认购公司应发行的全部股份而设立公司。募集设立，是指由发起人认购公司应发行股份的一部分，其余股份向社会公开募集或者向特定对象募集而设立公司。因此项目公司可以采取募集方式设立，但必须符合《公司法》及证券监督管理机构募集股份的要求。

问题 14：项目公司的经营要素包括哪些？

答：项目公司的经营要素包括：（1）项目公司的组织形式。项目公司的组织形式包括有限责任公司和股份有限公司。

（2）经营范围唯一。项目公司的经营范围是特定的 PPP 项目，无需再投资。

（3）项目注册资本。项目公司的注册资本即股权投资额度，股权出资额应与未来债务融资额度相匹配，保持较理想的比例关系。

（4）住所地。项目公司应在 PPP 项目所在地设立，便于实施机关和其他监管机关监管。

问题 15：设置项目公司章程主要考虑哪些因素？

答：PPP 项目公司的成立具有特殊目的，即通过政府与社会资本的合作模式优化公共产品或服务供给的质量和效率。PPP 项目公司作为执行 PPP 项目的主体，设置公司章程时主要考虑其规范运行，股东权利、董事会权利、监事会权利的议事规则与合理设置等对项目的推进生产直接影响的相关因素。

问题 16：有限责任公司的公司章程应载明哪些事项？

答：《公司法》第二十五条规定：有限责任公司章程应当载明下列事项：

（1）公司名称和住所；

（2）公司经营范围；

（3）公司注册资本；

（4）股东的姓名或者名称；

（5）股东的出资方式、出资额和出资时间；

（6）公司的机构及其产生办法、职权、议事规则；

（7）公司法定代表人；

（8）股东会会议认为需要规定的其他事项。

股东应当在公司章程上签名、盖章。

问题 17：股份有限公司的公司章程应载明哪些事项？

答：《公司法》第八十一条规定：股份有限公司章程应当载明下列事项：

（1）公司名称和住所；

（2）公司经营范围；

（3）公司设立方式；

(4) 公司股份总数、每股金额和注册资本；
(5) 发起人的姓名或者名称、认购的股份数、出资方式和出资时间；
(6) 董事会的组成、职权和议事规则；
(7) 公司法定代表人；
(8) 监事会的组成、职权和议事规则；
(9) 公司利润分配办法；
(10) 公司的解散事由与清算办法；
(11) 公司的通知和公告办法；
(12) 股东大会会议认为需要规定的其他事项。

问题18：如何确定项目公司的注册资本？

答：新《公司法》修订后，公司的设立取消了最低注册资本的限制，但PPP项目公司的主要目的是建设运营PPP项目，为保证PPP项目公司提供公共产品或服务的资金实力，政府一般会要求PPP项目公司的最低注册资金，通过股东协议约定项目公司最低注册资本，可以代替《公司法》关于注册资本的规定，保证项目公司在提供公共产品或服务的过程中的最低资金需求。

问题19：PPP项目公司的出资有哪些要求？

答：目前，PPP项目公司的出资没有明确和专门的法律规定。实践中，国内投资人（中标人）对项目公司的出资，一般依照《国务院关于调整和完善固定资产投资项目资本金制度的通知》《国务院关于调整固定资产投资项目资本金比例的通知》《国务院关于调整部分行业固定资产投资项目资本金比例的通知》《国务院关于固定资产投资项目试行资本金制度的通知》等相关规定。

外商投资应按照《国家工商行政管理局关于中外合资经营企业注册资本与投资总额比例的暂行规定》、国家工商行政管理局企业登记司关于《国家工商行政管理局关于中外合资经营企业注册资本与投资总额比例的暂行规定》第五条解释的复函、对外贸易经济合作部、国家工商行政管理局《关于外商投资企业调整投资总额和注册资本有关规定及程序的通知》等文件规定确定外商投资企业的出资本金。

问题20：PPP项目公司注册时如何确定股东的出资额？

答：《公司法》第二十八条规定：股东应当按期足额缴纳公司章程中规定的各自所认缴的出资额。股东以货币出资的，应当将货币出资足额存入有限责任公司在银行开设的账户；以非货币财产出资的，应当依法办理其财产权的转移手续。

股东不按照前款规定缴纳出资的，除应当向公司足额缴纳外，还应当向已按期足额缴纳出资的股东承担违约责任。

问题21：项目公司的注册资本比例是多少？

答：2015年9月9日发布的《国务院关于调整和完善固定资产投资项目资本金制度的通知》中对公司的注册资本作了相关规定，各行业固定资产投资项目的最低投资比例为：城市和交通基础设施项目：城市轨道交通项目由25%调整为20%，港口、沿海及内河航运、机场项目由30%调整为25%，铁路、公路项目由25%调整为20%，电力等其他项目维持20%不变；城市地下综合管廊、城市停车场项目，以及经国务院批准的核电站等重大建设项目，可以在规定最低资本金比例基础上适当降低。另外，国家将根据经济形势发展和宏观调控需要，适时调整固定资产投资项目最低资本金比例。

《公司法》规定公司的注册资本实行认缴制，如果法律、行政法规以及国务院决定对有限公司注册资本实缴、注册资本最低限额的，从其规定。

PPP项目主要集中在基础设施和公共服务领域，因此需要满足国务院对固定资产投资比例的要求，项目涉及的领域不同，需要根据实际设定项目公司的出资比例。

问题22：国有资产能够入股项目公司吗，行使国有股权时需要遵守的规定有哪些？

答：可以。国有股权是国家所有权在国家出资企业中的主要表现形式，国家所有权的公共权利属性直接影响国有股权的本质。

当国有资产出资入股项目公司时，须遵守下列关于国有股权行使的规定：

（1）根据《企业国有资产法》的规定，国有资产属于国家所有即全民所有。国务院代表国家行使国有资产所有权；国务院和地方人民政府依照法律、行政法规的规定，分别代表国家对国家出资企业履行出资职责，享有出资人权益；履行出资人职责的机构委派的股东代表参加国有资本控股公司、国有资本参股公司召开的股东会会议、股东大会会议，应当按照委派机构的指示提出提案、发表意见、行使表决权并将其履行职责的情况和结果及时报告委派机构。

（2）国有资产监督管理委员会（国资运营主体）与国家出资企业之间是股东与公司之间的关系（投资关系）。

（3）国家出资企业以及董事、经理人为首的企业经营者之间是特殊的代理法律关系。

问题23：国有资产怎样才能实现对项目公司出资？

答：国有资产出资项目公司其实是国有资产的转让行为。国有资产的转让必须遵守"进场"交易的规则（PPP项目中国有产权的变动行为均不符合《关于企业国有产权转让有关事项的通知》协议转让的条件）涉及的相关规定包括：

《企业国有资产法》第五十四条规定：除按照国家规定可以直接协议转让的以外，国有资产转让应当在依法设立的产权交易场所公开进行。转让方应当如实披露有关信息，征集受让方；征集产生的受让方为两个以上的，转让应当采用公开竞价的交易方式。

《企业国有产权转让管理暂行办法》第十八条规定：经公开征集只产生一个受让方或者按照有关规定经国有资产监督管理机构批准的，可以采取协议转让的方式。因此，进场交易是必须，无论是协议还是公开竞价。

问题24：如何保证政府出资到位？

答：实践中，政府出资的形式多样，要确保政府出资到位，需要对所出资产进行明确约定，包括资产类型、权属、价值等。如出资是分年度实现，还需要将出资纳入年度财政预算，经本级人大批准，合同中明确人大报批程序作为项目合同生效时间或条件的依据。同时在政府承担部分融资义务的情况下，还需要对其承担的融资数额、融资期限，在未履行或未完全履行出资、融资义务的情况下需承担的违约责任等进行明确约定，从而确保政府出资到位。

问题 25：外商是否可以投资我国 PPP 项目？

答：《PPP 项目合同指南（试行）》第二条规定，社会资本是指已建立现代企业制度的境内外企业法人，确定了外商投资 PPP 项目的主体资格。

问题 26：外商投资设立 PPP 项目公司有何要求？

答：外商投资设立 PPP 项目公司有以下要求：

（1）设立中外合资经营企业。《中华人民共和国中外合资企业法》规定，中外合资经营企业是股权性合营企业，合资各方按注册资本比例分享利润和分担风险及亏损，外商投资应注意：

①在合营企业注册资本中，外国合营者投资比例一般不低于 25%。

②合营各方可以以现金、实物、工业产权等进行投资。外国合营者作为投资的技术和设备，必须确实是适合我国需要的先进技术和设备。

③合营企业在合营期内不得减少注册资本，如合营企业注册资本的增加、减少，应当由董事会会议通过，并报审批机构批准。

④合营各方缴付出资后，应当由中国的注册会计师验证，出具验资报告，由合营企业据以发给出资证明书。

（2）设立中外合作经营企业。《中华人民共和国中外合作企业法》规定，中外合作经营企业是契约式合作企业，各方可按照合作企业合同的约定分享收益或者分配产品，分担风险和亏损等，外商投资应注意：

①合作企业的投资总额，是指按照合作企业合同、章程规定的生产经营规模，需要投入的资金总和。

②合作企业的注册资本在合作期内不得减少。但是因投资和生产经营规模等变化，确需减少的，须经审查批准机关批准。

③如合作企业无需取得中国法人资格的，外国合作者无投资比例限制，但依法取得中国法人资格的合作企业，外国合作者的投资一般不低于合作企业注册资本的 25%。

问题 27：外商投资 PPP 项目的组织形式一般有哪些？

答：根据《中华人民共和国中外合资企业法》《中华人民共和国中外合作企业法》规定，外商投资 PPP 项目，项目公司设立可采取中外合资经营企业和中外合作经营企业组织形式。

问题 28：应该如何设计项目公司的股权结构？

答：PPP 项目在国内属于新生事物，所以对于项目公司的股权结构设计并没有相关适合的法律法规和政策性文件，这就需要地方政府机构在 PPP 项目执行时综合考虑周围监管环境、投资承受能力、投资人的市场接受程度以及地方经济发展环境，合理设计项目公司的股权结构，合理分配项目公司的权利与义务。

也有相关规定对项目公司的股权结构比例做了限制：第一，如果政府参与出资，则政府的出资比例低于 50%。一方面，为创新传统的投融资模式，政府和社会资本合作，引进社会资本，解决 PPP 项目资金问题，减轻财政压力，实现政府债务转移到企业身上，若政府出资超过 50%，意味着引进的社会资本低于 50%，则与投融资模式创新的初衷相悖；另一方面，在项目融资时政府出资超过 50%，则政府成为最大的股东，对项目承担最大的责任，如果出现项目公司风险问题，则容易出现政府信用、政府担保、政府兜底等问题，则政府债务又重新转回到政府身上。此外，PPP项目的初衷在于让社会资本掌握公司的控制权，若政府出资过高则项目公司的控制权回到政府手中，这也是与PPP项目公司的初衷不相符的。

第二，在特定领域，如果外资参与项目公司的资本构成，必须要求中方控股。我国《外商投资产业指导目录（2015年修订）》中规定，有些行业必须由中方控股。如电网建设和经营、城市人口50万以上的城市燃气、热力和供排水管网的建设和经营、铁路旅客运输公司等行业可以采用PPP模式，而这些行业必须由中方控股。

问题29：项目公司股权变更范围有哪些？

答：项目公司股权变更的范围包括以下四个方面：

（1）直接或间接转让股权。在国际PPP实践，特别是涉及外商投资的PPP项目中，投资人经常会搭建多层级的投资架构，以确保初始投资人的股权变更不会对项目公司的股权结构产生直接影响。在PPP项目合同中，通常也会将项目公司及其各层级母公司的股权变更纳入股权变更的限制范围。例如，PPP项目合同中规定在一定的期间内，项目公司的股权变更及其各级控股母公司的控股股权变更均须经过政府的事前书面批准。

（2）并购、增发等其他方式导致的股权变更。PPP合同中的股权变更，通常并不局限于项目公司或母公司的股东直接或间接将股权转让给第三人，还包括以收购其他公司股权或者增发新股等其他方式导致或可能导致项目公司股权结构或母公司控股股东发生变化的情形。

（3）股份相关权益的变更。广义上的股权变更，除包括普通股、优先股等股份的持有权变更以外，还包括股份上附着的其他相关权益的变更，例如表决权等。此外，一些特殊债权，如股东借款、可转换公司债等，如果也带有一定的表决权或者将来可转换成股权，则也应被纳入"股权变更"的限制范围。

（4）兜底规定。为了确保"股权变更"范围能够全面地涵盖有可能影响项目实施的股权变更，PPP项目合同中往往还会增加一个关于股权变更范围的"兜底性条款"，即"其他任何可能导致股权变更的事项"。

问题30：项目公司股权和经营权如何分配更加合理？

答：《公司法》第四十二条规定：股东会会议由股东按照出资比例行使表决权；但是，公司章程另有规定的除外。也就是说公司的表决权和分红权可以不按同股同权、同股同理处理，而由公司章程进行约定，因此，对于项目公司有政府参股，政府方需要公司重大事项的经营管理权限，可以在章程中规定政府方的绝对表决权。

问题31：政府在项目公司参股有什么作用？

答：政府在项目公司中参股，基于政府财政承受能力，参与重大决策、掌握项目实施情况，并从与社会资本方之间风险分担和利益分配以及监督几个方面作为考虑因素，是充分履行项目监督职能的一种途径，确保社会资本方遵循契约精神，履行在项目出资、建设、工程质量、工程进度和运营管理等方面的承诺。同时，在项目运行过程中要避免因缺乏监督导致的资产过度使用，防止经营期期满后转交的资产无法继续使用。

问题32：政府限制股权变更的原因及方法有哪些？

答：政府限制项目公司自身及其母公司股权结构变更的目的主要是避免不合适的主体被引入到项目的实施过程中，而导致不合适的主体成为PPP项目的投资人或实际控制人，从而避免对项目实施造成影响。

政府在PPP项目协议中限制股权变更的方式有限制股权变更的锁定期或对受让股权方设置资质和条件上的限制。

问题33：怎样设定限制股权变更资质的条件？

答：在一些PPP项目合同中可能会约定对受让方的要求和限制，例如约定受让方须具备相应的履约能力及资格，并继承转让方相应的权利义务等。在一些特定的项目中，政府方有可能不希望特定的主体参与到PPP项目中，因此可能直接在合同中约定禁止将项目公司的股权转让给特定的主体。这类对于股权受让方的特殊限制通常不以锁定期为限，即使在锁定期后，仍然需要政府方的事前批准才能实施。但此类限制通常不应存在任何地域或所有制歧视。

问题34：社会资本方所持项目公司股权的处分限制表现在哪些方面？

答：为了实现现利益最大化，社会资本可能对其所持有的项目公司的股权进行质押或转让，因此对社会资本的各级控股母公司、社会资本在项目公司中的股权进行必要的处分限制显得尤为重要。通常需要在PPP项目合同中约定，社会资本方未经PPP项目实施机关的批准，在一定期限内股权不得发生如下变动：

（1）社会资本方的各级控股股东不得发生变化；

（2）社会资本方对其持有的项目公司的股权不得进行质押、转让，不得缩减股东权利；

（3）不得从事导致上述效果的其他法律行为，包括但不限于并购、增资；

（4）社会资本方转让其持有的项目公司股权时，实施机关有一票否决权。

问题35：项目公司的组织机构是怎样安排的？

答：项目公司一般采用的是有限责任公司的形式，则项目公司的组织机构是根据《公司法》的规定，同时结合PPP项目实施的需要，建立项目公司的组织机构。有限责任公司的组织机构主要由股东大会、董事会、监事会组成。其中股东大会是公司的权力机构，董事会是执行机构、监事会是监督机构。因此，采用有限责任公司形式的项目公司的组织机构也会主要由股东大会、董事会、监事会组成。

问题36：项目公司股东会有哪些权力，如何行使这些权力？

答：项目公司的权力机关为股东会，股东会的权力，在我国《公司法》中第三十六条明确规定：有限责任公司股东会由全体股东组成。股东会是公司的权力机构，依照本法行使职权。

《公司法》第三十七条对股东会的职权作了明确说明，主要包含以下几个方面：

（1）决定公司的经营方针和投资计划；

（2）选举和更换非由职工代表担任的董事、监事，决定有关董事、监事的报酬事项；

（3）审议批准董事会的报告；

（4）审议批准监事会或者监事的报告；
（5）审议批准公司的年度财务预算方案、决算方案；
（6）审议批准公司的利润分配方案和弥补亏损方案；
（7）对公司增加或者减少注册资本作出决议；
（8）对发行公司债券作出决议；
（9）对公司合并、分立、解散、清算或者变更公司形式作出决议；
（10）修改公司章程；
（11）公司章程规定的其他职权。

问题 37：股东的权利该如何行使？

答：《公司法》对股东会拥有表决权、管理权、利润分配权等作出规定，并对股东如何行使自身权利作了规定。《公司法》第四十二条规定：股东会由股东按照出资比例行使表决权；但是，公司章程另有规定的除外。第四十三条规定：股东会的议事方式和表决程序，除本法有规定的外，由公司章程规定。股东会会议作出修改公司章程、增加或者减少注册资本的决议，以及公司合并、分立、解散或者变更公司形式的决议，必须经代表 2/3 以上表决权的股东通过。

在 PPP 项目中政府参与出资，则政府也成为项目公司的股东，行使股东的权利，政府既弥补了项目的资金缺口，也承担了部分项目风险。政府参与出资的项目一般为准经营项目或非盈利项目。政府可同股同权，也可以放弃部分或全部的分红权、优先认股权、表决权等股东权利。若政府放弃分红的权利，则社会资本的收益就会增加，若政府放弃表决权，则社会资本在项目公司的经营管理方面就可以充分发挥自身优势，在政府的监督下，能够充分提高项目的效率和质量。政府出资也是从风险分担的角度出发，当经营失败或是不好的情况下政府也面临资金无法收回的风险，风险分担激发了社会资本参与 PPP 项目的积极性。为避免国有资产流失，避免公共利益受到损害，政府会加强监管，积极主动严格监测、控制项目风险。

问题 38：项目公司股东行使权利时与普通公司股东有何不同？

答：项目公司因为 PPP 项目的发起而设立，其股东为社会资本和政府机构，与普通有限责任公司相比，在行使权利时在有些方面会受到限制。

项目公司的成立是为了 PPP 项目的稳步推进，政府与社会资本之间有明显的分工，项目融资、建设、运营由社会资本负责，项目公司是推动项目前进的主要实施主体，但并不意味着将项目的具体实施责任移交给了项目公司。国务院对政府出资比例设了 50% 的上限，相当于对政府的实际控制权利作了限制，要求政府不得拥有项目公司的实际控制权和管理权。避免因政府干预过多而影响项目公司的经营管理及 PPP 项目的建设运营，有利于政府通过 PPP 项目充分利用社会资本，实现转移政府债务的初衷。

PPP 项目公司的股东权利转移受到限制，股东持有的项目公司股权不得随意转让。关于项目公司股东权益转让的事项在 PPP 项目合同和股东协议中有明确说明，社会资本通过 PPP 项目采购才能成为项目公司股东，股权转让意味着社会资本的变更，对 PPP 项目的运营有直接影响，严重的可能导致项目停止运营，造成严重的经济损失。

问题 39：项目公司是否要签订股东协议，签订股东协议的目的是什么？

答：是的。根据《公司法》的规定，有限责任公司的设立需要依法向公司登记并由登记机关发放公司营业执照，公司营业执照签发日期为公司成立日期。因此，至公司领取营业执照前存在一个过渡期间。一般情况下，项目公司的股东之间会在设立项目公司之前签订股东协议，确定各个股东之间的出资比例、决策权、利益分配权等。同时，股东协议中的大多数条款在公司成立之时会直接列入公司章程中，作为将来公司治理结构确定的依据。

问题 40：股东协议包含哪些内容？

答：股东协议通常包括以下主要条款：前提条件，项目公司的设立和融资，项目公司的经营范围，股东权利，履行 PPP 项目合同的股东承诺，股东的商业计划，股权转让，股东会、董事会、监事会组成及其职权范围，股息分配，违约责任，公司终止及终止后处理机制，不可抗力条款，适用法律和争议解决等。

股东协议除了包括规定股东之间权利义务的一般条款外，还可能包括与项目实施相关的特殊规定。

问题 41：项目公司董事会的职责有哪些以及该如何行使权利？

答：《公司法》对董事会的职权作了明确规定。《公司法》第四十六条规定：董事会对股东会负责，行使下列职权：

（1）召集股东会会议，并向股东会报告工作；

（2）执行股东会的决议；

（3）决定公司的经营计划和投资方案；

（4）制订公司的年度财务预算方案、决算方案；

（5）制订公司的利润分配方案和弥补亏损方案；

（6）制订公司增加或者减少注册资本以及发行公司债券的方案；

（7）制订公司合并、分立、解散或者变更公司形式的方案；

（8）决定公司内部管理机构的设置；

（9）决定聘任或者解聘公司经理及其报酬事项，并根据经理的提名决定聘任或者解聘公司副经理、财务负责人及其报酬事项；

（10）制定公司的基本管理制度；

（11）公司章程规定的其他职权。

《公司法》同时对董事会如何行使自身权利及权利范围作了说明。第四十七条规定：董事会会议由董事长召集和主持；董事长不能履行职务或者不履行职务的，由副董事长召集和主持；副董事长不能履行职务或者不履行职务的，由半数以上董事共同推举一名董事召集和主持。第四十八条规定：董事会的议事方式和表决程序，除本法有规定的外，由公司章程规定。董事会应当对所议事项的决定作成会议记录，出席会议的董事应当在会议记录上签名。董事会决议的表决，实行一人一票。

董事会下面可设立经理，第四十九条规定：有限责任公司可以设经理，由董事会决定聘任或者解聘。经理对董事会负责，行使下列职权：（1）主持公司的生产经营管理工作，组织实施董事会决议；（2）组织实施公司年度经营计划和投资方案；（3）拟订公司内部管理机构设置方案；（4）拟订公司的基本管理制度；（5）制定公司的具体规章；（6）提请聘任或者解聘公司副经理、财务负责人；（7）决定聘任或者解聘除应由董事会决定聘任或者解聘以外的负责管理人员；（8）董事会授予的其他职权。公司章程对经理职权另有规定的，从其规定。经理列席董事会会议。

问题42：项目公司监事会的组成及其职责有哪些？

答： 有限责任公司可设立监事会，《公司法》对监事会的职责作了明确界定。《公司法》第五十一条规定：有限责任公司设监事会，其成员不得少于3人。股东人数较少或者规模较小的有限责任公司，可以设1~2名监事，不设监事会。

监事会应当包括股东代表和适当比例的公司职工代表，其中职工代表的比例不得低于1/3，具体比例由公司章程规定。监事会中的职工代表由公司职工通过职工代表大会、职工大会或者其他形式民主选举产生。

监事会设主席一人，由全体监事过半数选举产生。监事会主席召集和主持监事会会议；监事会主席不能履行职务或者不履行职务的，由半数以上监事共同推举一名监事召集和主持监事会会议。

第五十三条规定：监事会、不设监事会的公司的监事行使下列职权：

（1）检查公司财务；

（2）对董事、高级管理人员执行公司职务的行为进行监督，对违反法律、行政法规、公司章程或者股东会决议的董事、高级管理人员提出罢免的建议；

（3）当董事、高级管理人员的行为损害公司的利益时，要求董事、高级管理人员予以纠正；

（4）提议召开临时股东会会议，在董事会不履行本法规定的召集和主持股东会会议职责时召集和主持股东会会议；

（5）向股东会会议提出提案；

（6）依照本法第一百五十二条的规定，对董事、高级管理人员提起诉讼；

（7）公司章程规定的其他职权。

第五十四条规定：监事可以列席董事会会议，并对董事会决议事项提出质询或者建议。

监事会、不设监事会的公司的监事发现公司经营情况异常，可以进行调查；必要时，可以聘请会计师事务所等协助其工作，费用由公司承担。

第五十五条规定：监事会每年度至少召开一次会议，监事可以提议召开临时监事会会议。

监事会的议事方式和表决程序，除本法有规定的外，由公司章程规定。

监事会决议应当经半数以上监事通过。

监事会应当对所议事项的决定作成会议记录，出席会议的监事应当在会议记录上签名。

第五十六条规定：监事会、不设监事会的公司的监事行使职权所必需的费用，由公司承担。

问题43：项目公司可以解散的情形有哪些？

答： 根据《公司法》第一百八十条规定：项目公司可以因以下原因解散：

（1）公司章程规定的营业期限届满或者公司章程规定的其他解散事由出现；
（2）股东会或者股东大会决议解散；
（3）因公司合并或者分立需要解散；
（4）依法被吊销营业执照、责令关闭或者被撤销；
（5）人民法院依照本法第一百八十二条的规定予以解散。

第一百八十二条作了补充：公司经营管理发生严重困难，继续存续会使股东利益受到重大损失，通过其他途径不能解决的，持有公司全部股东表决权10%以上的股东，可以请求人民法院解散公司。

问题44：与普通公司解散相比，项目公司的解散有哪些特殊性？

答： 因PPP项目的公益性和长期性，项目公司解散具有特殊性。项目公司解散应有政府的干预与监管，项目公司章程中应规定项目公司解散应经政府或项目实施单位批准同意解散。

因项目公司设立的基础是PPP项目，故当出现项目公司严重违约不能按要求完成PPP项目的，不可抗力或政策原因导致PPP项目终止的，应列入公司章程的解散事由中。

6.2.2 项目公司的机构设置

问题45：项目公司设立的注意事项有哪些？

答： PPP合作项目若以设立项目公司的方式实施，则应根据项目实际情况，明确项目公司的设立及其存续期间法人治理结构及经营管理机制等事项：

具体包含以下事项：
（1）项目公司注册资金、住所、组织形式等的限制性要求；
（2）股东结构、董事会、监事会及决策机制的安排；
（3）项目公司股权、实际控制权、重要人事发生变化的处理方式。

若政府参与项目公司出资，还应明确：
（1）政府出资人代表、投资金额、股权比例、出资方式等；
（2）政府股份享有的分配权益，如是享有与其他股东同等的权益，在利润分配顺序上是否予以优先安排等；
（3）政府股东代表在项目公司法人治理结构中的特殊安排，如在特定事项上是否拥有否决权等。

6.2.3 项目公司的职责

项目公司是项目实施的主体，项目公司成立后有关项目的大小事项都归项目公司负责，包括与政府签订项目合同，项目执行过程中的融资，项目建设，项目运营，项目后期维护及完成移交等。

问题 46：项目公司的主要职责有哪些？

答：（1）负责与政府签订项目合同，履行合同规定的义务。在项目初始阶段，项目公司还没有真正建立，政府可以先与社会资本签订意向书等，明确双方合作意向，并明确项目开发或建设初期双方关键权利和义务。待项目公司成立后，双方在签订正式的项目合同，前期签订的协议做进一步的规范或补充。在项目合同签订后，项目公司必须严格按照合同约定履行自己的职责和义务。

（2）承担项目融资任务。PPP 项目的融资工作属于项目公司的职责，这既是项目公司的义务也是项目公司的权利。项目公司应按照项目实施方案中的交易结构设计融资方案、安排机构接洽，并与融资方洽谈、签订融资协议或合同，直至完成资金交接。

（3）PPP 项目的建设、运营、维护和移交。项目公司承担的项目的建设、运营、维护职责应在合同中明确说明，要求项目公司保质保量完成。在项目完成后，要求项目公司按照合同约定将项目资产移交给政府或政府指定机构。

（4）承担 PPP 项目过程中可能产生的风险。由于项目公司是执行项目的直接负责人，也是项目风险的直接承担主体。项目融资、建设、运营过程中可能出现的各种风险都由项目公司负责，项目公司是项目风险的最直接承担主体，需要项目公司以其资产对风险承担责任。

依据《公司法》规定：有限公司股东以其出资额对公司债务或风险承担连带责任，但由于项目公司主体的特殊性，项目公司或社会资本并不仅就其认缴出资额对项目公司风险承担有限责任。PPP 项目的风险分担是基于项目风险分配框架的规定、项目实施方案的安排、项目协议和股东之间签订的协议约定等，故政府、社会资本或项目公司是项目风险的真正承担者，因此社会资本或项目公司应按照合同或签订的协议承担风险，不能逃避风险，更不能为维护自身利益而损害公共利益。

（5）其他职责。项目公司是 PPP 项目的直接执行者，更是项目的管理者。项目公司应按照相关法律法规进行公司管理，开展公司经营活动，依法缴纳相关税费。根据公司章程或规范性文件进行财务管理等。若项目执行期间遇重大风险或损失，项目公司面临公司破产或重组等情况的项目公司应按照《公司法》《破产法》等相关法律文件的规定进行相关事项的处理。

项目移交结束后，项目公司还应负责项目公司的财产清算并解散公司。①

问题 47：在 PPP 项目执行过程中，项目公司与政府之间是什么样的关系？

答：一是建立长期的政府与企业合作机制。政府在公共事业中的角色主要是经营者，在 PPP 项目中，政府要处理好与市场主体之间的关系，政府逐渐变身为"监管者""合作者"。发挥投资人在整合设计、建设、运营、管理等方面的综合优势，让"专业人做专业事"。

二是建立合理的利益共享机制。在 PPP 项目中，政府变身为项目经营者和监管者，通过政府核定经营收费价格以及以购买服务方式补贴标准，实现项目建设运营的自我平

---

① 廖睿：《PPP 操作指南：政府和社会资本合作实务》，中国人民大学出版社 2016 年版。

衡，既要保障公共利益，又要提高公共服务质量和效率。

三是建立平等的风险分担机制。政府和社会资本是项目的共同参与者，应该平等参与、诚实守信，按照合同办事，依据对风险的控制力，承担相应的责任，不过度转移风险至合作方。企业主要承担投融资、建设、运营和技术风险，政府主要承担国家政策、标准调整变化的宏观风险，双方共同承担不可抗力风险。

四是建立严格的监管和绩效评价机制。政府对PPP项目运作、公共服务质量和资金使用效率等进行全过程监管和综合考核评价，认真把握、确定服务价格和项目收益指标，加强成本监审、考核评估、价格调整审核，可以考虑引入第三方进行社会评价。健全完善正常、规范的风险管控和退出机制，禁止政府为项目担保，防范项目风险转换为政府债务风险。对未能如约、按量、保质提供公共产品和服务的项目，应按约坚决要求企业退出并赔偿，投资人必须按合约规定及时退出并依法赔偿，严格责任追究。对防范企业自身经营管理能力不足引发项目风险应注意及时规避。①

6.2.4　项目公司的作用

问题48：在PPP项目执行过程中，项目公司起到怎样的作用？

答：PPP项目的合作双方是社会资本和政府，在PPP项目的执行过程中需要有一个执行主体，既是连接政府和社会资本的纽带，也负责项目从建设到移交的全部工作。在项目建设、运营、维护、移交过程中，都是项目公司作为主办人。

问题49：政府相关职能部门的职责有哪些？

答：政府相关职能部门应根据国家相关法律法规对项目履行行政监管职责，重点关注公共产品和服务质量、价格和收费机制、安全生产、环境保护和劳动者权益等。

项目合同中涉及的政府支付义务，财政部门应结合中长期财政规划统筹考虑，纳入同级政府预算，按照预算管理相关规定执行。财政部门（政府和社会资本合作中心）和项目实施机构应建立政府和社会资本合作项目政府支付台账，严格控制政府财政风险。在政府综合财务报告制度建立后，政府和社会资本合作项目中的政府支付义务应纳入政府综合财务报告。

《政府和社会资本合作模式操作指南（试行）》中规定：社会资本或项目公司违反项目合同约定，威胁公共产品和服务持续稳定安全供给，或危及国家安全和重大公共利益的，政府有权临时接管项目，直至启动项目提前终止程序。

政府可指定合格机构实施临时接管。临时接管项目所产生的一切费用，将根据项目合同约定，由违约方单独承担或由各责任方分担。社会资本或项目公司应承担临时接管费用，可以从其应获终止补偿中扣减。

问题50：政府在项目公司中主要发挥什么作用？

答：政府在项目公司中发挥的作用包括以下几个方面。

---

①　FPEC资源库：《PPP项目的基金模式项目操作全程指引（上）》，http://mp.weixin.qq.com/s?__biz=MzA4NDEzMjMzNA==&mid=2650454553&idx=5&sn=480339f11ee3f9621101728f7d11c203&scene=1&srcid=0727Luyhv ZM0wEM4Fsoppc3Q&from=groupmessage&isappinstalled=0#wechat_redirect。

（1）参与权。《PPP项目合同指南（试行）》"PPP项目合同体系"一节中关于股东协议的内容规定："在某些情况下，为了更直接地参与项目重大决策，掌握项目实施情况，政府也可能通过直接参股的方式成为项目公司的股东（但政府通常并不控股和直接参与经营管理）。在这种情形下，政府与其他股东相同，享有作为股东的基本权益，同时也履行股东的相关义务，并承担项目风险。"

（2）项目公司经营异常时的介入权。《PPP项目合同指南（试行）》中关于"项目的建设"一节中再次强调了政府在项目建设中的监督和介入权的问题："PPP项目与传统的建设采购项目完全不同，政府方的参与必须有一定的限度，过度的干预不仅会影响项目公司正常的经营管理以及项目的建设和投运，而且还可能将本已交由项目公司承担的风险和管理角色又揽回到政府身上，从而违背PPP项目的初衷。"

问题51：收费公共领域的PPP项目必须设立项目公司吗？

答：是的，财政部、交通运输部《关于在收费公路领域推广运用政府和社会资本合作模式的实施意见》规定：社会投资者按照市场化原则，独自或与政府指定机构共同成立项目公司建设和运营收费公路项目，政府要逐步从"补建设"向"补运营"转变，以项目运营绩效评价结果为依据，适时对价格和补贴进行调整，支持社会资本参与收费公路建设运营，提高财政支出的指导和带动作用，拓宽社会资本的发展空间，有效释放市场活力。

问题52：公共租赁住房建设PPP项目必须要设立项目公司吗？

答：是的，财政部、国土资源部、住房城乡建设部、中国人民银行、国家税务总局、银监会《关于运用政府和社会资本合作模式推进公共租赁住房投资建设和运营管理的通知》规定：运用政府和社会资本合作模式推进公共租赁住房投资建设和运营管理，主要是政府选择社会资本组建公共租赁住房项目公司，项目公司与政府签订合同，负责承担设计、投资建设、运营、维护管理任务，在合同期内通过"承租人支付租金"及必要的"政府政策支持"获得合理投资回报，依法承担相应的风险；政府负责提供政策支持，定期调整公共租赁住房租金价格，加强公共租赁住房工程建设及运营维护质量监管。合同期满后，项目公司终结，并按合同约定作善后处理。政府对项目公司承担有限责任，不提供担保或承诺。

6.3 融 资 管 理

6.3.1 项目公司的融资权利和义务

问题53：完成融资交割是如何定义的？

答：《PPP项目合同指南（试行）》中规定完成融资交割通常是指：项目公司已为项目建设融资的目的签署并向融资方提交所有融资文件，并且融资文件要求的就本项目获得资金的所有前提条件得到满足或被豁免。

问题 54：PPP 项目融资模式是什么？

答：项目融资由社会资本或项目公司负责。社会资本或项目公司应及时开展融资方案设计、机构接洽、合同签订和融资交割等工作。财政部门（政府和社会资本合作中心）和项目实施机构应做好监督管理工作，防止企业债务向政府转移。

社会资本或项目公司未按照项目约定完成融资的，政府可提取履约保函直至终止项目合同；遇到系统性金融风险或不可抗力的，政府、社会资本或项目公司可根据项目合同约定协商修订合同中相关融资条款。[①]

问题 55：政府支出包括哪些方面？

答：政府在 PPP 项目中的财政支出，包括 PPP 项目全生命周期过程中按照合同约定政府应当承担的、需要从财政资金中安排的股权投资、运营补贴、配套投入、风险承担，以及上级财政对下级财政安排的 PPP 专项奖补资金支出。

问题 56：项目公司的融资权利有哪些？

答：《PPP 项目合同指南（试行）》中规定，在 PPP 项目中项目公司有权并且有义务获得项目融资。因此，PPP 项目合同中会明确规定项目生命周期内相关资产和权益的归属，以确定项目公司是否有权通过在相关资产和权益上设定抵押质押担保等方式获得项目融资，以及是否有权通过转让项目公司股份以及处置项目公司相关资产或权益的方式实现投资的退出。

问题 57：项目执行中政府和社会资本或项目公司受监督的方式有哪些？

答：政府、社会资本或项目公司应依法公开披露项目相关信息，保障公众知情权，接受社会监督。

社会资本或项目公司应披露项目产出的数量和质量、项目经营状况等信息。政府应公开不涉及国家秘密、商业秘密的政府和社会资本合作项目合同条款、绩效监测报告、中期评估报告和项目重大变更或终止情况等。

社会公众及项目利益相关方发现项目存在违法、违约情形或公共产品和服务不达标的，可向政府职能部门提请监督检查。

政府、社会资本或项目公司接受社会公众及利益相关方的监督检查。

问题 58：如何将 PPP 项目权利义务由中标的社会资本让渡到项目公司？

答：《PPP 项目合同指南（试行）》规定：在项目初期阶段，项目公司尚未成立时，政府方会先与社会资本（即项目投资人）签订意向书、备忘录或者框架协议，以明确双方的合作意向，详细约定双方有关项目开发的关键权利义务。待项目公司成立后，由项目公司与政府方重新签署正式 PPP 项目合同，或者签署关于承继上述协议的补充合同。

问题 59：项目执行中政府和社会资本或项目公司的支付义务的哪些？

答：在 PPP 项目中政府有支付义务的，项目实施机构应根据项目合同约定的产出说明，按照实际绩效直接或通知财政部门向社会资本或项目公司及时足额支付。设置超额收益分配机制的，社会资本或项目公司应根据项目合同约定向政府及时足额支付应享有

---

① 财政部：《政府和社会资本合作模式操作指南（试行）》，2014 年。

的超额收益。

项目实际绩效优于约定标准的,项目实施机构应执行项目合同约定的奖励机制,并可将其作为项目期满合同能否展期的依据;未达到约定标准的,项目实施机构应执行项目合同约定的惩处条款或救济措施。

问题60:项目公司获得土地使用权的方式有哪些?

答:根据《中华人民共和国土地管理法》的规定,建设用地使用权的取得有有偿和划拨两种方式。

第五十四条规定:建设单位使用国有土地,应当以出让等有偿使用方式取得;但是,下列建设用地,经县级以上人民政府依法批准,可以以划拨方式取得:

(1) 国家机关用地和军事用地;
(2) 城市基础设施用地和公益事业用地;
(3) 国家重点扶持的能源、交通、水利等基础设施用地;
(4) 法律、行政法规规定的其他用地。

《中华人民共和国土地管理法》规定国有土地有偿使用的方式包括:

(1) 国有土地使用权出让;
(2) 国有土地租赁;
(3) 国有土地使用权作价出资或者入股。

问题61:国有土地使用权出让的方式有哪些?

答:《协议出让国有土地地使用权规定》第三条规定,出让国有土地使用权,除依照法律、法规和规章的规定,应采用招标、拍卖或挂牌方式外,方可采取协议方式。根据中国现行法律,通过招标、拍卖、挂牌等方式获取土地,必须严格执行《招标拍卖挂牌出让国有建设用地使用权规定》《招标拍卖挂牌出让国有土地使用权规范》规定的程序和方法。市、县国土资源管理部门实施招标拍卖挂牌出让国有土地使用权,可根据实际情况指定或授权下属事业单位具体承办,或委托具有相应资质的交易代理中介机构承办。

问题62:获得项目土地使用权会产生哪些费用,由谁来承担费用?

答:获得项目土地使用权所产生的费用可能包括土地出让金、征地补偿费用(具体可能包括土地补偿费、安置补助费、地上附着物和青苗补偿费等)、土地恢复平整费用以及临时使用土地补偿费等。

实践中,负责获取土地使用权与支付相关费用的有可能不是同一主体。通常来讲,即使由政府方负责取得土地权利以及完成相关土地征用和平整工作,也可以要求项目公司支付一定的相关费用。具体项目公司应当承担哪些费用和承担多少,需要根据费用的性质、项目公司的承担能力、项目的投资回报等进行综合评估。

问题63:项目公司怎样取得土地使用权呢?

答:《PPP项目合同指南(试行)》指出:在PPP实践中,由政府方和项目公司中更有能力、更有优势承担取得土地责任的一方取得土地。通常由政府方负责提供土地使用权,即以划拨方式提供给项目公司土地使用权,如果项目公司完全有权有能力根据我国法律规定自行取得土地使用权的,可以考虑由项目公司自行取得土地使用权,但政府方应提供必要的协助。

项目合同中应明确规定,未经政府批准,项目公司不得将该项目涉及的土地使用权转让给第三方或用于该项目以外的其他用途。

问题 64:项目用地能办理抵押吗?

答:项目公司有权在项目期限内独占性地使用特定土地,进行以实施项目为目的的活动。我国《土地管理法》规定,出让国有土地使用权可以依法抵押;划拨国有土地使用权在依法报批并补缴土地使用权出让金后可以抵押。

6.3.2 融资方权利

问题 65:项目融资方的权利有哪些?

答:《PPP 项目合同指南(试行)》规定,为了保证项目公司顺利获得融资,在 PPP 项目合同中通常会加入一些规定,保障融资方的权利。主要是融资方在融资时比较关注的融资方的主债权和担保债权,以及融资方的介入权等。

问题 66:如何保障融资方的主债权和担保债权?

答:关于如何保障融资方的主债权和担保债权,《PPP 项目合同指南(试行)》中有明确规定:如果项目公司以项目资产或其他权益、或社会资本以其所持有的与项目相关权利为担保申请融资,融资方在主张其担保债权时可能会导致项目公司股权以及相关资产和权益的权属变更。因此,融资方要确认 PPP 项目合同中已经明确规定社会资本和项目公司有权设置上述担保,并且政府方可以接受融资方行使主债权或担保债权所可能导致的法律后果,以确保融资方权益能够得到充分的保障。

问题 67:什么是融资方的介入权?

答:根据《PPP 项目合同指南(试行)》规定,由于项目的提前终止可能会对融资方债权的实现造成严重的影响,因此,融资方通常希望在发生项目公司违约事件且项目公司无法在约定期限内补救时,可以自行或委托第三方在项目提前终止前对项目进行补救。

问题 68:如何保障融资方的介入权?

答:为了保障融资方的介入权不受侵害,融资方通常会要求在项目合同中或者单独与政府或项目公司签订协议以求书面保障自身权利能够实行。

问题 69:融资方如何行使介入权?

答:当项目出现重大经营或财务风险,威胁或侵害债权人利益时,债权人可依据与政府、社会资本或项目公司签订的直接介入协议或条款,要求社会资本或项目公司改善经营管理等,在直接介入协议或条款约定期限内,重大风险已解除的,债权人应停止介入。

6.3.3 再融资

问题 70:PPP 项目可否再融资,必须具备的条件是什么?

答:《PPP 项目合同指南(试行)》中规定,为调动项目公司的积极性,并保障融资的灵活性,在一些 PPP 项目合同中,还会包括允许项目公司在一定条件下对项目再融资的规定。

再融资的条件通常包括：再融资应增加项目收益且不影响项目的实施，签署再融资协议前必须经过政府部门的批准等。

6.3.4 融资风险的管控

问题71：PPP项目融资风险会受到哪些因素的影响？

答：与传统的风险影响因素相同，PPP项目风险主要受汇率、利率、通货膨胀、融资滞后等风险因素的影响，一方面受PPP项目融资特点的影响；另一方面也会受到汇率、利率、通货膨胀等经济环境的影响。

问题72：如何有效管理PPP项目融资风险的影响因素？

答：对于PPP项目融资风险自身的影响因素需要经营者从稳健经营的角度出发，避免因自身问题引发融资风险。关于汇率风险的管理，可以将涉及外汇交易的内容在PPP项目合同中附加条款说明，通过外汇市场操作将风险转移给利益相关者。关于利率风险的管理主要有签订利率合同、利率互换、利率期货套期保值、利率期权交易、货币互换等。关于通货膨胀风险因素的管理主要通过签订物价指数保值条款合同、外汇和物价指数保值条款合同等。

问题73：PPP项目的融资风险评估方法有哪些？

答：PPP项目融资风险评估方法主要分为定性和定量分析两大类。其中定性分析方法主要有德尔菲法、头脑风暴法、流程图法、风险核对表法等，定量分析方法主要有敏感性分析法、决策树法、蒙特卡罗模拟法、模糊综合评价法、VAR方法、压力测试等。

问题74：如何有效避免假PPP项目本身引致的风险？

答：在公共事业中应用PPP项目是一项推进公共事业建设的创新，是当前经济形势下促进经济发展的重大举措，但是由于PPP项目的实施仍缺乏完善的法律及比较鲜明的框架，如何有效避免把PPP项目作为融资工具造成假PPP项目而引致的项目风险？

财政部PPP工作领导小组组长、副部长史耀斌说，当前做好PPP工作应该注意以下三点。

一要靠"法"。国务院常务会议已明确由国务院法制办会同财政部等有关部门，加快PPP条例起草相关工作，解决当前最突出的问题，消除社会资本后顾之忧，鼓励社会资本大胆投资。

二要靠"规范"。PPP不是简单的融资工具，不能将其仅作为投融资方式，政府要在全生命周期内参与管理，将绩效考评作为政府支付对价的依据，杜绝固定回报、明股实债的"假PPP"项目。

三要靠"引导"。在资金安排上，财政部对公共服务领域采用PPP模式建设的项目给予倾斜，进一步激发社会资本参与积极性，放大财政资金杠杆效应。[1]

---

[1] 史耀斌：《杜绝明股实债的"假PPP"》，http://mp.weixin.qq.com/s?__biz=MzA4ODU2MjAyOQ==&mid=2654918372&idx=1&sn=32bdaf535f34ebf9b337b45cae3ceceb&scene=1&srcid=072705yepFuWUh0RU46NTJsw&from=groupmessage&isappinstalled=0#wechat_redirect。

6.4 绩效监测与支付

6.4.1 项目监管

问题 75：PPP 项目监管包含哪些内容？

答：PPP 项目监管主要包含两方面的内容：

(1) 项目的立项和社会资本选择时期的准入监管。目的在于提出选择有效的能实现 PPP 项目价值的方案和社会资本，提升效率。

(2) 项目建设期的绩效监管。绩效监测的目的在于解决市场失灵、绩效不符合要求等情况，以保护公众利益。监管的主要内容为质量、价格服务和财务等。

问题 76：PPP 项目监管主体有哪些？

答：PPP 项目的监管主体是政府，但是从各个国家实施 PPP 项目的情况来看，不同国家和地区的监管主体分属于不同的部门。常见的形式主要有五种：(1) 单独设立监管机构；(2) 在综合行政部门中设立相应的监管机构；(3) 依托现有行业主管部门，设立分行业的法定机构同时行使监管和提供服务双重服务的混合模式；(4) 让已单独设立 PPP 机构同时行使部门监管职能；(5) 政府聘请、授权或与第三方合作，让公众和媒体，以及放贷方等参与监管。

问题 77：项目监管机构应当具备的特征有哪些？

答：项目监管机构应当具备的特征主要有四个方面：

(1) 独立性：项目监管机构具有相对独立性，不受其他利益相关方，尤其是政府部门和社会资本的干扰。

(2) 合法性：监管机构的设立、权利范围、职责范围在法律允许的范围之内。

(3) 广泛性：广泛性主要是指监管机构的监管范围涉及项目的各个方面。

(4) 专业性：监管机构的人员组成是涉及多个领域的专业人员，使得监管机构的监管更具有权威性。

问题 78：政府作为项目监管机构，如何保障政府监督权，常见的政府监督方式有哪些？

答：为了确保政府有足够的监督权，合同中应明确以下内容：

(1) 政府方的场地出入权；

(2) 定期获取有关项目计划和进度报告及其他相关资料；

(3) 在不影响项目正常施工的前提下进场检查和测试；

(4) 对建设承包商的选择进行有限的监控（例如设定资质要求）；

(5) 其他紧急情况时，及时获取项目信息的权利；

(6) 直接参股项目公司时，可参与项目公司经营管理，直接获取项目最新信息，全方面监控项目实施。

常见的政府监督方式包括：知情权、进场检查和测试权、对承包商和分包商选择的监控权以及参股项目公司权利等。

问题79：政府知情权涉及的主要范围有哪些？

答：政府方的知情权贯穿项目实施的各个阶段，每一阶段知情权的内容和实现方式也会有所不同：

（1）建设期：审阅项目计划和进度报告。在项目正式开工以前（有时在合同签订前），项目公司有义务向政府提交项目计划书，对建设期间重要节点作出原则规定，以保障按照该工程进度在约定的时间内完成项目建设并开始运营。在建设期间，项目公司还有义务定期向政府提交项目进度报告。说明工程进度及项目计划的完成情况。项目计划和进度报告的格式和报送程序，应在PPP项目合同的合同条款或者附件中予以明确约定。

（2）运营维护期：审阅运营维护手册和有关项目运营情况的报告。在开始运营之前，项目公司通常应编制项目运营维护手册，载明生产运营、日常维护以及设备检修的内容、程序和频率等，并在开始运营日之前报送政府备查。在运营维护期间，项目公司还应定期向政府报送有关运营情况的报告及其他相关资料，例如运营维护报告（说明机器和设备的现状以及日常检修、维护状况等）、严重事故报告等。此外，政府有时也会要求项目公司定期提交经审计的财务报告、使用者相关信息资料等。

问题80：PPP项目准入监管的内容有哪些？

答：项目准入监管的内容主要有两个方面：一是立项监管，考察项目的必要性，以及是否适用于PPP模式；二是社会资本选择的监管，选择合适的经营者是项目成功实现的关键，其中最核心的考察内容是社会资本是否真的能够实现PPP项目投入资本的价值。

问题81：PPP项目准入监管的方法有哪些？

答：根据各国的实践经验总结来看，采用的方法主要有两种：（1）公共部门比较因子法：对PPP模式和传统模式生寿命周期成本进行比较，如果PPP模式的成本较低，就说明PPP项目有其推行的必要性；（2）竞争性投标法：采用竞争性投标的方法比较来实现项目的收益最大化。

问题82：政府行政监管的主要内容有哪些？

答：《政府和社会资本合作模式操作指南（试行）》规定：政府相关职能部门应根据国家相关法律法规对项目履行行政监管职责，重点关注公共产品和服务质量，价格和收费机制、安全生产、环境保护和劳动者权益等。

问题83：如果出现行政监管不满该如何解决？

答：《政府和社会资本合作模式操作指南（试行）》规定：社会资本或项目公司对政府职能部门的行政监管处理不服的，可依法申请行政复议或提起诉讼。

问题84：项目绩效监管包含哪些主要内容？

答：PPP项目应通过基于产出/结果的绩效要求促使特许经营者确保所提供的产品及服务的质量。政府监管重点是产品及服务的质量和数量，不干涉特许经营者发挥其能动性和创造性。

英国的《标准化 PFI 合同指南》指出,绩效监管与付款机制相结合,技术要求和监管方法应在主要的招标文件中列明,以便各方明确自身职责。包括英国在内的欧洲国家对 PPP 项目的绩效监管主要在三个层面进行:

(1) 项目内部的质量管理(由社会资本负责);
(2) 对项目内部质量管理的审查(由公共部门负责);
(3) 用户反馈(用户有途径向公共部门举报)。

问题 85:项目日常运营维护监管包含哪些主要内容?

答:项目实施机构对项目公司日常运营维护监管的主要内容包括保证项目公司在特许经营期内的合法经营,严格履行对项目公司的各项监管职能,协助项目公司与相关政府部门进行沟通。

问题 86:PPP 项目监管工具有哪些?

答:保证各项监管能够顺利实施是项目执行阶段的根基。PPP 项目一般通过履约保函的形式辅助监督项目公司的履约情况,通过强制保险的形式确保项目实施的正常运营。

问题 87:政府临时接管的情形有哪些?

答:《政府和社会资本合作项目财政管理暂行办法》第二十六条规定:社会资本方违反 PPP 项目合同约定,导致项目运行状况恶化,危及国家安全和重大公共利益,或严重影响公共产品和服务持续稳定供给的,本级人民政府有权指定项目实施机构或其他机构临时接管项目,直至项目恢复正常经营或提前终止。临时接管项目所产生的一切费用,根据合作协议约定,由违约方单独承担或由各责任方分担。

另外,《政府和社会资本合作模式操作指南(试行)》第二十七条规定:社会资本或项目公司违反项目合同约定,威胁公共产品和服务持续稳定安全供给,或危及国家安全和重大公共利益的,政府有权临时接管项目,直至启动项目提前终止程序。

政府可指定合格机构实施临时接管。临时接管项目所产生的一切费用,将根据项目合同约定,由违约方单独承担或由各责任方分担。社会资本或项目公司应承担的临时接管费用,可以从其应获终止补偿中扣减。

《PPP 项目合同指南(试行)》第三章第十七节规定:由于 PPP 项目通常涉及公共利益的特殊项目,从履行公共管理职能的角度出发,政府需要对项目执行的情况和质量进行必要监控,甚至在特定情形下,政府有可能临时接管项目。

《市政公用事业特许经营权管理办法》(建设部第 126 号令)第十八条规定:获得特许经营权的企业在特许经营期间有下列行为之一的,主管部门应当依法终止特许经营协议,取消其特许经营权,并可以实施临时接管:

(1) 擅自转让、出租特许经营权的;
(2) 擅自将所经营的财产进行处置或者抵押的;
(3) 因管理不善,发生重大质量、生产安全事故的;
(4) 擅自停业、歇业,严重影响到社会公共利益和安全的;
(5) 法律、法规禁止的其他行为。

问题88：临时接管的主体和方式分别有哪些？

答：关于临时接管主体，现行立法大多规定省建设行政主管部门负责全省范围内市政公用事业特许经营权临时接管活动的指导和监督工作，市、县人民政府市政公用事业主管部门受本级人民政府授权具体实施本行政区域内市政公用事业特许经营权的临时接管。可见，临时接管主体一般为公用事业特许经营的主管部门。一般来说，公用事业主管部门在进行临时接管时要组成临时接管小组、接管小组组成人员除了主管部门人员外，还应包括与公用事业经营管理相关的其他行政机关的人员以及专业技术机构人员等。

一般来说，公用事业主管部门进行临时接管时可采取三种方式：

（1）由公用事业主管机关具体负责接管事业的运营，成立专门的临时接管机构进行接管事业的运营；

（2）委托同行业运营良好的其他公用事业经营单位进行运营；

（3）由于公用事业主管部门并不具备经营公用事业的较高的专业知识和技术手段，实践中主管部门进行临时接管多采用第三种方式，即政府通过委托方式引入有资质且运营良好的第三方，双方签订《临时特许经营协议》，由第三方进行公用事业运营。

问题89：临时接管采用怎样的程序？

答：政府临时接管包括下列五个程序：

（1）启动。主要包括两种情形：一是公用事业主管部门依职权主动启动；二是公用事业主管部门依社会资本或者利害关系人的申请启动。

（2）听证。实施临时接管关系到重大公共利益，政府在收到公用事业上管部门启动临时接管的申请后，应当组织听证。

（3）决定。各地公用事业主管部门的权力是由地方政府所授予的，因此地方政府拥有临时接管的最后决定权。

（4）执行。临时接管组织在向社会资本出具政府作出的临时接管决定书后，进驻经营企业实施接管；临时接管期间，公用事业主管部门负责组织正常生产，其他部门按预案分工协作。

（5）期限。在公用事业特许经营的地方立法中，湖南和山西两地将临时接管的期限规定为90日。我国《保险法》和《商业银行法》中规定的行政接管期限最长不得超过2年。鉴于PPP项目的特殊性，接管期限不宜太短，在实践中政府可以根据不同行业的特点和项目具体情况来确定临时接管的期限。

6.4.2 项目绩效指标检测

问题90：PPP项目的关键绩效指标是什么？

答：PPP项目的关键绩效考核指标方法是一种重要的绩效考核工具，被称为KPI。通过对目标层层分解的方法使得各级目标不会偏离组织战略目标，有效的衡量团队绩效以及团队中个体的贡献，能够充分起到价值评价和行为导向作用。

问题91：约定项目产出绩效需要考虑哪些因素？

答：设定绩效标准时，通常需要考虑以下因素：

(1) 绩效标准是否客观，即该标准是否符合项目的实际情况和特点，是否可以测量和监控等。这是绩效付费能否有效实施的关键要素。

(2) 绩效标准是否合理，即该标准是否超出项目公司的能力范围，是否为实施本项目所必需等。

(3) 在设置该绩效标准的同时，还要设计相应的奖惩制度。对于项目产出未达到绩效标准的，可以扣减政府付费；长期未达到绩效标准，构成严重违约的，政府可提前终止合同；如项目产出多次达到或者超过绩效标准的，可适当予以表彰，扩大社会资本的影响力。

问题92：绩效评价包括哪些方面？

答：《政府和社会资本合作项目财政管理暂行办法》第二十七条规定：各级财政部门应当会同行业主管部门在PPP项目全生命周期内，按照事先约定的绩效目标，对项目产出、实际效果、成本收益、可持续性等方面进行绩效评价，也可委托第三方专业机构提出评价意见。

问题93：项目收入包括哪些种类？

答：《政府和社会资本合作项目财政管理暂行办法》第二十二条指出：PPP项目中的政府收入，包括政府在PPP项目全生命周期过程中依据法律和合同约定取得的资产权益转让、特许经营权转让、股息、超额收益分成、社会资本违约赔偿和保险索赔等收入，以及上级财政拨付的PPP专项奖补资金收入等。

问题94：如何正确使用绩效评价结果？

答：《政府和社会资本合作项目财政管理暂行办法》第二十七条规定：各级财政部门应当会同行业主管部门在PPP项目全生命周期内，按照事先约定的绩效目标，对项目产出、实际效果、成本收益、可持续性等方面进行绩效评价，也可委托第三方专业机构提出评价意见。

第二十八条规定：各级财政部门应依据绩效评价结果合理安排财政预算资金。

对于绩效评价达标的项目，财政部门应当按照合同约定，向项目公司或社会资本方及时足额安排相关支出。

对于绩效评价不达标的项目，财政部门应当按照合同约定扣减相应费用或补贴支出。

问题95：绩效与支付的关系是什么？

答：《政府和社会资本合作模式操作指南（试行）》第二十六条规定：项目实施机构应根据项目合同约定，监督社会资本或项目公司履行合同义务，定期监测项目产出绩效指标，编制季报和年报，并报财政部门（政府和社会资本合作中心）备案。

政府有支付义务的，项目实施机构应根据项目合同约定的产出说明，按照实际绩效直接或通知财政部门向社会资本或项目公司及时足额支付。

社会资本有支付义务的，设置超额收益分享机制的，社会资本或项目公司应根据项目合同约定向政府及时足额支付应享有的超额收益。

项目实际绩效优于约定标准的，项目实施机构应执行项目合同约定的奖励条款，并可将其作为项目期满合同能否展期的依据；未达到约定标准的，项目实施机构应执行项目合同约定的惩处条款或救济措施。

问题96：政府支付义务是否要纳入政府预算？

答：《政府和社会资本合作模式操作指南（试行）》第二十五条规定：项目合同中涉及的政府支付义务，财政部门应结合中长期财政规划统筹考虑，纳入同级政府预算，按照预算管理相关规定执行。

问题97：政府支付义务是否要纳入政府综合财务报告？

答：《政府和社会资本合作模式操作指南（试行）》第二十五条规定：财政部门（政府和社会资本合作中心）和项目实施机构应建立政府和社会资本合作项目政府支付台账，严格控制政府财政风险。在政府综合财务报告制度建立后，政府和社会资本合作项目中的政府支付义务应纳入政府综合财务报告。

6.4.3　支付调整

问题98：如何确定政府支付义务的付费标准？

答：政府购买公共产品和服务时的政府支付被称为政府付费项目，一般针对非经营性项目。支付之前，政府会对项目设施的可用性、产品或服务的使用量以及质量的确定进行衡量，以确定支付费用的多少。①

问题99：如何约定政府付费项目的调价机制？

答：PPP项目的生命周期在20~30年，市场环境的波动直接影响到项目运营成本的变化，进而影响项目公司的收益，设置合理的价格调整机制，能将政府付费金额控制在合理的范围之内，避免因市场价格波动造成项目公司收益过高或亏损。常见的价格调节机制包括三种：

（1）公式调整机制：指通过审定的价格调整公式来建立政府付费价格与某些特定系数之间的联动关系，以反映成本变动等价格变动等对项目价格的影响，根据计算公式及时计算价格调整幅度。

（2）基准比价机制：指定期将项目公司提供的定价与同类服务的市场价格进行对比，如发现异常，则项目公司与政府协商对政府付费价格进行调价。

（3）市场测试机制：指在PPP项目合同约定的某一特定时间，对项目中某特定服务在市场范围内重新进行采购，以更好地实现项目的资产价值。

在价格调整机制中，使用最普遍的是公式调整机制，基准比价机制与市场测试机制很少出现在公共交通与公用设施建设项目中。

6.4.4　综合财务报告制度的建立

问题100：使用者付费项目的付费标准是如何确定的？

答：使用者付费是指由最终消费者直接付费购买公共产品和服务，常见的使用者付

---

① 郑建新：《政府和社会资本合作1000问》，湖南大学出版社2016年版。

费项目有高速公路、桥梁等公共交通项目以及供水供热等公用设施项目,从使用者那里收取费用,以回收项目建设、运营成本,获取合理利润。

在选择付费标准时,结合当地经济发展状况,需要考虑项目的实施成本、合作期限、逾期使用量等,同时还需兼顾项目公司的收益水平和使用者承受的价格水平。在PPP项目推进过程中,使用者付费的定价方式主要有三种:

(1) 根据《价格法》等相关法律法规及政策规定确定。
(2) 在签订项目合同时加以说明。
(3) 项目公司根据市场价格水平确定。

问题101:怎样约定付费项目的调价机制?

答:使用者付费项目与政府付费项目比较而言,风险较大,使用者数量不确定,资源配置已发生变化,非常有必要在项目合同中约定调价机制。

政府定价,这种情况下需要进行价格听证,当出现其他数据已达到调价标准,而听证程序未通过时应该确定政府补贴或者增加政府补贴。

非政府定价、政府指导价管理范围的基础设施、公共服务项目的价格需要依据市场的作用,交由市场来决定价格标准。同时保证定价信息的透明度,及时进行信息披露。

问题102:项目中期财政规划主要包括哪些内容?

答:《政府和社会资本合作项目财政管理暂行办法》第十八条规定:行业主管部门应当根据预算管理要求,将PPP项目合同中约定的政府跨年度财政支出责任纳入中期财政规划,经财政部门审核汇总后,报本级人民政府审核,保障政府在项目全生命周期内的履约能力。

6.5 中 期 评 估

6.5.1 项目中期评估

问题103:项目中期评估主要包括哪些内容?

答:项目实施机构应3~5年对项目进行中期评估,重点分析项目运行状况和项目合同合规性、适应性和合理性;及时评估已发现问题的风险,制定对应措施,并报财政部门(政府和社会资本合作中心)备案。

问题104:为什么要进行项目中期评估?

答:PPP项目投入运营后要进行项目中期评估。这是保证PPP项目稳健运营,避免损失的必要步骤。

政府机构通过中期评估进行有效监督。通过项目中期评估,政府主管部门能够全面了解项目运营、管理、财务等各方面的具体情况,及时纠正项目运营过程中可能存在的风险和问题,收集公众对项目运行中的建议和期望。为下一步监管提出更加合理化的建议,改善原有的监管体系,扩大监管范围,从而更好地促进和规范项目,使之朝着更有利的方向发展。

通过中期评估激励和吸引社会资本，促进项目公司的发展。项目中期评估是检测项目运行的重要步骤，社会资本或项目公司可以借此机会更加充分的了解项目行业的客观情况，及时发现自身的不足之处加以改正，对自己的优势继续优化。在以后的PPP项目执行过程中树立典范，吸收更多的社会资本参与PPP项目。

通过中期评估保护公共利益免受损失，维护公共权力。PPP项目的合作双方是社会资本和政府机构，涉及公众利益。中期评估可以检查社会公众对项目实施的满意度，不好的地方加以改善，使项目运营程序更加优化。同时检查社会资本在公共咨询、投诉及处理纠纷、接受公众监督方面的成绩，从而检查项目公司是否做到了公共服务最优化。通过中期项目评估可以建立健全公示制度，完善公众咨询、投诉和处理机制，鼓励公众参与监督，从而提升项目的透明度。

问题105：项目中期评估的方式有哪些？

答：项目中期评估方式主要由两种：一是政府作为项目评估发起人，组织评估人员对特许经营项目发起评估；二是政府作为委托方，委托第三方咨询评估机构对特许经营项目发起评估。

6.5.2　合同履约评估

问题106：项目合作双方签订的合同的主要内容有哪些？

答：财政部《PPP项目合同操作指南（试行）》对PPP项目的合同内容作了明确说明，项目合同是PPP模式最核心的法律文件。项目边界条件则是项目合同的核心内容，主要包括权利义务、交易条件、履约保障和调整衔接等边界。权利义务边界主要用以明确项目资产权属、社会资本承担的公共责任、政府支付方式和风险分配结果等；交易条件边界主要用以明确项目合同期限、项目回报机制、收费定价机制和产出说明等；履约保障边界主要用以明确强制保险方案以及由投资竞争保函、建设履约保函、运营维护保函和移交维修保函组成的履约保函体系；调整衔接边界则主要用来明确应急处置、临时接管和提前终止、合同变更、合同展期、项目新增改扩建需求等应对措施。

问题107：发达国家是如何处理政府与社会资本之间的关系？

答：欧美国家通常是建立专门管理PPP项目的、独立于政府之外的管制机构来实现PPP项目的管理。如英国为确保PPP项目规范管理，除建立完善的法律体系之外，政府专门设立了专业机构和三级管理机构，各部门分工明确，共同负责项目落实。澳大利亚政府设有基础设施管理局，负责管理、审批及宣布PPP项目的实施，同时设立地方性的PPP项目政策制定和项目执行机构，负责地方PPP项目的决策及实施。

完善高效的社会监督体系是保证PPP项目拥有高效率的重要因素之一，项目实施过程也会有诸多不可避免的问题存在，如何做到真正的避免，需要完善的监督提供保障。

问题108：制定项目合同时应注意的事项有哪些？

答：项目合同是项目成功运营的关键因素，PPP项目合同的订立需要从双方角度出发，兼顾双方利益。从政府部门的角度出发，合同要在风险分担和利益分享方面兼顾公平与效率，需要对责任分担、收益分配、风险分摊、执行监督等多方面的内容做具体的说明；从社会资本或项目公司的角度出发，合同的订立需要有充足的调整和依据实际情况改善的空间，于当市场经济环境发生改变时能够及时作出正确的调整，从而保证社会资本的收益率。

项目类型主要包括准经营性项目、经营性项目、公益性项目，不同类型的项目也需要不同类型的合同或是有差别的合同条款：准经营性项目合同需要充分详尽，说明市场环境变化所导致的社会资本收益率低于标准时的弥补机制，充分保证社会资本的收益率，经营性项目合同订立时要充分考虑政府干预对市场的影响，从而将其对社会资本回报率的影响降到最低，如果政府干预造成社会资本的正常收益受到影响，则损失部分由政府承担。公益性项目合同中应该明确落实付费方，如果需要政府支付的，应该具体说明，并对双方在支付费用时发生违约的处罚机制做出说明，从而保证双方履约。[1]

6.5.3　风险评估及应对

问题109：按照风险发生的层面分类，包括哪些种类？

答：按照风险发生的层面分类，风险主要分为国家层级风险、市场层级风险和项目层级风险。

问题110：风险评估包含哪些内容？

答：风险评估主要包括风险程度评估和风险重要性评估。风险程度评估是指风险发生时的危险程度评估。风险重要性评估主要是对风险发生概率与危害程度的衡量。

问题111：风险评估的重要性体现在哪里？

答：我国正处于PPP模式的发展阶段，相关的法律体系尚不健全，国家层级风险和市场风险发生的概率相对项目层级发生概率要大，如果不进行项目风险评估，当风险发生时，就不能积极应对，直接威胁到项目能否进行下去。

国家层级的危险虽然发生概率比较小，但是一旦发生危害程度很大，所以在实际项目操作中需要对国家层级危险多加应对。

现行PPP项目多是基础建设项目，前期投入比较大，回收周期长，市场层级风险发生的概率比较低，但是市场需求变化和融资风险发生的概率比较大，带来的后果也比较严重。

政府急于招商引资，社会资本急于投资的紧迫性往往会导致双方预测主观、不合理，缺乏客观的市场研究，导致项目层级风险存在，一旦发生危害很大。[2]

问题112：风险应对策略有哪些？

答：风险应对的策略主要分为四种：风险回避、风险自留、风险控制和风险转移。除此之外还有风险监控，风险监控是指跟踪已识别到的风险，及时识别新的风险，保证

---

[1]　金诺律师事务所：《政府和社会资本合作全流程指引》，法律出版社2015年版。
[2]　陈辉：《PPP模式手册政府与社会资本合作理论方法与实践操作》，知识产权出版社2015年版。

风险计划的执行，并对风险对策和措施的有效性做出评估。

问题 113：什么是风险回避？

答：风险回避是指在完成项目风险分析与评价后，如果发现项目风险发生概率很高，而且可能的损失也很大，又没有其他有效应对策略来降低风险时，应采取放弃项目，放弃原有计划或改变目标等方法，以使其不发生或不再发展，从而避免可能发生的潜在损失。

问题 114：什么是风险自留？

答：风险自留是指将项目风险保留在风险管理主体内部，通过采取内部控制措施等来化解风险或者对这些保留下来的风险不采取任何措施。

问题 115：什么是风险控制？

答：风险控制是一种比较积极的风险应对策略，通常分为预防损失措施和减少损失措施。预防的目的在于降低或消除损失，减少损失措施的作用在于降低损失的严重性和遏制损失的进一步发展。

问题 116：什么是风险转移？

答：风险转移是指通过某种方式将风险的后果连同应对的权利和责任转移给别人。风险转移并不是说明消除风险，而是将风险转移到项目中善于处理风险的他人，项目管理者不再直接面对风险。

6.6 项目执行的管理

6.6.1 项目执行准备

问题 117：PPP 项目实施前需要具备哪些条件？

答：在 PPP 项目实施前，至少需完成以下六项工作：

（1）环境影响评价。环境影响评价是指对规划和建设项目实施后可能造成的环境影响进行分析、预测和评价，提出预防或者减轻不良环境影响的对策和措施，并进行跟踪监测的方法与制度。目前普遍采取结合项目规模和特点，分级审批和备案各类环境影响评价报告书和评价表的方式。

（2）节能评估。PPP 项目在实施前，针对符合节能评估的项目做好节能评估工作，促进 PPP 项目实施单位自觉采用节能新技术，实现节能减排，提高企业经济效益。同时有利于控制经济发达地区向经济欠发达地区转移高污染高耗能产业。

（3）编制可行性研究报告。PPP 项目在实施前，除了完成项目建议书，还应在此基础上进行更深入的可行性研究，通过对项目的主要内容和配套条件，如市场需求、资源供应、建设规模、工艺路线、设备类型、环境影响、投融资等，从经济、技术、工程等方面进行调查研究和分析比较，对建成后可能取得的财务合法权益及社会环境影响进行预测，提出项目是否值得投资和如何进行建设的分析评价意见。

（4）社会风险稳定性评估。为有效规避、预防、控制 PPP 项目实施过程中可能产生的社会稳定风险，在制定出台、组织实施或审批审核前，对可能影响社会稳定的因素开展系统调查，科学预测、分析和评估，制定风险应对策略和预案。

（5）明确合作模式。应根据市场需求，通过咨询公司的科学分析和论证后，选择相应的合作模式。同时还要对项目的合作模式进行严格审批，防止被禁止的带资入场项目包装成 PPP 项目，避免国有资产的流失和权力寻租现象发生。

（6）起草合同条款。在 PPP 项目实施前，应对合同条款形成一个具体的方案，并通过科学论证后交同级政府审批，通过后再在招标商务条件中体现出来。

问题 118：项目执行过程中的监督管理的内容和监督管理方式有哪些？

答： 项目执行阶段的监督管理主要包括对项目资金筹集与使用、预算编制与执行、建设成本控制、工程价款结算、竣工财务决算编报审核、资产交付等监督管理。

财政部门和项目主管部门主要采取事前、事中、事后相结合，日常监督与专项监督相结合的方式，对项目财务行为实施全过程监督管理。

问题 119：项目竣工验收的条件和程序有哪些？

答： PPP 项目的建设单位收到建设工程竣工报告后应当组织设计、施工、监理等单位进行竣工验收，工程竣工验收应当具备下列条件：

（1）项目公司完成建设工程设计和合同约定的各项内容；
（2）有完整的技术档案和施工管理材料；
（3）有工程使用的主要建筑材料、建筑结构配件和设备的进场实验报告；
（4）有勘察、设计、施工、工程监理等单位分别签署的质量合格文件；
（5）有项目公司签署的工程保修书。

项目竣工验收的一般程序是：

（1）在竣工验收前，项目公司应当完成项目管理工作档案的初步整理工作，应当确保内容齐全，符合项目管理工作档案归档的相关要求；
（2）在工程通过竣工验收之后，项目公司应当向建设单位提交一份有关检验结果的证明报告，以及符合国家有关规定的准备通过档案验收的资料；
（3）项目公司在竣工验收合格的特定时间内，向建设方提供建设备案所需的资料，以方便建设方备案之用；
（4）如果工程或某标段未能通过竣工验收，项目公司应当在修复缺陷后，重复进行未通过竣工验收标段的竣工验收工作；
（5）当工程根据合同已通过竣工验收，且在竣工档案资料整理完毕后，建设单位应当向项目公司颁发竣工证书。

问题 120：PPP 项目试运营包括哪几方面的内容？

答： 试运营基本条件评估是确保建设与运营单位顺利交接的关键步骤，也是确保运营安全的关键环节。试运营阶段，项目公司可以参考如下步骤进行：

（1）设定项目试运营时间。中小型项目试运营时间较短，可设定 1~3 年试运营期限；大型项目则可以设定 3~5 年试运营时间。

（2）项目运行情况监测。试运营期间，通过对项目各项功能性设施运作情况进行监测，掌握设施运行安全性、合规性是否符合标准，确保试运营期间项目运转正常。

（3）项目效益情况观察。及时掌握项目试运营期间效益状况，分析收益合理性，并且对未来预计收益做评估，评估是否符合项目初始设定。

（4）项目问题及完善措施。试运营期间，应及时发现项目中存在的问题、政策漏洞等，并做进一步的完善，同时完善规章制度及组织架构，为后续正式运营做充分准备。

问题 121：PPP 项目的终止过程是什么？

答：在项目的终止被确定以后，就将开始项目终止的具体实施过程。实际的终止过程可以是有计划、有序地进行，也可以是简单地立即执行，即立即放弃项目。通常为了使项目终止有一个较好的结果，特别是对一些较大的项目或有着较大影响的项目，有必要对终止过程制订计划、编制预算，整理相关资料，做好相应的人员安排，并提交项目终止的详细报告。

问题 122：PPP 项目的终止报告应该包含哪些内容？

答：PPP 项目终止报告由项目终止负责人撰写，主要包含以下七个方面的内容：

（1）立项原因和项目的整体概况；
（2）项目的组织结构和主要责任人情况；
（3）项目到终止时已实施的情况；
（4）项目已实施部分的绩效；
（5）项目出现的问题分析及有关责任划分；
（6）对项目终止后的各项工作安排；
（7）正式宣布项目即时完全终止。

问题 123：PPP 项目执行过程中是否可以进行修订？

答：按照项目合同约定的条件和程序，项目实施机构和社会资本或项目公司可根据社会经济环境、公共产品和服务的需求量及机构等条件的变化，提出修订项目合同申请，待政府审核同意后执行。

《政府和社会资本合作模式操作指南（试行）》规定：按照项目合同约定的条件和程序，项目实施机构和社会资本或项目公司可根据社会经济环境、公共产品和服务的需求量及结构等条件的变化，提出修订项目合同申请，待政府审核同意后执行。

6.6.2 违约处理

问题 124：项目执行过程中可能出现的违约事件有哪些？

答：项目执行过程中可能出现的违约事件按照违约方可分为两大类：政府违约事件和社会资本违约事件。

政府违约事件主要是指处于政府能够控制的范围内并且属于政府应当承担的风险事件，常见的政府违约事件包括：

（1）未按照合同约定向项目公司付费或提供补助达到一定期限或限额的。
（2）违反项目约定转让 PPP 项目合同下义务的。

（3）发生政府可控的对项目实施或项目公司股份的征收或征用的（指因政府导致的或在政府控制下的征收或征用，如因非政府原因不在政府控制下的征收征用，则可视为政治不可抗力）。

（4）发生政府可控的法律变更，导致PPP项目合同无法继续履约的。

（5）其他违反PPP项目合同项下义务，并导致项目公司无法履行合同的情形。

社会资本违约事件应当属于该项目下社会资本应当承担的风险事件。常见的社会资本违约事件主要有以下几种情况。

（1）社会资本破产或资不抵债的。

（2）社会资本未在约定的时间内实现约定义务建设进度或者项目完工或开始运营逾期，且超过一定期限的。

（3）社会资本未按照规定的要求和标准提供产品或服务，情节严重或造成严重后果的。

（4）社会资本违反合同约定变更股权的。

（5）未按照合同约定为PPP项目或相关资产购买保险的。

（6）其他违反PPP项目合同项下义务，并导致合同无法继续履行的情形。

问题125：如何有效的预防项目违约？

答：提供保函是预防项目违约的有效方式之一。为了确保社会资本能够按照项目约定执行，有效预防社会资本违约，通常政府机构会要求社会资本提供履约保函，通常是以提供保函的形式提供担保。常见的保函有：

（1）投标保函：是在PPP项目采购阶段，政府机构为避免社会资本恶意参与采购而要求社会资本提供的银行保函。这类保函会在项目采购结束后或正式签署PPP项目合同后返还。

（2）担保合同提前条件实现的保函：在签订项目合同中一般会加入一些前提条款，主要是政府部门要求项目公司能够按照规定时间内完成融资交割。为了确保项目公司能够完成这些前提条款，政府可能会要求项目公司在签署PPP项目合同之前提交一份履约保函，以担保合同前提条件实现。该保函会在PPP项目合同条款全部生效后返还。

（3）建设期保函：这是比较常见的一种保函，主要是项目公司在建设期间按照合同规定的标准进行建设的一种担保方式，并保障建设能够按时完成。该保函到建设期结束之日失效。

（4）运营维护期的履约保函：也称之为维护保函，主要用于保证项目公司在项目维护期间能够按照合同约定履行运营维护义务。在项目维护期内，项目公司有义务使该保函的金额维持在规定的金额范围内。该保函一直到项目结束后失效。

（5）移交维修保函：项目移交前一年要求项目公司提供移交维修保函，到项目移交后一年届满，用于保证项目移交事项正常进行。

问题126：违约事件发生后应当如何处理？

答：违约事件是指当事人一方不履行合同义务或者履行的合同义务不符合约定的，应当按照合同约定，承担违约责任。违约事件发生后通常有六种处理方式。

（1）继续履行。如果实际情况允许违约人能够继续履行，最大限度的减少损失，则违约人可以继续履约。

（2）限期补救。采取补救措施是一种独立的违约责任形式，是矫正适当履行、使履行缺陷得以消除的具体措施，与继续履行和赔偿损失具有互补性。在违约事件发生时，合同履约方应及时通知违约方在限期内进行补救。如果是社会资本方发生违约，且限期内无法补救，可允许融资方或政府指定第三方进行补救，将损失降到最低。

（3）赔偿损失。赔偿损失是合同当事人由于不履行合同义务或履行合同义务不符合约定，给对方造成损失的，由造成损失的一方以其财产赔偿对方财产损失。PPP项目中，违约的损失赔偿一般是以违约所造成的损失为标准，违约损失赔偿额的计算方法一般会在PPP项目合同做出约定。

（4）支付违约金。指违约当事人在合同中或合同订立后约定因违约应向另一方支付一定数额的金钱。在PPP项目合同中，双方可以约定一方违约时应当根据违约情况向对方支付一定数额的违约金。损失金额根据实际损失和约定的计算方法计算，若违约金小于实际损失的金额，当事人可以请求人民法院或者仲裁机构予以增加，相反，违约人也可以申请人民法院或者仲裁机构予以减少。当事人就延迟履行约定违约金的，违约方支付违约金后，还应当履行债务。

（5）临时接管。社会资本违反项目合同约定，威胁公共产品和服务持续、稳定、安全供给或危及国家安全和重大国家公共利益的，政府有权临时接管项目，直至启动项目提前终止程序。临时接管项目所产生的一切费用，将根据项目合同的约定，由违约方单独承担或由各责任方分担。社会资本应承担临时接管费用，可以从其应获终止补偿中减扣。政府还可以指定合格的第三方机构实施接管。

（6）其他补救措施。其他的补救措施可以在违约发生时或损失发生时，由政府和社会资本商议决定。其他常见的补救措施有延长运营期限、视为开始运营、免除违约责任等。

问题127：损失赔偿与支付违约金的区别在哪里？

答：我国现行法律对违约金和损失赔偿金的定义作了明确说明。违约金，是指合同当事人预先设定的或法律直接规定的，在一方不履行合同时给付另一方一定数额的金钱。违约金具有补偿性特点，并兼有一定的惩罚性。损失赔偿金，是指一方当事人因不履行或不完全履行合同义务而给对方当事人造成损失时，按照法律和合同的规定所应承担的损失赔偿责任。损失赔偿责任原则上仅具有补偿性为原则，但以惩罚性为例外。

违约金和损失赔偿金的区别在于：

（1）适用范围不同。违约金是约定的，因此，无约定不能适用违约金条款。损失赔偿是法定的，无论当事人是否在合同中有约定，只要违约行为造成实际损失，受损害方就有权要求对方支付损害损失赔偿金。

（2）性质不同。违约金在订立合同时约定，此时，合同还没有履行，不涉及对方是否违约问题。因此，违约金具有事先确定赔偿数额的性质。损失赔偿金是在违约行为导致实际损失发生后确定的，具有事后补偿损失的性质。

（3）数额不同。违约金数额可以法定也可由当事人自行约定，由于是违约行为发生之前确定的，与违约行为发生后产生的实际损失会有出入，因此，有关机构可以应当事人的请求，根据实际损失的情况对违约金的数额进行调整。损失赔偿金是在违约行为导致的实际损失发生后确定的，应当能够与实际损失数额相当。

问题 128：不可抗力导致的违约情形该如何处理？

答：在刑法上，因不可抗力而造成危害社会的结果，不负刑事责任。在民法上，因不可抗力而未能履行合同或引起财物毁损的，不负赔偿责任。

在PPP项目中不可抗力造成的损失或违约主要采用以下几种处理方式。

（1）免于履行。在PPP项目中由于不可抗力因素造成项目无法进行或合同无法履行时，可免除当事人因不可抗力造成损失应当承担的责任。但在一些PPP项目中，在签订合同时可能会约定由政府承担不可抗力造成损失的风险，即使在不可抗力存续期间政府仍然要承担履行部分或全部损失，或支付止损所需的费用。

（2）延长期限。如果项目在建设期或运营期发生不可抗力，则项目公司可根据实际情况申请延长建设期或运营期。

（3）免除违约责任。因不可抗力造成的项目中止或履约延误，受影响方无需为此承担违约责任。

（4）费用补偿。为弥补不可抗力造成的损失所产生的费用，项目公司可以申请费用补偿。

（5）解除合同。如果不可抗力持续超过一定期间，双方均可以提出解除合同。

6.6.3 争议的解决

问题 129：在项目实施过程中如何解决争议？

答：《PPP项目合同指南（试行）》中规定：项目实施过程中，按照项目合同约定，项目实施机构、社会资本或项目公司可就发生争议且无法协商一致的事项，依法申请仲裁或提起民事诉讼。社会资本或项目公司对政府职能部门的行政监督处理决定不服的，可依法申请行政复议或提起行政诉讼。

问题 130：PPP项目争议处理方式有哪些？

答：PPP项目争议的解决途径主要有协商、调节、仲裁和诉讼。

（1）协商：在PPP项目中发生争议时，双方可以通过协商解决争议，这是处理争议最直接和简单的方式，能够有效避免双方直接通过司法程序解决争议的麻烦。

（2）调解：在项目存在争议时，各自协商已经不能解决争议时，就可以在第三方的调解下解决纠纷，第三方既可以是项目争议专门协调机构（由地方政府建立），也可以是专家等。若争议涉及专业性或技术性纠纷，则可以通过专家裁决解决争议。

（3）仲裁：仲裁是在协商和调解仍不能解决争议，争议双方通过书面约定进入仲裁程序，并以此代替诉讼。但是仲裁仅适用于平等的民事主体之间的财产权益类纠纷，具有总局性和法律约束力。仲裁具有灵活性、保密性、快捷性、法律约束力等优势，是用于解决民事纠纷比较常用的途径。

（4）诉讼：在争议一直无法解决的情况下，双方可以向管辖范围内的法院提起诉讼。诉讼是通过司法方式解决争议。具有程序性、中立性、国家强制性等特点。股东协议、合作协议、履约合同、保险合同是PPP项目的合同体系的组成部分，都属于民事合同。

PPP项目合同体系中也包含行政合同，若有关行政合同内容发生纠纷，也可向当地人民法院提起诉讼。根据《中华人民共和国行政许可法》《中华人民共和国行政诉讼法》《行政诉讼司法解释》等规定，政府授予社会资本特许经营权的行为属于行政行为；政府通过授予社会资本特许经营权的方式与社会资本合作，双方签订的PPP项目合同的性质为特许经营合同，属于行政合同；产生纠纷后，应向人民法院提起行政诉讼。此外，就政府监督、政府行政处罚等行政行为产生的纠纷，当事人可以按法律规定提起行政复议或行政诉讼。

第 7 章 项 目 移 交

7.1 项目移交的界定

7.1.1 项目移交的含义

问题 1：PPP 项目移交的含义是什么？

答：项目移交是 PPP 全生命周期五大阶段中的第五个阶段，也是最后一个阶段，处于项目执行之后，通常是指在项目合作期限结束或者项目合同提前终止后，项目公司将全部项目设施及相关利益以合同约定的条件和程序移交给政府或者政府指定的其他机构。PPP 项目合同期满后，项目公司便需要将项目的经营权（或所有权与经营权同时）向政府移交。项目移交的过程主要分为移交准备、性能测试、资产交割、项目绩效评价四个阶段。

问题 2：PPP 项目按移交内容可以分为哪些类型？各自的含义是什么？

答：PPP 项目按移交内容可以分为政府移交和投资主体移交两类：

（1）政府移交一般是指政府部门为提高既有项目运营效率，通过采用 TOT 等方式，引入社会资本，由政府部门向投资主体移交项目设施及相关权益。

（2）投资主体移交一般是指在项目合作期限或发生项目合同提前终止情况时，由投资主体将项目设施及相关权益，以合同约定的条件和程序移交给政府部门。

问题 3：项目移交的费用应由谁承担？

答：《PPP 项目合同指南（试行）》中指出，关于移交相关费用（含税费）的承担，通常取决于双方的谈判结果，常见的做法包括：

（1）由项目公司承担移交手续的相关费用（这是比较常见的一种安排，而且办理移交手续的相关费用也会在项目的财务安排中予以预先考虑）；

（2）由政府方和项目公司共同承担移交手续的相关费用；

（3）如果因为一方的违约事件导致项目终止而需要提前移交，可以约定由违约方来承担移交费用。

7.1.2 项目移交的流程

问题4：项目移交应遵照怎样的流程？

答：PPP项目移交过程中存在一些需要注意的环节。

（1）评估和测试。在PPP项目移交前，通常需要对项目的资产状况进行评估并对项目状况能否达到合同约定的移交条件和标准进行测试。实践中，上述评估和测试工作通常由政府方委托的独立专家或者由政府方和项目公司共同组成的移交工作组负责。

经评估和测试，项目状况不符合约定的移交条件和标准的，政府方有权提取移交维修保函，并要求项目公司对项目设施进行相应的恢复性修理、更新重置，以确保项目在移交时满足约定要求。

（2）移交手续办理。移交相关的资产过户和合同转让等手续由哪一方负责办理主要取决于合同的约定，多数情况下由项目公司负责。

问题5：移交阶段应遵照怎样的操作流程？

答：项目移交的具体操作流程如图7-1所示。

7.1.3 项目移交的要求

问题6：项目移交的基本原则是什么？

答：《PPP项目合同指南（试行）》中指出，项目移交的基本原则是，项目公司必须确保项目符合政府回收项目的基本要求。项目合作期限届满或项目合同提前终止后，政府需要对项目进行重新采购或自行运营的，项目公司必须尽可能减少移交对公共产品或服务供给的影响，确保项目持续运营。

问题7：在移交过程中风险转移如何安排？

答：移交条款中通常明确在移交过程中的风险转移安排：移交日前，由项目公司承担项目设施的全部或部分损失或损坏的风险，除非该损失或损坏是由政府方的过错或违约所致；移交日及其后，由政府承担项目设施的全部或部分损失或损坏的风险。

问题8：合同应对资产移交的哪些事项进行约定？

答：对于包含政府向社会资本主体转让或出租资产的合作项目，合同应对资产移交以下事项进行约定：

（1）移交范围，如资产、资料、产权等；
（2）进度安排；
（3）移交验收程序；
（4）移交标准，如设施设备技术状态、资产法律状态等；
（5）移交的责任和费用；
（6）移交的批准和完成确认；

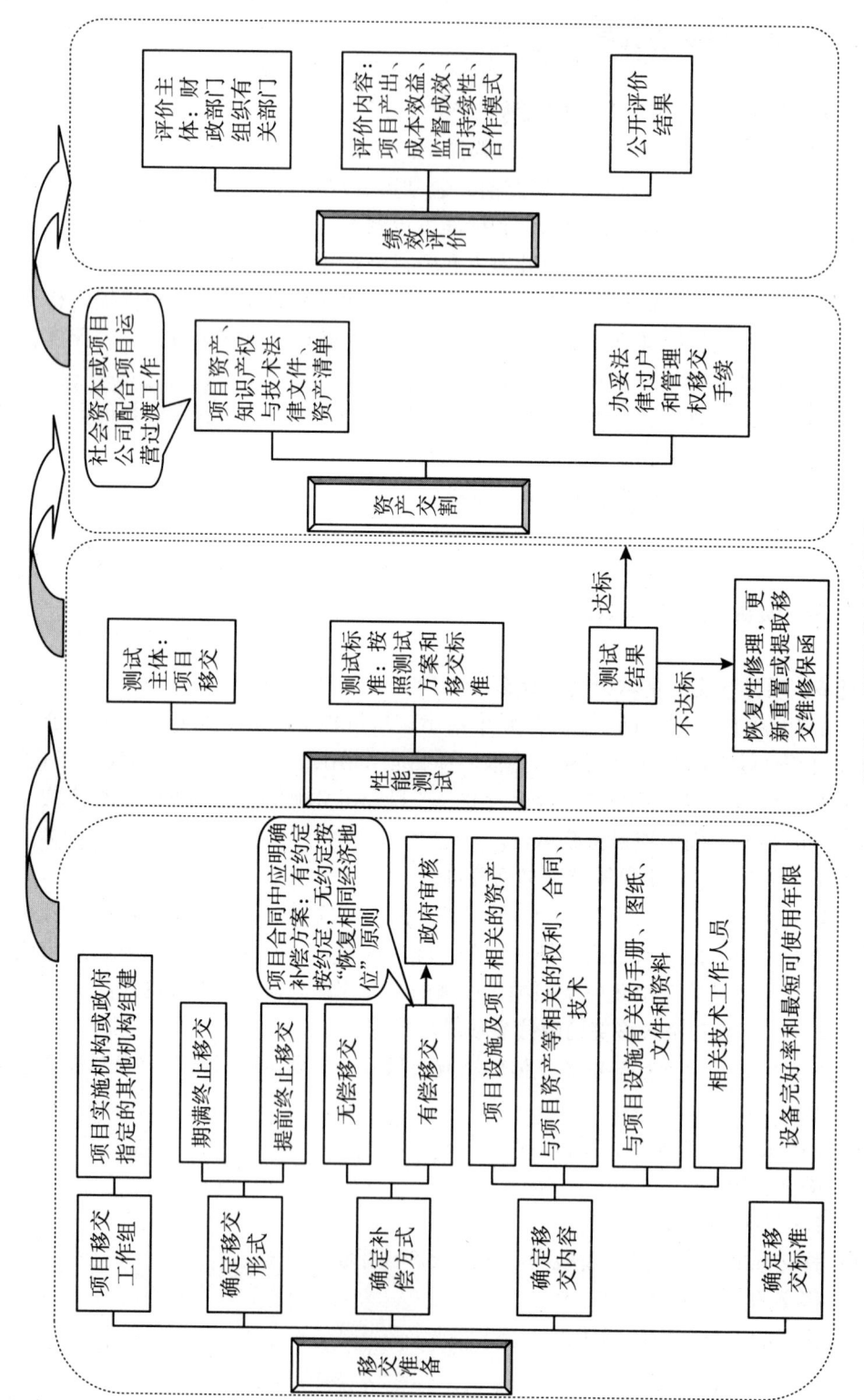

图7-1 项目移交流程图

（7）其他事项，如项目人员安置方案、项目保险的转让、承包合同和供货合同的转让、技术转让及培训要求等。

针对包含社会资本主体向政府移交项目的合作项目，对于合作期满时的项目移交，项目合同应约定以下事项：

（1）移交方式，明确资产移交、经营权移交、股权移交或其他移交方式；
（2）移交范围，如资产、资料、产权等；
（3）移交验收程序；
（4）移交标准，如项目设施设备需要达到的技术状态、资产法律状态等；
（5）移交的责任和费用；
（6）移交的批准和完成确认；
（7）其他事项，如项目人员安置方案、项目保险的转让、承包合同和供货合同的转让、技术转让及培训要求等。

问题9：对违约行为和违约责任如何约定？

答：项目合同应明确资产移交过程中各方违约行为的认定和违约责任。可视影响将违约行为划分为重大违约和一般违约，并分别约定违约责任。

问题10：合同应对社会资本主体移交的项目做哪些移交质量保证？

答：项目合同应明确如下事项：

（1）移交保证期的约定，包括移交保证期限、保证责任、保证期内各方权利义务等。

（2）移交质保金或保函的安排，可与履约保证结合考虑，包括质保金数额和形式、保证期限、移交质保金兑取条件、移交质保金的退还条件等。

7.2　项目移交的准备

7.2.1　移交准备主要工作

问题11：移交准备的主要环节有哪些？

答：项目移交时，项目实施机构或政府指定的其他机构代表政府收回项目合同约定的项目资产。项目实施机构或政府指定的其他机构应组建项目移交工作组，根据项目合同约定与社会资本或项目公司确认移交情形和补偿方式，制定资产评估和性能测试方案。

问题12：项目合同应对移交前过渡期的工作有哪些约定？

答：对于包含政府向社会资本主体转让或出租资产的合作项目，项目合同应对移交前准备工作做出安排，以保证项目顺利移交，内容一般包括：

（1）准备工作的内容和进度安排；
（2）各方责任和义务；
（3）负责移交的工作机构和工作机制等。

对于包含社会资本主体向政府移交项目的合作项目，项目合同应约定项目合作期届满前的一定时期（如12个月）作为过渡期，并约定过渡期安排，以保证项目顺利移交。内容一般包括：

（1）过渡期的起讫日期、工作内容和进度安排；

（2）各方责任和义务，包括移交期间对公共利益的保护；

（3）负责移交的工作机构和工作机制，如移交委员会的设立、移交程序、移交责任划分等。

问题13：在项目移交阶段项目合同应明确哪些问题？

答：项目合同中应明确约定移交形式、补偿方式、移交内容和移交标准。移交形式包括期满终止移交和提前终止移交；补偿方式包括无偿移交和有偿移交；移交内容包括项目资产、人员、文档和知识产权等；移交标准包括设备完好率和最短可使用年限等指标。采用有偿移交的，项目合同中应明确约定补偿方案；没有约定或约定不明的，项目实施机构应按照"恢复相同经济地位"原则拟定补偿方案，报政府审核同意后实施。

问题14：在项目移交阶段需要制定的移交方案有哪些？

答：移交方案包括资产评估方案、性能测试方案、人员安置及培训方案、技术转让方案、保险及承包商合同处置方案、备品备件移交方案、移交维修担保方案等。

问题15：PPP项目移交过程的具体程序有哪些？

答：PPP项目的移交程序是：移交准备—建立项目移交管理机构—项目评估和测试—签署移交合同—设置移交过渡期—处置项目公司。

问题16：怎样保证PPP项目移交准备工作的顺利进行？

答：项目移交包含交、接两方面的内容，需要政府部门和社会资本预先进行统筹规划、密切配合，根据合同约定，做好各项准备工作。项目移交时，项目实施机构或政府指定的其他机构代表政府收回项目合同约定的项目资产。移交准备工作还包括组建项目移交工作组、确认移交形式和补偿方式、确定移交内容与移交标准、制定资产评估和性能测试方案等。

7.2.2 移交工作组的组建

问题17：项目移交工作组由谁组建？

答：项目移交时，项目实施机构或政府指定的其他机构应组建项目移交工作组。

问题18：项目移交工作组的主要职责有哪些？

答：项目实施机构或政府指定的其他机构应组建项目移交工作组，根据项目合同约定与社会资本或项目公司确认移交情形和补偿方式，制定资产评估和性能测试方案。

项目移交工作组应委托具有相关资质的资产评估机构，按照项目合同约定的评估方式，对移交资产进行资产评估，作为确定补偿金额的依据。

项目移交工作组应严格按照性能测试方案和移交标准对移交资产进行性能测试。性能测试不达标的，移交工作组应要求社会资本或项目公司进行恢复性修理、更新重置或提取移交维修保函。

7.2.3 移交的形式、条件和标准

问题19：资产移交有哪些要求？

答： 关于资产移交要求，《政府和社会资本合作项目财政管理暂行办法》第三十三条指出，各级财政部门应当会同行业主管部门做好项目资产移交工作。

项目合作期满移交的，政府和社会资本双方应按合同约定共同做好移交工作，确保移交过渡期内公共服务的持续稳定供给。项目合同期满前，项目实施机构或政府指定的其他机构应组建项目移交工作组，对移交资产进行性能测试、资产评估和登记入账，项目资产不符合合同约定移交标准的，社会资本应采取补救措施或赔偿损失。

项目因故提前终止的，除履行上述移交工作外，如因政府原因或不可抗力原因导致提前终止的，应当依据合同约定给予社会资本相应补偿，并妥善处置项目公司存续债务，保障债权人合法权益；如因社会资本原因导致提前终止的，应当依据合同约定要求社会资本承担相应赔偿责任。

问题20：对项目债务的监控有何规定？

答：《政府和社会资本合作项目财政管理暂行办法》第三十四条明确提出，各级财政部门应当会同行业主管部门加强对PPP项目债务的监控。PPP项目执行过程中形成的负债，属于项目公司的债务，由项目公司独立承担偿付义务。项目期满移交时，项目公司的债务不得移交给政府。

问题21：项目公司对移交时的预计负债如何确认？

答： 在BOT模式下，当经营方对授予方在基础设施上承担不可避免的义务时（如移交时达到指定状态的修复要求，或定期翻新等义务），应根据每个报告期期末该基础设施的消耗或使用有无产生修复的现时义务来决定是否达到预计负债的确认时点。该负债的计提与PPP项目适用金融资产或无形资产模式没有关系。根据合同安排不同，并不是所有的经营方都要从第一年就开始逐年确认预计负债，而是应该根据具体合同规定及资产损耗方式综合评估并进行相应会计处理。

如果该预计负债需要在未来较长时间之后才会实际支付，那么根据《企业会计准则第13号——或有事项》还需要使用反映货币时间价值和相关风险的利率进行折现。

该预计负债的确认通常需要大量的判断和估计以确定时点和计量金额。[①]

问题22：对项目资产管理有哪些规定？

答：《政府和社会资本合作项目财政管理暂行办法》第三十二条明确提出，项目实施机构与项目应当根据法律法规和PPP项目合同约定确定项目公司资产权属。对于归属项目公司的资产及权益的所有权和收益权，经行业主管部门和财政部门同意，可以依法设置抵押、质押等担保权益，或进行结构化融资，但应及时在财政部PPP综合信息平台上公示。项目建设完成进入稳定运营期后，社会资本方可以通过结构性融资实现部分或

---

① 财政部政府和社会资本合作中心：《政府和社会资本合作项目会计核算案例》，中国商务出版社2014年版，第49页。

全部退出，但影响公共安全及公共服务持续稳定提供的除外。

问题23：项目移交的范围包括哪些？

答：起草合同移交条款时，首先应当根据项目的具体情况明确项目移交的范围，以免因项目移交范围不明确造成争议。移交的范围通常包括：

（1）项目设施；

（2）项目土地使用权及项目用地相关的其他权利；

（3）与项目设施相关的设备、机器、装置、零部件、备品备件以及其他动产；

（4）项目实施相关人员；

（5）运营维护项目设施所要求的技术和技术信息；

（6）与项目设施有关的手册、图纸、文件和资料（书面文件和电子文档）；

（7）移交项目所需的其他文件。

问题24：项目移交的标准是什么？

答：为了确保回收的项目符合政府的预期，PPP合同中通常会明确约定项目移交的条件和标准。特别是在项目移交后政府还将自行或者另行选择第三方继续运营该项目的情形下，移交的条件和标准更为重要。通常包括以下两类条件和标准：

（1）权利方面的条件和标准：项目设施、土地及所涉及的任何资产不存在权利瑕疵，其上未设置任何担保及其他第三人的权利。但在提前终止导致移交的情形下，如移交时尚有未清偿的项目贷款，就该未清偿贷款所设置的担保除外。

（2）技术方面的条件和标准：项目设施应符合双方约定的技术、安全和环保标准，并处于良好的运营状况。在一些PPP项目合同中，会对"良好运营状况"的标准做进一步明确，例如在不再维修情况下，项目可以正常运营3年等。

问题25：如何理解PPP项目移交阶段的合同签署工作？

答：交接双方对于评估测试的结果无异议时，应及时签订正式的移交合同。合同生效后，表示双方权利义务的终止，项目相关风险实现了转移。

问题26：PPP项目移交时如何处理项目公司？

答：项目移交可以分为项目公司整体移交和保留项目公司移交。项目公司整体移交是移交时将项目公司的资质、人员、资产等全部移交。保留项目公司移交是将项目公司的资产和部分人员移交。对于保留项目公司移交的，项目移交完成后，可对项目公司进行清算。

7.2.4 PPP项目的退出

问题27：国务院及财政部针对PPP项目的退出机制制定了哪些法律法规？

答：《国务院关于创新重点领域投融资机制鼓励社会投资的指导意见》第三十二条规定，政府要与投资者明确PPP项目的退出路径，保障项目持续稳定运行。项目合作结束后，政府应组织做好接管工作，妥善处理投资回收、资产处理等事宜。

财政部下发了《关于推广运用政府和社会资本合作模式有关问题的通知》，并在"细化完善项目合同文本"部分，明确提出"地方各级财政部门要会同行业主管部门协商订立合同，重点关注项目的功能和绩效要求、付款和调整机制、争议解决程序、退出安排等关键环节，积极探索明确合同条款内容。"同年12月30日，财政部又下发了《关于规范政府和社会资本合作合同管理工作的通知》，在"切实遵循PPP合同管理的核心原则"部分，明确提出了"兼顾灵活"的原则，并要求"合理设置一些关于期限变更（展期和提前终止）、内容变更（产出标准调整、价格调整等）、主体变更（合同转让）的灵活调整机制，为未来可能长达20~30年的合同执行期预留调整和变更空间。"

问题28：目前我国地方政府部门针对PPP项目的退出机制制定了哪些法律法规？

答：为贯彻国务院及财政部等各部委关于PPP的精神，许多地方政府和财政厅等政府组成部门相继出台了推广运用PPP模式的指导意见或实施意见。地方政府针对PPP项目的退出机制，主要制定了以下几种法律法规：

（1）《山东省人民政府办公厅转发省财政厅省发展改革委人民银行济南分行关于在公共服务领域推广政府和社会资本合作模式的指导意见的通知》中强调，妥善建立项目移交机制，项目实施机构应根据政府授权，按照合同约定的移交形式、补偿方式、移交内容和标准，认真及时做好项目接管，保障项目设施持续运行，保证公共利益不受侵害。按照合同约定，对项目建设情况和公共服务质量进行验收，逾期未完成或不符合标准的，社会资本要限期完工或整改，并采取补救措施或赔偿损失。各级政府要做好移交资产性能测试、资产评估和登记入账等工作，并按照国家统一的会计制度进行核算，在政府财务报告中进行反映和管理。

（2）《湖南省财政厅关于推广运用政府和社会资本合作模式的指导意见》等制定了缺乏社会资本退出机制的单独规定。

（3）在PPP合同管理部分沿用财政部《关于推广运用政府和社会资本合作模式有关问题的通知》的框架性描述。如《河南省人民政府关于推广运用政府和社会资本合作模式的指导意见》等。

（4）《浙江省人民政府办公厅关于推广运用政府和社会资本合作模式的指导意见》中除了在合同管理部分沿用财政部《关于推广运用政府和社会资本合作模式有关问题的通知》框架性规范外，还单独设置了"健全退出机制"一节，该内容主要是在出现不可抗力、违约或者项目终止等情形下，政府方临时接管或移交的退出安排，侧重于社会资本方非正常情形下的退出机制安排。

问题29：社会资本移交退出PPP项目通常包括哪几种情形？

答：社会资本移交退出PPP项目通常包括以下情形：

（1）特许经营期结束；
（2）政府方提前终止；
（3）社会资本方提前终止；
（4）不可抗力导致终止。

问题30：运营期满前，社会资本能否退出？

答：运营期满前，社会资本可能希望通过转让其所持有的项目公司股权来实现退出。但是，由于在项目合作方选择阶段，通常政府是在对社会资本的融资能力、技术能力、管理能力等资格条件进行系统评审后，才最终选定社会资本合作方。因此如果在项目实施阶段，社会资本将股权转让给不符合有关资格条件的主体，将有可能导致项目无法按照既定目的或标准实施。因此，通常PPP合同会对社会资本的股权转让加以限制。比如，设置一定的锁定期，要求社会资本在项目公司进入成熟运转前或缺陷责任期届满前不得转让项目公司股权、约定受让方的资质条件、甚至在锁定期后转让仍需政府事先同意等等。

问题31：当政府违约时，社会资本能否得到法律保护？

答：这可能是社会资本考虑PPP项目时最担心因此也最为关注的问题。政府违约，在过往PPP项目的实施过程中不是小概率事件。出现政府违约情况时，社会资本需要依靠签订的PPP合同，所以合同至关重要，社会资本应尽可能通过合同严密设置防控包括政府违约在内的种种风险以及相应的争议解决机制。如此，即便发生政府违约的情形，也有合同依据寻求法律上的保护。比如，财政部给出的《财政部关于规范政府和社会资本合作合同管理工作的通知》中指出，PPP项目合同可以选择仲裁或民事诉讼作为最终的争议解决方式。

问题32：PPP模式中社会资本的退出方式有哪些？

答：畅通的退出渠道、完善的退出机制是社会资本参与PPP项目的重要保障。PPP模式中社会资本退出方式有资产移交退出、股权转让退出、资产证券化方式退出等。资产移交退出是指合作期限届满、政府通过与社会资本的合作达到了互利共赢的经济效果和社会效应的情况下，由双方协调处理PPP项目资产的移交工作及运营管理的接管，社会资本从而实现退出。股权转让退出是指社会资本通过向项目公司内部股东或第三方转让股权的方式实现退出。资产证券化方式退出是指项目运营稳定后，项目公司股东可以通过将项目公司资产注入上市公司、发行资产证券化产品等资本市场获得投资收益，实现投资的退出。

问题33：PPP模式下产业投资基金退出有哪几种方式？

答：国家发展计划委员会2006年制定的《产业投资基金管理暂行办法》总则规定，产业投资基金（或简称产业基金），是指一种对未上市企业进行股权投资和提供经营管理服务的利益共享、风险分担的集合投资制度，按投资领域的不同，产业投资基金可分为创业投资基金、企业重组投资基金、基础设施投资基金等类别。PPP模式下的产业投资基金，一般通过股权投资于地方政府纳入到PPP框架下的项目公司，由项目公司负责具体基建项目的设计、建造、运营，政府授予项目公司一定期限的特许权经营期。

产业投资基金通常都有一定的期限，而PPP项目的周期可能长达数十年，因此参与PPP的产业投资基金一般需要多种方式退出。具体的退出方式有三种：包括项目清算、股权回购/转让、资产证券化。

问题34：PPP模式下产业投资基金如何通过项目清算退出？

答：项目清算退出是指产业投资基金资金投入到PPP项目公司后，在项目投资公司完成项目任务（或阶段性投资任务后）后，通过项目投资公司清算（或注册资本减少）的方式，返还产业投资基金应当获取的股权收益，实现投资的退出。

问题 35：PPP 模式下产业投资基金如何通过股权回购/转让退出？

答：股权回购/转让退出是指产业投资基金资金投入到 PPP 项目公司后，在项目投资公司完成项目任务（或阶段性投资任务后）后，由政府、开发运营公司进行股权回购；或将股权转让给政府、开发运营公司或其他投资者。

问题 36：PPP 模式下产业投资基金如何通过资产证券化退出？

答：资产证券化退出是指产业投资基金资金投入到 PPP 项目公司后，在项目运营成熟后，通过将项目公司资产注入上市公司、发行资产证券化产品或海外发行房地产投资信托基金等资产证券化方式，获得投资收益，实现投资的退出。

问题 37：PPP 项目通过资产证券化实现退出的操作流程有哪些？

答：PPP 项目通过资产证券化实现退出的操作流程有以下几步：

（1）确定证券化资产并组建资产池。资产证券化发起人根据自身需求和市场条件，对 PPP 项目的资产进行规划，通过发起程序，按照一定的资产条件确定用来进行证券化的资产，构建一个具有同质性的资产池。必要时，发起人还会雇佣第三方机构对资产池进行审核。

（2）设立 SPV。发起人设立并将基础资产转移至特殊目的机构（SPV），该 SPV 可以是信托计划、资产支持专项计划（SPT），也可以是公司或有限合伙企业（SPC），但由于目前特殊目的公司相关配套法律不健全，国内通常以信托计划、券商专项计划或保险资管计划作为 SPV。

（3）风险隔离，实现"真实出售"。风险隔离机制是资产证券化交易所特有的技术，它使基础资产原始所有人的其他资产风险、破产风险等与证券化交易隔离开来，风险也不会"传染"给资产支持证券持有者，资产的卖方对已出售资产没有追索权，在卖方与证券发行人和投资者之间构筑一道坚实的"防火墙"。确保将资产有效地从项目公司手中剥离，转移到 SPV 中，这是资产证券化中核心的步骤，这个环节涉及很多法律、税收和会计处理的问题。

（4）信用增级和信用评级。为了吸引投资人，根据市场条件和信用评级机构意见，SPV 常通过发起人或第三方进行信用增级，对资产池及其现金流进行预测分析和结构重组，实现最优化的分割和证券设计。信用评级机构一般会在交易的一开始就参与规划与设计，在资产证券化的整个设计和发行过程中提供意见和反馈，并在证券发行后一直跟踪报告资产的表现。

（5）销售交易。SPV 与证券承销商签订证券承销协议，由承销商承销证券将证券销售给投资人，承销商按照公募或私募的方式向投资人募集资金。SPV 则从承销商处获得证券发行收入，按照约定的价格向发起人偿付购买基础资产的资金，同时 SPV 还会根据需要确定证券权益受托人，为投资人利益管理所发行的证券。

（6）后期服务与管理。资产证券化交易的具体工作并没有因为证券的出售而全部完成，后续还有资产池管理、清偿证券、定期报告等工作。因此，SPV 还需要聘请专门的服务商或管理人对资产进行管理。具体来讲，这些管理和服务工作包括资产现金流的收集、账户的管理、债务的偿付以及交易的监督和报告等。当全部证券被偿付完毕或资产池里的资产全部处理后，资产证券化的交易才算真正的结束。

问题 38：PPP 项目中信托融资如何实现退出？

答：信托公司通过发行集合信托计划，通过股权方式参与 SPV，随后，政府参与方通过股权溢价回购，实现信托资金退出。

信托公司也可以股权附加债权形式向项目公司融资，由于 PPP 项目涉及到整个项目的资本金投入，可由信托公司发行集合信托计划，以股权的形式入股 SPV，达到项目自有资金投入比例后，引入银行资金继而发放符合政策的固定资产长期贷款，达到信托结束期，由 SPV 其他股东进行回购上述股权，实现集合信托退出，如涉及到 SPV 中相应股权占比，可由信托以股＋债形式，行使名义上小股东，向 SPV 进行股东借款，到期由 SPV 进行偿还贷款并由其他股东进行股权回购，实现信托退出。

信托公司也可直接向 SPV 公司进行贷款融资，但这种方式对项目公司的要求相对比较高，需要信托公司评判整个项目的现金流情况，注意项目期限和还款时间安排与现金流相匹配。

问题 39：PPP 项目退出采用资产证券化模式时，怎样使证券增级？

答：在当前的私募市场中，社会资本作为原始权益所有人很明显不能对证券的增级起到很大的作用，而政府的加入使资产支持证券获得高信用评级。将资产证券化应用于 PPP 模式中，表面上由于其支持现金流的底层资产拥有政府的部分股份，将会得到投资者的极大认同。但实际上，政府在此项融资活动中，并未对融资提供任何担保，相关机构在设计资产支持证券产品时，仍然需要采用传统的内外部增级手段进行增级。

问题 40：PPP 项目通过资产证券化退出的主要障碍是什么？

答：PPP 项目通过资产证券化退出的主要障碍是信用风险的防范。虽然资产证券化破产隔离机制将资产从 PPP 项目公司中分离，然而一旦项目出现建设或运营问题，很难保证产生稳定的现金流。尤其是目前 PPP 项目立法位阶比较低，一旦涉及收费权、经营权等方面的政策发生变化，很容易诱发项目现金流出现问题。

问题 41：如何解决 PPP 项目资产证券化操作中的障碍？

答：一方面应在交易开展前强化法律尽职调查，分析研究涉及应收账款的合同条款，确保基础合同不存在可能导致账款无法收回的根本性缺陷；另一方面要完善信用评级和增信机制，通过保证金、担保等措施提高债券的信用等级，并建立完善的预算管理、审计披露、跟踪评级等制度，以确保在现金流出现不利变动时迅速采取措施防止损失。在信用增级方面，为了降低对抵押、担保、保证等传统对外部增信的依赖，突显资产证券化特有的依靠项目自身收益融资的优势，可以创新内部增级机制，如监测超额利差指标，当基础资产产生的现金总收益减去利息、服务费和违约坏账损失后的超额收益为负时，由发起人从事先设立的准备金账户或现金担保账户支付证券化本息收益，以激励发起人强化内部管理以获取超额收益；在债券内部使用结构化设计，当"资产池"出现违约时，首先由次优先级承担，优先级债券始终得到优先偿还；设置超额担保机制，即基础资产的总值超过债券的发行额度，超出部分没有利息收入，视为发起人对债券投资者提供的保障；设置加速清偿机制，即当发起人破产、基础资产违约率达到一定比例或超额利差下降至一定水平，本金将进入加速清偿阶段，以保证优先级证券的本金偿还。

问题 42：金融机构参与 PPP 项目时退出机制应如何安排？

答：金融机构在开展项目时必须充分考虑相关的退出机制，例如在项目建设期可以由资管计划先期介入，待完成建设施工，项目开始运营后再由银行发放贷款，置换原资管计划的融资。对于采取资管计划加有限合伙基金的方式实现资金注入基础设施项目的，可以通过基金赎回、资管计划受益权转让、有限合伙份额转让等形式实现退出。

问题 43：针对 PPP 移交阶段的股权转让有哪些规定？

答：在项目合同中明确项目公司移交执行股权转让方式的，应约定股权转让价格的计算方式。转让项目公司股权构成国有产权转让，应执行《企业国有产权转让管理暂行办法》的相关规定。

7.2.5 补偿方式的确定

问题 44：项目移交的补偿方式有哪几种？

答：项目移交的补偿方式有无偿移交和有偿移交两种。

问题 45：如何制定项目移交的补偿方案？

答：《财政部关于印发政府和社会资本合作模式操作指南（试行）的通知》第三十二条规定，采用有偿移交的，项目合同中应明确约定补偿方案；没有约定或约定不明的，项目实施机构应按照"恢复相同经济地位"原则拟定补偿方案，报政府审核同意后实施。

问题 46：提前终止的事由包括哪些？

答：《PPP 项目合同指南（试行）》中指出，在 PPP 项目合同中，可能导致项目提前终止的事由通常包括：

（1）政府方违约事件——发生政府方违约事件，政府方在一定期限内未能补救的，项目公司可根据合同约定主张终止 PPP 项目合同；

（2）项目公司违约事件——发生项目公司违约事件，项目公司和融资方或融资方指定的第三方均未能在规定的期限内对该违约进行补救的，政府方可根据合同约定主张终止 PPP 项目合同；

（3）政府方选择终止——政府方在项目期限内任意时间可主张终止 PPP 项目合同；

（4）不可抗力事件——发生不可抗力事件持续或累计达到一定期限，任何一方可主张终止 PPP 项目合同。

问题 47：对临时接管有何规定？

答：《政府和社会资本合作项目财政管理暂行办法》第二十六条规定，社会资本方违反 PPP 项目合同约定，导致项目运行状况恶化，危及国家安全和重大公共利益，或严重影响公共产品和服务持续稳定供给的，本级人民政府有权指定项目实施机构或其他机构临时接管项目，直至项目恢复正常经营或提前终止。临时接管项目所产生的一切费用，根据合作协议约定，由违约方单独承担或由各责任方分担。

问题 48：什么是提前终止补偿？

答：提前终止补偿是指当发生 PPP 项目合同提前终止时，项目公司把项目设施

（无论是否完工）移交给政府方，由政府方支付给项目公司的补偿款。提前终止补偿款的计算是一个综合类问题，需要从法律和财务两个角度通盘考虑双方的责任（哪一方违约导致提前终止）、项目建设情况（建设期还是运营期，项目设施是否已经可直接使用）、项目融资情况等多种因素，并要结合已有的违约条款、移交条款、权属变更条款等进行综合分析。

提前终止补偿金额是在发生 PPP 项目合同提前终止的情况下对项目公司的补偿，具体金额的计算应结合项目实际情况统筹考虑，而不宜简单复制其他项目的补偿方式（例如在违约终止的情况下，对违约方均适用定额违约金）。由于 PPP 项目的合作期限比较长，在建设期和运营期发生终止，其补偿金额也应有所区分。因此，提前终止补偿金额要根据项目资产（在建工程）的实际价值、项目运营情况、社会资本的收益情况、双方过错程度、届时双方额外要求的条件（例如知识产权转移、备品备件提供、缺陷责任）等综合计算。

问题 49：PPP 项目移交时应如何缴纳所得税？

答：经营期间涉及股利分配，如果涉及境内居民企业间分配股利，免征企业所得税；境内居民企业分配股利给自然人股东，需代扣代缴 20% 的个人所得税。

问题 50：国家对 PPP 项目提前终止补偿有哪些规定？

答：财政部 PPP 协议文件对提前终止补偿做了明确说明，具体规定如表 7-1 所示：

表 7-1　　　　　　财政部对 PPP 项目提前终止补偿的规定

政府方违约 政治不可抗力 政府方选择终止	项目公司尚未偿还的所有贷款
	项目公司股东在项目中之前投资项目的总和
	第三方费用或其他费用
	项目公司的利润损失（文件约定）
项目公司违约	按照项目资产的账面价值或市场价值计算补偿金额
自然不可抗力	未偿还融资方贷款（分摊）
	项目公司股东在项目中之前投入项目的资金以及欠付承包商的款项（分摊）
	扣除保险理赔金额及预期利润损失

问题 51：项目资产评估和性能测试方案由谁制定？

答：项目实施机构或政府指定的其他机构应组建移交工作组，根据项目合同约定与社会资本或项目公司确认移交情形和补偿方式，制定资产评估和性能测试方案。

问题 52：制定性能测试方案的依据是什么？

答：项目实施部门或政府指定的交接机构应组建项目移交工作组，根据项目合同约定与社会资本或项目公司确认移交情形和补偿方式，制定资产评估和性能测试方案。

问题 53：项目性能测试前，社会资本或项目公司应提交哪些资料？

答：社会资本或项目公司应将满足性能测试要求的项目资产、知识产权和技术法律文件，连同资产清单移交项目实施机构或政府指定的其他机构。

7.2.6 资产评估

问题 54：项目资产评估的基本内容是什么？

答：《政府和社会资本合作模式操作指南（试行）》第三十三条规定，项目移交工作组应委托具有相关资质的资产评估机构，按照项目合同约定的评估方式，对移交资产进行资产评估，作为确定补偿金额的依据。

问题 55：如何组建与评聘 PPP 项目公司所移交项目的价值评估机构？

答：项目移交工作组应委托具有相关资质的资产评估机构，按照项目合同约定的评估方式，对移交资产进行资产评估，作为确定补偿金额的依据。

在 PPP 项目公司移交项目的价值评估工作中，由于所涉及的建设项目规模较大、专业性较强，因此应按最初协议的规定由项目公司或所在国政府出面聘用、双方均认同的第三方完成所移交项目的价值评估工作。也可以由项目公司与所在国政府各自分别推举若干专家组成评估机构完成相关的价值评估工作。

无论 PPP 项目公司移交项目的价值评估机构如何组成，PPP 项目公司移交项目价值评估机构都要以公平公正为原则。这样，PPP 项目公司移交项目价值评估机构才能真正站在第三方的角度对所移交项目在移交时的价值做出公允合理的评估结论。但由于评估结论对双方来说都会涉及利益问题，所以 PPP 项目公司移交项目的价值评估机构欲做到公平公正还要克服来自于各方面的压力与诱惑，这就对 PPP 项目公司移交项目价值评估机构提出了具体要求。

问题 56：移交准备中的资产评估环节有哪些工作？

答：在 PPP 项目移交前，需要对项目资产进行评估。由于项目规模较大、专业性较强，资产评估工作一般由移交工作组负责，委托第三方资产评估机构，公平、公正地对项目在移交时的价值做出公允合理的评估结论。项目评估工作主要有：

（1）由评估机构制定 PPP 项目公司移交项目价值评估的评估计划；

（2）遴选 PPP 项目公司移交项目价值评估所需资料；

（3）确定 PPP 项目公司移交项目价值评估的范围等；

（4）完成评估报告。

问题 57：资产评估的具体步骤有哪些？

答：近几年的评估项目主要涉及水务、垃圾处理、公路以及其他领域。以财务报告为目的的 PPP 项目的评估主要服务于境外上市企业的子公司编制年度或半年度财务报告之用，项目咨询业务主要是服务于 TOT 项目，协助授予方制定经营权转让价格。

下面主要以污水处理项目为例，介绍 PPP 模式中以财务报告为目的的资产评估业务所采用的评估方法。

首先准备评估资料，项目公司应准备的评估资料包括：特许经营权协议/合同及补充协议/合同、可行性研究报告及批复、初步设计及批复、环境影响评价报告、环评批复、开工令、竣工验收报告、正式商业运行批复、竣工决算报告或移交资产评估报告、税收减免批复、管理层预测、借款合同、还款计划。

其次是评估机构围绕本项目所做的参数准备，包括折现率 WACC、建造毛利率、母公司上年度实际借款利率、缺少流动性折扣率、厂房及设备替换率。

以上评估准备工作完成后，就可以进行正式的测算，具体步骤如下：

（1）根据设计日处理量、实际日处理量、运营天数、合同水价、保底水量、通胀率确定未来收入。

（2）根据项目公司实际运行数据、周边其他项目公司实际运行数据、集团投资管理部门预测数据、管理层预测数据、可行性研究报告、通胀率等确定除折旧外的成本、费用，注意数据可信度的优先次序。

（3）计算营业税金及附加。在计算出应交增值税的基础上，按税种及税率计算营业税金及附加。

（4）计算补贴收入。补贴收入来自增值税返还，根据关于印发《资源综合利用产品和劳务增值税优惠目录》的通知，污水处理劳务的增值税退税比例为70%。

（5）确定资本性支出/营业收入比率，计算资本开支。资本开支主要用于购置管理设备如电脑、打印机、车辆、办公家具等设备，企业可将这些设备归为 A 类资产，A 类资产的特点是到期无需移交，但需在经营期内不断更新。

（6）根据竣工决算报告、移交资产评估报告、工程结算书、在建工程清单、建造（总承包）合同、出让合同、初设批复、可行性研究报告确定不动产及设备资产造价，计算摊销额。

（7）计算营业成本。根据上述折旧及摊销、除折旧外之成本加总计算营业成本。

（8）测算管理费用。管理费用的测算需考虑管理人员数量、年薪标准、社保标准、办公费、招待费、通货膨胀等因素计算确定。

（9）根据贷款合同确定借款本金的偿还及利息支出。一般项目公司会以经营权/收费权质押给银行。

（10）编制预测期利润表，计算每期净利润。其中，所得税费用根据企业所得税优惠（减免）批复进行测算。

（11）计算非付现营运资本。营运资本仅需考虑存货、应收款项、应付款项等敏感科目。

（12）计算公司自由现金流 FCFF，根据上述测算，汇总得出公司自由现金流。

（13）根据厂房及设备造价，厂房及设备替换率，上年度实际借款利率确定预计负债（预计总资本支出）。对于合同期内的大修理更新支出、移交时的恢复费用预计计入各期成本，并考虑时间价值，将预计总资本支出分摊至整个运营期（自正式商业运行日至移交日）。

（14）计算有保底的收入、无保底的收入之比。

（15）根据无保底收入比例重新编制预测利润表。

（16）计算非付现营运资本对无保底净利润的贡献，非付现营运资本的收益率为税后最优借款利率。

（17）计算税后人力资源成本对无保底净利润的贡献，税后人力资源成本收益率为为加权资本成本 WACC。

（18）计算无形资产超额收益并折现。无形资产折现率为加权资本成本 WACC 和风险附加之和。

（19）计算对应有保底收入的原始工程造价。根据建造利润率计算工程建设收入。按企业会计准则 2 号解释，不得计算建造利润，而 IFRIC12 则允许计算。

（20）根据特许权授予日的最优借款利率，计算运营期间每年利息、收入，计算每年需结转的建设收入以及金融资产期末余额。

（21）计算截至企业合并日金融资产的公允价值。金融资产的折现率可选取评估基准日一年期借款基准利率。

（22）计算截至企业合并日的金融资产结转数以及实际利率。

通过以上计算，可以得到基准日无形资产的公允价值，金融资产的公允价值以及预计负债的评估值。[①]

7.3 性 能 测 试

7.3.1 性能测试的内容与标准

问题 58：由谁负责项目移交阶段的性能测试环节？

答：在 PPP 项目移交前，通常由政府方委托的独立专家或者由政府方和项目公司共同组成的移交工作组负责。项目移交工作组应严格按照性能测试方案和移交标准对移交资产进行性能测试。

问题 59：性能测试这一环节的作用是什么？

答：移交工作组应按照性能测试方案和移交标准对移交资产进行性能测试。经评估和测试，项目状况不符合约定的移交条件和标准的，政府有权提取移交维修保函，并要求项目公司对项目设施进行相应的恢复性修理、更新重置，以确保项目在移交时满足约定要求。

问题 60：性能测试的内容是什么？

答：在 PPP 项目移交前，通常需要对项目的资产状况进行评估并对项目状况能否达到合同约定的移交条件和标准进行测试。实践中，上述评估和测试工作通常由政府委托的独立专家或者由政府和项目公司共同组成的项目移交工作组负责。项目移交工作组应严格按照性能测试方案和移交标准对移交资产进行性能测试。

---

① 温云涛：《PPP 模式中以财务报告为目的的资产评估业务探讨》，载《中国资产评估》2016 年第 2 期，第 13～15 页。

问题 61：性能测试的标准有哪些？

答：性能测试的技术标准是指，项目设施应符合双方约定的技术、安全和环保标准，并处于良好的运营状况。在一些 PPP 项目合同中，会对"良好的运营状况"的标准做进一步明确。

问题 62：社会资本或项目公司应如何处理性能测试满足要求的项目？

答：《政府和社会资本合作模式操作指南（试行）》第三十四条规定，社会资本或项目公司应将满足性能测试要求的项目资产、知识产权和技术法律文件，连同资产清单移交项目实施机构或政府指定的其他机构，办理法律过户和管理权移交手续。社会资本或项目公司应配合做好项目运营平稳过渡相关工作。

7.3.2 未达标项目的处理

问题 63：对于性能测试未达到标准的项目应怎样处理？

答：经评估和测试，项目状况不符合约定的移交条件和标准的，政府有权提取移交维修保函，并要求项目公司对项目设施进行相应的恢复性修理、更新重置，以确保项目在移交时满足约定要求。

7.4 资产交割

7.4.1 资产交割的办理程序

问题 64：PPP 项目在资产交割前应做哪些准备工作？

答：社会资本或项目公司应将满足性能测试要求的项目资产、知识产权和技术法律文件，连同资产清单移交项目实施机构或政府指定的其他机构，办理法律过户和管理权移交手续。社会资本或项目公司应配合做好项目运营平稳过渡相关工作。

问题 65：PPP 项目的资产交割主要包括哪几个方面？

答：PPP 项目的资产交割主要包括项目相关合同的转让和技术转让两个方面。

问题 66：项目相关合同的转让和技术转让的具体要求有哪些？

答：社会资本或项目公司应将满足性能测试要求的项目资产、知识产权和技术法律文件，连同资产清单移交项目实施机构或政府指定的其他机构，办理法律过户和管理权移交手续。社会资本或项目公司应配合做好项目运营平稳过渡相关工作。

（1）项目相关合同的转让。项目移交时，项目公司在项目建设和运营阶段签订的一系列重要合同可能仍然需要继续履行，因此可能需要将这些尚未履行完毕的合同由项目公司转让给政府或政府指定的其他机构。为能够履行上述义务，项目公司应在签署这些合同时即与相关合同方（如承包商或运营商）明确约定，在项目移交时同意项目公司将所涉合同转让给政府或政府指定的其他机构。实践中，可转让的合同可能包括项目的工程承包合同、运营服务合同、原料供应合同、产品或服务购买合同、融资租赁合同、保险合同以及租赁和同等。通常政府会根据上述合同对于项目继续运营的重要性，决定是否进行合同转让。此外，如果这些合同中包含尚未期满的相关担保，也应根据政府的要求全部转让给政府或者政府指定的其他机构。

（2）技术转让。在一些对于项目实施专业性要求较高的PPP项目中，可能需要使用第三方的技术（包括通过技术转让或技术许可的方式从第三方取得的技术）。在此情况下，政府需要确保在项目移交之后不会因为继续使用这些技术而被任何第三方进行侵权索赔。

鉴此，PPP项目合同中通常会约定，项目公司应在移交时将项目运营和维护所需要的所有技术，全部移交给政府或政府指定的其他机构，并确保政府或政府指定的其他机构不会因使用这些技术而遭受任何侵权索赔。如果有关技术为第三方所有，项目公司应在与第三方签署技术授权合同转让给政府或政府指定的其他机构。

此外，PPP项目合同中通常还会约定，如果这些技术的使用权在移交日前已期满，项目公司有义务协助政府取得这些技术的使用权。

问题67：PPP项目的财政资金如何管理？

答：从PPP全生命周期管理看，财政部门必须开展财政承受能力论证，统筹评估和控制项目的财政支出责任，将项目涉及的股权投资、运营补贴、配套支出等按照国家统一的会计制度进行核算，纳入年度预算、中期财政规划，在政府财务报告中进行反映和管理，并向本级人大或其常委会报告。在存量项目转型为PPP项目过程中，还应依法进行资产评估，合理确定价值，防止公共资产流失和贱卖，同时项目实施过程中政府应依法获得的国有资产收益、约定的超额收益分成等公共收入应上缴国库。

问题68：PPP模式中资产能否进行转让？

答：TOT、ROT模式涉及存量国有资产移交至社会资本或项目公司，其实质为国有资产的转让行为。根据《企业国有资产法》第五十四条：除按照国家规定可以直接协议转让的以外，国有资产转让应当在依法设立的产权交易场所公开进行。转让方应当如实披露有关信息，征集受让方；征集产生的受让方为两个以上的，转让应当采用公开竞价的交易方式。同时《企业国有产权转让管理暂行办法》也规定，经公开征集只产生一个受让方或者按照有关规定经国有资产监督管理机构批准的，可以采取协议转让的方式。

问题69：若合同转让前技术使用权已期满应如何处理？

答：PPP项目合同中通常要约定：如果技术的使用权在移交日前已期满，项目公司有义务协助政府取得这些技术的使用权。

问题70：PPP项目在进行资产交割时应注意哪些问题？

答：一方面是项目资产在实际移交时按照何种程序移交；另一方面是资产移交在法律上应完成何种程序，才能从事实和法律上确保资产的完全移交。在移交过程中，项目公司应配合政府指定接收方完成项目运营过渡工作，提供必要的指导培训。在资产交割过程中，项目公司应按照移交资产清单，将资产及相应的权利、资料完整移交给接收方；按照约定，按时移走属于项目公司的物品。接收方应按照约定验收相应资产、权利、资料。双方应配合完成权利变更登记等关于资产转移的法律手续，按约定缴纳移交中应缴纳的税费。资产交割同时伴随着相应的风险转移。通常情况下，在移交日前，由项目公司承担项目设施的全部或者部分损失或损坏的风险，除非该损失或损坏是由政府的过错或违约所致；在移交日及其后，由政府承担项目设施的全部或者部分损失或损坏的风险。①

7.4.2 过户和管理权移交

问题 71：如何实现管理权的移交？

答：通过合同转让的方式实现管理权的移交，合同转让或办妥管理权移交手续，将项目公司对项目及设施的管理权移交到政府方。

问题 72：在项目移交完成后，政府方会有哪几种处理方式？

答：政府部门在协议到期后，一般有三种处理方式：
（1）与原资产经营团队续约，依据实际情况，签订新的协议；
（2）由政府行业主管部门或其指定国有企业接管，提高公共服务；
（3）对该项目重新进行招投标，聘请更为优秀的经营管理团队。

7.5 绩 效 评 价

7.5.1 绩效评价的内容

问题 73：什么是 PPP 项目绩效评价？

答：PPP 项目绩效评价，是在项目确定实施 PPP 模式之后，从项目干系人（包括项目投资人、承包商、项目施工方、供应商等，政府部门、社会公众等）的要求和关心的项目目标利益出发，对项目实施、运营相关的经济、社会、风险分担、环境和技术等各方面因素，从项目投入、过程控制、结果、影响等角度进行全面和客观的评价。

问题 74：关于绩效评价有哪些规定？

答：各级财政部门应当会同行业主管部门在 PPP 项目全生命周期内，按照事先约定的绩效目标，对项目产出、实际效果、成本收益、可持续性等方面进行绩效评价，也可委托第三方专业机构提出评价意见。

问题 75：PPP 项目绩效评价的意义是什么？

答：PPP 项目绩效评价是在开展财政承受能力论证和物有所值分析基础上对 PPP 项目进行的全面绩效评估论证，贯穿整个项目生命周期，因此 PPP 项目绩效评价既是对 PPP 项目实施状况的总结，更是对 PPP 项目的一种管理思维，其通过一系列的绩效指标

---

① 廖睿：《PPP 操作指南：政府和社会资本合作实务》，中国人民大学出版社 2016 年版，第 251 页。

和相应的评价标准，定期检查项目的实施情况，找出项目执行过程中存在的问题，并及时改进，最终目的是实现社会资源的有效利用、实现政府和社会资本双方的最终战略。

问题 76：PPP 项目绩效评价的原则是什么？

答：对 PPP 项目的绩效评价采用"4E"原则，即经济性（Economy）、效率性（Effectiveness）、效果性（Efficiency）和社会公平性（Equity）。

经济性是指在适当考虑质量的情况下，尽量减少购置或使用资源的成本，即是否能够在不影响工作质量的前提下，节约支出，是否用最低的价格或是相对较低的价格获得同样的商品。

效益性是指提供的商品、劳务或其他成果与其所耗费的资源之间的关系，即如何能在资源投入一定的情况下，得到最大产出，或在产出一定时使所需投入的资源最少。就项目而言，效益性体现在工作组织方式和成本投入方式是否有效合理，项目的实施进度是否按计划实施，项目是否可以以一种合理的方式进行，以尽可能的降低成本。

效果性是指项目、计划或其他活动的实际结果与预期结果之间的关系。即在多大程度上达到了政策目标、经营目标以及其他预期效果。

公平性是一种价值判断，是社会发展的根本动力，包括文化公平、经济公平、政治平等和社会公正。公共服务项目关系到社会民生基本社会运行，PPP 项目的根本目的也是充分利用社会资源满足人民基本的物质文化生活。[①]

问题 77：PPP 项目绩效评价可以分为哪些阶段？

答：PPP 项目绩效评价可以分为以下两个阶段：

（1）项目建设完成后的中期绩效评价。主要针对政府有义务支付、且在合同中有约定绩效付费的项目，进行实际绩效与约定绩效的比较，作为政府按合同如期支付的依据。

（2）项目移交后的绩效评价。一方面可考核项目公司在项目运营期的管理及运营质量，另一方面保障政府回收项目时的遗留风险降到最低，减少政府移交后的运营负担。

问题 78：项目移交后绩效评价的内容包括哪些？

答：项目移交完成后，财政部门（政府和社会资本合作中心）应组织有关部门对项目产出、成本收益、监管成效、可持续性、政府和社会资本合作模式应用等进行绩效评价，并按相关规定公开评价结果。评价结果作为政府开展政府和社会资本合作管理工作决策参考依据。

问题 79：移交阶段绩效评价的意义是什么？

答：移交阶段应用价值管理的关键在于对 PPP 项目的价值评估，建立相应的评价体系，为今后改进 PPP 项目的准备、决策、管理、监督等工作创造条件，并为提高 PPP 模式的投资效益提出切实可行的对策措施。另外，此阶段的价值管理可在此基础上提出 PPP 项目在移交之后的处理方法和后期营运的关键点（如由政府接管、由原项目公司继续运营或者重新公开招标采用 TOT 的模式继续运营等）。

---

① 赵新博：《PPP 项目绩效评价研究》，清华大学硕士论文，2009 年。

问题 80：PPP 项目绩效评价的基本流程是什么？

答：PPP 项目绩效评价包括以下 6 个环节：

（1） 确定绩效评价的目的；
（2） 构建绩效评价指标；
（3） 制定评价标准；
（4） 获取评价信息；
（5） 评价 PPP 项目绩效水平；
（6） 编制 PPP 项目绩效评价报告。

问题 81：项目绩效评价的重点内容有哪些？

答：项目绩效评价的重点内容主要包括项目建设成本、工程造价、投资控制、达产能力与设计能力差异、偿债能力、持续经营能力等。

问题 82：怎样健全预算绩效管理机制？

答：全面推进预算绩效管理工作，强化支出责任和效率意识，逐步将绩效管理范围覆盖各级预算单位和所有财政资金，将绩效评价重点由项目支出拓展到部门整体支出和政策、制度、管理等方面，加强绩效评价结果应用，将评价结果作为调整支出结构、完善财政政策和科学安排预算的重要依据。

7.5.2 绩效评价的标准

问题 83：如何保证绩效评价顺利完成？

答：在进行绩效评价时，应完善转移支付绩效评价制度，科学设置绩效评价机制，合理确定绩效目标有效开展绩效评价，提高绩效评价结果的可信度，并将绩效评价结果同预算安排有机结合；健全由购买主体、公共服务对象以及第三方共同参与的综合评审机制；加强对购买公共服务项目的绩效评价，建立长效跟踪机制。

问题 84：PPP 项目绩效评价的主要方法有哪些？

答：目前常用的绩效评价方法有：功效系数法、最优权法、层次分析法、模糊评价法、数据包络分析法、综合指数法、聚类分析法等多种方法。

问题 85：绩效评价中的硬评价指标是什么？

答：硬指标是以统计数据为基础，把统计数据作为主要评价信息，按照评价指标体系建立评价数学模型，借助数学方法和电子计算机求得评价结果，并以数量表示出来。这种评价方法，使绩效评价避免了个人经验和主观意识的约束，有较大的科学性和可靠性。

问题 86：绩效评价中的软评价指标是什么？

答：软指标是由评价者对被考评人业绩作主观的分析，直接给评价对象进行打分或作出模糊评判的业绩考评指标。以专家作为评价信息的来源，利用专家的知识和经验对系统的综合绩效做出判断和评价，即由评价者（专家）给评价指标直接打分或做出模糊评判。所选择和依靠的专家，需要有较高的知识水平和丰富的实践经验，具有在大量的感性资料和不完整的数据资料中看到事物本质的能力。

问题87：项目绩效评价指标如何选取？

答：项目绩效评价指标的选择根据管理需要和项目特点进行，通常选用的指标有：社会效益指标、财务效益指标、工程质量指标、建设工期指标、资金来源指标、资金使用指标、实际投资回收期指标、实际生产（营运）能力投资指标等。

问题88：PPP项目绩效指标体系构建的原则是什么？

答：为了使PPP项目绩效评价体系设计得科学合理，保证评价体系的应用价值和可操作性，需要设置一套良好的指标体系。在设置指标体系过程中，应遵循以下原则：

（1）科学性原则。指标体系的设置是否科学合理直接关系到评价的质量。评价指标设计应注意会计核算与统计的联系和统一，专业评价、部门评价和综合评价都要遵循我国国民经济核算体系的统一要求。强调指标的相互关联性。评价指标应具有代表性和体系的完整性、权威性和准确性，通过综合考核评价，得出科学合理、真实客观的评价结果。

（2）目标导向性原则。评价的目的不是单纯评出名词及优劣的程度，更重要的是引导和鼓励被评价对象向正确的方向和目标发展。绩效考评是管理工作中控制环节的重要工作内容。

（3）系统性原则。PPP项目成功关键因素较多，在设计绩效指标体系时，从各个评价维度来选取指标，并设置多个层次，这样既可以将指标划分属性，更能使指标体系系统详细，具有运用价值。

（4）相关性原则。指标反映的评价内容应该与PPP项目的绩效相关，并且能够有代表性。应该从战略的角度去设计指标体系，且指标应与利益相关者的目标相关，从项目决策、建设与运营过程对项目进行评价。

（5）通用可比性原则。通用可比性指的是不同时期以及不同对象间的比较，包括纵向比较（即同一对象这个时期与另一个时期作比较）和横向比较（即不同对象之间的比较），找出共同点，按共同点设计评价指标体系。

（6）实用性原则。实用性原则具体指的是实用性、可行性和可操作性。所有指标使用的数据均可在现有的财务报表中获取，以这些可验证的资料为基础，才能使评价客观公正。指标要简明扼要、定义明确，便于理解和填报。

（7）重要性原则。在PPP项目运行过程中，有很多因素对项目结果产生影响，但不是所有因素都需要识别出来，我们应识别出相对重要的影响因素，使绩效评价过程更具有实际操作性。指标体系应能反应PPP项目管理工作的重点，评价结果应能反映PPP项目管理的成效和不足，从而使PPP项目管理单位能有针对性地采取改进措施。

（8）独立性原则。在选择PPP项目绩效指标的时候，应该尽可能地保持每个指标的独立性，即让各个指标之间的关联程度降低，使评价主体运用该评价体系的时候能提高工作效率，能从指标值看出项目某一方面的进展情况。

（9）硬评价指标与软评价指标相结合原则。在PPP项目的绩效评价中，为了使评价结果更加的客观、公正，应根据项目的实际情况，将硬评价指标与软评价指标相结合。如财务类指标能够直接定量分析，而项目背景，如宏观经济环境与政策环境类指标虽不能定量考量却是 PPP 项目成功的关键因素。这些指标在评价时应综合考虑，统一筛选。

（10）平衡性原则。评价指标要充分考虑利益相关者的需求，从财务与非财务，短期与长期目标，内部与外部环境等方面来设置指标，使评价体系平衡各方效益。指标体系还应体现内在逻辑性，使各维度指标充分体现项目绩效水平。[①]

7.5.3 评价结果的公开

问题 89：绩效评价结果如何使用？

答：《政府和社会资本合作项目财政管理暂行办法》第二十八条规定，各级财政部门应依据绩效评价结果合理安排财政预算资金。

对于绩效评价达标的项目，财政部门应当按照合同约定，向项目公司或社会资本方及时足额安排相关支出。

对于绩效评价不达标的项目，财政部门应当按照合同约定扣减相应费用或补贴支出。

问题 90：绩效监管有哪些常见内容？

答：PPP 项目应通过基于产出/结果的绩效要求促使社会资本确保所提供的产品及服务的质量并提高效率。政府监管重点是产品及服务的质量和数量，而不必干涉社会资本通过何种具体方法满足绩效要求，以此发挥其能动性和创造性。

英国的《标准化 PFI 合同指南》指出，绩效监管应与付款机制相结合，技术要求和监管方法应在主要的招标文件中列明，以便各方明确自身职责。包括英国在内的欧洲国家对 PPP 项目的绩效监管主要在三个层面进行：项目内部的质量管理，对项目内部质量管理的审查（由公共部门负责）以及用户反馈（作为用户的权益，有途径向公共部门举报）。

监管结果要通过报告形式体现，且监管费用一般由政府和项目公司分担。但若结果不符合要求，需要再次检测的费用则由项目公司承担。

我国香港特区的《PPP 指南》指出，服务水平协议中基于产出/结果的绩效要求很大程度上影响最终的服务提供水平。因此，为促进合同管理，社会资本要定期向政府业主部门就几个关键绩效指标的监控结果进行汇报。除了日常的监管之外，社会资本还要接受抽查和第三方的独立审查或审计。

上述国家或地区，对 PPP 项目绩效监管的思路和做法基本一致，主要包括：

（1）明确监管做法。政府说明所需要产品及服务的绩效要求，社会资本负责如何满足这些绩效要求。政府不干涉社会资本的设计、建设和运营过程以及后者所采取的解决方案。

（2）建立保证措施。企业建立质量保证体系，确保过程合规。通过企业自我确认结果（包括对其分包商的绩效负责），及政府或授权独立第三方根据情况定期或随机监

[①] 严丹良：《公私合作项目绩效评价研究》，西安建筑科技大学硕士论文，2014 年。

控过程和结果的方式,并建立绩效关联的支付机制,来验证和确认绩效。

  绩效监管所涉及的监测费用,一般由政府和项目公司分担。政府承担由其提出的首次或例行的监测费用,但由于项目公司的绩效不达标而引起政府对同一内容进行第二次监测的费用则由项目公司承担。项目公司对其分包商绩效的监测费用由项目公司和其分包商承担[①]。

[①] 金诺律师事务所:《政府和社会资本合作(PPP)全流程指引》,法律出版社2015年版,第299页。

附录一

名词解释

（1）全生命周期（Whole Life Cycle）是指项目从设计、融资、建造运营、维护至终止移交的完整周期。

（2）产出说明（Output Specification）指项目建成后项目资产所应达到的经济技术标准，以及公共产品和服务的交付范围、标准和绩效水平等。

（3）物有所值（Value for Money，VFM）是指一个组织运用其可利用的资源所获得的长期最大利益。VFM 评价是国际上普遍采用的一种评价传统上由政府提供的公共产品和服务是否可运用政府和社会资本合作模式的评估体系，旨在实现公共资源配置利用效率最优化。

（4）公共部门比较值（Public Sector Comparator，PSC）指在全生命周期内，政府采用传统采购模式提供公共产品和服务的全部成本的现值，主要包括建设运营净成本、可转移风险承担成本、自留风险承担成本和竞争性中立调整成本等。

（5）使用者付费（User Charge）指由最终消费用户直接付费购买的公共产品和服务。

（6）可行性缺口补助（Viability Gap Funding）指使用者付费不足以满足社会资本或项目公司成本回收和合理回报，而由政府以财政补贴、股本投入、优惠贷款和其他优惠政策形式，给与社会资本和项目公司的经济补助。

（7）政府付费（Government Payment）指政府直接付费购买公共产品和服务，主要包括可用性付费（Availability Payment）、使用量付费（Usage Payment）和绩效付费（Performance Payment）。

（8）委托运营（Operation &Maintance，O&M）指政府将存量公共资产的运营维护职责委托给社会资本和项目公司，社会资本或项目公司不负责用户服务的政府和社会资本合作项目运作方式。政府保留资产所有权，只向社会资本或项目公司支付委托运营费。合同期限一般不超过 8 年。

（9）管理合同（Management Contract，MC）指政府将存量公共资产的运营、维护及用户服务职责授权给社会资本或项目公司的项目运作方式。政府保留资产所有权，只向社会资本或项目公司支付管理费。管理合同通常作为转让—运营—移交的过渡方式，合同期限一般不超过 3 年。

（10）建设—运营—移交（Build-Operate-Transfer，BOT）指由社会资本和项目公司承担新建项目设计、融资、建造、运营、维护和用户服务职责，合同期满后项目资产及相关权利等移交给政府的项目运作方式。合同期限一般为 20~30 年。

（11）建设—拥有—运营（Build - Own - Operate，BOO）指由 BOT 方式演变而来，二者区别主要是 BOO 方式下社会资本或项目公司拥有项目所有权，但必须在合同中注明保证公益性的约束条款，一般不涉及项目期满转移。

（12）转让—运营—移交（Transfer - Operate - Transfer，TOT）指政府将存量资产所有权转让为社会资本或项目公司，并将其负责运营、维护和用户服务，合同期满后资产及其所有权等移交给政府的项目运作方式。合同期限一般为 20~30 年。

（13）改建—运营—移交（Rehabilitate - Operate - Transfer，ROT）指政府在 TOT 模式的基础上，增加改扩建内容的项目运作方式。合同期限一般为 20~30 年。

附录二

政府和社会资本合作（PPP）相关核心文件

国务院办公厅转发财政部、发展改革委、人民银行关于在公共服务领域推广政府和社会资本合作模式指导意见的通知

（国办发〔2015〕42号）

各省、自治区、直辖市人民政府，国务院各部委、各直属机构：

财政部、发展改革委、人民银行《关于在公共服务领域推广政府和社会资本合作模式的指导意见》已经国务院同意，现转发给你们，请认真贯彻执行。

在公共服务领域推广政府和社会资本合作模式，是转变政府职能、激发市场活力、打造经济新增长点的重要改革举措。围绕增加公共产品和公共服务供给，在能源、交通运输、水利、环境保护、农业、林业、科技、保障性安居工程、医疗、卫生、养老、教育、文化等公共服务领域，广泛采用政府和社会资本合作模式，对统筹做好稳增长、促改革、调结构、惠民生、防风险工作具有战略意义。

各地区、各部门要按照简政放权、放管结合、优化服务的要求，简化行政审批程序，推进立法工作，进一步完善制度，规范流程，加强监管，多措并举，在财税、价格、土地、金融等方面加大支持力度，保证社会资本和公众共同受益，通过资本市场和开发性、政策性金融等多元融资渠道，吸引社会资本参与公共产品和公共服务项目的投资、运营管理，提高公共产品和公共服务供给能力与效率。

各地区、各部门要高度重视，精心组织实施，加强协调配合，形成工作合力，切实履行职责，共同抓好落实。

国务院办公厅
2015年5月19日

关于在公共服务领域推广政府和社会资本合作模式的指导意见

财政部　发展改革委　人民银行

为打造大众创业、万众创新和增加公共产品、公共服务"双引擎",让广大人民群众享受到优质高效的公共服务,在改善民生中培育经济增长新动力,现就改革创新公共服务供给机制,大力推广政府和社会资本合作（Public – PrivatePartnership,PPP）模式,提出以下意见：

一、充分认识推广政府和社会资本合作模式的重大意义

政府和社会资本合作模式是公共服务供给机制的重大创新,即政府采取竞争性方式择优选择具有投资、运营管理能力的社会资本,双方按照平等协商原则订立合同,明确责权利关系,由社会资本提供公共服务,政府依据公共服务绩效评价结果向社会资本支付相应对价,保证社会资本获得合理收益。政府和社会资本合作模式有利于充分发挥市场机制作用,提升公共服务的供给质量和效率,实现公共利益最大化。

（一）有利于加快转变政府职能,实现政企分开、政事分开。作为社会资本的境内外企业、社会组织和中介机构承担公共服务涉及的设计、建设、投资、融资、运营和维护等责任,政府作为监督者和合作者,减少对微观事务的直接参与,加强发展战略制定、社会管理、市场监管、绩效考核等职责,有助于解决政府职能错位、越位和缺位的问题,深化投融资体制改革,推进国家治理体系和治理能力现代化。

（二）有利于打破行业准入限制,激发经济活力和创造力。政府和社会资本合作模式可以有效打破社会资本进入公共服务领域的各种不合理限制,鼓励国有控股企业、民营企业、混合所有制企业等各类型企业积极参与提供公共服务,给予中小企业更多参与机会,大幅拓展社会资本特别是民营资本的发展空间,激发市场主体活力和发展潜力,有利于盘活社会存量资本,形成多元化、可持续的公共服务资金投入渠道,打造新的经济增长点,增强经济增长动力。

（三）有利于完善财政投入和管理方式,提高财政资金使用效益。在政府和社会资本合作模式下,政府以运营补贴等作为社会资本提供公共服务的对价,以绩效评价结果作为对价支付依据,并纳入预算管理、财政中期规划和政府财务报告,能够在当代人和后代人之间公平地分担公共资金投入,符合代际公平原则,有效弥补当期财政投入不足,有利于减轻当期财政支出压力,平滑年度间财政支出波动,防范和化解政府性债务风险。

二、总体要求

（四）指导思想。贯彻落实党的十八大和十八届二中、三中、四中全会精神,按照党中央、国务院决策部署,借鉴国际成熟经验,立足国内实际情况,改革创新公共服务供给机制和投入方式,发挥市场在资源配置中的决定性作用,更好发挥政府作用,引导和鼓励社会资本积极参与公共服务供给,为广大人民群众提供优质高效的公共服务。

（五）基本原则。

依法合规。将政府和社会资本合作纳入法制化轨道，建立健全制度体系，保护参与各方的合法权益，明确全生命周期管理要求，确保项目规范实施。

重诺履约。政府和社会资本法律地位平等、权利义务对等，必须树立契约理念，坚持平等协商、互利互惠、诚实守信、严格履约。

公开透明。实行阳光化运作，依法充分披露政府和社会资本合作项目重要信息，保障公众知情权，对参与各方形成有效监督和约束。

公众受益。加强政府监管，将政府的政策目标、社会目标和社会资本的运营效率、技术进步有机结合，促进社会资本竞争和创新，确保公共利益最大化。

积极稳妥。鼓励地方各级人民政府和行业主管部门因地制宜，探索符合当地实际和行业特点的做法，总结提炼经验，形成适合我国国情的发展模式。坚持必要、合理、可持续的财政投入原则，有序推进项目实施，控制项目的政府支付责任，防止政府支付责任过重加剧财政收支矛盾，带来支出压力。

（六）发展目标。立足于加强和改善公共服务，形成有效促进政府和社会资本合作模式规范健康发展的制度体系，培育统一规范、公开透明、竞争有序、监管有力的政府和社会资本合作市场。着力化解地方政府性债务风险，积极引进社会资本参与地方融资平台公司存量项目改造，争取通过政府和社会资本合作模式减少地方政府性债务。在新建公共服务项目中，逐步增加使用政府和社会资本合作模式的比例。

三、构建保障政府和社会资本合作模式持续健康发展的制度体系

（七）明确项目实施的管理框架。建立健全制度规范体系，实施全生命周期管理，保证项目实施质量。进一步完善操作指南，规范项目识别、准备、采购、执行、移交各环节操作流程，明确操作要求，指导社会资本参与实施。制定合同指南，推动共性问题处理方式标准化。制定分行业、分领域的标准化合同文本，提高合同编制效率和谈判效率。按照预算法、合同法、政府采购法及其实施条例、《国务院办公厅关于政府向社会力量购买服务的指导意见》（国办发〔2013〕96号）等要求，建立完善管理细则，规范选择合作伙伴的程序和方法，维护国家利益、社会公共利益和社会资本的合法权益。

（八）健全财政管理制度。开展财政承受能力论证，统筹评估和控制项目的财政支出责任，促进中长期财政可持续发展。建立完善公共服务成本财政管理和会计制度，创新资源组合开发模式，针对政府付费、使用者付费、可行性缺口补助等不同支付机制，将项目涉及的运营补贴、经营收费权和其他支付对价等，按照国家统一的会计制度进行核算，纳入年度预算、中期财政规划，在政府财务报告中进行反映和管理，并向本级人大或其常委会报告。存量公共服务项目转型为政府和社会资本合作项目过程中，应依法进行资产评估，合理确定价值，防止公共资产流失和贱卖。项目实施过程中政府依法获得的国有资本收益、约定的超额收益分成等公共收入应上缴国库。

（九）建立多层次监督管理体系。行业主管部门根据经济社会发展规划及专项规划发起政府和社会资本合作项目，社会资本也可根据当地经济社会发展需求建议发起。行业主管部门应制定不同领域的行业技术标准、公共产品或服务技术规范，加强对公共服务质量和价格的监管。建立政府、公众共同参与的综合性评价体系，建立事前设定绩效

目标、事中进行绩效跟踪、事后进行绩效评价的全生命周期绩效管理机制，将政府付费、使用者付费与绩效评价挂钩，并将绩效评价结果作为调价的重要依据，确保实现公共利益最大化。依法充分披露项目实施相关信息，切实保障公众知情权，接受社会监督。

（十）完善公共服务价格调整机制。积极推进公共服务领域价格改革，按照补偿成本、合理收益、节约资源、优质优价、公平负担的原则，加快理顺公共服务价格。依据项目运行情况和绩效评价结果，健全公共服务价格调整机制，完善政府价格决策听证制度，广泛听取社会资本、公众和有关部门意见，确保定价调价的科学性。及时披露项目运行过程中的成本变化、公共服务质量等信息，提高定价调价的透明度。

（十一）完善法律法规体系。推进相关立法，填补政府和社会资本合作领域立法空白，着力解决政府和社会资本合作项目运作与现行法律之间的衔接协调问题，明确政府出资的法律依据和出资性质，规范政府和社会资本的责权利关系，明确政府相关部门的监督管理责任，为政府和社会资本合作模式健康发展提供良好的法律环境和稳定的政策预期。鼓励有条件的地方立足当地实际，依据立法法相关规定，出台地方性法规或规章，进一步有针对性地规范政府和社会资本合作模式的运用。

四、规范推进政府和社会资本合作项目实施

（十二）广泛采用政府和社会资本合作模式提供公共服务。在能源、交通运输、水利、环境保护、农业、林业、科技、保障性安居工程、医疗、卫生、养老、教育、文化等公共服务领域，鼓励采用政府和社会资本合作模式，吸引社会资本参与。其中，在能源、交通运输、水利、环境保护、市政工程等特定领域需要实施特许经营的，按《基础设施和公用事业特许经营管理办法》执行。

（十三）化解地方政府性债务风险。积极运用转让—运营—移交（TOT）、改建—运营—移交（ROT）等方式，将融资平台公司存量公共服务项目转型为政府和社会资本合作项目，引入社会资本参与改造和运营，在征得债权人同意的前提下，将政府性债务转换为非政府性债务，减轻地方政府的债务压力，腾出资金用于重点民生项目建设。大力推动融资平台公司与政府脱钩，进行市场化改制，健全完善公司治理结构，对已经建立现代企业制度、实现市场化运营的，在其承担的地方政府债务已纳入政府财政预算、得到妥善处置并明确公告今后不再承担地方政府举债融资职能的前提下，可作为社会资本参与当地政府和社会资本合作项目，通过与政府签订合同方式，明确责权利关系。严禁融资平台公司通过保底承诺等方式参与政府和社会资本合作项目，进行变相融资。

（十四）提高新建项目决策的科学性。地方政府根据当地经济社会发展需要，结合财政收支平衡状况，统筹论证新建项目的经济效益和社会效益，并进行财政承受能力论证，保证决策质量。根据项目实施周期、收费定价机制、投资收益水平、风险分配基本框架和所需要的政府投入等因素，合理选择建设—运营—移交（BOT）、建设—拥有—运营（BOO）等运作方式。

（十五）择优选择项目合作伙伴。对使用财政性资金作为社会资本提供公共服务对价的项目，地方政府应当根据预算法、合同法、政府采购法及其实施条例等法律法规规定，选择项目合作伙伴。依托政府采购信息平台，及时、充分向社会公布项目采购信息。综合评估项目合作伙伴的专业资质、技术能力、管理经验、财务实力和信用状况等因素，依法择优选择诚实守信的合作伙伴。加强项目政府采购环节的监督管理，保证采购过程公平、公正、公开。

（十六）合理确定合作双方的权利与义务。树立平等协商的理念，按照权责对等原则合理分配项目风险，按照激励相容原则科学设计合同条款，明确项目的产出说明和绩效要求、收益回报机制、退出安排、应急和临时接管预案等关键环节，实现责权利对等。引入价格和补贴动态调整机制，充分考虑社会资本获得合理收益。如单方面构成违约的，违约方应当给予对方相应赔偿。建立投资、补贴与价格的协同机制，为社会资本获得合理回报创造条件。

（十七）增强责任意识和履约能力。社会资本要将自身经济利益诉求与政府政策目标、社会目标相结合，不断加强管理和创新，提升运营效率，在实现经济价值的同时，履行好企业社会责任，严格按照约定保质保量提供服务，维护公众利益；要积极进行业务转型和升级，从工程承包商、建设施工方向运营商转变，实现跨不同领域、多元化发展；要不断提升运营实力和管理经验，增强提供公共服务的能力。咨询、法律、会计等中介机构要提供质优价廉的服务，促进项目增效升级。

（十八）保障公共服务持续有效。按照合同约定，对项目建设情况和公共服务质量进行验收，逾期未完成或不符合标准的，社会资本要限期完工或整改，并采取补救措施或赔偿损失。健全合同争议解决机制，依法积极协调解决争议。确需变更合同内容、延长合同期限以及变更社会资本方的，由政府和社会资本方协商解决，但应当保持公共服务的持续性和稳定性。项目资产移交时，要对移交资产进行性能测试、资产评估和登记入账，并按照国家统一的会计制度进行核算，在政府财务报告中进行反映和管理。

五、政策保障

（十九）简化项目审核流程。进一步减少审批环节，建立项目实施方案联评联审机制，提高审查工作效率。项目合同签署后，可并行办理必要的审批手续，有关部门要简化办理手续，优化办理程序，主动加强服务，对实施方案中已经明确的内容不再作实质性审查。

（二十）多种方式保障项目用地。实行多样化土地供应，保障项目建设用地。对符合划拨用地目录的项目，可按划拨方式供地，划拨土地不得改变土地用途。建成的项目经依法批准可以抵押，土地使用权性质不变，待合同经营期满后，连同公共设施一并移交政府；实现抵押权后改变项目性质应该以有偿方式取得土地使用权的，应依法办理土地有偿使用手续。不符合划拨用地目录的项目，以租赁方式取得土地使用权的，租金收入参照土地出让收入纳入政府性基金预算管理。以作价出资或者入股方式取得土地使用权的，应当以市、县人民政府作为出资人，制定作价出资或者入股方案，经市、县人民政府批准后实施。

（二十一）完善财税支持政策。积极探索财政资金撬动社会资金和金融资本参与政府和社会资本合作项目的有效方式。中央财政出资引导设立中国政府和社会资本合作融资支持基金，作为社会资本方参与项目，提高项目融资的可获得性。探索通过以奖代补等措施，引导和鼓励地方融资平台存量项目转型为政府和社会资本合作项目。落实和完善国家支持公共服务事业的税收优惠政策，公共服务项目采取政府和社会资本合作模式的，可按规定享受相关税收优惠政策。鼓励地方政府在承担有限损失的前提下，与具有投资管理经验的金融机构共同发起设立基金，并通过引入结构化设计，吸引更多社会资本参与。

（二十二）做好金融服务。金融机构应创新符合政府和社会资本合作模式特点的金融服务，优化信贷评审方式，积极为政府和社会资本合作项目提供融资支持。鼓励开发性金融机构发挥中长期贷款优势，参与改造政府和社会资本合作项目，引导商业性金融机构拓宽项目融资渠道。鼓励符合条件的项目运营主体在资本市场通过发行公司债券、企业债券、中期票据、定向票据等市场化方式进行融资。鼓励项目公司发行项目收益债券、项目收益票据、资产支持票据等。鼓励社保资金和保险资金按照市场化原则，创新运用债权投资计划、股权投资计划、项目资产支持计划等多种方式参与项目。对符合条件的"走出去"项目，鼓励政策性金融机构给予中长期信贷支持。依托各类产权、股权交易市场，为社会资本提供多元化、规范化、市场化的退出渠道。金融监管部门应加强监督管理，引导金融机构正确识别、计量和控制风险，按照风险可控、商业可持续原则支持政府和社会资本合作项目融资。

六、组织实施

（二十三）加强组织领导。国务院各有关部门要按照职能分工，负责相关领域具体工作，加强对地方推广政府和社会资本合作模式的指导和监督。财政部要会同有关部门，加强政策沟通协调和信息交流，完善体制机制。教育、科技、民政、人力资源社会保障、国土资源、环境保护、住房城乡建设、交通运输、水利、农业、商务、文化、卫生计生等行业主管部门，要结合本行业特点，积极运用政府和社会资本合作模式提供公共服务，探索完善相关监管制度体系。地方各级人民政府要结合已有规划和各地实际，出台具体政策措施并抓好落实；可根据本地区实际情况，建立工作协调机制，推动政府和社会资本合作项目落地实施。

（二十四）加强人才培养。大力培养专业人才，加快形成政府部门、高校、企业、专业咨询机构联合培养人才的机制。鼓励各类市场主体加大人才培训力度，开展业务人员培训，建设一支高素质的专业人才队伍。鼓励有条件的地方政府统筹内部机构改革需要，进一步整合专门力量，承担政府和社会资本合作模式推广职责，提高专业水平和能力。

（二十五）搭建信息平台。地方各级人民政府要切实履行规划指导、识别评估、咨询服务、宣传培训、绩效评价、信息统计、专家库和项目库建设等职责，建立统一信息发布平台，及时向社会公开项目实施情况等相关信息，确保项目实施公开透明、有序推进。

在公共服务领域推广政府和社会资本合作模式，事关人民群众切身利益，是保障和改善民生的一项重要工作。各地区、各部门要充分认识推广政府和社会资本合作模式的重要意义，把思想和行动统一到党中央、国务院的决策部署上来，精心组织实施，加强协调配合，形成工作合力，切实履行职责，共同抓好落实。财政部要强化统筹协调，会同有关部门对本意见落实情况进行督促检查和跟踪分析，重大事项及时向国务院报告。

财政部关于印发《PPP 物有所值评价指引（试行）》的通知

财金〔2015〕167 号

各省、自治区、直辖市、计划单列市财政厅（局），新疆生产建设兵团财务局：

为推动政府和社会资本合作（Public‑Private Partnership，以下简称 PPP）项目物有所值评价工作规范有序开展，我们立足国内实际，借鉴国际经验，制订了《PPP 物有所值评价指引（试行）》。由于实践中缺乏充足的数据积累，难以形成成熟的计量模型，物有所值定量评价处于探索阶段，各地应当依据客观需要，因地制宜地开展物有所值评价工作。施行过程中的问题和建议，请及时反馈我部。

财政部
2015 年 12 月 18 日

附件：

PPP 物有所值评价指引（试行）

第一章 总 则

第一条 为促进 PPP 物有所值评价工作规范有序开展，根据《中华人民共和国预算法》《国务院办公厅转发财政部发展改革委人民银行关于在公共服务领域推广政府和社会资本合作模式指导意见的通知》（国办发〔2015〕42 号）等有关规定，制定本指引。

第二条 本指引所称物有所值（Value for Money，VfM）评价是判断是否采用 PPP 模式代替政府传统投资运营方式提供公共服务项目的一种评价方法。

第三条 物有所值评价应遵循真实、客观、公开的原则。

第四条 中华人民共和国境内拟采用 PPP 模式实施的项目，应在项目识别或准备阶段开展物有所值评价。

第五条 物有所值评价包括定性评价和定量评价。现阶段以定性评价为主，鼓励开展定量评价。定量评价可作为项目全生命周期内风险分配、成本测算和数据收集的重要手段，以及项目决策和绩效评价的参考依据。

第六条 应统筹定性评价和定量评价结论，做出物有所值评价结论。物有所值评价结论分为"通过"和"未通过"。"通过"的项目，可进行财政承受能力论证；"未通过"的项目，可在调整实施方案后重新评价，仍未通过的不宜采用PPP模式。

第七条 财政部门（或PPP中心）应会同行业主管部门共同做好物有所值评价工作，并积极利用第三方专业机构和专家力量。

第二章 评价准备

第八条 物有所值评价资料主要包括：（初步）实施方案、项目产出说明、风险识别和分配情况、存量公共资产的历史资料、新建或改扩建项目的（预）可行性研究报告、设计文件等。

第九条 开展物有所值评价时，项目本级财政部门（或PPP中心）应会同行业主管部门，明确是否开展定量评价，并明确定性评价程序、指标及其权重、评分标准等基本要求。

第十条 开展物有所值定量评价时，项目本级财政部门（或PPP中心）应会同行业主管部门，明确定量评价内容、测算指标和方法，以及定量评价结论是否作为采用PPP模式的决策依据。

第三章 定性评价

第十一条 定性评价指标包括全生命周期整合程度、风险识别与分配、绩效导向与鼓励创新、潜在竞争程度、政府机构能力、可融资性等六项基本评价指标。

第十二条 全生命周期整合程度指标主要考核在项目全生命周期内，项目设计、投融资、建造、运营和维护等环节能否实现长期、充分整合。

第十三条 风险识别与分配指标主要考核在项目全生命周期内，各风险因素是否得到充分识别并在政府和社会资本之间进行合理分配。

第十四条 绩效导向与鼓励创新指标主要考核是否建立以基础设施及公共服务供给数量、质量和效率为导向的绩效标准和监管机制，是否落实节能环保、支持本国产业等政府采购政策，能否鼓励社会资本创新。

第十五条 潜在竞争程度指标主要考核项目内容对社会资本参与竞争的吸引力。

第十六条 政府机构能力指标主要考核政府转变职能、优化服务、依法履约、行政监管和项目执行管理等能力。

第十七条 可融资性指标主要考核项目的市场融资能力。

第十八条 项目本级财政部门（或PPP中心）会同行业主管部门，可根据具体情况设置补充评价指标。

第十九条 补充评价指标主要是六项基本评价指标未涵盖的其他影响因素，包括项目规模大小、预期使用寿命长短、主要固定资产种类、全生命周期成本测算准确性、运营收入增长潜力、行业示范性等。

第二十条 在各项评价指标中，六项基本评价指标权重为80%，其中任一指标权重一般不超过20%；补充评价指标权重为20%，其中任一指标权重一般不超过10%。

第二十一条 每项指标评分分为五个等级，即有利、较有利、一般、较不利、不利，对应分值分别为 100~81、80~61、60~41、40~21、20~0 分。项目本级财政部门（或 PPP 中心）会同行业主管部门，按照评分等级对每项指标制定清晰准确的评分标准。

第二十二条 定性评价专家组包括财政、资产评估、会计、金融等经济方面专家，以及行业、工程技术、项目管理和法律方面专家等。

第二十三条 项目本级财政部门（或 PPP 中心）会同行业主管部门组织召开专家组会议。定性评价所需资料应于专家组会议召开前送达专家，确保专家掌握必要信息。

第二十四条 专家组会议基本程序如下：
（一）专家在充分讨论后按评价指标逐项打分，专家打分表见附件；
（二）按照指标权重计算加权平均分，得到评分结果，形成专家组意见。

第二十五条 项目本级财政部门（或 PPP 中心）会同行业主管部门根据专家组意见，做出定性评价结论。原则上，评分结果在 60 分（含）以上的，通过定性评价；否则，未通过定性评价。

第四章 定量评价

第二十六条 定量评价是在假定采用 PPP 模式与政府传统投资方式产出绩效相同的前提下，通过对 PPP 项目全生命周期内政府方净成本的现值（PPP 值）与公共部门比较值（PSC 值）进行比较，判断 PPP 模式能否降低项目全生命周期成本。

第二十七条 PPP 值可等同于 PPP 项目全生命周期内股权投资、运营补贴、风险承担和配套投入等各项财政支出责任的现值，参照《政府和社会资本合作项目财政承受能力论证指引》（财金〔2015〕21 号）及有关规定测算。

第二十八条 PSC 值是以下三项成本的全生命周期现值之和：
（一）参照项目的建设和运营维护净成本；
（二）竞争性中立调整值；
（三）项目全部风险成本。

第二十九条 参照项目可根据具体情况确定为：
（一）假设政府采用现实可行的、最有效的传统投资方式实施的、与 PPP 项目产出相同的虚拟项目；
（二）最近五年内，相同或相似地区采用政府传统投资方式实施的、与 PPP 项目产出相同或非常相似的项目。

建设净成本主要包括参照项目设计、建造、升级、改造、大修等方面投入的现金以及固定资产、土地使用权等实物和无形资产的价值，并扣除参照项目全生命周期内产生的转让、租赁或处置资产所获的收益。

运营维护净成本主要包括参照项目全生命周期内运营维护所需的原材料、设备、人工等成本，以及管理费用、销售费用和运营期财务费用等，并扣除假设参照项目与 PPP 项目付费机制相同情况下能够获得的使用者付费收入等。

第三十条 竞争性中立调整值主要是采用政府传统投资方式比采用 PPP 模式实施项目少支出的费用，通常包括少支出的土地费用、行政审批费用、有关税费等。

第三十一条 项目全部风险成本包括可转移给社会资本的风险承担成本和政府自留风险的承担成本，参照《政府和社会资本合作项目财政承受能力论证指引》（财金〔2015〕21号）第二十一条及有关规定测算。

政府自留风险承担成本等同于PPP值中的全生命周期风险承担支出责任，两者在PSC值与PPP值比较时可对等扣除。

第三十二条 用于测算PSC值的折现率应与用于测算PPP值的折现率相同，参照《政府和社会资本合作项目财政承受能力论证指引》（财金〔2015〕21号）第十七条及有关规定测算。

第三十三条 PPP值小于或等于PSC值的，认定为通过定量评价；PPP值大于PSC值的，认定为未通过定量评价。

第五章 评价报告和信息披露

第三十四条 项目本级财政部门（或PPP中心）会同行业主管部门，在物有所值评价结论形成后，完成物有所值评价报告编制工作，报省级财政部门备案，并将报告电子版上传PPP综合信息平台。

第三十五条 物有所值评价报告内容包括：

（一）项目基础信息。主要包括项目概况、项目产出说明和绩效标准、PPP运作方式、风险分配框架和付费机制等。

（二）评价方法。主要包括定性评价程序、指标及权重、评分标准、评分结果、专家组意见以及定量评价的PSC值、PPP值的测算依据、测算过程和结果等。

（三）评价结论，分为"通过"和"未通过"。

（四）附件。通常包括（初步）实施方案、项目产出说明、可行性研究报告、设计文件、存量公共资产的历史资料、PPP项目合同、绩效监测报告和中期评估报告等。

第三十六条 项目本级财政部门（或PPP中心）应在物有所值评价报告编制完成之日起5个工作日内，将报告的主要信息通过PPP综合信息平台等渠道向社会公开披露，但涉及国家秘密和商业秘密的信息除外。

第三十七条 在PPP项目合作期内和期满后，项目本级财政部门（或PPP中心）应会同行业主管部门，将物有所值评价报告作为项目绩效评价的重要组成部分，对照进行统计和分析。

第三十八条 各级财政部门（或PPP中心）应加强物有所值评价数据库的建设，做好定性和定量评价数据的收集、统计、分析和报送等工作。

第三十九条 各级财政部门（或PPP中心）应会同行业主管部门，加强对物有所值评价第三方专业机构和专家的监督管理，通过PPP综合信息平台进行信用记录、跟踪、报告和信息公布。省级财政部门应加强对全省（市、区）物有所值评价工作的监督管理。

第六章 附　则

第四十条 本指引自印发之日起施行，有效期2年。

附：1. 物有所值评价工作流程图
　　2. 物有所值定性评价专家打分表

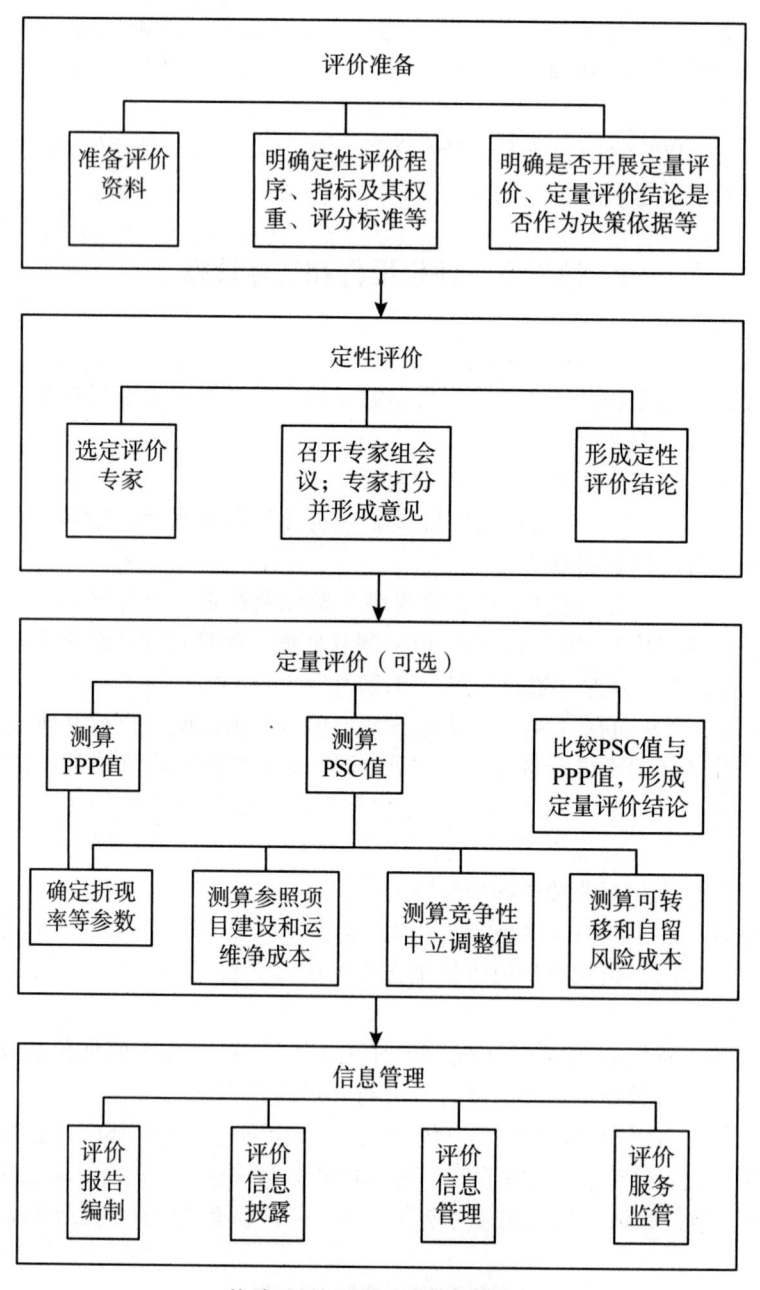

附1：

```
┌─────────────────────────────────────────────┐
│                  评价准备                    │
│  ┌────────┐   ┌──────────────┐  ┌──────────┐│
│  │准备评价│   │明确定性评价程 │  │明确是否开││
│  │资料    │   │序、指标及其权│  │展定量评价││
│  │        │   │重、评分标准等│  │、定量评价││
│  │        │   │              │  │结论是否作││
│  │        │   │              │  │为决策依据││
│  │        │   │              │  │等        ││
│  └────────┘   └──────────────┘  └──────────┘│
└─────────────────────────────────────────────┘
                       ↓
┌─────────────────────────────────────────────┐
│                  定性评价                    │
│  ┌────────┐   ┌──────────────┐  ┌──────────┐│
│  │选定评价│   │召开专家组会  │  │形成定性  ││
│  │专家    │   │议；专家打分  │  │评价结论  ││
│  │        │   │并形成意见    │  │          ││
│  └────────┘   └──────────────┘  └──────────┘│
└─────────────────────────────────────────────┘
                       ↓
┌─────────────────────────────────────────────┐
│              定量评价（可选）                │
│  ┌────────┐   ┌──────────────┐  ┌──────────┐│
│  │测算    │   │测算          │  │比较PSC值与││
│  │PPP值   │   │PSC值         │  │PPP值，形成││
│  │        │   │              │  │定量评价结││
│  │        │   │              │  │论        ││
│  └────────┘   └──────────────┘  └──────────┘│
│  ┌────────┐ ┌──────────┐ ┌──────────┐ ┌──────────┐│
│  │确定折现│ │测算参照项│ │测算竞争性│ │测算可转移││
│  │率等参数│ │目建设和运│ │中立调整值│ │和自留风险││
│  │        │ │维净成本  │ │          │ │成本      ││
│  └────────┘ └──────────┘ └──────────┘ └──────────┘│
└─────────────────────────────────────────────┘
                       ↓
┌─────────────────────────────────────────────┐
│                  信息管理                    │
│  ┌──────┐  ┌──────┐  ┌──────┐  ┌──────┐    │
│  │评价报│  │评价信│  │评价信│  │评价服│    │
│  │告编制│  │息披露│  │息管理│  │务监管│    │
│  └──────┘  └──────┘  └──────┘  └──────┘    │
└─────────────────────────────────────────────┘
```

物有所值评价工作流程图

附2：

物有所值定性评价专家打分表

指标		权重	评分
基本指标	①生命周期整合程度		
	②风险识别与分配		
	③绩效导向与鼓励创新		
	④潜在竞争程度		
	⑤政府机构能力		
	⑥可融资性		
	基本指标小计	80%	—
补充指标			
	补充指标小计	20%	—
		100%	—
合计			

专家签字：

年　月　日

财政部关于印发《政府和社会资本合作项目财政承受能力论证指引》的通知

财金〔2015〕21号

各省、自治区、直辖市、计划单列市财政厅（局），新疆生产建设兵团财务局：

根据《国务院关于创新重点领域投融资机制　鼓励社会投资的指导意见》（国发〔2014〕60号）、《财政部关于推广运用政府和社会资本合作模式有关问题的通知》（财金〔2014〕76号）和《财政部关于印发政府和社会资本合作模式操作指南（试行）的通知》（财金〔2014〕113号），为有序推进政府和社会资本合作（Public-Private Partnership，以下简称PPP）项目实施，保障政府切实履行合同义务，有效防范和控制财政风险，现印发《政府和社会资本合作项目财政承受能力论证指引》。请遵照执行。

附件：政府和社会资本合作项目财政承受能力论证指引

财政部
2015年4月7日

附件：

政府和社会资本合作项目财政承受能力论证指引

第一章 总 则

第一条 根据《中华人民共和国预算法》《国务院关于加强地方政府性债务管理的意见》（国发〔2014〕43号）、《国务院关于深化预算管理制度改革的决定》（国发〔2014〕45号）、《国务院关于创新重点领域投融资机制　鼓励社会投资的指导意见》（国发〔2014〕60号）、《财政部关于推广运用政府和社会资本合作模式有关问题的通知》（财金〔2014〕76号）和《财政部关于印发政府和社会资本合作模式操作指南（试行）的通知》（财金〔2014〕113号）等有关规定，制定本指引。

第二条 本指引所称财政承受能力论证是指识别、测算政府和社会资本合作（Public-Private Partnership，以下简称PPP）项目的各项财政支出责任，科学评估项目实施对当前及今后年度财政支出的影响，为PPP项目财政管理提供依据。

第三条 开展PPP项目财政承受能力论证，是政府履行合同义务的重要保障，有利于规范PPP项目财政支出管理，有序推进项目实施，有效防范和控制财政风险，实现PPP可持续发展。

第四条 财政承受能力论证采用定量和定性分析方法，坚持合理预测、公开透明、从严把关,统筹处理好当期与长远关系,严格控制PPP项目财政支出规模。

第五条 财政承受能力论证的结论分为"通过论证"和"未通过论证"。"通过论证"的项目,各级财政部门应当在编制年度预算和中期财政规划时,将项目财政支出责任纳入预算统筹安排。"未通过论证"的项目,则不宜采用PPP模式。

第六条 各级财政部门(或PPP中心)负责组织开展行政区域内PPP项目财政承受能力论证工作。省级财政部门负责汇总统计行政区域内的全部PPP项目财政支出责任,对财政预算编制、执行情况实施监督管理。

第七条 财政部门(或PPP中心)应当会同行业主管部门,共同开展PPP项目财政承受能力论证工作。必要时可通过政府采购方式聘请专业中介机构协助。

第八条 各级财政部门(或PPP中心)要以财政承受能力论证结论为依据,会同有关部门统筹做好项目规划、设计、采购、建设、运营、维护等全生命周期管理工作。

第二章 责任识别

第九条 PPP项目全生命周期过程的财政支出责任,主要包括股权投资、运营补贴、风险承担、配套投入等。

第十条 股权投资支出责任是指在政府与社会资本共同组建项目公司的情况下,政府承担的股权投资支出责任。如果社会资本单独组建项目公司,政府不承担股权投资支出责任。

第十一条 运营补贴支出责任是指在项目运营期间,政府承担的直接付费责任。不同付费模式下,政府承担的运营补贴支出责任不同。政府付费模式下,政府承担全部运营补贴支出责任;可行性缺口补助模式下,政府承担部分运营补贴支出责任;使用者付费模式下,政府不承担运营补贴支出责任。

第十二条 风险承担支出责任是指项目实施方案中政府承担风险带来的财政或有支出责任。通常由政府承担的法律风险、政策风险、最低需求风险以及因政府方原因导致项目合同终止等突发情况,会产生财政或有支出责任。

第十三条 配套投入支出责任是指政府提供的项目配套工程等其他投入责任,通常包括土地征收和整理、建设部分项目配套措施、完成项目与现有相关基础设施和公用事业的对接、投资补助、贷款贴息等。配套投入支出应依据项目实施方案合理确定。

第三章 支出测算

第十四条 财政部门(或PPP中心)应当综合考虑各类支出责任的特点、情景和发生概率等因素,对项目全生命周期内财政支出责任分别进行测算。

第十五条 股权投资支出应当依据项目资本金要求以及项目公司股权结构合理确定。股权投资支出责任中的土地等实物投入或无形资产投入,应依法进行评估,合理确定价值。计算公式为:

$$股权投资支出 = 项目资本金 \times 政府占项目公司股权比例$$

第十六条 运营补贴支出应当根据项目建设成本、运营成本及利润水平合理确定,并按照不同付费模式分别测算。

对政府付费模式的项目，在项目运营补贴期间，政府承担全部直接付费责任。政府每年直接付费数额包括：社会资本方承担的年均建设成本（折算成各年度现值）、年度运营成本和合理利润。计算公式为：

$$当年运营补贴支出数额 = \frac{项目全部建设成本 \times (1 + 合理利润率) \times (1 + 年度折现率)^n}{财政运营补贴周期（年）}$$
$$+ 年度运营成本 \times (1 + 合理利润率)$$

对可行性缺口补助模式的项目，在项目运营补贴期间，政府承担部分直接付费责任。政府每年直接付费数额包括：社会资本方承担的年均建设成本（折算成各年度现值）、年度运营成本和合理利润，再减去每年使用者付费的数额。计算公式为：

$$当年运营补贴支出数额 = \frac{项目全部建设成本 \times (1 + 合理利润率) \times (1 + 年度折现率)^n}{财政运营补贴周期（年）}$$
$$+ 年度运营成本 \times (1 + 合理利润率) - 当年使用者付费数额$$

n 代表折现年数。财政运营补贴周期指财政提供运营补贴的年数。

第十七条 年度折现率应考虑财政补贴支出发生年份，并参照同期地方政府债券收益率合理确定。

第十八条 合理利润率应以商业银行中长期贷款利率水平为基准，充分考虑可用性付费、使用量付费、绩效付费的不同情景，结合风险等因素确定。

第十九条 在计算运营补贴支出时，应当充分考虑合理利润率变化对运营补贴支出的影响。

第二十条 PPP 项目实施方案中的定价和调价机制通常与消费物价指数、劳动力市场指数等因素挂钩，会影响运营补贴支出责任。在可行性缺口补助模式下，运营补贴支出责任受到使用者付费数额的影响，而使用者付费的多少因定价和调价机制而变化。在计算运营补贴支出数额时，应当充分考虑定价和调价机制的影响。

第二十一条 风险承担支出应充分考虑各类风险出现的概率和带来的支出责任，可采用比例法、情景分析法及概率法进行测算。如果 PPP 合同约定保险赔款的第一受益人为政府，则风险承担支出应为扣除该等风险赔款金额的净额。

比例法。在各类风险支出数额和概率难以进行准确测算的情况下，可以按照项目的全部建设成本和一定时期内的运营成本的一定比例确定风险承担支出。

情景分析法。在各类风险支出数额可以进行测算、但出现概率难以确定的情况下，可针对影响风险的各类事件和变量进行"基本"、"不利"及"最坏"等情景假设，测算各类风险发生带来的风险承担支出。计算公式为：

$$风险承担支出数额 = 基本情景下财政支出数额 \times 基本情景出现的概率$$
$$+ 不利情景下财政支出数额 \times 不利情景出现的概率$$
$$+ 最坏情景下财政支出数额 \times 最坏情景出现的概率$$

概率法。在各类风险支出数额和发生概率均可进行测算的情况下，可将所有可变风险参数作为变量，根据概率分布函数，计算各种风险发生带来的风险承担支出。

第二十二条 配套投入支出责任应综合考虑政府将提供的其他配套投入总成本和社

会资本方为此支付的费用。配套投入支出责任中的土地等实物投入或无形资产投入，应依法进行评估，合理确定价值。计算公式为：

配套投入支出数额=政府拟提供的其他投入总成本-社会资本方支付的费用

第四章 能力评估

第二十三条 财政部门（或PPP中心）识别和测算单个项目的财政支出责任后，汇总年度全部已实施和拟实施的PPP项目，进行财政承受能力评估。

第二十四条 财政承受能力评估包括财政支出能力评估以及行业和领域平衡性评估。财政支出能力评估，是根据PPP项目预算支出责任，评估PPP项目实施对当前及今后年度财政支出的影响；行业和领域均衡性评估，是根据PPP模式适用的行业和领域范围，以及经济社会发展需要和公众对公共服务的需求，平衡不同行业和领域PPP项目，防止某一行业和领域PPP项目过于集中。

第二十五条 每一年度全部PPP项目需要从预算中安排的支出责任，占一般公共预算支出比例应当不超过10%。省级财政部门可根据本地实际情况，因地制宜确定具体比例，并报财政部备案，同时对外公布。

第二十六条 鼓励列入地方政府性债务风险预警名单的高风险地区，采取PPP模式化解地方融资平台公司存量债务。同时，审慎控制新建PPP项目规模，防止因项目实施加剧财政收支矛盾。

第二十七条 在进行财政支出能力评估时，未来年度一般公共预算支出数额可参照前五年相关数额的平均值及平均增长率计算，并根据实际情况进行适当调整。

第二十八条 "通过论证"且经同级人民政府审核同意实施的PPP项目，各级财政部门应当将其列入PPP项目目录，并在编制中期财政规划时，将项目财政支出责任纳入预算统筹安排。

第二十九条 在PPP项目正式签订合同时，财政部门（或PPP中心）应当对合同进行审核，确保合同内容与财政承受能力论证保持一致，防止因合同内容调整导致财政支出责任出现重大变化。财政部门要严格按照合同执行，及时办理支付手续，切实维护地方政府信用，保障公共服务有效供给。

第五章 信息披露

第三十条 省级财政部门应当汇总区域内的项目目录，及时向财政部报告，财政部通过统一信息平台（PPP中心网站）发布。

第三十一条 各级财政部门（或PPP中心）应当通过官方网站及报刊媒体，每年定期披露当地PPP项目目录、项目信息及财政支出责任情况。应披露的财政支出责任信息包括：PPP项目的财政支出责任数额及年度预算安排情况、财政承受能力论证考虑的主要因素和指标等。

第三十二条 项目实施后，各级财政部门（或PPP中心）应跟踪了解项目运营情况，包括项目使用量、成本费用、考核指标等信息，定期对外发布。

第六章 附 则

第三十三条 财政部门按照权责发生制会计原则，对政府在 PPP 项目中的资产投入，以及与政府相关项目资产进行会计核算，并在政府财务统计、政府财务报告中反映；按照收付实现制会计原则，对 PPP 项目相关的预算收入与支出进行会计核算，并在政府决算报告中反映。

第三十四条 本指引自印发之日起施行。

附：PPP 项目财政承受能力论证工作流程图

附：

```
┌─────────────────────────────────────────────┐
│                  责任识别                    │
│   ┌──────┬──────────┬──────────┬────────┐   │
│   │股权投资│ 运营补贴 │ 承担风险 │配套投入│   │
│   └──────┴──────────┴──────────┴────────┘   │
└─────────────────────────────────────────────┘
                       ↓
┌─────────────────────────────────────────────┐
│                  支出测算                    │
│ ┌──────────┬──────────┬──────────┬────────┐ │
│ │依据实施方 │依据建设成 │依据比例法、│依据政府拟│ │
│ │案中的项目 │本、运营成本│情景分析法 │提供的其他│ │
│ │资本金要求 │和合理利润 │及概率分析 │投入总成本│ │
│ │及项目公司 │率等，测算 │法，测算承 │和社会资本│ │
│ │股权结构， │运营补贴支 │担风险支出 │方为此支付│ │
│ │测算股权投 │出责任     │责任       │的费用，测│ │
│ │资支出责任 │           │           │算配套投入│ │
│ │           │           │           │支出责任  │ │
│ │           │┌────┬────┐│           │          │ │
│ │           ││政府│可行│           │          │ │
│ │           ││付费│性缺│           │          │ │
│ │           ││模式│口补│           │          │ │
│ │           ││    │助模│           │          │ │
│ │           ││    │式  │           │          │ │
│ │           │└────┴────┘│           │          │ │
│ └──────────┴──────────┴──────────┴────────┘ │
└─────────────────────────────────────────────┘
                       ↓
┌─────────────────────────────────────────────┐
│                  能力评估                    │
│   ┌────────────┐      ┌────────────┐        │
│   │财政支出能力│ ───→ │行业和领域  │        │
│   │   评估     │      │均衡性评估  │        │
│   └────────────┘      └────────────┘        │
└─────────────────────────────────────────────┘
                       ↓
┌─────────────────────────────────────────────┐
│                  信息披露                    │
│  ┌────────┐    ┌────────┐    ┌──────────┐   │
│  │项目名录│    │项目信息│    │财政支出  │   │
│  │        │    │        │    │责任情况  │   │
│  └────────┘    └────────┘    └──────────┘   │
└─────────────────────────────────────────────┘
```

PPP 项目财政承受能力论证工作流程图

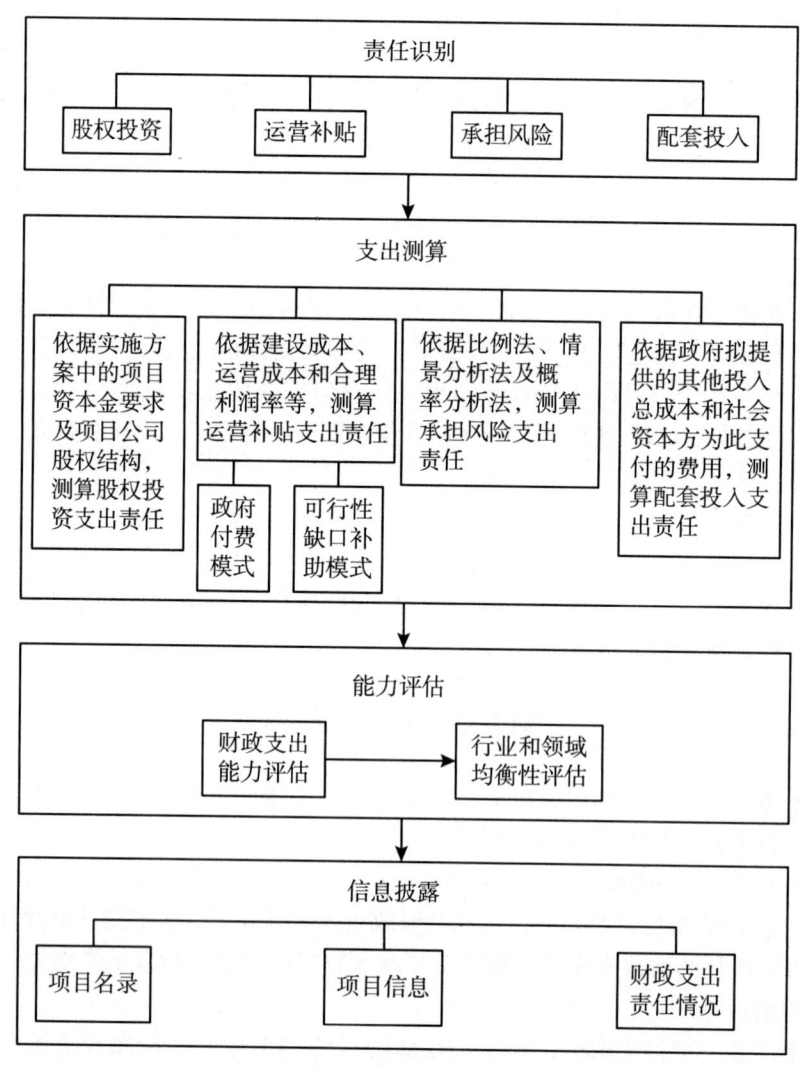

财政部关于实施政府和社会资本合作项目以奖代补政策的通知

(财金〔2015〕158号)

各省、自治区、直辖市、计划单列市财政厅（局），新疆生产建设兵团财务局，财政部驻各省、自治区、直辖市、计划单列市财政监察专员办事处：

为贯彻落实《国务院办公厅转发财政部发展改革委 人民银行关于在公共服务领域推广政府和社会资本合作模式指导意见的通知》（国办发〔2015〕42号）有关精神，通过以奖代补方式支持政府和社会资本合作（PPP）项目规范运作，保障PPP项目实施质量，现通知如下：

一、PPP项目以奖代补政策旨在支持和推动中央财政PPP示范项目加快实施进度，提高项目操作的规范性，保障项目实施质量。同时，引导和鼓励地方融资平台公司存量公共服务项目转型为PPP项目，化解地方政府存量债务。

（一）对中央财政PPP示范项目中的新建项目，财政部将在项目完成采购确定社会资本合作方后，按照项目投资规模给予一定奖励。其中，投资规模3亿元以下的项目奖励300万元，3亿元（含3亿元）至10亿元的项目奖励500万元，10亿元以上（含10亿元）的项目奖励800万元。奖励资金由财政部门统筹用于项目全生命周期过程中的各项财政支出，主要包括项目前期费用补助、运营补贴等。

（二）对符合条件、规范实施的转型为PPP项目的地方融资平台公司存量项目，财政部将在择优评选后，按照项目转型实际化解地方政府存量债务规模的2%给予奖励，奖励资金纳入相关融资平台公司收入统一核算。享受奖励资金支持的存量项目，其地方政府存量债务应通过合同条款明确地转移至项目公司或社会资本合作方，化债安排可行、交易成本合理、社会资本收益适度。中央财政PPP示范项目中的存量项目，优先享受奖励资金支持。

二、PPP项目以奖代补工作遵循依法合规、公开透明、政府引导、管理到位的原则。

（一）依法合规，是指PPP项目运作要严格遵守相关法律法规和政策制度，切实做到周密部署、有序规划、科学决策、规范实施。

（二）公开透明，是指PPP项目和以奖代补资金均实行阳光化运作，依法充分披露重要信息，对相关各方形成有效监督和约束。

（三）政府引导，是指财政部通过实施以奖代补政策，促进示范项目规范运作，鼓励地方融资平台公司加大存量项目转型力度。

（四）管理到位，是指财政部门规范以奖代补资金管理，严格审核，及时拨付，加强监督检查，保证资金安全和政策实施效果。

三、财政部根据全国PPP工作进展情况、项目实施情况和规定的奖励标准，按年确定PPP项目以奖代补工作计划,在普惠金融发展专项资金中安排以奖代补资金,列入下一年度中央财政预算。以奖代补资金原则上在预算安排额度内据实列支。

四、示范项目和地方融资平台公司转型项目所在地财政部门按年向省级财政部门报送以奖代补资金申请书及相关材料。省级财政部门将辖内以奖代补资金申请材料审核汇总后,报送财政部及财政部驻当地财政监察专员办事处(以下简称专员办)。专员办对省级财政部门报送的以奖代补资金申请材料进行审核,按规定出具审核意见报送财政部。财政部结合专员办审核意见,对省级财政部门报送的项目进行审核评选后,按规定向省级财政部门拨付奖励资金。省级财政部门收到财政部拨付的奖励资金后,及时将奖励资金予以转拨,并编制奖励资金的审核、拨付和使用情况报告,经专员办审核后报财政部备案。

五、享受以奖代补政策支持的PPP项目,必须严格执行国务院和财政部等部门出台的一系列制度文件,切实保障项目选择的适当性、交易结构的合理性、合作伙伴选择的竞争性、财政承受能力的中长期可持续性和项目实施的公开性,确保项目实施质量。不符合示范项目要求被调出示范项目名单的项目,不享受以奖代补政策支持。已经在其他中央财政专项资金中获得奖励性资金支持的PPP项目,不再纳入以奖代补政策奖励范围。

六、地方财政部门要对辖内PPP项目以奖代补资金的申请工作进行指导,做好奖励资金审核拨付的组织和协调工作。会同有关部门对奖励资金审核拨付工作进行检查,对检查中发现的问题及时处理和反映,保证以奖代补政策落到实处。

七、对以奖代补政策支持的PPP项目,有关省级财政部门要切实履行财政职能,因地制宜、主动作为,会同项目实施单位和有关部门,为项目的规范实施创造良好环境。积极推动项目加快实施进度,确保项目规范实施、按期落地,形成一批管理水平高、化债效果好、产出结果优、示范效应强的样板项目。

八、专员办要对辖内申请以奖代补资金的PPP项目有关情况进行认真审核,确保项目规范运作,符合PPP相关制度要求。同时,要加强对奖励资金拨付、使用的监督检查,规范审核拨付程序,保证奖励资金专项使用。

九、PPP项目以奖代补政策自2016年起施行,执行期限暂定3年。

财政部

2015年12月8日

财政部关于规范政府和社会资本合作合同管理工作的通知

（财金〔2014〕156号）

各省、自治区、直辖市、计划单列市财政厅（局），新疆生产建设兵团财务局：

根据《关于推广运用政府和社会资本合作模式有关问题的通知》（财金〔2014〕76号）和《关于印发政府和社会资本合作模式操作指南（试行）的通知》（财金〔2014〕113号），为科学规范推广运用政府和社会资本合作（Public–Private Partnership，以下简称PPP）模式，现就规范PPP合同管理工作通知如下：

一、高度重视PPP合同管理工作

PPP模式是在基础设施和公共服务领域政府和社会资本基于合同建立的一种合作关系。"按合同办事"不仅是PPP模式的精神实质，也是依法治国、依法行政的内在要求。加强对PPP合同的起草、谈判、履行、变更、解除、转让、终止直至失效的全过程管理，通过合同正确表达意愿、合理分配风险、妥善履行义务、有效主张权利，是政府和社会资本长期友好合作的重要基础，也是PPP项目顺利实施的重要保障。地方财政部门在推进PPP中要高度重视、充分认识合同管理的重要意义，会同行业主管部门加强PPP合同管理工作。

二、切实遵循PPP合同管理的核心原则

为规范PPP合同管理工作，财政部制定了《PPP项目合同指南（试行）》（见附件），后续还将研究制定标准化合同文本等。各级财政部门在推进PPP工作中，要切实遵循以下原则：

（一）依法治理。在依法治国、依法行政的框架下，充分发挥市场在资源配置中的决定性作用，允许政府和社会资本依法自由选择合作伙伴，充分尊重双方在合同订立和履行过程中的契约自由，依法保护PPP项目各参与方的合法权益，共同维护法律权威和公平正义。

（二）平等合作。在PPP模式下，政府与社会资本是基于PPP项目合同的平等法律主体，双方法律地位平等、权利义务对等，应在充分协商、互利互惠的基础上订立合同，并依法平等地主张合同权利、履行合同义务。

（三）维护公益。建立履约管理、行政监管和社会监督"三位一体"的监管架构，优先保障公共安全和公共利益。PPP项目合同中除应规定社会资本方的绩效监测和质量控制等义务外，还应保证政府方合理的监督权和介入权，以加强对社会资本的履约管理。与此同时，政府还应依法严格履行行政管理职能，建立健全及时有效的项目信息公开和公众监督机制。

（四）诚实守信。政府和社会资本应在PPP项目合同中明确界定双方在项目融资、建设、运营、移交等全生命周期内的权利义务，并在合同管理的全过程中真实表达意思表示，认真恪守合同约定，妥善履行合同义务，依法承担违约责任。

（五）公平效率。在 PPP 项目合同中要始终贯彻物有所值原则，在风险分担和利益分配方面兼顾公平与效率：既要通过在政府和社会资本之间合理分配项目风险，实现公共服务供给效率和资金使用效益的提升，又要在设置合作期限、方式和投资回报机制时，统筹考虑社会资本方的合理收益预期、政府方的财政承受能力以及使用者的支付能力，防止任何一方因此过分受损或超额获益。

（六）兼顾灵活。鉴于 PPP 项目的生命周期通常较长，在合同订立时既要充分考虑项目全生命周期内的实际需求，保证合同内容的完整性和相对稳定性，也要合理设置一些关于期限变更（展期和提前终止）、内容变更（产出标准调整、价格调整等）、主体变更（合同转让）的灵活调整机制，为未来可能长达 20~30 年的合同执行期预留调整和变更空间。

三、有效推进 PPP 合同管理工作

（一）加强组织协调，保障合同效力。在推进 PPP 的过程中，各级财政部门要会同行业主管部门做好合同审核和履约管理工作，确保合同内容真实反映各方意愿、合理分配项目风险、明确划分各方义务、有效保障合法权益，为 PPP 项目的顺利实施和全生命周期管理提供合法有效的合同依据。

（二）加强能力建设，防控项目风险。各级财政部门要组织加强对当地政府及相关部门、社会资本以及 PPP 项目其他参与方的法律和合同管理培训，使各方牢固树立法律意识和契约观念，逐步提升各参与方对 PPP 项目合同的精神主旨、核心内容和谈判要点的理解把握能力。在合同管理全过程中，要充分借助、积极运用法律、投资、财务、保险等专业咨询顾问机构的力量，提升 PPP 项目合同的科学性、规范性和操作性，充分识别、合理防控项目风险。

（三）总结项目经验，规范合同条款。各级财政部门要会同行业主管部门结合 PPP 项目试点工作，抓好合同管理的贯彻落实，不断细化、完善合同条款，及时总结经验，逐步形成一批科学合理、全面规范、切实可行的合同文本，以供参考示范。财政部将在总结各地实践的基础上，逐步出台主要行业领域和主要运作方式的 PPP 项目合同标准示范文本，以进一步规范合同内容、统一合同共识、缩短合同准备和谈判周期，加快 PPP 模式推广应用。

附件：《PPP 项目合同指南（试行）》

财政部

2014 年 12 月 30 日

附件：

PPP 项目合同指南（试行）

编制说明

本指南所称的政府和社会资本合作（Public – Private Partnership，以下简称 PPP）项

目合同是指政府方（政府或政府授权机构）与社会资本方（社会资本或项目公司）依法就PPP项目合作所订立的合同。在PPP项目中，除项目合同外，项目公司的股东之间，项目公司与项目的融资方、承包商、专业运营商、原料供应商、产品或服务购买方、保险公司等其他参与方之间，还会围绕PPP项目合作订立一系列合同来确立和调整彼此之间的权利义务关系，共同构成PPP项目的合同体系。PPP项目合同是整个合同体系的基础和核心，政府方与社会资本方的权利义务关系以及PPP项目的交易结构、风险分配机制等均通过PPP项目合同确定，并以此作为各方主张权利、履行义务的依据和项目全生命周期顺利实施的保障。

PPP从行为性质上属于政府向社会资本采购公共服务的民事法律行为，构成民事主体之间的民事法律关系。同时，政府作为公共事务的管理者，在履行PPP项目的规划、管理、监督等行政职能时，与社会资本之间构成行政法律关系。因此，我国PPP项目合同相关法律关系的确立和调整依据，主要是现行的民商法、行政法、经济法和社会法，包括《民法通则》《合同法》《预算法》《政府采购法》《公司法》《担保法》《保险法》《行政许可法》《行政处罚法》《行政复议法》《民事诉讼法》《仲裁法》《行政诉讼法》《会计法》《土地管理法》《建筑法》《环境保护法》等。

根据上述法律规定以及《国务院关于加强地方政府性债务管理的意见》（国发〔2014〕43号）、《国务院关于深化预算管理制度改革的决定》（国发〔2014〕45号）、《国务院关于创新重点领域投融资机制鼓励社会投资的指导意见》（国发〔2014〕60号）、《财政部关于推广运用政府和社会资本合作模式有关问题的通知》（财金〔2014〕76号）、《财政部关于印发政府和社会资本合作模式操作指南的通知》（财金〔2014〕113号）有关要求，结合国内外PPP实践，编制本指南，以帮助PPP项目各参与方全面系统地认识PPP项目合同，指导合同的订立和履行。

本指南共4章、29节，全面系统介绍PPP项目合同体系，说明各主要参与方在PPP项目中的角色及订立相关合同的目的，阐述PPP项目合同的主要内容和核心条款，具体分析合同条款中的风险分配原则、基本内容和权利义务安排。同时，从付费机制和行业领域两个方面，详细剖析不同类型PPP项目合同中的核心要素和特定条款。

PPP项目兼具长期性、复杂性与多样性，项目所处地域、行业、市场环境等情况的不同，各参与方合作意愿、风险偏好、谈判能力等方面的差异，最终表现为合同内容上的千差万别。本指南仅对PPP项目合同通常所包含的具有共性的条款和机制作原则性介绍，并不能适用所有PPP项目的特点和个性需求。实践中，PPP项目各参与方应当结合项目客观需要和谈判结果，充分借助专业力量，因地制宜地订立PPP项目合同。

鉴于我国PPP工作尚处于起步阶段，法律制度、机构能力和实践经验等方面均有待进一步加强和丰富，今后财政部将及时对本指南进行修订和完善。

第一章 总　则

第一节　PPP项目主要参与方

PPP项目的参与方通常包括政府、社会资本方、融资方、承包商和分包商、原料供应商、专业运营商、保险公司以及专业机构等。

一、政府

根据PPP项目运作方式和社会资本参与程度的不同，政府在PPP项目中所承担的具体职责也不同。总体来讲，在PPP项目中，政府需要同时扮演以下两种角色：

作为公共事务的管理者，政府负有向公众提供优质且价格合理的公共产品和服务的义务，承担PPP项目的规划、采购、管理、监督等行政管理职能，并在行使上述行政管理职能时形成与项目公司（或社会资本）之间的行政法律关系；

作为公共产品或服务的购买者（或者购买者的代理人），政府基于PPP项目合同形成与项目公司（或社会资本）之间的平等民事主体关系，按照PPP项目合同的约定行使权利、履行义务。

为便于区分政府的不同角色，本指南中，政府或政府授权机构作为PPP项目合同的一方签约主体时，称为政府方。

二、社会资本方

本指南所称社会资本方是指与政府方签署PPP项目合同的社会资本或项目公司。本指南所称的社会资本是指依法设立且有效存续的具有法人资格的企业，包括民营企业、国有企业、外国企业和外商投资企业。但本级人民政府下属的政府融资平台公司及其控股的其他国有企业（上市公司除外）不得作为社会资本方参与本级政府辖区内的PPP项目。社会资本是PPP项目的实际投资人。但在PPP实践中，社会资本通常不会直接作为PPP项目的实施主体，而会专门针对该项目成立项目公司，作为PPP项目合同及项目其他相关合同的签约主体，负责项目具体实施。

项目公司是依法设立的自主运营、自负盈亏的具有独立法人资格的经营实体。项目公司可以由社会资本（可以是一家企业，也可以是多家企业组成的联合体）出资设立，也可以由政府和社会资本共同出资设立。但政府在项目公司中的持股比例应当低于50%、且不具有实际控制力及管理权。

三、融资方

PPP项目的融资方通常有商业银行、出口信贷机构、多边金融机构（如世界银行、亚洲开发银行等）以及非银行金融机构（如信托公司）等。根据项目规模和融资需求的不同，融资方可以是一两家金融机构，也可以是由多家银行或机构组成的银团，具体的债权融资方式除贷款外，也包括债券、资产证券化等。

四、承包商和分包商

在PPP项目中，承包商和分包商的选择是影响工程技术成败的关键因素，其技术水平、资历、信誉以及财务能力在很大程度上会影响贷款人对项目的商业评估和风险判断，是项目能否获得贷款的一个重要因素。

承包商主要负责项目的建设，通常与项目公司签订固定价格、固定工期的工程总承包合同。一般而言，承包商要承担工期延误、工程质量不合格和成本超支等风险。

对于规模较大的项目，承包商可能会与分包商签订分包合同，把部分工作分包给专业分包商。根据具体项目的不同情况，分包商从事的具体工作可能包括设计、部分非主体工程的施工，提供技术服务以及供应工程所需的货物、材料、设备等。承包商负责管理和协调分包商的工作。

五、专业运营商（部分项目适用）

根据不同 PPP 项目运作方式的特点，项目公司有时会将项目部分的运营和维护事务交给专业运营商负责。但根据项目性质、风险分配以及运营商资质能力等不同，专业运营商在不同项目中所承担的工作范围和风险也会不同。例如，在一些采用政府付费机制的项目中，项目公司不承担需求风险或仅承担有限需求风险的，可能会将大部分的运营事务交由专业运营商负责；而在一些采用使用者付费机制的项目中，由于存在较大需求风险，项目公司可能仅仅会将部分非核心的日常运营管理事务交由专业运营商负责。

六、原料供应商（部分项目适用）

在一些 PPP 项目中，原料的及时、充足、稳定供应对于项目的平稳运营至关重要，因此原料供应商也是这类项目的重要参与方之一。例如在燃煤电厂项目中，为了保证煤炭的稳定供应，项目公司通常会与煤炭供应商签订长期供应协议。

七、产品或服务购买方（部分项目适用）

在包含运营内容的 PPP 项目中，项目公司通常通过项目建成后的运营收入来回收成本并获取利润。为了降低市场风险，在项目谈判阶段，项目公司以及融资方通常都会要求确定项目产品或服务的购买方，并由购买方与项目公司签订长期购销合同以保证项目未来的稳定收益。

八、保险公司

由于 PPP 项目通常资金规模大、生命周期长，在项目建设和运营期间面临着诸多难以预料的各类风险，因此项目公司以及项目的承包商、分包商、供应商、运营商等通常均会就其面临的各类风险向保险公司进行投保，以进一步分散和转移风险。同时，由于项目风险一旦发生就有可能造成严重的经济损失，因此 PPP 项目对保险公司的资信有较高要求。

九、其他参与方

除上述参与方之外，开展 PPP 项目还必须充分借助投资、法律、技术、财务、保险代理等方面的专业技术力量，因此 PPP 项目的参与方通常还可能会包括上述领域的专业机构。

第二节　PPP 项目合同体系

在 PPP 项目中，项目参与方通过签订一系列合同来确立和调整彼此之间的权利义务关系，构成 PPP 项目的合同体系。PPP 项目的合同通常包括 PPP 项目合同、股东协议、履约合同（包括工程承包合同、运营服务合同、原料供应合同、产品或服务购买合同等）、融资合同和保险合同等。其中，PPP 项目合同是整个 PPP 项目合同体系的基础和核心。

在 PPP 项目合同体系中，各个合同之间并非完全独立、互不影响，而是紧密衔接、相互贯通的，合同之间存在着一定的"传导关系"，了解 PPP 项目的合同体系和各个合同之间的传导关系，有助于对 PPP 项目合同进行更加全面准确的把握。

首先，在合同签订阶段，作为合同体系的基础和核心，PPP 项目合同的具体条款不仅会直接影响到项目公司股东之间的协议内容，而且会影响项目公司与融资方的融资合同以及与保险公司的保险合同等其他合同的内容。此外，PPP项目合同的具体约定，还可能通过工程承包或产品服务购买等方式，传导到工程承包（分包）合同、原料供应合同、运营服务合同和产品或服务购买合同上。

其次，在合同履行阶段，合同关系的传导方向可能发生逆转。例如分包合同的履行出现问题，会影响到总承包合同的履行，进而影响到PPP项目合同的履行。

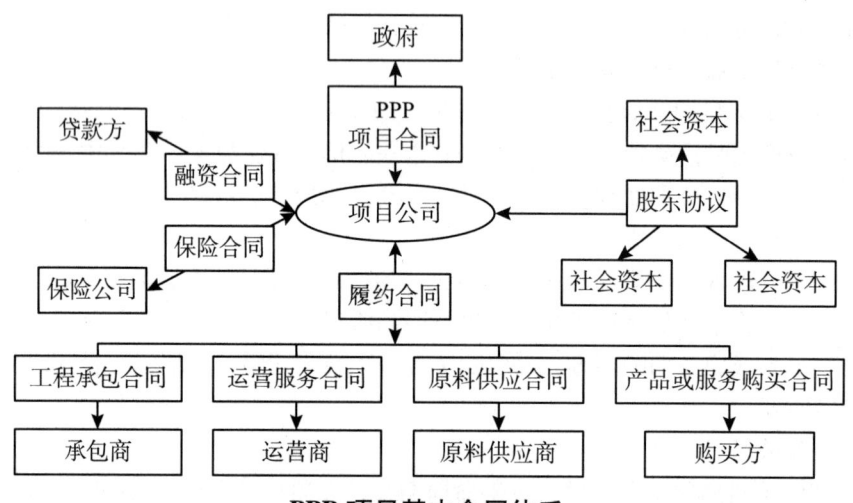

PPP 项目基本合同体系

一、PPP项目合同

PPP项目合同是政府方与社会资本方依法就PPP项目合作所订立的合同。其目的是在政府方与社会资本方之间合理分配项目风险，明确双方权利义务关系，保障双方能够依据合同约定合理主张权利，妥善履行义务，确保项目全生命周期内的顺利实施。PPP项目合同是其他合同产生的基础，也是整个PPP项目合同体系的核心。

在项目初期阶段，项目公司尚未成立时，政府方会先与社会资本（即项目投资人）签订意向书、备忘录或者框架协议，以明确双方的合作意向，详细约定双方有关项目开发的关键权利义务。待项目公司成立后，由项目公司与政府方重新签署正式PPP项目合同，或者签署关于承继上述协议的补充合同。在PPP项目合同中通常也会对PPP项目合同生效后政府方与项目公司及其母公司之前就本项目所达成的协议是否会继续存续进行约定。

二、股东协议

股东协议由项目公司的股东签订，用以在股东之间建立长期的、有约束力的合约关系。股东协议通常包括以下主要条款：前提条件、项目公司的设立和融资、项目公司的经营范围、股东权利、履行PPP项目合同的股东承诺、股东的商业计划、股权转让、股东会、董事会、监事会组成及其职权范围、股息分配、违约、终止及终止后处理机制、不可抗力、适用法律和争议解决等。

项目投资人订立股东协议的主要目的在于设立项目公司，由项目公司负责项目的建设、运营和管理，因此项目公司的股东可能会包括希望参与项目建设、运营的承包商、原料供应商、运营商、融资方等主体。在某些情况下，为了更直接地参与项目的重大决策、掌握项目实施情况，政府也可能通过直接参股的方式成为项目公司的股东（但政府通常并不控股和直接参与经营管理）。在这种情形下，政府与其他股东相同，享有作为股东的基本权益，同时也需履行股东的相关义务，并承担项目风险。

股东协议除了包括规定股东之间权利义务的一般条款外，还可能包括与项目实施相关的特殊规定。以承包商作为项目公司股东为例，承包商的双重身份可能会导致股东之间一定程度的利益冲突，并在股东协议中予以反映。例如，为防止承包商在工程承包事项上享有过多的控制权，其他股东可能会在股东协议中限制承包商在工程建设及索赔事项上的表决权；如果承包商参与项目的主要目的是承担项目的设计、施工等工作，并不愿长期持股，承包商会希望在股东协议中预先做出股权转让的相关安排；但另一方面，如果融资方也是股东，融资方通常会要求限制承包商转让其所持有的项目公司股权的权利，例如要求承包商至少要到工程缺陷责任期满后才可转让其所持有的项目公司股权。

三、履约合同

（一）工程承包合同。

项目公司一般只作为融资主体和项目运营管理者而存在，本身不一定具备自行设计、采购、建设项目的条件，因此可能会将部分或全部设计、采购、建设工作委托给工程承包商，签订工程承包合同。项目公司可以与单一承包商签订总承包合同，也可以分别与不同承包商签订合同。承包商的选择要遵循相关法律法规的规定。

由于工程承包合同的履行情况往往直接影响PPP项目合同的履行，进而影响项目的贷款偿还和收益情况。因此，为了有效转移项目建设期间的风险，项目公司通常会与承包商签订一个固定价格、固定工期的"交钥匙"合同，将工程费用超支、工期延误、工程质量不合格等风险全部转移给承包商。此外，工程承包合同中通常还会包括履约担保和违约金条款，进一步约束承包商妥善履行合同义务。

（二）运营服务合同。

根据PPP项目运营内容和项目公司管理能力的不同，项目公司有时会考虑将项目全部或部分的运营和维护事务外包给有经验的专业运营商，并与其签订运营服务合同。个案中，运营维护事务的外包可能需要事先取得政府的同意。但是，PPP项目合同中约定的项目公司的运营和维护义务并不因项目公司将全部或部分运营维护事务分包给其他运营商实施而豁免或解除。

由于PPP项目的期限通常较长，在项目的运营维护过程中存在较大的管理风险，可能因项目公司或运营商管理不善而导致项目亏损。因此，项目公司应优先选择资信状况良好、管理经验丰富的运营商，并通过在运营服务合同中预先约定风险分配机制或者投保相关保险来转移风险，确保项目平稳运营并获得稳定收益。

（三）原料供应合同。

有些PPP项目在运营阶段对原料的需求量很大、原料成本在整个项目运营成本中占比较大，同时受价格波动、市场供给不足等影响，又无法保证能够随时在公开市场上以平稳价格获取，继而可能会影响整个项目的持续稳定运营，例如燃煤电厂项目中的煤炭。因此，为了防控原料供应风险，项目公司通常会与原料的主要供应商签订长期原料供应合同，并且约定一个相对稳定的原料价格。

在原料供应合同中，一般会包括以下条款：交货地点和供货期限、供货要求和价格、质量标准和验收、结算和支付、合同双方的权利义务、违约责任、不可抗力、争议解决等。除上述一般性条款外，原料供应合同通常还会包括"照供不误"条款，即要求供应商以稳定的价格、稳定的质量品质为项目提供长期、稳定的原料。

（四）产品或服务购买合同。

在PPP项目中，项目公司的主要投资收益来源于项目提供的产品或服务的销售收入，因此保证项目产品或服务有稳定的销售对象，对于项目公司而言十分重要。根据PPP项目付费机制的不同，项目产品或服务的购买者可能是政府，也可能是最终使用者。以政府付费的供电项目为例，政府的电力主管部门或国有电力公司通常会事先与项目公司签订电力购买协议，约定双方的购电和供电义务。

此外，在一些产品购买合同中，还会包括"照付不议"条款，即项目公司与产品的购买者约定一个最低采购量，只要项目公司按照最低采购量供应产品，不论购买者是否需要采购该产品，均应按照最低采购量支付相应价款。

四、融资合同

从广义上讲，融资合同可能包括项目公司与融资方签订的项目贷款合同、担保人就项目贷款与融资方签订的担保合同、政府与融资方和项目公司签订的直接介入协议等多个合同。其中，项目贷款合同是最主要的融资合同。

在项目贷款合同中一般会包括以下条款：陈述与保证、前提条件、偿还贷款、担保与保障、抵销、违约、适用法律与争议解决等。同时，出于贷款安全性的考虑，融资方往往要求项目公司以其财产或其他权益作为抵押或质押，或由其母公司提供某种形式的担保或由政府作出某种承诺，这些融资保障措施通常会在担保合同、直接介入协议以及PPP项目合同中予以具体体现。

需要特别强调的是，PPP项目的融资安排是PPP项目实施的关键环节，鼓励融资方式多元化、引导融资方式创新、落实融资保障措施，对于增强投资者信心、维护投资者权益以及保障PPP项目的成功实施至关重要。本指南仅就PPP项目合同中所涉及的与融资有关的条款和内容进行了阐述，有关PPP项目融资的规范指导和系统介绍，请参见另行编制的PPP融资专项指南。

五、保险合同

由于PPP项目通常资金规模大、生命周期长，负责项目实施的项目公司及其他相关参与方通常需要对项目融资、建设、运营等不同阶段的不同类型的风险分别进行投保。通常可能涉及的保险种类包括货物运输险、工程一切险、针对设计或其他专业服务的职业保障险、针对间接损失的保险、第三者责任险。

鉴于PPP项目所涉风险的长期性和复杂性，为确保投保更有针对性和有效性，建议在制定保险方案或签署保险合同前先咨询专业保险顾问的意见。

六、其他合同

在PPP项目中还可能会涉及其他的合同，例如与专业中介机构签署的投资、法律、

第二章　PPP 项目合同的主要内容

第一节　PPP 项目合同概述

PPP 项目合同是 PPP 项目的核心合同，用于约定政府与社会资本双方的项目合作内容和基本权利义务。虽然不同行业、不同付费机制、不同运作方式的具体 PPP 项目合同可能千差万别，但也包括一些具有共性的条款和机制。本章将详细介绍 PPP 项目合同中最为核心和具有共性的条款和机制。

一、合同主体

PPP 项目合同通常由以下两方签署：

（一）政府方。

政府方是指签署 PPP 项目合同的政府一方的签约主体（即合同当事人）。在我国，PPP 项目合同通常根据政府职权分工，由项目所在地相应级别的政府或者政府授权机构以该级政府或该授权机构自己的名义签署。例如，某省高速公路项目的 PPP 项目合同，由该省交通厅签署。

（二）项目公司。

项目公司是社会资本为实施 PPP 项目而专门成立的公司，通常独立于社会资本而运营。根据项目公司股东国籍的不同，项目公司可能是内资企业，也可能是外商投资企业。

二、合同主要内容和条款

根据项目行业、付费机制、运作方式等具体情况的不同，PPP 项目合同可能会千差万别，但一般来讲会包括以下核心条款：引言、定义和解释；项目的范围和期限；前提条件；项目的融资；项目用地；项目的建设；项目的运营；项目的维护；股权变更限制；付费机制；履约担保；政府承诺；保险；守法义务及法律变更；不可抗力；政府方的监督和介入；违约、提前终止及终止后处理机制；项目的移交；适用法律及争议解决；合同附件；等等。

除上述核心条款外，PPP 项目合同通常还会包括其他一般合同中的常见条款，例如著作权和知识产权、环境保护、声明与保证、通知、合同可分割、合同修订等。

三、风险分配

（一）风险分配原则。

PPP 项目合同的目的就是要在政府方和项目公司之间合理分配风险，明确合同当事人之间的权利义务关系，以确保 PPP 项目顺利实施和实现物有所值。在设置 PPP 项目合同条款时，要始终遵循上述合同目的，并坚持风险分配的下列基本原则：

1. 承担风险的一方应该对该风险具有控制力；
2. 承担风险的一方能够将该风险合理转移（例如通过购买相应保险）；
3. 承担风险的一方对于控制该风险有更大的经济利益或动机；

4. 由该方承担该风险最有效率；

5. 如果风险最终发生，承担风险的一方不应将由此产生的费用和损失转移给合同相对方。

（二）常见风险分配安排。

具体 PPP 项目的风险分配需要根据项目实际情况，以及各方的风险承受能力，在谈判过程中确定，在实践中不同 PPP 项目合同中的风险分配安排可能完全不同。下文列举了一些实践中较为常见的风险分配安排，但需要强调的是，这些风险分配安排并非适用于所有项目，在具体项目中，仍需要具体问题具体分析并进行充分评估论证。

1. 通常由政府方承担的风险，包括：

（1）土地获取风险（在特定情形下也可能由项目公司承担，详见本章第六节）；

（2）项目审批风险（根据项目具体情形不同，可能由政府方承担，也可能由项目公司承担，详见本章第四节）；

（3）政治不可抗力（包括非因政府方原因且不在政府方控制下的征收征用和法律变更等，详见本章第十五节）。

2. 通常由项目公司承担的风险，包括：

（1）如期完成项目融资的风险；

（2）项目设计、建设和运营维护相关风险，例如完工风险、供应风险、技术风险、运营风险以及移交资产不达标的风险等；

（3）项目审批风险（根据项目具体情形不同，可能由政府方承担，也可能由项目公司承担，详见本章第四节）；

（4）获得项目相关保险。

3. 通常由双方共担的风险：自然不可抗力。

四、法律适用

本指南主要针对在我国实施的 PPP 项目，除了说明和借鉴国际经验的表述外，有关 PPP 项目合同条款的分析和解释均以我国法律作为适用依据。

第二节 引言、定义和解释

引言、定义和解释是所有 PPP 项目合同中均包含的内容，一般会放在 PPP 项目合同的初始部分，用以说明该合同的签署时间、签署主体、签署背景，以及该合同中涉及的关键词语的定义和条款的解释方法等。

一、引言

引言部分，即在 PPP 项目合同具体条款前的内容，主要包括以下内容：

（一）签署时间及签署主体信息。

在 PPP 项目合同最开始一般会明确该合同的签署日期，该日期通常会影响 PPP 项目合同部分条款的生效时间。例如前提条件条款、争议解决条款等，会在合同签署日即生效，而其他一些特定条款则在全部前提条件满足或被豁免的情形下才生效（请见本章第四节）。

此外，这部分还会载明 PPP 项目合同签署主体的名称、住所、法定代表人及其他注册信息，以明确签署主体的身份。

(二) 签约背景及签约目的。

PPP 项目合同引言部分还可能会简要介绍项目双方的合作背景以及双方签订该 PPP 项目合同的目的等。

二、定义

在 PPP 项目合同中通常还会包括定义条款，对一些合同中反复使用的关键名词和术语进行明确的定义，以便于快速索引相关定义和术语，并确保合同用语及含义的统一性，避免将来产生争议。

定义部分通常会包括"政府方"、"项目公司"、"工作日"、"生效日"、"运营日"、"移交日"、"不可抗力"、"法律变更"、"融资交割"、"技术标准"、"服务标准"、"性能测试"等 PPP 项目涉及的专业术语及合同用语。

三、解释

为了避免合同条款因不同的解释而引起争议，在 PPP 项目合同中通常会专门约定该合同的解释方法。常见的解释包括：标题仅为参考所设，不应影响条文的解释；一方、双方指本协议的一方或双方，并且包括经允许的替代该方的人或该方的受让人；一段时间（包括一年、一个季度、一个月和一天）指按公历计算的该时间段；"包括"是指"包括但不限于"；任何合同或文件包括经修订、更新、补充或替代后的该合同或文件；等等。

第三节 项目的范围和期限

一、项目的范围

项目的范围条款，用以明确约定在项目合作期限内政府与项目公司的合作范围和主要合作内容，是 PPP 项目合同的核心条款。

根据项目运作方式和具体情况的不同，政府与项目公司的合作范围可能包括设计、融资、建设、运营、维护某个基础设施或提供某项公共服务等。以 BOT 运作方式为例，项目的范围一般包括项目公司在项目合作期限内建设（和设计）、运营（和维护）项目并在项目合作期限结束时将项目移交给政府。

通常上述合作范围是排他的，即政府在项目合作期限内不会就该 PPP 项目合同项下的全部或部分内容与其他任何一方合作。

二、项目合作期限

（一）期限的确定。

1. 项目的合作期限通常应在项目前期论证阶段进行评估。评估时，需要综合考虑以下因素：

（1）政府所需要的公共产品或服务的供给期间；

（2）项目资产的经济生命周期以及重要的整修时点；

（3）项目资产的技术生命周期；

（4）项目的投资回收期；

（5）项目设计和建设期间的长短；

（6）财政承受能力；

（7）现行法律法规关于项目合作期限的规定；等等。

2. 根据项目运作方式和付费机制的不同，项目合作期限的规定方式也不同，常见的项目合作期限规定方式包括以下两种：

（1）自合同生效之日起一个固定的期限（例如，25年）；

（2）分别设置独立的设计建设期间和运营期间，并规定运营期间为自项目开始运营之日起的一个固定期限。

上述两种合作期限规定方式的最主要区别在于：在分别设置设计建设期间和运营期间的情况下，如建设期出现任何延误，不论是否属于可延长建设期的情形，均不会影响项目运营期限，项目公司仍然可以按照合同约定的运营期运营项目并获得收益；而在规定单一固定期限的情况下，如项目公司未按照约定的时间开始运营且不属于可以延长期限的情形，则会直接导致项目运营期缩短，从而影响项目公司的收益情况。

鉴此，实践中应当根据项目的风险分配方案、运作方式、付费机制和具体情况选择合理的项目合作期限规定方式。基本的原则是，项目合作期限可以实现物有所值的目标并且形成对项目公司的有效激励。需要特别注意的是，项目的实际期限还会受制于提前终止的规定。

（二）期限的延长。

由于PPP项目的实施周期通常较长，为了确保项目实施的灵活性，PPP项目合同中还可能包括关于延长项目合作期限的条款。

政府和项目公司通常会在合同谈判时商定可以延期的事由，基本的原则是：在法律允许的范围内，对于项目合作期限内发生

非项目公司应当承担的风险而导致项目公司损失的情形下，项目公司可以请求延长项目合作期限。常见的延期事由包括：

1. 因政府方违约导致项目公司延误履行其义务；

2. 因发生政府方应承担的风险（关于通常由政府方承担的风险，请见本章第一节）导致项目公司延误履行其义务；

3. 经双方合意且在合同中约定的其他事由。

（三）期限的结束。

导致项目合作期限结束有两种情形：项目合作期限届满或者项目提前终止（关于期限结束后的处理，请见本章第十八节和第十九节）。

第四节 前提条件

一般情况下，PPP项目合同条款并不会在合同签署时全部生效，其中部分特定条款的生效会有一定的前提条件。只有这些前提条件被满足或者被豁免的情况下，PPP项目合同的全部条款才会生效。

如果某一前提条件未能满足且未被豁免，PPP项目合同的有关条款将无法生效，并有可能进一步导致合同终止，未能满足该前提条件的一方将承担合同终止的后果。

一、前提条件

（一）前提条件的含义和作用。

前提条件，也叫先决条件，是指PPP项目合同的某些条款生效所必须满足的特定

条件。

对项目公司而言，在项目开始实施前赋予其一定的时间以完成项目的融资及其他前期准备工作，并不会影响项目期限的计算及项目收益的获取。

而对政府方而言，项目公司只有满足融资交割、审批手续等前提条件才可以正式实施项目，有利于降低项目的实施风险。

（二）常见的前提条件。

根据项目具体情况的不同，在项目正式实施之前需要满足的前提条件也不尽相同，实践中常见的前提条件包括：

1. 完成融资交割——通常由项目公司负责满足。

完成融资交割是 PPP 项目合同中最重要的前提条件，只有确定项目公司及融资方能够为项目的建设运营提供足够资金的情况下，项目的顺利实施才有一定保障。

根据项目双方的约定不同，完成融资交割的定义也可能会不同，通常是指：项目公司已为项目建设融资的目的签署并向融资方提交所有融资文件，并且融资文件要求的就本项目获得资金的所有前提条件得到满足或被豁免。

2. 获得项目相关审批——由项目公司或政府方负责满足。

根据我国法律规定，项目公司实施 PPP 项目可能需要履行相关行政审批程序，只有获得相应的批准或备案，才能保证 PPP 项目的合法合规实施。

在遵守我国法律法规的前提下，按照一般的风险分配原则，该项条件通常应由对履行相关审批程序最有控制力且最有效率的一方负责满足，例如：

（1）如果项目公司可以自行且快捷地获得相关审批，则该义务可由项目公司承担；

（2）如果无政府协助项目公司无法获得相关审批，则政府方有义务协助项目公司获得审批；

（3）如果相关审批属于政府方的审批权限，则应由政府方负责获得。

3. 保险已经生效——由项目公司负责满足。

在 PPP 项目中，保险是非常重要的风险转移和保障机制。政府方为了确保项目公司在项目实施前已按合同约定获得了足额的保险，通常会将保险（主要是建设期保险）生效作为全部合同条款生效的前提条件。

常见的安排是：项目公司已根据项目合同中有关保险的规定（请见本章第十四节）购买保险，且保单已经生效，并向政府方提交了保单的复印件。

4. 项目实施相关的其他主要合同已经签订——由项目公司负责满足。

在一些 PPP 项目合同中，政府方为进一步控制项目实施风险，会要求项目公司先完成项目实施涉及的其他主要合同的签署工作，以此作为 PPP 项目合同的生效条件。

常见的安排是：项目公司已根据项目合同中有关规定签订工程总承包合同及其他主要分包合同，并且向政府方提交了有关合同的复印件。

5. 其他前提条件。

在 PPP 项目合同中双方还可能会约定其他的前提条件，例如，项目公司提交建设期履约保函等担保。

二、前提条件豁免

上述前提条件可以被豁免，但只有负责满足该前提条件的一方的相对方拥有该豁免权利。

三、未满足前提条件的后果

（一）合同终止。

如果双方约定的上述任一前提条件在规定的时间内未满足，并且另一合同方也未同意豁免或延长期限，则该合同方有权终止项目合同。

（二）合同终止的效力和后果。

1. 合同项下的权利和义务将终止。

如果由于未满足前提条件而导致合同终止，除合同中明确规定的在合同终止后仍属有效的条款外，其他权利义务将终止。

2. 经济赔偿。

如因合同一方未能在规定的时间内满足其应当满足的前提条件而导致合同终止的，合同另一方有权向其主张一定的经济赔偿，但经济赔偿的额度应当与合同另一方因此所遭受的损失相匹配，并符合我国合同法关于损害赔偿的规定。

3. 提取保函。

为了更好地督促项目公司积极履行有关义务、达成相关的前提条件，政府方也可以考虑在签署PPP项目合同时（甚至之前）要求项目公司就履行前提条件提供一份履约保函。具体项目中是否需要项目公司提供此类保函、保函金额多少，主要取决于以下因素：

（1）在投标阶段是否已经要求项目公司提供其他的保函；

（2）是否有其他激励项目公司满足前提条件的机制，例如项目期限或付费机制的设置；

（3）项目公司不能达成前提条件的风险和后果；

（4）政府方因项目无法按时实施所面临的风险和后果；

（5）按时达成前提条件对该项目的影响；等等。

如果项目公司未能按照约定的时间和要求达成前提条件，且政府方未同意豁免该前提条件时，政府方有权提取保函项下的金额。

第五节 项目的融资

PPP项目合同中有关项目融资的规定，不一定会规定在同一条款中，有可能散见在不同条款项下，通常包括项目公司的融资权利和义务、融资方权利以及再融资等内容。

一、项目公司的融资权利和义务

在PPP项目中，通常项目公司有权并且有义务获得项目的融资。为此，PPP项目合同中通常会明确约定项目全生命周期内相关资产和权益的归属，以确定项目公司是否有权通过在相关资产和权益上设定抵质押担保等方式获得项目融资，以及是否有权通过转让项目公司股份（关于股权变更的限制，请见本章第十节）以及处置项目相关资产或权益的方式实现投资的退出。

与此同时，由于能否成功获得融资直接关系到项目能否实施，因此大多数PPP项目合同中会将完成融资交割作为项目公司的一项重要义务以及PPP项目合同全部生效的前提条件（关于融资交割以及具体前提条件的安排，请见本章第四节）。

二、融资方的权利

为了保证项目公司能够顺利获得融资，在 PPP 项目合同中通常会规定一些保障融资方权利的安排。融资方在提供融资时最为关注的核心权利包括：

（一）融资方的主债权和担保债权。

如果项目公司以项目资产或其他权益（例如运营期的收费权）、或社会资本以其所持有的与项目相关的权利（例如其所持有的项目公司股权）为担保向融资方申请融资，融资方在主张其担保债权时可能会导致项目公司股权以及项目相关资产和权益的权属变更。因此，融资方首先要确认 PPP 项目合同中已明确规定社会资本和项目公司有权设置上述担保，并且政府方可以接受融资方行使主债权或担保债权所可能导致的法律后果，以确保融资方权益能够得到充分有效的保障。

（二）融资方的介入权。

由于项目的提前终止可能会对融资方债权的实现造成严重影响，因此融资方通常希望在发生项目公司违约事件且项目公司无法在约定期限内补救时，可以自行或委托第三方在项目提前终止前对于项目进行补救（关于项目提前终止的机制，请见本章第十八节）。为了保障融资方的该项权利，融资方通常会要求在 PPP 项目合同中或者通过政府、项目公司与融资方签订的直接介入协议对融资方的介入权予以明确约定。

三、再融资

为了调动项目公司的积极性并保障融资的灵活性，在一些 PPP 项目合同中，还会包括允许项目公司在一定条件下对项目进行再融资的规定。再融资的条件通常包括：再融资应增加项目收益且不影响项目的实施、签署再融资协议前须经过政府的批准等。此外，PPP 项目合同中也可能会规定，政府方对于因再融资所节省的财务费用享有按约定比例（例如 50%）分成的权利。

第六节 项目用地

PPP 项目合同中的项目用地条款，是在项目实施中涉及的土地方面的权利义务规定，通常包括土地权利的取得、相关费用的承担以及土地使用的权利及限制等内容。

一、土地权利的取得

（一）一般原则。

大部分的 PPP 项目，尤其是基础设施建设项目或其他涉及建设的项目，均会涉及到项目用地问题，由哪一方负责取得土地对于这类项目而言非常关键。

在 PPP 实践中，通常根据政府方和项目公司哪一方更有能力、更有优势承担取得土地的责任的原则，来判定由哪一方负责取得土地。

（二）两种实践选择。

实践中，根据 PPP 项目的签约主体和具体情况不同，土地使用权的取得通常有以下两种选择：

1. 由政府方负责提供土地使用权。

（1）主要考虑因素。

如果签署 PPP 项目合同的政府方是对土地使用权拥有一定控制权和管辖权的政府或

政府部门（例如，县级以上人民政府），在PPP项目实施中，该政府方负责取得土地使用权对于项目的实施一般更为经济和效率，主要原因在于：一方面，在我国的法律框架下，土地所有权一般归国家或集体所有，由对土地使用权有一定控制力的政府方负责取得土地使用权更为便利（根据我国法律，除乡（镇）村公共设施和公益事业建设经依法批准可使用农民集体所有的土地外，其他的建设用地均须先由国家征收原属于农民集体所有的土地，将其变为国有土地后才可进行出让或划拨）；另一方面，根据《土地管理法》及其他相关法律的规定和实践，对于城市基础设施用地和公益事业用地以及国家重点扶持的能源、交通、水利等基础设施用地，大多采用划拨的方式，项目公司一般无法自行取得该土地使用权。

（2）具体安排。

政府方以土地划拨或出让等方式向项目公司提供项目建设用地的土地使用权及相关进入场地的道路使用权，并根据项目建设需要为项目公司提供临时用地。项目的用地预审手续和土地使用权证均由政府方办理，项目公司主要予以配合。

上述土地如涉及征地、拆迁和安置，通常由政府方负责完成该土地的征用补偿、拆迁、场地平整、人员安置等工作，并向项目公司提供没有设定他项权利、满足开工条件的净地作为项目用地。

2. 由政府方协助项目公司获得土地使用权。

如果项目公司完全有权、有能力根据我国法律规定自行取得土地使用权的，则可以考虑由项目公司自行取得土地使用权，但政府方应提供必要的协助。

二、取得土地使用权或其他相关权利的费用

（一）取得土地使用权或其他相关权利所涉及的费用。

在取得土地使用权或其他相关权利的过程中可能会涉及的费用包括：土地出让金、征地补偿费用（具体可能包括土地补偿费、安置补助费、地上附着物和青苗补偿费等）、土地恢复平整费用以及临时使用土地补偿费等。

（二）费用的承担。

实践中，负责取得土地使用权与支付相关费用的有可能不是同一主体。通常来讲，即使由政府方负责取得土地权利以及完成相关土地征用和平整工作，也可以要求项目公司支付一定的相关费用。

具体项目公司应当承担哪些费用和承担多少，需要根据费用的性质、项目公司的承担能力、项目的投资回报等进行综合评估。例如，实践中项目公司和政府方可能会约定一个暂定价，项目公司在暂定价的范围内承担土地使用权取得的费用，如实际费用超过该暂定价，对于超出的部分双方可以协商约定由政府方承担或由双方分担。

三、土地使用的权利及限制

（一）项目公司的土地权利——土地使用权。

PPP项目合同中通常会约定，项目公司有权在项目期限内独占性地使用特定土地进行以实施项目为目的的活动。根据我国《土地管理法》规定，出让国有土地使用权可以依法转让、出租、抵押和继承；划拨国有土地使用权在依法报批并补缴土地使用权出让金后，可以转让、出租、抵押。

（二）项目公司土地使用权的限制。

由于土地是为专门实施特定的 PPP 项目而划拨或出让给项目公司的，因此在 PPP 项目合同中通常还会明确规定，未经政府批准，项目公司不得将该项目涉及的土地使用权转让给第三方或用于该项目以外的其他用途。

除 PPP 项目合同中的限制外，项目公司的土地使用权还要受土地使用权出让合同或者土地使用权划拨批准文件的约束，并且要遵守《土地管理法》等相关法律法规的规定。

（三）政府方的场地出入权。

1. 政府方有权出入项目设施场地。

为了保证政府对项目的开展拥有足够的监督权（关于政府方的监督和介入权利，请见本章第十七节），在 PPP 项目合同中，通常会规定政府方出入项目设施场地的权利。

2. 条件和限制。

但政府方行使上述出入权需要有一定的条件和限制，包括：

（1）仅在特定目的（双方可在 PPP 项目合同中就"特定目的"的具体范围予以明确约定）下才有权进入场地，例如检查建设进度、监督项目公司履行 PPP 项目合同项下义务等；

（2）履行双方约定的合理通知义务后才可入场；

（3）需要遵守一般的安全保卫规定，并不得影响项目的正常建设和运营。

需要特别说明的是，上述条件和限制仅是对政府方合同权利的约束，政府方及其他政府部门为依法行使其行政监管职权而采取的行政措施不受上述合同条款的限制。

第七节 项目的建设

包含新建或改扩建内容的 PPP 项目，通常采用 BOT、BOO 或 ROT 等运作方式，项目建设是这类 PPP 项目合同的必备条款。有关项目建设的条款通常会包括设计和建设两部分内容。

一、项目的设计

（一）设计的范围。

根据项目的规模和复杂程度，一般来讲设计可以分为三个或四个阶段。对于土建项目，设计通常分为可行性研究、初步设计（或初始设计）和施工图设计（或施工设计）三个阶段；对于工业项目（包括工艺装置设施）以及复杂的基础设施项目，通常还要在上述初步设计和施工图设计阶段之间增加一个扩初设计（或技术设计）阶段。

根据政府已完成设计工作的多少，PPP 项目合同中约定的设计范围也会有所不同：如果政府仅编制了项目产出说明和可行性研究报告，项目公司将承担主要的设计工作；如果政府已完成了一部分设计工作（如已完成初步设计），则项目公司的设计范围也会相应缩小。

（二）设计工作的分工。

根据项目具体情况的不同，PPP 项目合同中对于设计工作的分工往往会有不同。常见的设计工作分工包括：

1. 可行性研究报告、项目产出说明——由政府或社会资本方完成。

如果 PPP 项目由政府发起，则应由政府自行完成可行性研究报告和项目产出说明的编制工作；如果 PPP 项目由社会资本发起，则可行性研究报告和项目产出说明由社会资本方完成。

无论可行性研究报告和项目产出说明由谁完成，其均应作为采购文件以及最终签署的合同文件的重要组成部分。

2. 初步设计和施工图设计——由项目公司完成。

在 PPP 项目合同签署后，项目公司负责编制或最终确定初步设计和施工图设计，并完成全部的设计工作。

（三）项目设计要求。

在 PPP 项目合同签订之前，双方应协商确定具体的项目设计要求和标准，并在 PPP 项目合同中予以明确约定。确定项目设计要求和标准的依据通常包括：

1. 政府编制或项目公司编制并经政府方审查同意的可行性研究报告和项目产出说明；

2. 双方约定的其他技术标准和规范；

3. 项目所在地区和行业的强制性技术标准；

4. 建设工程相关法律法规的规定，例如建筑法、环境保护法、产品质量法等。

（四）设计的审查。

在 PPP 项目中，虽然设计工作通常主要由项目公司承担，但政府方享有在一定的期限内审查设计文件并提出意见的权利，这也是政府方控制设计质量的重要途径。设计审查条款通常包括以下内容：

1. 政府方有权审查由项目公司制作的任何设计文件（特别是初步设计以及施工图设计），项目公司有义务将上述文件提交政府方审查。

2. 政府方应当在约定期限内（通常在合同明确约定）审查设计文件。如果设计文件中存在任何不符合合同约定的内容，政府方可以要求项目公司对不符合合同的部分进行修正，有关修正的风险、费用由项目公司承担；如果政府方在上述约定期限内未提出审查意见，约定审查期限届满后项目公司即可实施项目设计方案并开始项目建设。

3. 如项目公司对政府方提出的意见存在异议，可以提交争议解决程序处理。

政府方的上述审查不能减轻或免除项目公司依法履行相关设计审批程序的义务。

（五）项目设计责任。

在 PPP 项目中，通常由项目公司对其所作出的设计承担全部责任。该责任不因该设计已由项目公司分包给其他设计单位或已经政府方审查而被豁免或解除。

二、项目的建设

在 PPP 项目合同中，要合理划分政府方与项目公司在建设期间的权利义务，更好地平衡双方的不同诉求，确保项目的顺利实施。

（一）项目建设要求。

1. 建设标准要求。

与项目设计类似，在 PPP 项目合同签订之前，双方应协商确定具体的项目建设标准，并规定在PPP项目合同中。常见的建设标准和要求包括：

（1）设计标准，包括设计生产能力或服务能力、使用年限、工艺路线、设备选型等；

（2）施工标准，包括施工用料、设备、工序等；

（3）验收标准，包括验收程序、验收方法、验收标准；

（4）安全生产要求；

（5）环境保护要求；等等。

项目的建设应当依照项目设计文件的要求进行，并且严格遵守建筑法、环境保护法、产品质量法等相关法律法规的规定以及国家、地方及行业强制性标准的要求。项目建设所依据的相关设计文件和技术标准通常会作为PPP项目合同的附件。

2. 建设时间要求。

在PPP项目合同中，通常会明确约定项目的建设工期及进度安排。在完工时间对于项目具有重大影响的项目中，还会在合同中进一步明确具体的完工日期或开始运营日。

（二）项目建设责任。

在PPP项目中，通常由项目公司负责按照合同约定的要求和时间完成项目的建设并开始运营，该责任不因项目建设已部分或全部由项目公司分包给施工单位或承包商实施而豁免或解除。

当然，在PPP项目中，项目建设责任对项目公司而言是约束与激励并存的。在确保项目按时按质量完工方面，项目公司除了客观上要受合同义务约束之外，还会有额外的商业动机，因为通常只有项目开始运营，项目公司才有可能获得付费。

（三）政府方对项目建设的监督和介入。

1. 概述。

为了能够及时了解项目建设情况，确保项目能够按时开始运营并满足合同约定的全部要求，政府方往往希望对项目建设进行必要的监督或介入，并且通常会在PPP项目合同中约定一些保障政府方在建设期的监督和介入权利的条款。

这种政府方的监督和介入权应该有多大，也是项目建设条款的核心问题。需要强调的是，PPP项目与传统的建设采购项目完全不同，政府方的参与必须有一定的限度，过度的干预不仅会影响项目公司正常的经营管理以及项目的建设和投运，而且还可能将本已交由项目公司承担的风险和管理角色又揽回到政府身上，从而违背PPP项目的初衷。

2. 政府对项目建设的监督和介入权利主要包括（关于政府方的监督和介入机制，请见本章第十七节）：

（1）定期获取有关项目计划和进度报告及其他相关资料；

（2）在不影响项目正常施工的前提下进场检查和测试；

（3）对建设承包商的选择进行有限的监控（例如设定资质要求等）；

（4）在特定情形下，介入项目的建设工作；等等。

第八节 项目的运营

在PPP项目中，项目的运营不仅关系到公共产品或服务的供给效率和质量，而且关系到项目公司的收入，因此对于政府方和项目公司而言都非常关键。有关项目运营的条款通常包括开始运营的时间和条件、运营期间的权利与义务以及政府方和公众对项目运营的监督等内容。

一、开始运营

（一）概述。

开始运营，是政府方和项目公司均非常关注的关键时间点。

对政府方而言，项目开始运营意味着可以开始提供公共产品或服务，这对于一些对时间要求较高的特殊项目尤为重要。例如奥运会场馆如果没有在预定的时间完工，可能会造成极大的影响和损失。

对项目公司而言，在多数PPP项目中，项目公司通常只有项目开始运营后才能开始获得付费。因此，项目尽早开始运营，意味着项目公司可以尽早、尽可能长时间的获得收入。

基于上述原因，开始运营的时间和条件也是双方的谈判要点。

（二）开始运营的条件。

1. 一般条件。

在订立PPP项目合同时，双方会根据项目的技术特点和商业特性约定开始运营的条件，以确定开始运营及付费的时间点。常见的条件包括：

（1）项目的建设已经基本完工（除一些不影响运营的部分）并且已经达到满足项目目的的水平；

（2）已按照合同中约定的标准和计划完成项目试运营；

（3）项目运营所需的审批手续已经完成（包括项目相关的备案审批和竣工验收手续）；

（4）其他需要满足项目开始运营条件的测试和要求已经完成或具备。

2. 具体安排。

在一些PPP项目中，开始运营与建设完工为同一时间，完工日即被认定为开始运营日。但在另一些项目中，开始运营之前包括建设完工和试运营两个阶段，只有在试运营期满时才被认定为开始运营。

这种包括试运营期的安排通常适用以下两种情形：

（1）在项目完工后，技术上需要很长的测试期以确保性能的稳定性；

（2）在项目开始运营之前，需要进行大量的人员培训或工作交接。

（三）因项目公司原因导致无法按期开始运营的后果。

如果项目公司因自身原因没有按照合同约定的时间和要求开始运营，将可能承担如下后果：

1. 一般的后果：无法按时获得付费、运营期缩短。

通常来讲，根据PPP项目合同的付费机制和项目期限机制，如果项目公司未能按照合同约定开始运营，其开始获得付费的时间也将会延迟，并且在项目合作期限固定、不分别设置建设期和运营期且没有正当理由可以展期的情况下，延迟开始运营意味着项目公司的运营期（即获得付费的期限）也会随之缩短。

2. 支付逾期违约金。

一些 PPP 项目合同中会规定逾期违约金条款，即如果项目公司未能在合同约定的日期开始运营，则需要向政府方支付违约金。

需要注意的是，并非所有的 PPP 项目合同中都必然包括逾期违约金条款，特别是在逾期并不会对政府方造成很大损失的情况下，PPP 项目合同中的付费机制和项目期限机制已经足以保证项目公司有动机按时完工，因而无需再另行规定逾期违约金。

如果在 PPP 项目合同中加入逾期违约金条款，则应在项目采购阶段对逾期可能造成的损失进行评估，并据此确定逾期违约金的金额和上限（该上限是项目融资方非常关注的要点）。

3. 项目终止。

如果项目公司延误开始运营日超过一定的期限（例如，200 日），政府方有权依据 PPP 项目合同的约定主张提前终止该项目（关于终止的后果和处理机制，请见本章第十八节）。

4. 履约担保。

为了确保项目公司按时按约履行合同，有时政府方也会要求项目公司以履约保函等形式提供履约担保。如果项目公司没有按照合同约定运营项目，政府方可以依据双方约定的履约担保机制获得一定的赔偿（关于履约担保机制，请见本章第十二节）。

（四）因政府方原因导致无法按期开始运营的后果。

此处的政府方原因包括政府方违约以及在 PPP 项目合同中约定的由政府方承担的风险，例如政治不可抗力等（关于通常由政府方承担的风险，请见本章第一节）。

1. 延长工期和赔偿费用。

因政府方原因导致项目公司无法按期开始运营的，通常项目公司有权主张延迟开始运营日并向政府方索赔额外费用。

2. 视为已开始运营。

在一些采用政府付费机制的项目（如电站项目）中，对于因发生政府方违约、政治不可抗力及其他政府方风险而导致项目在约定的开始运营日前无法完工或无法进行验收的，除了可以延迟开始运营日之外，还可以规定"视为已开始运营"，即政府应从原先约定的开始运营日起向项目公司付费。

（五）因中性原因导致无法按期开始运营的后果。

此处的中性原因是指不可抗力及其他双方约定由双方共同承担风险的原因。不可抗力是指 PPP 项目合同签订后发生的，合同双方不能预见、不能避免并不能克服的客观情况，主要是指自然不可抗力，不包括按照合同约定属于政府方和项目公司违约或应由其承担风险的事项。

因中性原因导致政府方或项目公司不能按期开始运营的，受到该中性原因影响的一方或双方均可以免除违约责任（例如违约金、赔偿等），也可以根据该中性原因的影响期间申请延迟开始运营日。

二、运营期间的权利与义务

（一）项目运营的内容。

根据项目所涉行业和具体情况的不同，PPP 项目运营的内容也各不相同（关于各个行业的特性和运营特点，请见第四章），例如：

1. 公共交通项目运营的主要内容是运营有关的高速公路、桥梁、城市轨道交通等公共交通设施；

2. 公用设施项目运营的主要内容是供水、供热、供气、污水处理、垃圾处理等；

3. 社会公共服务项目运营的主要内容是提供医疗、卫生、教育等公共服务。

（二）项目运营的标准和要求。

在PPP项目的运营期内，项目公司应根据法律法规以及合同约定的要求和标准进行运营。常见的运营标准和要求包括：

1. 服务范围和服务内容；

2. 生产规模或服务能力；

3. 运营技术标准或规范；

4. 产品或服务质量要求；

5. 安全生产要求；

6. 环境保护要求；等等。

为保障项目的运营质量，PPP项目中通常还会要求项目公司编制运营与维护手册，载明生产运营、日常维护以及设备检修的内容、程序和频率等，并在开始运营之前报送政府方审查。运营维护手册以及具体运营标准通常会作为PPP项目合同的附件。

（三）运营责任划分。

一般情况下，项目的运营由项目公司负责。但在一些PPP项目、特别是公共服务和公用设施行业下的PPP项目中，项目的运营通常需要政府方的配合与协助。在这类项目中，政府方可能需要提供部分设施或服务，与项目公司负责建设运营的项目进行配套或对接，例如垃圾处理项目中的垃圾供应、供热项目中的管道对接等。

具体项目中如何划分项目的运营责任，需要根据双方在运营方面的能力及控制力来具体分析，原则上仍是由最有能力且最有效率的一方承担相关的责任。

（四）暂停服务。

在项目运营过程中不可避免地会因一些可预见的或突发的事件而暂停服务。暂停服务一般包括两类：

1. 计划内的暂停服务。

一般来讲，对项目设施进行定期的重大维护或者修复，会导致项目定期暂停运营。对于这种合理的、可预期的计划内暂停服务，项目公司应在报送运营维护计划时提前向政府方报告，政府方应在暂停服务开始之前给予书面答复或批准，项目公司应尽最大努力将暂停服务的影响降到最低。

发生计划内的暂停服务，项目公司不承担不履约的违约责任。

2. 计划外的暂停服务。

若发生突发的计划外暂停服务，项目公司应立即通知政府方，解释其原因，尽最大可能降低暂停服务的影响并尽快恢复正常服务。对于计划外的暂停服务，责任的划分按照一般的风险分担原则处理，即：

（1）如因项目公司原因造成，由项目公司承担责任并赔偿相关损失；

（2）如因政府方原因造成，由政府方承担责任，项目公司有权向政府方索赔因此造成的费用损失并申请延展项目期限；

（3）如因不可抗力原因造成，双方共同分担该风险，均不承担对对方的任何违约责任。

三、政府方对项目运营的监督和介入

政府方对于项目运营同样享有一定的监督和介入权（请见本章第十七节），通常包括：

1. 在不影响项目正常运营的情况下入场检查；

2. 定期获得有关项目运营情况的报告及其他相关资料（例如运营维护计划、经审计的财务报告、事故报告等）；

3. 审阅项目公司拟定的运营方案并提出意见；

4. 委托第三方机构开展项目中期评估和后评价；

5. 在特定情形下，介入项目的运营工作；等等。

四、公众监督

为保障公众知情权，接受社会监督，PPP项目合同中通常还会明确约定项目公司依法公开披露相关信息的义务。

关于信息披露和公开的范围，一般的原则是，除法律明文规定可以不予公开的信息外（如涉及国家安全和利益的国家秘密），其他的信息均可依据项目公司和政府方的合同约定予以公开披露。实践中，项目公司在运营期间需要公开披露的信息主要包括项目产出标准、运营绩效等，如医疗收费价格、水质报告。

第九节 项目的维护

在PPP项目合同中，有关项目维护的权利义务规定在很多情况下是与项目运营的有关规定重叠和相关的，通常会与项目运营放在一起统一规定，但也可以单列条款。有关项目维护的条款通常会规定项目维护义务和责任以及政府方对项目维护的监督等内容。

一、项目维护义务和责任

（一）项目维护责任。

在PPP项目中，通常由项目公司负责根据合同约定及维护方案和手册的要求对项目设施进行维护和修理，该责任不因项目公司将部分或全部维护事务分包给其他运营维护商实施而豁免或解除。

（二）维护方案和手册。

1. 维护方案。

为了更好地保障项目的运营和维护质量，在PPP项目合同中，通常会规定项目公司在合同生效后、开始运营日之前编制项目维护方案并提交政府方审核，政府方有权对该方案提出意见。在双方共同确定维护方案后，项目公司作出重大变更，均须提交政府方。但维护方案的实施是否以取得政府方同意为前提，则需要视维护的技术难度要求、政府方参与维护的程度、政府方希望对维护控制的程度等具体情况而定。

维护方案中通常包括项目运营期间计划内的维护、修理和更换的时间以及费用以及上述维护、修理和更换可能对项目运营产生的影响等内容。

2. 维护手册。

对于某些PPP项目、特别是技术难度较大的项目，除维护方案外，有时还需要编制详细的维护手册，进一步明确日常维护和设备检修的内容、程序及频率等。

（三）计划外的维护。

如果发生意外事故或其他紧急情况，需要进行维护方案之外的维护或修复工作，项目公司应立即通知政府方，解释其原因，并尽最大努力在最短的时间内完成修复工作。对于计划外的维护事项，责任的划分与计划外暂停服务基本一致，即：

1. 如因项目公司原因造成，由项目公司承担责任并赔偿相关损失；

2. 如因政府方原因造成，由政府方承担责任，项目公司有权向政府方索赔因此造成的费用和损失并申请延展项目期限；

3. 如因不可抗力及其他双方约定由双方共同承担风险的原因造成，双方共同分担该风险，均不承担对对方的任何违约责任。

二、政府方对项目维护的监督和介入

政府方对项目维护的监督和介入权，与对项目运营的监督和介入权类似，主要包括：在不影响项目正常运营和维护的情形下入场检查；定期获得有关项目维护情况的报告及其他相关资料；

审阅项目公司拟定的维护方案并提供意见；在特定情形下，介入项目的维护工作；等等。

第十节 股权变更限制

在PPP项目中，虽然项目的直接实施主体和PPP项目合同的签署主体通常是社会资本设立的项目公司，但项目的实施仍主要依赖于社会资本自身的资金和技术实力。项目公司自身或其母公司的股权结构发生变化，可能会导致不合适的主体成为PPP项目的投资人或实际控制人，进而有可能会影响项目的实施。鉴此，为了有效控制项目公司股权结构的变化，在PPP项目合同中一般会约定限制股权变更的条款。该条款通常包括股权变更的含义与范围以及股权变更的限制等内容。

一、限制股权变更的考虑因素

对于股权变更问题，社会资本和政府方的主要关注点完全不同，合理地平衡双方的关注点是确定适当的股权变更范围和限制的关键。

（一）政府方关注。

对于政府方而言，限制项目公司自身或其母公司的股权结构变更的目的主要是为了避免不合适的主体被引入到项目的实施过程中。由于在项目合作方选择阶段，通常政府方是在对社会资本的融资能力、技术能力、管理能力等资格条件进行系统评审后，才最终选定社会资本合作方。因此如果在项目实施阶段、特别是建设阶段，社会资本将自身或项目公司的部分或全部股权转让给不符合上述资格条件的主体，将有可能直接导致项目无法按照既定目的或标准实施。

(二) 社会资本关注。

对社会资本而言，其希望通过转让其所直接或间接持有的部分或全部的项目公司股权的方式，来吸引新的投资者或实现退出。保障其自由转让股权的权利，有利于增加资本灵活性和融资吸引力，进而有利于社会资本更便利地实现资金价值。因此，社会资本当然不希望其自由转让股份的权利受到限制。

因此，为更好地平衡上述两方的不同关注，PPP项目合同中需要设定一个适当的股权变更限制机制，在合理的期限和限度内有效的限制社会资本不当变更股权。

二、股权变更的含义与范围

在不同PPP项目中，政府方希望控制的股权变更范围和程度也会有所不同，通常股权变更的范围包括：

(一) 直接或间接转让股权。

在国际PPP实践、特别是涉及外商投资的PPP项目中，投资人经常会搭建多层级的投资架构，以确保初始投资人的股权变更不会对项目公司的股权结构产生直接影响。但在一些PPP项目合同中，会将项目公司及其各层级母公司的股权变更均纳入股权变更的限制范围，但对于母公司股权变更的限制，一般仅限于可能导致母公司控股股东变更的情形。例如，在PPP项目合同中规定，在一定的期间内，项目公司的股权变更及其各级控股母公司的控股股权变更均须经过政府的事前书面批准。

(二) 并购、增发等其他方式导致的股权变更。

PPP合同中的股权变更，通常并不局限于项目公司或母公司的股东直接或间接将股权转让给第三人，还包括以收购其他公司股权或者增发新股等其他方式导致或可能导致项目公司股权结构或母公司控股股东发生变化的情形。

(三) 股份相关权益的变更。

广义上的股权变更，除包括普通股、优先股等股份的持有权变更以外，还包括股份上附着的其他相关权益的变更，例如表决权等。此外，一些特殊债权，如股东借款、可转换公司债等，如果也带有一定的表决权或者将来可转换成股权，则也可能被纳入"股权变更"的限制范围。

(四) 兜底规定。

为了确保"股权变更"范围能够全面地涵盖有可能影响项目实施的股权变更，PPP项目合同中往往还会增加一个关于股权变更范围的"兜底性条款"，即"其他任何可能导致股权变更的事项"。

三、股权变更的限制

(一) 锁定期。

1. 锁定期的含义。

锁定期，是指限制社会资本转让其所直接或间接持有的项目公司股权的期间。通常在PPP项目合同中会直接规定：在一定期间内，未经政府批准，项目公司及其母公司不得发生上文定义的任何股权变更的情形。这也是股权变更限制的最主要机制。

2. 锁定期期限。

锁定期的期限需要根据项目的具体情况进行设定，常见的锁定期是自合同生效日起,至项目开始运营日后的一定期限(例如2年,通常至少直至项目缺陷责任期届满)。这一规定的目的是为了确保在社会资本履行完其全部出资义务之前不得轻易退出项目。

3. 例外情形。

在锁定期内,如果发生以下特殊的情形,可以允许发生股权变更:

(1)项目贷款人为履行本项目融资项下的担保而涉及的股权结构变更;

(2)将项目公司及其母公司的股权转让给社会资本的关联公司;

(3)如果政府参股了项目公司,则政府转让其在项目公司股权的不受上述股权变更限制。

(二)其他限制。

除锁定期外,在一些PPP项目合同中还可能会约定对受让方的要求和限制,例如约定受让方须具备相应的履约能力及资格,并继承转让方相应的权利义务等。在一些特定的项目中,政府方有可能不希望特定的主体参与到PPP项目中,因此可能直接在合同中约定禁止将项目公司的股权转让给特定的主体。

这类对于股权受让方的特殊限制通常不以锁定期为限,即使在锁定期后,仍然需要政府方的事前批准才能实施。但此类限制通常不应存在任何地域或所有制歧视。

(三)违反股权变更限制的后果。

一旦发生违反股权变更限制的情形,将直接认定为项目公司的违约行为,情节严重的,政府方将有权因该违约而提前终止项目合同。

第十一节 付费机制

付费机制关系PPP项目的风险分配和收益回报,是PPP项目合同中的核心条款。实践中,需要根据各方的合作预期和承受能力,结合项目所涉的行业、运作方式等实际情况,因地制宜地设置合理的付费机制。

一、付费机制的分类

在PPP项目中,常见的付费机制主要包括以下三类:

(一)政府付费。

政府付费(Government Payment)是指政府直接付费购买公共产品和服务。在政府付费机制下,政府可以依据项目设施的可用性、产品或服务的使用量以及质量向项目公司付费。政府付费是公用设施类和公共服务类项目中较为常用的付费机制,在一些公共交通项目中也会采用这种机制。

(二)使用者付费。

使用者付费(User Charges)是指由最终消费用户直接付费购买公共产品和服务。项目公司直接从最终用户处收取费用,以回收项目的建设和运营成本并获得合理收益。高速公路、桥梁、地铁等公共交通项目以及供水、供热等公用设施项目通常可以采用使用者付费机制。

(三)可行性缺口补助。

可行性缺口补助(Viability Gap Funding,简称VGF)是指使用者付费不足以满足项目公司成本回收和合理回报时,由政府给予项目公司一定的经济补助,以弥补使用者付费之外的缺口部分。可行性缺口补助是在政府付费机制与使用者付费机制之外的一种折衷选择。在我国实践中，可行性缺口补助的形式多种多样，具体可能包括土地划拨、投资入股、投资补助、优惠贷款、贷款贴息、放弃分红权、授予项目相关开发收益权等其中的一种或多种。

二、设置付费机制的基本原则和主要因素

（一）基本原则。

不同 PPP 项目适合采用的付费机制可能完全不同，一般而言，在设置项目付费机制时需要遵循以下基本原则：既能够激励项目公司妥善履行其合同义务，又能够确保在项目公司未履行合同义务时，政府能够通过该付费机制获得有效的救济。

（二）主要考虑因素。

在设置付费机制时，通常需要考虑以下因素：

1. 项目产出是否可计量。PPP 项目所提供的公共产品或服务的数量和质量是否可以准确计量，决定了其是否可以采用使用量付费和绩效付费方式。因此，在一些公用设施类和公共服务类 PPP 项目中，如供热、污水处理等，需要事先明确这类项目产出的数量和质量是否可以计量以及计量的方法和标准，并将上述方法和标准在 PPP 项目合同中加以明确。

2. 适当的激励。付费机制应当能够保证项目公司获得合理的回报，以对项目公司形成适当、有效的激励，确保项目实施的效率和质量。

3. 灵活性。鉴于 PPP 项目的期限通常很长，为了更好地应对项目实施过程中可能发生的各种情势变更，付费机制项下一般也需要设置一定的变更或调整机制。

4. 可融资性。对于需要由项目公司进行融资的 PPP 项目，在设置付费机制时还需考虑该付费机制在融资上的可行性以及对融资方吸引力。

5. 财政承受能力。在多数 PPP 项目、尤其是采用政府付费和可行性缺口补助机制的项目中，财政承受能力关系到项目公司能否按时足额地获得付费，因此需要事先对政府的财政承受能力进行评估。

（三）定价和调价机制。

在付费机制项下，通常还要根据相关法律法规规定、结合项目自身特点，设置合理的定价和调价机制，以明确项目定价的依据、标准，调价的条件、方法和程序，以及是否需要设置唯一性条款和超额利润限制机制等内容。

鉴于不同付费机制下 PPP 项目的基本架构和运作方式可能完全不同，相关合同条款约定往往存在较大差异，本指南第三章将对不同付费机制下的核心要素进行详细阐述。此外，不同付费机制、不同行业领域下 PPP 项目定价和调价的依据、考虑因素和方法也各不相同，将在本指南第三章、第四章中分别进行论述。

第十二节 履约担保

一、概述

（一）履约担保的含义和方式。

在大部分 PPP 项目中，政府通常会与专门为此项目新设的、没有任何履约记录的项

目公司签约。鉴于项目公司的资信能力尚未得到验证，为了确保项目公司能够按照合同约定履约，政府通常会希望项目公司或其承包商、分包商就其履约义务提供一定的担保。本节所述的履约担保广义上是指为了保证项目公司按照合同约定履行合同并实施项目所设置的各种机制。

履约担保的方式通常包括履约保证金、履约保函以及其他形式的保证等。

（二）要求项目公司提供履约担保的主要考虑因素。

在传统的采购模式中，政府通常可能会要求项目承包商或分包商通过提供保函或第三人保证（例如母公司担保）等方式为其履约进行担保。

但PPP模式与传统的采购模式有所不同，在要求项目公司提供履约担保时还需要考虑以下因素：

1. 社会资本成立项目公司的目的之一就是通过项目责任的有限追索来实现风险剥离（即项目公司的投资人仅以其在项目公司中的出资为限对项目承担责任），因此多数情况下项目公司的母公司本身可能并不愿意为项目提供额外的担保；

2. PPP项目本身通常已经设置了一些保证项目公司按合同履约的机制（例如付费机制和项目期限机制等），足以激励和约束项目公司妥善履约；

3. 在PPP项目中并非采用的担保方式越多、担保额度越大对政府越有利，因为实际上每增加一项担保均会相应增加项目实施的成本。

（三）选择履约担保方式的基本原则。

为了更好地实现物有所值原则，在具体项目中是否需要项目公司提供履约担保、需要提供何种形式的担保以及担保额度，均需要具体分析和评估。一般的原则是，所选用的担保方式可以足够担保项目公司按合同约定履约，且在出现违约的情形下政府有足够的救济手段即可。

如果该项目公司的资信水平和项目本身的机制足以确保项目公司不提供履约担保同样能够按照合同约定履约，且在项目公司违约的情形下，政府有足够的救济手段，则可以不需要项目公司提供履约担保。

反言之，如果项目公司资信和项目机制均不足以确保项目公司按合同约定履约，同时项目公司违约时，政府缺乏充足有效的救济手段，则需要项目公司提供适当的履约担保。

二、常见的履约担保方式——保函

在PPP实践中，最为常见、有效的履约担保方式是保函。保函是指金融机构（通常是银行）应申请人的请求，向第三方（即受益人）开立的一种书面信用担保凭证，用以保证在申请人未能按双方协议履行其责任或义务时，由该金融机构代其履行一定金额、一定期限范围内的某种支付责任或经济赔偿责任。在出具保函时，金融机构有可能要求申请人向金融机构提供抵押或者质押。

为了担保项目公司根据PPP项目合同约定的时间、质量实施项目、履行义务，政府可以要求项目公司提供一个或多个保函，具体可能包括建设期履约保函、维护保函、移交维修保函等。在PPP项目中，保函既包括项目公司向政府提供的保函，也包括项目承包商、分包商或供应商为担保其合同义务履行而向项目公司或直接向政府提供的保函。

政府可能根据项目的实际情况，要求项目公司在不同期间提供不同的保函，常见的保函包括：

（一）建设期的履约保函。

建设期履约保函是比较常见的一种保函，主要用于担保项目公司在建设期能够按照合同约定的标准进行建设，并且能够按时完工。该保函的有效期一般是从项目合同全部生效之日起到建设期结束。

（二）运营维护期的履约保函/维护保函。

运营维护期的履约保函，也称维护保函，主要用以担保项目公司在运营维护期内按照项目合同的约定履行运营维护义务。该保函的有效期通常视具体项目而定，可以一直到项目期限终止。在项目期限内，项目公司有义务保证该保函项下的金额一直保持在一个规定的金额，一旦低于该金额，项目公司应当及时将该保函恢复至该规定金额。

（三）移交维修保函。

在一些PPP项目中，还可能会约定移交维修保函。移交维修保函提交时点一般在期满终止日12个月之前，担保至期满移交后12个月届满。

与此同时，在PPP项目合同签订前，政府还可能要求项目公司提供下列保函：

（一）投标保函。

在许多PPP项目中，政府会要求参与项目采购的社会资本提供一个银行保函，作为防止恶意参与采购的一项保障（如社会资本参与采购程序仅仅是为了获取商业信息，而没有真正的签约意图）。这类保函通常在采购程序结束并且选定社会资本同意或正式签署PPP项目合同时才会予以返还。因此，投标保函并不直接规定在PPP项目合同中，因为一旦签署了PPP项目合同，投标保函即被返还并且失效。

（二）担保合同前提条件成就的履约保函。

在一些PPP项目中，为了确保项目公司能够按照规定的时间达成融资交割等PPP项目合同中约定的前提条件，政府可能会要求项目公司在签署PPP项目合同之前向政府提交一份履约保函，以担保合同前提条件成就。该保函通常在PPP项目合同条款全部生效之日即被返还并失效（关于前提条件，请见本章第四节）。

第十三节 政 府 承 诺

为了确保PPP项目的顺利实施，在PPP项目合同中通常会包括政府承诺的内容，用以明确约定政府在PPP项目实施过程中的主要义务。一般来讲，政府承诺需要同时具备以下两个前提：一是如果没有该政府承诺，会导致项目的效率降低、成本增加甚至无法实施；二是政府有能力控制和承担该义务。

由于PPP项目的特点和合作内容各有不同，需要政府承担的义务有可能完全不同。在不同PPP项目合同中，政府承诺有可能集中规定在同一条款项下，也有可能散见于不同条款中。实践中较为常见的政府承诺如下：

一、付费或补助

在采用政府付费机制的项目中，政府按项目的可用性、使用量或绩效来付费是项目的主要回报机制；在采用可行性缺口补助机制的项目中，也需要政府提供一定程度的补助。对于上述两类项目，按照合同约定的时间和金额付费或提供补助是政府的主要义务。

在一些供电、供气等能源类项目中，可能会设置"照付不议"的付费安排，即政府在项目合同中承诺一个最低采购量，如果项目公司按照该最低采购量供应有关能源并且不存在项目公司违约等情形，不论政府是否需要采购有关能源，其均应按照上述最低采购量付费。

二、负责或协助获取项目相关土地权利

在一些PPP项目合同中，根据作为一方签约主体的政府方的职权范围以及项目的具体情形不同，政府方有可能会承诺提供项目有关土地的使用权或者为项目公司取得相关土地权利提供必要的协助（关于土地取得的机制，请见本章第六节）。

三、提供相关连接设施

一些PPP项目的实施，可能无法由项目公司一家独自完成，还需要政府给予一定的配套支持，包括建设部分项目配套设施，完成项目与现有相关基础设施和公用事业的对接等。例如，在一些电力项目中，除了电厂建设本身，还需要建设输电线路以及其他辅助连接设施用以实现上网或并网发电，这部分连接设施有可能由政府方建设或者由双方共同建设。因此，在这类PPP项目中，政府方可能会承诺按照一定的时间和要求提供其负责建设的部分连接设施。

四、办理有关政府审批手续

通常PPP项目的设计、建设、运营等工作需要获得政府的相关审批后才能实施。为了提高项目实施的效率，一些PPP项目合同中，政府方可能会承诺协助项目公司获得有关的政府审批。尤其是对于那些项目公司无法自行获得或者由政府方办理会更为便利的审批，甚至可能会直接规定由政府方负责办理并提供合法有效的审批文件。但政府承诺的具体审批范围以及承诺的方式，需要根据法律法规的有关规定、项目具体情况以及获得相关审批的难易程度作具体评估。

五、防止不必要的竞争性项目

在采用使用者付费机制的项目中，项目公司需要通过从项目最终用户处收费以回收投资并获取收益，因此必须确保有足够的最终用户会使用该项目设施并支付费用。鉴此，在这类项目的PPP项目合同中，通常会规定政府方有义务防止不必要的竞争性项目，即通常所说的唯一性条款。例如，在公路项目中，通常会规定政府承诺在一定年限内、在PPP项目附近一定区域不会修建另一条具有竞争性的公路（关于唯一性条款，请见第四章第一节）。

六、其他承诺

在某些PPP项目合同中也有可能规定其他形式的政府承诺。例如，在污水处理和垃圾处理项目中，政府可能会承诺按时提供一定量的污水或垃圾以保证项目的运营。

第十四节 保 险

在项目合同谈判中，通常只有在最后阶段才会谈及项目相关的保险问题，因此这一问题也极易被有关各方所忽略。然而，能否获得相关保险、保险覆盖的范围等问题恰恰

是项目风险的核心所在,需要政府与项目公司在谈判中予以重点关注。本节将就项目保险所涉的相关问题进行概述。

需要特别说明的是,保险并不能覆盖项目的所有风险,对于具体项目涉及的具体风险而言,保险也并不一定是最适合的风险应对方式。此外,由于保险是一个复杂且专业的领域,具体项目需要购买哪些保险还需要根据项目的具体情况来制定保险方案,并参考专业保险顾问的意见。

一、一般保险义务

(一)购买和维持保险义务。

大多数PPP项目合同会约定由项目公司承担购买和维持保险的相关义务,具体可能包括:

1. 在整个PPP项目合作期限内,购买并维持项目合同约定的保险,确保其有效且达到合同约定的最低保险金额;

2. 督促保险人或保险人的代理人在投保或续保后尽快向政府提供保险凭证,以证明项目公司已按合同规定取得保单并支付保费;

3. 如果项目公司没有购买或维持合同约定的某项保险,则政府可以投保该项保险,并从履约保函项下扣抵其所支付的保费或要求项目公司偿还该项保费;

4. 向保险人或保险代理人提供完整、真实的项目可披露信息;

5. 在任何时候不得作出或允许任何其他人作出任何可能导致保险全部或部分失效、可撤销、中止或受损害的行为;

6. 当发生任何可能影响保险或其项下的任何权利主张的情况或事件时,项目公司应立即书面通知政府方;

7. 尽一切合理努力协助政府或其他被保险人及时就保险提出索赔或理赔;等等。

(二)保单要求。

在PPP项目合同中,政府方可能会要求保单满足以下要求:

1. 项目公司应当以政府方及政府方指定的机构作为被保险人进行投保;

2. 保险人同意放弃对政府方行使一些关键性权利,比如代位权(即保险人代替被保险人向政府及其工作人员主张权利)、抵扣权(根据《保险法》第六十条第二款规定:前款规定的保险事故发生后,被保险人已经从第三者取得损害赔偿的,保险人赔偿保险金时,可以相应扣减被保险人从第三者已取得的赔偿金额)以及多家保险公司共同分摊保险赔偿的权利,等等。

3. 在取消保单、不续展保单或对保单做重大修改等事项发生时提前向政府方发出书面通知。

当然,实践中政府方需要根据项目实际情况以及保险人的意愿确定具体的保单要求。

(三)保险条款变更。

由于保险条款的变更可能对项目风险产生影响,一般情况下,合同中会规定未经政府方同意,不得对保险合同的重要条款(包括但不限于保险范围、责任限制以及免赔范围等等)做出实质性变更。

政府方在审议保险条款变更事项时，需要结合当时的市场情况，分析保险条款变更是否会对项目整体保险方案产生影响以及影响的程度等。

二、常见的保险种类

在选择需要投保的险种时，各方需要考虑项目的具体风险以及相关保险能否在当地获得。实践中，可供选择的险种包括但不限于：

（一）货物运输保险。

投保货物运输相关保险主要是为了转移项目相关的材料和设备在运输途中遭遇损坏或灭失的风险。主要分为海洋货物运输保险、国内水路货物运输保险、国内陆路货物运输保险、航空货物运输保险和其他货物运输保险。

（二）建筑工程一切险。

建筑工程一切险是针对在项目现场的所有作业和财产的保险。这一保险主要承保因保险合同所列除外责任以外的自然灾害或意外事故造成的在建工程物质损失。同时，可以加保第三者责任险，以使保险公司承保与建筑工程直接相关的、由意外事故或由建筑作业所造成的工地内或邻近地区内的第三者人身伤亡或财产损失。

（三）安装工程一切险。

安装工程一切险是采用除外列明方式，为机器设备的安装和调试提供一切险保障。安装工程一切险承保被保险工程项目在安装过程中由于自然灾害、意外事故（不包括保险条款中规定的除外责任）等造成的物质损坏或灭失，以及与所承保工程直接相关的意外事故引起工地内及邻近区域的第三者人身伤亡、疾病或财产损失。

（四）第三者责任险。

从项目开始建设到特许权期结束的整个期间内，项目公司都要确保已对在项目所在地发生的、因实施工程或运营导致的第三者人身伤害或财产损失进行投保。这项保险非常重要，保险覆盖的风险事件应当尽可能的宽泛。

（五）施工机具综合保险。

这一保险通常是指在工程建设、安装、运营测试及调试期间，就项目公司选定的承包商自有或其租赁的施工机具的损坏或灭失的可保风险进行投保。具体承保的范围与除外责任，依具体保险合同的约定可能略有不同，投保的范围也需要根据项目作业的类型，以及关键设备的数量来定。

（六）雇主责任险。

这一保险通常是对所有雇员在从事与工程建设和运营有关的业务工作时，因遭受意外或患与业务有关的国家规定的职业性疾病而致伤、残或死亡的，对被保险人依照劳动合同和我国法律须承担的医疗费及赔偿责任等进行投保。

第十五节 守法义务及法律变更

PPP项目合同中的守法义务及法律变更机制，可能会规定在同一条款中，也可能散见于不同条款项下，通常包括以下几部分内容：

一、法律的含义（通常会规定在合同的定义中）

法律通常是一个比较宽泛的概念。根据我国《立法法》的规定，广义的法律主要包括：

（一）全国人民代表大会及常务委员会制定的法律（狭义的"法律"）；

（二）全国人民代表大会常务委员会制定的法律解释（"法律解释"）；

（三）国务院制定的行政法规，各省、自治区、直辖市人民代表大会及其常务委员会制定的地方性法规、自治条例、单行条例（"行政法规"）；

（四）国务院各部、委员会、中国人民银行、审计署和具有行政管理职能的直属机构制定的部门规章（"部门规章"）；

（五）省、自治区、直辖市和较大的市的人民政府制定的地方政府规章（"地方政府规章"）。

在司法实践中，由各级政府和政府部门出台的一些政策性文件，虽然并不属于《立法法》规定的严格意义上的法律范畴，但也具有一定的强制性效力。因此此类规范性文件通常也会包含在PPP项目合同中"法律"的范围内。

二、守法义务

在PPP项目合同中，通常会规定项目公司在实施PPP项目的过程中有义务遵守上述广义"法律"的规定。需要特别强调的是，PPP项目合同中应体现政府采购（包括投资人选择和合同谈判）过程中依据政府采购相关法律已确定的各项要求，例如采购本国货物和服务、保护环境、扶持不发达地区和少数民族地区、促进中小企业发展、技术引进和本地化转移等要求。

三、"法律变更"的定义（通常会规定在合同的定义中）

在我国法律中，对于"法律变更"并没有明文的规定。在PPP项目合同中，法律变更通常会被定义为在PPP项目合同生效日之后颁布的各级人民代表大会或其常务委员会或有关政府部门对任何法律的施行、修订、废止或对其解释或执行的任何变动。

四、法律变更的后果

（一）政府方可控的法律变更的后果。

在PPP项目中，某些法律变更事件可能是由作为PPP项目合同签约主体的政府方直接实施或者在政府方职权范围内发生的，例如由该政府方、或其内设政府部门、或其下级政府所颁行的法律。对于此类法律变更，可认定为政府方可控的法律变更，具体后果可能包括：

1. 在建设期间，如果因发生政府方可控的法律变更导致项目发生额外费用或工期延误，项目公司有权向政府方索赔额外费用或要求延长工期（如果是采用政府付费机制的项目，还可以要求认定"视为已开始运营"）；

2. 在运营期间，如果因发生政府方可控的法律变更导致项目公司运营成本费用增加，项目公司有权向政府方索赔额外费用或申请延长项目合作期限；

3. 如果因发生政府方可控的法律变更导致合同无法继续履行，则构成"政府违约事件"，项目公司可以通过违约条款及提前终止机制等进行救济（关于违约及提前终止，请见本章第十八节）。

（二）政府方不可控的法律变更的后果。

对于超出政府方可控范围的法律变更，如由国家或上级政府统一颁行的法律等，应视为不可抗力，按照不可抗力的机制进行处理。在某些 PPP 项目合同中，也有可能将此类法律变更直接定义为政治不可抗力，并约定由政府方承担该项风险（关于不可抗力的机制，请见本章第十六节）。

第十六节 不 可 抗 力

不可抗力条款是 PPP 项目合同中一个重要的免责条款，用于明确一些双方均不能控制又无过错的事件的范围和后果，通常包括不可抗力的定义和种类以及不可抗力的法律后果两部分内容。

一、不可抗力的定义和种类

在 PPP 实践中，关于不可抗力并没有统一的定义，通常情况下，合同方在确定不可抗力的定义和范围时会参照项目所在国关于不可抗力的法律规定以及项目的风险分配方案。

我国《合同法》第117条规定，"不可抗力是指不能预见、不能避免并不能克服的客观情况"。实践中，合同中有时会约定只有不可抗力事件发生且其效果持续一定期间以上足以影响合同的正常履行，才构成合同约定的不可抗力。

（一）定义方式。

常见的不可抗力界定方式包括概括式、列举式和概括加列举式三种。

单纯的概括式定义过于笼统，容易引起合同执行过程中的争议；而单纯列举式的无法穷尽，容易有所遗漏。鉴此，多数 PPP 项目合同采用的是概述加列举式，即先对不可抗力进行概括的定义，再列举具体的不可抗力情形，最后再加一个兜底的表述。

例如：本合同所称的不可抗力，是指合同一方无法预见、控制、且经合理努力仍无法避免或克服的、导致其无法履行合同项下义务的情形，包括但不限于：台风、地震、洪水等自然灾害；战争、罢工、骚乱等社会异常现象；征收征用等政府行为；以及双方不能合理预见和控制的任何其他情形。

（二）不可抗力的特殊分类。

鉴于 PPP 项目合同的签约主体一方为政府，其所控制风险的范围和能力与一般的签约主体不同，因此实践中一些 PPP 项目合同会将不可抗力事件分为政治不可抗力和自然不可抗力，并对不同类型不可抗力事件的法律后果进行区别处理。

1. 政治不可抗力。

政治不可抗力事件通常包括非因签约政府方原因导致的、且不在其控制下的征收征用、法律变更（即"政府不可控的法律变更"）、未获审批等政府行为引起的不可抗力事件。

在 PPP 实践中，考虑到政府方作为 PPP 项目合同的签约主体，对于上述不可抗力事件具有一定的影响能力，因此一些 PPP 项目合同中，将此类政治不可抗力事件归为政府方应承担的风险，并约定如下的法律后果：

（1）发生政治不可抗力事件，项目公司有权要求延长工期、获得额外补偿或延长项目合作期限；

（2）如因政治不可抗力事件导致项目提前终止，项目公司还可获得比其他不可抗力事件更多的回购补偿,甚至可能包括利润损失(关于回购补偿机制,请见本章第十八节)。

2. 自然不可抗力。

主要是指台风、冰雹、地震、海啸、洪水、火山爆发、山体滑坡等自然灾害;有时也可包括战争、武装冲突、罢工、骚乱、暴动、疫情等社会异常事件。这类不可抗力则通常按照一般不可抗力的法律后果处理(见下文)。

二、不可抗力的法律后果

在 PPP 项目合同中,除政治不可抗力外,一般不可抗力的法律后果通常包括:

(一)免于履行。

如在 PPP 项目合同履行过程中,发生不可抗力并导致一方完全或部分无法履行其合同义务时,根据不可抗力的影响可全部或部分免除该方在合同项下的相应义务。

但在一些 PPP 项目、特别是采用政府付费机制的项目中,也可能在 PPP 项目合同中约定由政府方承担全部或部分不可抗力风险,在不可抗力影响持续期间,政府仍然有义务履行全部或部分付款义务。

(二)延长期限。

如果不可抗力发生在建设期或运营期,则项目公司有权根据该不可抗力的影响期间申请延长建设期或运营期。

(三)免除违约责任。

不可抗力条款启动后,在不可抗力事件持续期间(或双方另外约定的期间),受影响方无需为其中止履约或履约延误承担违约责任。

(四)费用补偿。

对于不可抗力发生所产生的额外费用,原则上由各方自行承担,政府不会给予项目公司额外的费用补偿。

(五)解除合同。

如果不可抗力发生持续超过一定期间,例如 12 个月,任何一方均有权提出解除合同(关于因不可抗力导致终止后的处理,请见本章第十八节)。

第十七节 政府方的监督和介入

由于 PPP 项目通常是涉及公共利益的特殊项目,从履行公共管理职能的角度出发,政府需要对项目执行的情况和质量进行必要的监控,甚至在特定情形下,政府有可能临时接管项目。PPP 项目合同中关于政府方的监督和介入机制,通常包括政府方在项目实施过程中的监督权以及政府方在特定情形下对项目的介入权两部分内容。

一、政府方的监督权

在项目从建设到运营的各个实施阶段,为了能够更好地了解项目进展、确保项目能够按照合同约定履行,政府方通常会在 PPP 项目合同中规定各种方式的监督权利,这些监督权通常散见于合同的不同条款中。需要特别说明的是,政府方的监督权必须在不影响项目正常实施的前提下行使,并且必须要有明确的限制,否则将会违背 PPP 项目的初衷,将本已交由项目公司承担的风险和管理角色又揽回到政府身上。不同项目、不同阶段下的政府监督权的内容均有可能不同，常见的政府方监督权包括：

（一）项目实施期间的知情权。

在PPP项目合同中通常会规定项目公司有义务定期向政府提供有关项目实施的报告和信息，以便政府方及时了解项目的进展情况。政府方的上述知情权贯穿项目实施的各个阶段，每一阶段知情权的内容和实现方式也会有所不同，具体包括：

1. 建设期——审阅项目计划和进度报告。

在项目正式开工以前（有时在合同签订前），项目公司有义务向政府提交项目计划书，对建设期间重要节点作出原则规定，以保障按照该工程进度在约定的时间内完成项目建设并开始运营。

在建设期间，项目公司还有义务定期向政府提交项目进度报告，说明工程进度及项目计划的完成情况。

有关上述项目计划和进度报告的格式和报送程序，应在PPP项目合同的合同条款或者附件中予以明确约定。

2. 运营维护期——审阅运营维护手册和有关项目运营情况的报告。

在开始运营之前，项目公司通常应编制项目运营维护手册，载明生产运营、日常维护以及设备检修的内容、程序和频率等，并在开始运营日之前报送政府备查。

在运营维护期间，项目公司通常还应定期向政府报送有关运营情况的报告或其他相关资料，例如运营维护报告（说明设备和机器的现状以及日常检修、维护状况等）、严重事故报告等。此外，有时政府也会要求项目公司定期提交经审计的财务报告、使用者相关信息资料等。

（二）进场检查和测试。

在PPP项目合同中，有时也会规定在特定情形和一定限制条件下，政府方有权进入项目现场进行检查和测试。

政府方行使进场检查和测试权不得影响项目的正常实施，并且受制于一些特定的条件，例如：需要遵守一般的安全保卫规定，并且不得影响项目的正常建设和运营；履行双方约定的合理通知义务后才可入场；仅在检查建设进度、监督项目公司履约情况等特定目的下才有权进入场地；等等。

（三）对承包商和分包商选择的监控。

有时政府方也希望在建设承包商或者运营维护分包商的选择上进行一定程度的把控。通常可能采取两种途径：

1. 在合同中约定建设承包商或运营维护分包商的资质要求。但须特别注意，上述要求必须是保证本项目建设质量或者运营质量所必需的且合理的要求，不得不合理地限制项目公司自行选择承包商或分包商的权利。

2. 事先知情权。要求项目公司在签订工程承包合同或运营维护合同前事先报告政府方，由政府方在规定的期限（例如，5个工作日）内确认该承包商或分包商是否符合上述合同约定的资质要求；如果在规定期限内，政府方没有予以正式答复，则视为同意项目公司所选择的承包商或分包商。

需要特别说明的是，在PPP项目中，原则上项目公司应当拥有选择承包商和分包商的充分控制权。政府方对于项目质量的控制一般并不依赖于对承包商及分包商选择的直接控制，而是通过付费机制和终止权利来间接把控项目的履约。例如，如果项目质量无法达到合同约定的标准，项目的付费就会被扣减，甚至在严重情形下，政府方可以终止项目。

（四）参股项目公司。

在 PPP 实践中，为了更直接地了解项目的运作以及收益情况，政府也有可能通过直接参股项目公司的方式成为项目公司股东、甚至董事（即使政府所持有的股份可能并不多），以便更好地实现知情权。在这种情形下，原则上政府与其他股东相同，享有作为股东的基本权益，同时也需履行股东的相关义务，并承担项目风险，但是经股东协商一致，政府可以选择放弃部分权益或者可能被免除部分义务。有关政府与其他股东的权利义务安排，通常会规定在项目公司的股东协议中。

二、政府方的介入权

除了上述的一般监督权，在一些 PPP 项目合同中，会赋予政府方在特定情形下（如紧急情况发生或者项目公司违约）直接介入项目实施的权利。但与融资方享有的介入权不同，政府方的介入权通常适用于发生短期严重的问题且该问题需要被快速解决、而政府方在解决该问题上更有优势和便利的情形，通常包括项目公司未违约情形下的介入和项目公司违约情形下的介入两类。需要注意的是，上述介入权是政府一项可以选择的权利，而非必须履行的义务。

（一）项目公司未违约情形下的介入。

1. 政府方可以介入的情形。

为了保证项目公司履行合同不会受到不必要的干预，只有在特定的情形下，政府方才拥有介入的权利。常见的情形包括：

（1）存在危及人身健康或安全、财产安全或环境安全的风险；

（2）介入项目以解除或行使政府的法定责任；

（3）发生紧急情况，且政府合理认为该紧急情况将会导致人员伤亡、严重财产损失或造成环境污染，并且会影响项目的正常实施。

如果发生上述情形，政府方可以选择介入项目的实施，但政府方在介入项目之前必须按 PPP 项目合同中约定的通知程序提前通知项目公司，并且应当遵守合同中关于行使介入权的要求。

2. 政府方介入的法律后果。

在项目公司未违约的情形下，发生了上述政府方可以介入的情形，政府方如果选择介入项目，需要按照合同约定提前通知项目公司其介入的计划以及介入的程度。该介入的法律后果一般如下：

（1）在政府方介入的范围内，如果项目公司的任何义务或工作无法履行，这些义务或工作将被豁免；

（2）在政府方介入的期间内，如果是采用政府付费机制的项目，政府仍应当按照合同的约定支付服务费或其他费用，不论项目公司是否提供有关的服务或是否正常运营；

(3) 因政府方介入引发的所有额外费用均由政府承担。

(二) 项目公司违约情形下的介入。

如果政府方在行使监督权时发现项目公司违约，政府方认为有可能需要介入的，通常应在介入前按照 PPP 项目合同的约定书面通知项目公司并给予其一定期限自行补救；如果项目公司在约定的期限内仍无法补救，政府方才有权行使其介入权。

政府方在项目公司违约情形下介入的法律后果一般如下：

1. 政府方或政府方指定第三人将代项目公司履行其违约所涉及的部分义务；

2. 在项目公司为上述代为履行事项提供必要协助的前提下，在政府方介入的期间内，如果是采用政府付费或可行性缺口补助机制的项目，政府方仍应当按照合同约定就不受违约影响部分的服务或产品支付费用或提供补助；

3. 任何因政府方介入产生的额外费用均由项目公司承担，该部分费用可从政府付费中扣减或者由项目公司另行支付；

4. 如果政府方的介入仍然无法补救项目公司的违约，政府方仍有权根据提前终止机制终止项目合同（关于提前终止机制，请见本章第十八节）。

第十八节 违约、提前终止及终止后处理机制

违约和提前终止条款是 PPP 项目合同中的重要条款之一，通常会规定违约事件、终止事由以及终止后的处理机制等内容。

一、违约事件

(一) 概述。

在 PPP 项目合同中，通常会明确约定可能导致合同终止的违约事件，这些违约事件通常是由于合同一方违反 PPP 项目合同中的重大义务而引起的。

违约事件的发生并不直接导致项目合同终止。在 PPP 项目合同中通常会规定通知和补救程序，即如果在 PPP 项目合同履行过程中发生违约事件，未违约的合同相对方应及时通知违约方，并要求违约方在限期内进行补救，如违约方在该限期内仍无法补救的，则合同相对方有权终止 PPP 项目合同。

此处有一种特殊情形，即在 PPP 项目合同中规定了融资方介入权或者政府、融资方和项目公司三方签署了直接接入协议的情形下，项目公司违约事件发生且在限期内无法补救时，还会允许融资方或其指定的第三方进行补救（关于融资方介入权，请见本章第五节）。

(二) 违约事件的界定方式。

实践中，不同的 PPP 项目合同对于违约事件的界定方式可能不同，通常包括概括式、列举式以及概括加列举式三种，其中概括加列举式在 PPP 项目合同中更为常见。通过列举的方式可以更加明确构成违约事件的情形，从而避免双方在违约事件认定时产生争议。为此，在 PPP 项目合同起草和谈判过程中，双方应对哪些事项构成违约事件进行认真判别，并尽可能地在 PPP 项目合同中予以明确约定。

(三) 政府方违约事件。

在约定政府方违约事件时，应谨慎考虑这些事件是否处于政府方能够控制的范围内

并且属于项目项下政府应当承担的风险。常见的政府方违约事件包括:

1. 未按合同约定向项目公司付费或提供补助达到一定期限或金额的;

2. 违反合同约定转让 PPP 项目合同项下义务;

3. 发生政府方可控的对项目设施或项目公司股份的征收或征用的(是指因政府方导致的或在政府方控制下的征收或征用,如非因政府方原因且不在政府方控制下的征收征用,则可以视为政治不可抗力);

4. 发生政府方可控的法律变更导致 PPP 项目合同无法继续履行的;

5. 其他违反 PPP 项目合同项下义务,并导致项目公司无法履行合同的情形。

(四)项目公司违约事件。

在约定项目公司违约事件时,政府方通常希望列举的违约事件越多越好,最好能是敞口的列举,而项目公司则更倾向于明确的定义和有限的列举。需要强调的是,如果项目公司违约事件约定过多,不仅会影响项目公司参与 PPP 项目的积极性,而且会增加项目的融资难度和成本,进而导致项目整体成本的增加。因此在实践中,需要合理平衡双方的利益,原则上项目公司违约事件应当属于该项目项下项目公司应当承担的风险。常见的项目公司违约事件包括但不限于:

1. 项目公司破产或资不抵债的;

2. 项目公司未在约定时间内实现约定的建设进度或项目完工、或开始运营,且逾期超过一定期限的;

3. 项目公司未按照规定的要求和标准提供产品或服务,情节严重或造成严重后果的;

4. 项目公司违反合同约定的股权变更限制的;

5. 未按合同约定为 PPP 项目或相关资产购买保险的。

二、提前终止的事由

(一)概述。

在 PPP 项目合同中,可能导致项目提前终止的事由通常包括:

1. 政府方违约事件——发生政府方违约事件,政府方在一定期限内未能补救的,项目公司可根据合同约定主张终止 PPP 项目合同;

2. 项目公司违约事件——发生项目公司违约事件,项目公司和融资方或融资方指定的第三方均未能在规定的期限内对该违约进行补救的,政府方可根据合同约定主张终止 PPP 项目合同;

3. 政府方选择终止——政府方在项目期限内任意时间可主张终止 PPP 项目合同(关于政府方选择终止的适用范围,请见下文);

4. 不可抗力事件——发生不可抗力事件持续或累计达到一定期限,任何一方可主张终止 PPP 项目合同。

(二)政府方选择终止。

由于 PPP 项目涉及公共产品或服务供给,关系社会公共利益,因此 PPP 项目合同中,政府方应当享有在特定情形下(例如,PPP 项目所提供的公共产品或服务已经不合适或者不再需要,或者会影响公共安全和公共利益)单方面决定终止项目的权利。但在

PPP 项目实践中，政府方的此项权利应当予以明确限定，以免被政府方滥用，打击社会资本参与 PPP 项目的积极性；同时，政府方在选择终止时需要给予项目公司足额的补偿（关于补偿的原则，请见下文）。

三、终止后的处理机制

在 PPP 项目合同中，基于不同事由导致的终止，在终止后的处理上也会有所不同。一般来讲，通常会涉及回购义务和回购补偿两方面的事项。

（一）回购义务。

在 PPP 项目终止后，政府可能并不一定希望全盘回购已经建成或者正在建设的项目设施。但如果政府方有权选择不回购该项目，对于项目公司而言可能是非常重大的风险。因为项目公司不仅将无法继续实施该项目并获得运营回报，甚至无法通过政府回购补偿收回前期投资。鉴此，在 PPP 项目合同中，对于回购的规定一般会比较谨慎。

实践中，通常只有在项目公司违约导致项目终止的情形下，政府才不负有回购的义务而是享有回购的选择权，即政府可以选择是否回购该项目。但对于一些涉及公共安全和公众利益的、需要保障持续供给的 PPP 项目，也可能在合同中约定即使在项目公司违约导致项目终止的情形下，政府仍有回购的义务。

（二）回购补偿。

根据项目终止事由的不同，项目终止后的回购补偿范围也不相同，在具体项目中，双方应对补偿的金额进行合理的评估。常见的安排如下：

1. 政府方违约事件、政治不可抗力以及政府方选择终止。

对于因政府方违约事件、政治不可抗力以及政府方选择终止所导致的项目合同终止，一般的补偿原则是确保项目公司不会因项目提前终止而受损或获得额外利益（即项目公司获得的补偿等于假设该 PPP 项目按原计划继续实施的情形下项目公司能够获得的经济收益）。补偿的范围一般可能包括：

（1）项目公司尚未偿还的所有贷款（其中可能包括剩余贷款本金和利息、逾期偿还的利息及罚息、提前还贷的违约金等）；

（2）项目公司股东在项目终止之前投资项目的资金总和（必要时需要进行审计）；

（3）因项目提前终止所产生的第三方费用或其他费用（例如支付承包商的违约金、雇员的补偿金等）；

（4）项目公司的利润损失（双方通常会在 PPP 项目合同中约定利润损失的界定标准及补偿比例）。

2. 项目公司违约事件。

实践中，对于因项目公司违约事件导致的项目合同终止，如果政府有义务回购或者选择进行回购时，政府需要就回购提供相应补偿。常见的回购补偿计算方法包括：

（1）市场价值方法，即按照项目终止时合同的市场价值（即再进行项目采购的市场价值）计算补偿金额。此种方法相对比较公平，并且在项目回购后政府必须要在市场中重新进行项目采购，因此通常适用于 PPP 市场相对较为成熟的国家。

（2）账面价值方法，即按照项目资产的账面价值计算补偿金额。与市场价值方法不同，该计算方法主要关注资产本身的价值而非合同的价值。这种计算方法比较简单明确,可避免纠纷,但有时可能导致项目公司获得的补偿与其实际投资和支付的费用不完全一致。

在具体项目中适用哪一种计算方法,需要进行专项评估,但一般的原则是,尽可能避免政府不当得利并且能够吸引融资方的项目融资。此外,根据上述计算方法计算出的补偿金额,通常还要扣减政府因该终止而产生的相关费用和损失。

3. 自然不可抗力。

由于自然不可抗力属于双方均无过错的事件,因此对于自然不可抗力导致的终止,一般的原则是由双方共同分摊风险。通常来讲:

(1) 补偿范围一般会包括未偿还融资方的贷款、项目公司股东在项目终止前投入项目的资金以及欠付承包商的款项;

(2) 补偿一般会扣除保险理赔金额,且不包括预期利润损失。

(三) 补偿的支付。

在 PPP 项目合同中还会约定政府回购补偿的支付方式、时间和程序。具体支付方式包括以下两种:

1. 一次性全额支付。

对项目公司而言,当然希望可以一次性获得全额补偿。但对政府而言,一次性全额支付可能会增加政府的资金压力,需要政府进行合理的财政预算安排。

2. 分期付款。

分期付款可以在一定程度上缓解政府的资金压力,但是否能够采用这种方式还取决于项目公司和融资方能否同意。此外,如果采用分期付款方式,项目公司一般会向政府主张延期支付的利息,并且在未缴清补偿款前,项目公司一般不愿意移交项目资产,因此采用分期付款方式有可能会影响项目的移交时间。

第十九节 项目的移交

项目移交通常是指在项目合作期限结束或者项目合同提前终止后,项目公司将全部项目设施及相关权益以合同约定的条件和程序移交给政府或者政府指定的其他机构。

项目移交的基本原则是,项目公司必须确保项目符合政府回收项目的基本要求。项目合作期限届满或项目合同提前终止后,政府需要对项目进行重新采购或自行运营的,项目公司必须尽可能减少移交对公共产品或服务供给的影响,确保项目持续运营。

一、移交范围

起草合同移交条款时,首先应当根据项目的具体情况明确项目移交的范围,以免因项目移交范围不明确造成争议。移交的范围通常包括:

(一) 项目设施;

(二) 项目土地使用权及项目用地相关的其他权利;

(三) 与项目设施相关的设备、机器、装置、零部件、备品备件以及其他动产;

(四) 项目实施相关人员;

(五) 运营维护项目设施所要求的技术和技术信息;

(六) 与项目设施有关的手册、图纸、文件和资料(书面文件和电子文档);

（七）移交项目所需的其他文件。

二、移交的条件和标准

为了确保回收的项目符合政府的预期，PPP项目合同中通常会明确约定项目移交的条件和标准。特别是在项目移交后政府还将自行或者另行选择第三方继续运营该项目的情形下，移交的条件和标准更为重要。通常包括以下两类条件和标准：

（一）权利方面的条件和标准：项目设施、土地及所涉及的任何资产不存在权利瑕疵，其上未设置任何担保及其他第三人的权利。但在提前终止导致移交的情形下，如移交时尚有未清偿的项目贷款，就该未清偿贷款所设置的担保除外。

（二）技术方面的条件和标准：项目设施应符合双方约定的技术、安全和环保标准，并处于良好的运营状况。在一些PPP项目合同中，会对"良好运营状况"的标准做进一步明确，例如在不再维修情况下，项目可以正常运营3年等。

三、移交程序

（一）评估和测试。

在PPP项目移交前，通常需要对项目的资产状况进行评估并对项目状况能否达到合同约定的移交条件和标准进行测试。实践中，上述评估和测试工作通常由政府方委托的独立专家或者由政府方和项目公司共同组成的移交工作组负责。

经评估和测试，项目状况不符合约定的移交条件和标准的，政府方有权提取移交维修保函，并要求项目公司对项目设施进行相应的恢复性修理、更新重置，以确保项目在移交时满足约定要求。

（二）移交手续办理。

移交相关的资产过户和合同转让等手续由哪一方负责办理主要取决于合同的约定，多数情况下由项目公司负责。

（三）移交费用（含税费）承担。

关于移交相关费用的承担，通常取决于双方的谈判结果，常见的做法包括：

1. 由项目公司承担移交手续的相关费用（这是比较常见的一种安排，而且办理移交手续的相关费用也会在项目的财务安排中予以预先考虑）；

2. 由政府方和项目公司共同承担移交手续的相关费用。

3. 如果因为一方违约事件导致项目终止而需要提前移交，可以约定由违约方来承担移交费用。

四、转让

（一）项目相关合同的转让。

项目移交时，项目公司在项目建设和运营阶段签订的一系列重要合同可能仍然需要继续履行，因此可能需要将这些尚未履行完毕的合同由项目公司转让给政府或政府指定的其他机构。为能够履行上述义务，项目公司应在签署这些合同时即与相关合同方（如承包商或运营商）明确约定，在项目移交时同意项目公司将所涉合同转让给政府或政府指定的其他机构。实践中，可转让的合同可能包括项目的工程承包合同、运营服务合同、原料供应合同、产品或服务购买合同、融资租赁合同、保险合同以及租赁合同等。

通常政府会根据上述合同对于项目继续运营的重要性，决定是否进行合同转让。此外，如果这些合同中包含尚未期满的相关担保，也应该根据政府的要求全部转让给政府或者政府指定的其他机构。

（二）技术转让。

在一些对于项目实施专业性要求较高的PPP项目中，可能需要使用第三方的技术（包括通过技术转让或技术许可的方式从第三方取得的技术）。在此情况下，政府需要确保在项目移交之后不会因为继续使用这些技术而被任何第三方进行侵权索赔。

鉴此，PPP项目合同中通常会约定，项目公司应在移交时将项目运营和维护所需要的所有技术，全部移交给政府或政府指定的其他机构，并确保政府或政府指定的其他机构不会因使用这些技术而遭受任何侵权索赔。如果有关技术为第三方所有，项目公司应在与第三方签署技术授权合同时即与第三方明确约定，同意项目公司在项目移交时将技术授权合同转让给政府或政府指定的其他机构。

此外，PPP项目合同中通常还会约定，如果这些技术的使用权在移交日前已期满，项目公司有义务协助政府取得这些技术的使用权。

五、风险转移

移交条款中通常还会明确在移交过程中的风险转移安排：在移交日前，由项目公司承担项目设施的全部或部分损失或损坏的风险，除非该损失或损坏是由政府方的过错或违约所致；在移交日及其后，由政府承担项目设施的全部或部分损失或损坏的风险。

第二十节　适用法律及争议解决

一、适用法律

在一般的商业合同中，合同各方可以选择合同的管辖法律（即准据法）。但在PPP项目合同中，由于政府方是合同当事人之一，同时PPP项目属于基础设施和公共服务领域，涉及社会公共利益，因此在管辖法律的选择上应坚持属地原则，即在我国境内实施的PPP项目的合同通常应适用我国法律并按照我国法律进行解释。

二、争议解决

由于PPP项目涉及的参与方众多、利益关系复杂且项目期限较长，因此在PPP项目所涉合同中，通常都会规定争议解决条款，就如何解决各方在合同签订后可能产生的合同纠纷进行明确的约定。尽管没有规定明确的争议解决条款并不意味着各方对产生的纠纷不享有任何救济，但规定此类条款有助于明确纠纷解决的方式及程序。

争议解决条款中一般以仲裁或者诉讼作为最终的争议解决方式，并且通常会在最终争议解决方式前设置其他的争议解决机制，以期在无需仲裁或者诉讼的情况下快速解决争议，或达成一个暂时具有约束力、但可在之后的仲裁或诉讼中重新审议的临时解决办法。

争议解决方式通常需要双方根据项目的具体情况进行灵活选择。如果项目需要各方的长期合作，应考虑对抗性更低，更利于维护各方关系的争议解决方式。常见的争议解决方式包括：

（一）友好协商。

为争取尽快解决争议，在多数PPP项目合同中，都会约定在发生争议后先由双方通过友好协商的方式解决纠纷。这样做的目的是为了防止双方在尝试通过协商解决争议之前直接启动正式的法律程序。诉讼和仲裁是非常耗时且昂贵的，而且一旦开始往往很难停止。实践中，协商的具体约定方式包括：

1. 协商前置。即发生争议后，双方必须在一段特定期限内进行协商，在该期限届满前双方均不能提起进一步的法律程序。

2. 选择协商。即将协商作为一个可以选择的争议解决程序，无论是否已进入协商程序，各方均可在任何时候启动诉讼或仲裁等其他程序。

3. 协商委员会。即在合同中明确约定由政府方和项目公司的代表组成协商委员会，双方一旦发生争议应当首先提交协商委员会协商解决。如果在约定时间内协商委员会无法就有关争议达成一致，则会进入下一阶段的争议解决程序。

需要特别说明的是，通常协商应当是保密并且"无损实体权利"的，当事人在协商过程中所说的话或所提供的书面文件不得用于之后的法律程序。因为如果双方能够确定这些内容在将来的诉讼或仲裁中不会被作为不利于自己的证据，他们可能更愿意主动做出让步或提出解决方案。

（二）专家裁决。

对于PPP项目中涉及的专业性或技术性纠纷，也可以通过专家裁决的方式解决。

负责专家裁决的独立专家，可以由双方在PPP项目合同中予以委任，也可以在产生争议之前共同指定。

专家裁决通常适用于对事实无异议、仅需要进行某些专业评估的情形，不适用于解决那些需要审查大量事实依据的纠纷，也不适用于解决纯粹的法律纠纷。

（三）仲裁。

1. 仲裁还是诉讼。

仲裁是一种以双方书面合意进入仲裁程序为前提（即合同双方必须书面约定将争议提交仲裁）的替代诉讼的纠纷解决方式。一般而言，仲裁相较于诉讼，具有下列优点：

（1）仲裁程序更具灵活性，更尊重当事人的程序自主；

（2）仲裁程序更具专业性，当事人可以选择相关领域的专家作为仲裁员；

（3）仲裁程序更具保密性，除非双方协议可以公开仲裁，一般仲裁程序和仲裁结果均不会对外公开；

（4）仲裁程序一裁终局，有可能比诉讼程序更快捷、成本更低。

依照我国法律，仲裁裁决与民事判决一样，具有终局性和法律约束力。除基于法律明确规定的事由，法院不能对仲裁的裁决程序和裁决结果进行干预。

在PPP项目合同争议解决条款中，也可以选择诉讼作为最终的争议解决方式。需要特别注意的是，就PPP项目合同产生的合同争议，应属于平等的民事主体之间的争议，应适用民事诉讼程序，而非行政复议、行政诉讼程序。这一点不应因政府方是PPP项目合同的一方签约主体而有任何改变。

实践中，诉讼程序相较于仲裁程序时间更长，程序更复杂，比较正式且对立性更强，因此PPP项目双方在选择最终的争议解决程序需要仔细的考量。

2. 国际仲裁还是国内仲裁。

在一些外国投资人参与的PPP项目中，可能会在争议解决条款中选择由相对中立的国际仲裁组织进行仲裁。我国《合同法》已明确规定，具有涉外因素的合同可以选择国外仲裁机构仲裁，实践中也可以依据一些国际公约（例如《承认及执行外国仲裁裁决公约》）来处理国际仲裁裁决的承认和执行程序。

需要特别注意的是，按照我国法律规定，如果合同中约定某一争议既可以依仲裁程序解决，也可以依诉讼程序解决，则原则上属于无效的仲裁条款（除非一方当事人申请仲裁后，对方当事人未在首次开庭前提出管辖权异议，使仲裁庭取得审理该案件的管辖权）。因此，PPP项目合同的争议解决条款最好在诉讼和仲裁中任选其一，避免出现"既可以仲裁，也可以诉讼"的约定。

（四）争议期间的合同履行。

鉴于PPP项目通常会涉及公共安全和公共利益，为保障项目的持续稳定运营，通常会在争议解决条款中明确规定在发生争议期间，各方对于合同无争议部分应当继续履行，除法律规定或另有约定外，任何一方不得以发生争议为由，停止项目运营。

第二十一节　合同附件

PPP项目所涉及的合作内容和具体要求通常较为庞杂，一般会在PPP项目合同正文之后附加一系列的附件，用以进一步明确合同中涉及的具体技术标准、条件要求、计算公式、文书格式等。

一、常见的合同附件

鉴于不同PPP项目的付费机制、运作方式、融资方式以及涉及的行业标准、技术规范等各不相同，具体的合同附件也会不同。常见的PPP项目合同附件包括：

（一）项目场地范围。

该附件用于划定项目涉及的场地的地点、范围、面积等，有时会以平面图的形式列示。

（二）项目所需审批。

该附件用于列明项目实施所需获得的全部或主要审批，以及政府方和项目公司在获得上述审批上的责任分工。

（三）技术附件。

该附件用于详细阐述PPP项目设计、建设、运营、维护等所依据的具体技术标准和规范等。

（四）商务附件。

该附件用于阐述PPP项目的商业方案，例如财务模型、融资计划、项目公司设立方案等。

（五）履约担保格式。

为了确保项目公司在签订PPP项目合同后所提供的履约担保能够符合双方的约定，有时还会将履约担保的相关协议也作为合同附件，并约定项目公司将来按照该协议约定的内容和方式向政府方提供担保。

(六) 移交条件。

为了确保项目移交后符合政府的预期，双方可能会将项目移交的具体条件和标准在PPP项目合同的附件中予以明确规定。

二、各行业合同附件例举

下文列举了一些行业的PPP项目合同的常见附件，仅供参考：

(一) 城市（集中）供水。

在城市（集中）供水项目中，比较常见的附件包括：各方内部决议件，股东承诺函，集中式公共供水定义，授权文件，建设期履约保函，项目特许经营范围，普遍服务承诺，供水技术标准、规范和要求，项目资产维护方案，融资方案，初步性能测试，最终性能测试，维护保函，应急预案，保险方案（含投保险种与保险金额），前期工作和永久性市政设施，技术方案，定期报告及临时报告（事项、周期及信息格式要求），成本申报及监审，资本投资计划及调整，排他性承诺，移交方案等。

(二) 集中供暖。

在集中供暖项目中，比较常见的附件包括：授权文件，各方内部决议件，股东承诺函，供热质量和服务标准，项目特许经营区域范围（附图），供用热合同样本，技术规范和标准，投资计划及安排，普遍服务承诺，应急预案，移交资产的程序和标准，融资方案，履约保函，保险方案，项目设施维护方案，工程进度计划表，排他性承诺，移交方案等。

(三) 管道燃气供应。

在管道燃气供应项目中，比较常见的附件包括：各方内部决议件，股东承诺函，授权书，项目特许经营区域范围（附图），项目批准文件，技术规范和要求，投资计划及安排，普遍服务承诺，管道设施维护方案，保险，融资方案，工程技术方案，燃气质量标准，燃气服务标准，安全管理标准，气源承诺及保障计划，应急预案，履约保函，工程进度计划表，排他性承诺，移交方案，供用气合同等。

(四) 污水处理。

在污水项目中，比较常见的附件包括：授权文件，各方内部决议件，股东承诺函，用地四至图，建设标准和技术要求，进水水质超标的处理，出水水质不合格的违约金，污水处理服务协议，调价公式，融资方案，保险方案，运营记录报表，付费申请表/形式发票，出水水质监测项目、方法和周期，履约保函，维护保函，技术方案，移交保函，工程进度计划表，移交方案等。

(五) 垃圾焚烧处理。

在垃圾焚烧处理项目中，比较常见的附件包括：授权文件，各方内部决议件，股东承诺函，垃圾处理服务协议，适用技术规范和要求，技术方案，商务方案，履约保函，维护保函，融资方案，质量保证和控制方案，项目建设进度计划，保险方案，稳定性试运行方案，购售电合同，运营维护方案，进口设备和清单，红线图，移交保函，移交方案等。

(六) 保障性安居工程。

在保障性安居工程项目中，比较常见的附件包括：授权文件，各方内部决议件，股东承诺函，项目红线图，融资方案等。

（七）地下综合管廊。

在地下综合管廊项目中，比较常见的附件包括：授权文件，各方内部决议件，股东承诺函，走线规划图，既有管网 GIS 信息等。

（八）轨道交通。

在轨道交通项目中，比较常见的附件包括：授权文件，各方内部决议件，股东承诺函，设计标准，运营操作和维护标准，融资协议，融资计划，融资替代解决方案，客运服务标准，客流量预测，工程价目表，融资方案，文字，公司章程，保险方案，施工合同，工程进度计划表，施工时间安排，地铁区域图，网站，操作和维修合同，前期工程进度，排他性承诺，履约担保，移交方案等。如涉及综合开发的，还需增加相应附件。

（九）医疗和养老服务设施。

在医疗和养老服务设施项目中，比较常见的附件包括：授权文件，各方内部决议件，股东承诺函，医院管理及服务协议，商标许可协议，目标土地规划设计要求，目标土地四至图，设计要求及建造标准，融资方案，筹备期工作方案，运营标准及绩效指标，员工招聘、培训及多点执业相关工作方案，营销方案，竞争对手列表及排他性承诺，保险安排，履约担保，移交方案等。

第三章　不同付费机制下的核心要素

付费机制是政府和社会资本合作的重要基础，关系到 PPP 项目的风险分配和收益回报，因而是政府和社会资本（或项目公司）共同的核心关注，也是 PPP 项目合同中最为关键的条款。根据 PPP 项目的行业、运作方式及具体情况的不同，需要设置不同的付费机制。常见的付费机制主要包括政府付费、使用者付费和可行性缺口补助三种。本章将就在设置不同的付费机制时需要在 PPP 项目合同中予以考虑和反映的核心要素进行详细阐述。

第一节　政　府　付　费

政府付费是指由政府直接付费购买公共产品或服务。其与使用者付费的最大区别在于付费主体是政府、而非项目的最终使用者。

根据项目类型和风险分配方案的不同，政府付费机制下，政府通常会依据项目的可用性、使用量和绩效中的一个或多个要素的组合向项目公司付费。

一、可用性付费

（一）概述。

可用性付费（Availability Payment）是指政府依据项目公司所提供的项目设施或服务是否符合合同约定的标准和要求来付费。

可用性付费通常与项目的设施容量或服务能力相关，而不考虑项目设施或服务的实际需求，因此项目公司一般不需要承担需求风险，只要所提供设施或服务符合合同约定的性能标准即可获得付费。

大部分的社会公共服务类项目（例如学校、医院等）以及部分公用设施和公共交通设施项目可以采用可用性付费。一些项目中也可能会与按绩效付费搭配使用，即如果项目公司提供设施或服务的质量没有达到合同约定的标准，则政府付费将按一定比例进行扣减。

（二）适用条件。

符合以下条件的 PPP 项目，政府可以考虑采用按可用性付费：

1. 相对于项目设施或服务的实际使用量，政府更关注该项目设施或服务的可用性。例如，奥运会场馆。

2. 相对于项目公司，政府对于项目设施或服务的需求更有控制力，并且政府决定承担需求风险。例如，在学校 PPP 项目中，政府教育部门负责向各学校分配生源，其能够更好的管控学校设施的使用量，因此政府可基于学校设施的可用性向项目公司付款，而不考虑实际的学生人数。

（三）可用性付费的设置

1. 基本原则。

可用性付费的一个基本原则就是在符合我国法律强制性规定的前提下，直至项目设施已建成且全面服务可用时（通常是项目开始运营时）才开始付款。但也存在一些例外，比如改造项目，有可能改造的同时也需要项目公司继续提供服务，在这种情形下，政府可能需要就项目公司继续提供的服务支付一定费用。

在按可用性付费的项目中，通常在项目开始时就已经确定项目公司的投资成本，在项目开始运营后，政府即按照原先约定的金额向项目公司付款，但如果存在不可用的情形，再根据不可用的程度扣减实际的付款。

2. 核心要素：可用与不可用的界定。

可用性付费的核心要素就是要明确界定项目在什么情况下为"可用"，什么情况下为"不可用"，其中"不可用"的界定更为重要。

在 PPP 项目合同签订之前，双方应当尽早确定"不可用"的认定标准，因其会直接影响项目财务模型的确定。在设定"不可用"标准时，通常需要考虑以下因素：

（1）该标准是否客观，即是否符合项目的实际情况和特点，是否可以测量和监控等。

（2）该标准是否合理，即是否超出项目公司的能力范围，是否为实施本项目所必需等。

3. 其他要素。

除了"可用"与"不可用"的界定外，在设置可用性付费时，还需要考虑其他要素，例如：

（1）不同比例扣减机制的设置。

设施或服务不可用所导致的经济后果通常由该设施或服务的重要程度决定。例如，在医疗服务设施项目中，手术室中的灯比走廊上的灯更为重要，因此因手术室灯不亮而扣减的金额也应当更高。设置不同比例扣减机制可以促使项目公司优先保证更为重要的设施或服务的可用性。

（2）宽限期的设置。

在出现"不可用"的情形时，PPP项目合同中通常会给予项目公司一个宽限期，只有在该宽限期内项目公司仍然没有纠正该"不可用"情形的，可用性付费才会被扣减，如果在该期限内项目公司做出了有效补救，则可用性付费不会受到影响。

此外，在一些PPP项目合同中，也可能设置多次扣减的机制。如果在宽限期结束时项目公司未能纠正不可用情形，政府将根据合同约定的比例扣减相应付费；如果该不可用情形在宽限期结束后又持续了一定时期，则可能导致政府对付费的进一步扣减。这种机制主要是为了确保项目公司能够尽快恢复正常的设施或服务供给。但在设置这种多次扣减机制时，需要注意掌握尺度，因为其会使付费机制变得非常复杂。

（3）不可用设施或服务仍需使用的情形下的处理。

在一些特定情形下，即使某些服务或设施没有达到可用性要求，政府仍然需要使用。在这种情形下，政府可考虑以下两种处理方式：一是如果政府的使用将导致项目公司无法纠正部分设施或服务的问题，则可以将受政府使用影响的部分服务或设施视为具有可用性；二是仅扣减部分、而非全部比例的政府付费。

（4）计划内暂停服务的认定。

为避免争议，政府和项目公司应当在合同中明确约定计划内的暂停服务是否认定为不可用，通常情况下计划内的暂停服务应作为不可用的例外情形。

4. 豁免事由。

并非所有不可用情形出现，均会影响政府付费，在PPP项目合同中通常会约定一些豁免事由，对于因发生豁免事由而导致出现不可用情形的，不构成项目公司违约，仍可按照合同约定的金额获得政府付费。常见的豁免事由包括：

（1）政府可以提供合适的替代性服务（需由政府决定）；

（2）项目设施或服务在不可用期间内本就未计划使用；

（3）政府违约；

（4）政府提出的变更；等等。

需要特别强调的是，尽管按可用性付费的项目对项目公司而言风险更低、可融资性更高，但政府转移给项目公司的风险也相对有限。同时，相对于使用者付费项目和按使用量付费的项目，单纯按可用性付费的项目缺乏有效的收益激励机制，通常只能通过项目公司报告或政府抽查的方式对于项目进行监控，监控力度较弱，难以保证项目随时处于可用状态。因此，必要时可用性付费需要与绩效付费或使用量付费搭配使用。

二、使用量付费

（一）概述。

使用量付费（Usage Payment），是指政府主要依据项目公司所提供的项目设施或服务的实际使用量来付费。在按使用量付费的项目中，项目的需求风险通常主要由项目公司承担。因此，在按使用量付费的项目中，项目公司通常需要对项目需求有较为乐观的预期或者有一定影响能力。实践中，污水处理、垃圾处理等部分公用设施项目较多地采用使用量付费。

一些项目中,使用量付费也可能与绩效付费搭配使用,即如果项目公司提供的设施或服务未达到合同约定的绩效标准,政府的付费将进行相应扣减。

(二)使用量付费的设置。

1. 基本原则。

使用量付费的基本原则就是由政府(而非使用者)依据项目设施或服务的实际使用量向项目公司付费,付费多少与实际使用量大小直接挂钩。

2. 分层级付费机制。

在按使用量付费的PPP项目中,双方通常会在项目合同签订前根据项目的性质、预期使用量、项目融资结构及还款计划等设置分层级的使用量付费机制。

下图为比较典型的分层级的使用量付费机制:

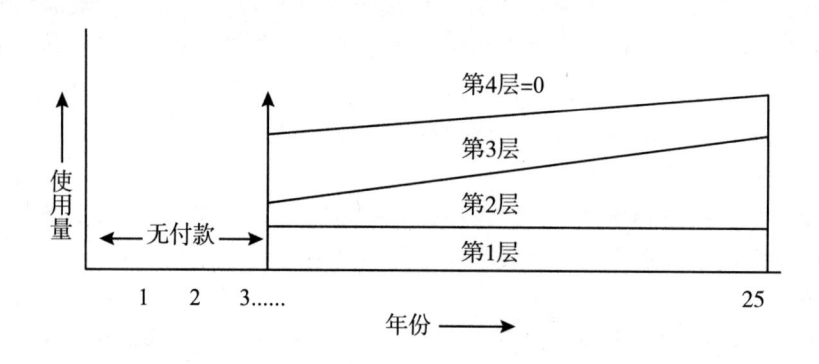

上图中将使用量付费分为四个层级,其中第1层为"最低使用量",第4层为"最高使用量"。

(1)最低使用量:即政府与项目公司约定一个项目的最低使用量,在项目实际使用量低于最低使用量时,不论实际使用量多少,政府均按约定的最低使用量付费。最低使用量的付费安排可以在一定程度上降低项目公司承担实际需求风险的程度,提高项目的可融资性。

(2)最高使用量:即政府与项目公司约定一个项目的最高使用量,在实际使用量高于最高使用量时,政府对于超过最高使用量的部分不承担付款义务。最高使用量的付费安排为政府的支付义务设置了一个上限,可以有效防止政府因项目使用量持续增加而承担过度的财政风险。

需要特别强调的是,即使在设置最低使用量的情形下,政府仍然需要承担实际使用量低于最低使用量的风险;即使在设置最高使用量的情形下,实际使用量低于最高使用量时,政府付费的金额仍然会因实际使用量的变化而变化,存在一定不确定性,需要进行合理的预算安排。

三、绩效付费

(一)概述。

绩效付费(Performance Payment)是指政府依据项目公司所提供的公共产品或服务的质量付费,通常会与可用性付费或者使用量付费搭配使用。

在按绩效付费的项目中，政府与项目公司通常会明确约定项目的绩效标准，并将政府付费与项目公司的绩效表现挂钩，如果项目公司未能达到约定的绩效标准，则会扣减相应的付费。

（二）绩效付费的设置。

1. 设定绩效标准。

政府和项目公司应当根据项目的特点和实际情况在 PPP 项目合同中明确约定适当的绩效标准。设定绩效标准时，通常需要考虑以下因素：

（1）绩效标准是否客观，即该标准是否符合项目的实际情况和特点，是否可以测量和监控等。这是绩效付费能否有效实施的关键要素。

（2）绩效标准是否合理，即该标准是否超出项目公司的能力范围，是否为实施本项目所必需等。这是项目融资方的核心关之一。

2. 绩效监控机制。

在按绩效付费的项目中，通常会专门编制绩效监控方案并将其作为 PPP 项目合同的附件，以明确项目公司的监控义务、政府的监控措施以及具体的绩效标准。在社会公共服务项目中，绩效监控机制的设置尤为重要（关于社会公共服务项目的绩效监控机制，请见第四章三节）。

3. 未达到绩效标准的后果。

为了对项目公司形成有效约束，PPP 项目合同中通常会明确约定未达到绩效标准的后果，具体包括：

（1）扣减政府付费。PPP 项目合同中通常会根据设施或服务在整个项目中的重要程度以及未达到绩效标准的情形和影响程度分别设置相应的政府付费扣减比例。此外，实践中还有一种"递进式"的扣款机制：即对于首次未达到绩效标准的情形，仅进行警告或少量扣款，但如果该情形在某段时期内多次发生，则会逐渐增加对于该情形的扣款比例，以促使项目公司及时采取补救措施。

（2）如果长期或者多次无法达到绩效标准，或者未达到绩效标准的情形非常严重，还有可能构成严重违约从而导致合同终止。

四、政府付费的调价机制

在长达 20～30 年的 PPP 项目生命周期中，市场环境的波动会对直接引起项目运营成本的变化，进而影响项目公司的收益情况。设置合理的价格调整机制，可以将政府付费金额维持在合理范围，防止过高或过低付费导致项目公司亏损或获得超额利润，有利于项目物有所值目标的实现。常见的调价机制包括：

（一）公式调整机制。

是指通过设定价格调整公式来建立政府付费价格与某些特定系数之间的联动关系，以反映成本变动等因素对项目价格的影响，当特定系数变动导致根据价格调整公式测算的结果达到约定的调价条件时，将触发调价程序，按约定的幅度自动调整定价。常见的调价系数包括：消费者物价指数、生产者物价指数、劳动力市场指数、利率变动、汇率变动等。调价系数的选择需要根据项目的性质和风险分配方案确定，并应综合考虑该系数能否反映成本变化的真实情况并且具有可操作性等。

（二）基准比价机制。

是指定期将项目公司提供服务的定价与同类服务的市场价格进行对比，如发现差异，则项目公司与政府可以协商对政府付费进行调价。

（三）市场测试机制。

是指在PPP项目合同约定的某一特定时间，对项目中某项特定服务在市场范围内重新进行采购，以更好地实现项目的物有所值。通过竞争性采购程序，政府和项目公司将可能会协商更换此部分服务的运营商或调整政府付费等。

但上述的基准比价机制和市场测试机制通常适用于社会公共服务类项目，而很少出现在公共交通或者公用设施项目中（关于基准比价机制和市场测试机制的具体程序，请见第四章第三节），主要原因有二：

1. 在公共交通或者公用设施项目中，项目公司的各项服务互相关联、难以明确分割，很难对某一项服务单独进行比价或市场测试；

2. 难以找到与该项目公司所处的运营情况、市场条件完全相同的比较对象。

此外，政府在考虑采用基准比价机制和市场测试机制时还需要注意，这两种调价机制既有可能减少政府付费金额，也有可能增加政府付费金额。

第二节 使用者付费

使用者付费机制是指由最终消费用户直接付费购买公共产品和服务。项目公司直接从最终用户处收取费用，以回收项目的建设和运营成本并获得合理收益。在此类付费项目中，项目公司一般会承担全部或者大部分的项目需求风险。

并非所有PPP项目都能适用使用者付费机制，使用者付费机制常见于高速公路、桥梁、地铁等公共交通项目以及供水、供热等部分公用设施项目中。

设置使用者付费机制时，需要根据项目的特性和具体情况进行详细的评估，重点考虑以下几个问题：

（一）项目是否适合采用使用者付费机制？

（二）使用费如何设定？

（三）政府是否需要保障项目公司的最低收入？是否需要设置机制避免项目公司获得过高的利润？

一、使用者付费机制的适用条件

具体PPP项目是否适合采用使用者付费机制，通常需要结合项目特点和实际情况进行综合评估。适合采用使用者付费机制的项目通常需要具备以下条件：

（一）项目使用需求可预测。

项目需求量是社会资本进行项目财务测算的重要依据，项目需求量是否可预测以及预测需求量的多少是决定社会资本是否愿意承担需求风险的关键因素。通常社会资本只有能够在一定程度上确定其可以通过使用者付费收回投资成本并且获得合理收益的情形下，才有参与PPP项目的动机。

（二）向使用者收费具有实际可操作性。

在一些项目中，项目公司向使用者收费可能并不实际或者并不经济。例如，在采取使用者付费机制的公路项目中，如果公路有过多的出入口，使得车流量难以有效控制时，将会使采取使用者付费机制变得不具有成本效益，而丧失实际可操作性。

（三）符合法律和政策的规定。

根据相关法律和政策规定，政府可能对于某些项目实行政府定价或者政府指导价，如果按照该政府定价或政府指导价无法保障项目公司回收成本并获得合理收益，则无法适用使用者付费机制，但可以考虑采用可行性缺口补助机制。

使用者付费机制的优势在于，政府可以最大程度地将需求风险转移给项目公司，而且不用提供财政补贴，同时还可以通过与需求挂钩的回报机制激励项目公司提高项目产品或服务的质量。

但需要强调的是，除非需求量可预测且较为明确或者政府提供其他的补助或承诺，否则使用者付费项目的可融资性相对较低，如果融资难度和融资成本过高，则可能会导致项目无法实施；同时，由于项目公司承担较大的需求风险，在需求不足时，项目公司为了确保能够收回成本，有可能会要求提高使用费的定价或者变相降低产品或服务质量。

二、使用者付费的定价机制

（一）定价方式。

实践中，使用者付费的定价方式主要包括以下三种：

1. 根据《价格法》等相关法律法规及政策规定确定；
2. 由双方在 PPP 项目合同中约定；
3. 由项目公司根据项目实施时的市场价格定价。

其中，除了最后一种方式是以市场价为基础外，对于前两种方式，均需要政府参与或直接决定有关 PPP 项目的收费定价。

（二）政府参与定价的考虑因素。

1. 需求的价格弹性。是指需求量对价格变动的敏感程度，即使用者对于价格的容忍程度。收费价格上涨到一定程度后，可能会导致使用量的下降。
2. 项目公司的目标，即在综合考虑项目的实施成本、项目合作期限、预期使用量等因素的情况下，收费定价能否使项目公司获得合理的收益。
3. 项目本身的目标，即能否实现项目预期的社会和经济效益。
4. 有关定价是否超出使用者可承受的合理范围（具体可以参考当地的物价水平）；
5. 是否符合法律法规的强制性规定；等等。

（三）政府参与定价的方式。

根据 PPP 实践，政府参与收费定价通常可以采取以下几种具体方式：

1. 由政府设定该级政府所辖区域内某一行业的统一价（例如，某市政府对该市所有高速公路收费实行统一定价）。由于该使用费定价无法因具体项目而调整，如果社会资本在提交响应文件时测算出有关使用费定价无法覆盖其成本，则通常允许其要求政府提供一定的补贴。

2. 由政府设定该级政府所辖区域内某一行业的最高价。在具体项目中，项目公司仅能够按照该最高价或者低于该最高价的价格进行财务评估，如果社会资本在提交响应文件时测算出即使采用最高价也无法使其收回成本时，则通常允许其要求政府提供可行性缺口补助。

3. 由双方在合同中约定具体项目收费的价格。

4. 由双方在合同中约定具体项目收费的最高价。

此外，在一些 PPP 项目中，双方还有可能约定具体项目收费的最低价，实际上将 PPP 项目的部分建设和运营成本直接转移给使用者承担。

三、唯一性条款和超额利润限制机制

（一）唯一性条款。

在采用使用者付费机制的项目中，由于项目公司的成本回收和收益取得与项目的实际需求量直接挂钩，为降低项目的需求风险，确保项目能够顺利获得融资支持和稳定回报，项目公司通常会要求在 PPP 项目合同中增加唯一性条款，要求政府承诺在一定期限内不在项目附近新建竞争性项目。

（二）超额利润限制。

在一些情形下，使用者需求激增或收费价格上涨，将可能导致项目公司因此获得超出合理预期的超额利润。针对这种情形，政府在设计付费机制时可以考虑设定一些限制超额利润的机制，包括约定投资回报率上限，超出上限的部分归政府所有，或者就超额利润部分与项目公司进行分成等。但基本的原则是无论如何限制，付费机制必须能保证项目公司获得合理的收益，并且能够鼓励其提高整个项目的效率。

第三节 可行性缺口补助

可行性缺口补助是在政府付费机制与使用者付费机制之外的一种折衷选择。对于使用者付费无法使社会资本获取合理收益、甚至无法完全覆盖项目的建设和运营成本的项目，可以由政府提供一定的补助，以弥补使用者付费之外的缺口部分，使项目具备商业上的可行性。但此种付费机制的基本原则是"补缺口"，而不能使项目公司因此获得超额利润。

国际上关于可行性缺口补助的定义、适用范围和补贴方式尚无统一的界定。在我国实践中，可行性缺口补助的形式多种多样，具体包括：

一、投资补助

在项目建设投资较大，无法通过使用者付费完全覆盖时，政府可无偿提供部分项目建设资金，以缓解项目公司的前期资金压力，降低整体融资成本。通常政府的投资额应在制定项目融资计划时或签订 PPP 项目合同前确定，并作为政府的一项义务在合同中予以明确。投资补助的拨付通常不会与项目公司的绩效挂钩。

二、价格补贴

在涉及民生的公共产品或服务领域，为平抑公共产品或服务的价格水平，保障民众的基本社会福利，政府通常会对特定产品或服务实行政府定价或政府指导价。如果因该定价或指导价较低导致使用者付费无法覆盖项目的成本和合理收益，政府通常会给予项目公司一定的价格补贴。例如地铁票价补贴。

此外，政府还可通过无偿划拨土地，提供优惠贷款、贷款贴息，投资入股，放弃项

目公司中政府股东的分红权，以及授予项目周边的土地、商业等开发收益权等方式，有效降低项目的建设、运营成本，提高项目公司的整体收益水平，确保项目的商业可行性。

第四章 不同行业下的特定条款

受不同行业政策及行业特点的影响，不同行业的PPP项目合同中会有一些特殊的条款安排。本章将会就公共交通、公用设施及社会公共服务等PPP模式应用较为广泛的行业领域内，PPP项目合同的特殊条款和机制进行详细介绍。

第一节 公共交通项目

公共交通项目通常包括机场、港口、公路、铁路、桥梁和城市轨道交通等，其共同特点是公共服务性强、投资规模较大。

高速公路项目在公共交通项目中比较典型，在世界范围内采用PPP模式的高速公路项目案例也非常多。实践中，高速公路项目主要采用BOT和委托运营两种运作方式。本指南谨以采用BOT运作方式的高速公路项目为例，结合我国的实际情况，阐述公共交通项目的一些特定条款机制。

一、项目的范围和期限

（一）项目的范围。

根据具体PPP项目合同的约定，高速公路项目的合作范围，除了高速公路的建设运营外，还可能包括沿途服务设施和广告等的开发和运营。

（二）项目期限。

在采用BOT运作方式的高速公路项目中，项目期限通常包括高速公路的建设期和运营期，待项目期限届满后，通常项目公司将无偿把高速公路移交给政府。

项目期限的长短与项目公司的收益直接相关，在投资成本一定、其他条件不变的情况下，项目公司所获得利润与项目期限成正比。在设置项目期限时，需要综合考虑项目的建设运营成本、回报率、融资计划、风险分配以及政策法律规定等多种因素，合理平衡政府、项目公司和使用者的利益。需要强调的是，高速公路项目的收费期限还要同时受到我国《收费公路管理条例》以及相关地方性法律法规的限定。

二、付费和调价机制

（一）付费机制。

PPP模式下的高速公路项目存在多个利益相关方，各方均有各自的定价目标，项目公司希望利润最大化，高速公路使用者希望获得质优价廉的服务，而政府则希望尽可能实现既定区域内的社会效益最大化。合理的收费标准除了可以覆盖高速公路在各时期的建设、维护、管理等成本，还能让项目公司获得合理的利润。

1. 高速公路付费机制。

在高速公路项目中，如何收取车辆通行费是一个非常关键的问题。实践中，高速公路项目通常有三种付费机制：

（1）使用者付费（又称为"Real Toll"）：项目公司直接向高速公路使用者收费；

（2）政府按使用量付费（又称为"Shadow Toll"）：政府根据高速公路的实际使用量、即车流量向项目公司付费，车流量越大，付费越多；

（3）政府按可用性和绩效付费：政府根据项目公司提供的高速公路是否达到合同约定的可用性标准来付费，并在此基础上根据项目公司的绩效设定相应的扣减机制。如果项目公司未能保证高速公路达到供公众使用的标准，政府将根据不达标高速公路的长度和数量以及不达标所持续的时间等，从应当支付给项目公司的费用中作相应扣减。

2. 高速公路收费定价的影响因素。

（1）高速公路成本：通常包括高速公路的建设成本和运营维护成本，例如工程建设费、设备购置费、道路维修费、养护费以及日常管理费用等；

（2）车流量：收费公路项目、尤其是使用者付费或政府按使用量付费的项目中，车流量对项目公司的收入有直接影响。车流量的大小通常由该高速公路辐射区域内的经济发展状况和汽车拥有量等因素决定；

（3）项目期限：项目期限直接影响高速公路的收益，期限过短无法保证项目公司获得合理收益；而期限过长则有可能导致项目公司暴利、甚至构成垄断；

（4）使用者的支付意愿：高速公路使用者的支付意愿通常具有很强的主观性，主要取决于使用者个人的支付能力。使用者的支付能力通常会受当地物价水平、个人年龄层次、职业稳定与否等因素影响；

（5）高速公路的性能和技术条件：高速公路的技术等级和服务水平越高，高速公路使用者可以接受的通行费标准也会越高；

（6）高速公路辐射区内的其他交通运输方式及其定价：高速公路辐射区内是否有其他交通运输方式，例如普通公路、铁路和民航等，这些交通运输方式的定价通常也会影响高速公路收费的定价。

（二）调价机制

1. 必要性。

PPP模式下的高速公路项目期限通常较长，在符合法律法规规定的前提下，一般为15至30年不等，在长期的高速公路运营过程中，诸如物价水平、车流量以及路况条件等因素均可能发生较大变化，进而对高速公路项目的运营维护成本和收益水平产生直接影响。如果不适时进行价格调整，可能会导致当前收费标准无法实现项目公司的合理收益，从而进一步影响高速公路的运营品质和社会效益。

2. 调价原则。

（1）保证合理回报原则：项目公司在收回高速公路的建设成本和运营维护成本后，应获得与同行业平均收益率相适应的合理收益回报；

（2）使用者可承受原则：高速公路收费价格不应过分高于使用者可承受的合理范围，如果使用者通过使用高速公路所获得的时间节约、距离缩短和安全提高等效益，不能补偿其付出的通行费、燃油费等成本，使用者就可能不会选择使用该高速公路出行；

（3）综合考虑原则：高速公路项目在进行价格调整时，除了应考虑项目公司的收益水平和高速公路使用者的承受能力外，还应当综合考虑通货膨胀、物价上涨和收费管理人员工资变化等各种影响因素。

（三）唯一性条款。

唯一性条款是PPP模式下高速公路项目中的重要条款，因为高速公路的收益直接取决于过往车辆的通行量，而且高速公路项目先期投资成本大、回收周期长，如果项目附近有性能和技术条件与本项目类似、但免费或收费较低的可替代路线，将会严重影响项目公司的成本回收及合理收益的获得，从长远来看，不利于调动社会资本的投资积极性。因此，为保证项目建成通车后项目公司有稳定的收入，项目公司在前期需要认真研究路网规划，对是否有可代替的路线以及如果存在这些路线将会对项目收益产生怎样的影响进行详细评估。在合同谈判阶段则要求政府作出相关承诺，即承诺项目期限内不在项目附近兴建任何竞争性的道路，并控制公路支线叉道口的连接，使项目公司保持较高的回报率，以避免过度竞争引起项目公司经营收益的下降。

（四）政府对项目的优惠政策。

政府对项目提供优惠政策有利于项目公司在高速公路项目中规避一定的投资风险，因此，项目公司在与政府谈判时会希望努力争取切实可行、规避风险的优惠条件。

政府提供给项目的优惠政策可能包括向项目公司无偿划拨土地，授予周边土地或商业开发收益权以及优先审批、简化审批等。

第二节　公用设施项目

公用设施通常是指政府有义务提供的市政公用基础设施，包括供电、供气、供水、供热、污水处理、垃圾处理等，有时也包括通信服务设施。公用设施项目普遍具有公益性、自然垄断性、政府监管严、价格弹性较小等特点，但不同的公用设施项目也具有不同的特性。下文将重点阐述公用设施项目中一些特别的条款和机制。

一、付费和调价机制

由于多数公用设施项目的产品或服务均可以量化，因此此类项目通常采用以实际使用量为基础的付费机制，例如按使用量付费的政府付费机制或者使用者付费机制。同时，由于公用设施项目的产品，如水、电、燃气等，涉及公共安全和公众利益，通常受到政府的严格监管并由政府统一定价，因此如果在使用者付费机制下，政府的定价无法使项目公司收回成本并获得合理收益，也有可以考虑采用可行性缺口补助机制（关于上述各种付费机制的详细介绍，请见第三章）。

不同类型公用设施项目的付费和调价机制各有特点，下文中将以供电项目为例对公用设施类PPP项目的付费和调价机制进行详细介绍。

供电项目的一个主要特点是购买主体的唯一性。在我国，电力供应属于政府实行严格管制的自然垄断行业，项目公司通常不能直接将项目所发的电销售给最终用户，而须先将电统一销售给政府电力主管部门或国家电力公司，再由政府电力主管部门或国家电力公司销售给最终用户。实践中，项目公司通常会与购电方（可能是PPP项目合同的政府方，也可能是政府的电力主管部门或国家电力公司，以下统称为"购电方"）另行签署电力购买协议，或者在PPP项目合同中设置具体条款，以明确具体购电安排和定价调价机制。

（一）购电安排。

对于供电项目而言，购电安排是最为核心的条款，直接关系到项目公司的投资回报。为了确保供电项目建成后能够通过售电收回成本并获取收益，在电力购买协议或 PPP 项目合同中有可能会为购电方设定一些强制性的购电安排。常见的购电安排包括以下两种：

1. 照付不议。

是指规定一个最小净输出发电量，只要项目公司达到该最小净输出量的发电能力并且不存在项目公司违约等情形，购电方就有义务按照该最小净输出发电量向项目公司支付电费，而不论项目公司是否实际生产了该部分的电量。如果能够超出最小净输出发电量的发电能力，购电方则可根据其需求和实际购得的电量支付电费。

这种购电安排，可以为项目公司的收入提供一定保障，有助于提高项目的可融资性，一般在煤电项目中较为常见。

2. 强制购买。

是指购电方有义务购买该供电项目所发的全部电量并根据所发的电量支付电费，而无论购电方是否真正需要。但如果非因政府方原因，项目公司没有实际发出电量，则项目公司将无法获得付费。

这种安排在风力发电、太阳能发电等新能源发电项目中较为常见。

（二）电价组成要素。

在不同供电项目中的电价组成要素可能不同，通常包括容量电价和电量电价中的一种或两种。

1. 容量电价。

容量电价是基于项目是否达到合同约定的容量标准而支付的电价，与项目是否被实际使用无关，可以看作是可用性付费的一种形式。根据项目的具体情况，容量电价通常由项目的建设成本、固定的运营维护成本等组成。

在采用容量电价时，合同中通常会就发电机组的额定功率、可用小时数等设定严格的标准，如果项目公司无法达到该标准，则会扣减相应的付费；如果项目的实际性能优于合同约定的标准，在一些项目中还有可能获得相应的奖励。

2. 电量电价。

电量电价是基于项目公司每月实际供应的电量来进行支付的电价形式。电量电价通常会根据季节及用电的峰谷时段设置不同的价格，以激励项目公司在电力供应紧张时期多供电。电量电价的组成通常包括燃料成本以及非固定的运营维护成本等。

（三）电价调整机制。

电价的调整机制主要包括基于公式调整机制和协商调整机制两种。

1. 公式调整机制。

在电价调整公式中，通常可能会以燃料价格变动、利率变动、消费者物价指数等作为主要的调价系数，当上述系数变动达到约定的幅度时即可触发调价程序，按调价公式自动调整电价。

2. 协商调整机制。

在一些供电项目中，双方会在项目采购阶段根据项目预算成本初步确定电价和电价组成要素，待项目建成后如果实际结算成本与预算成本差别较大的，双方再根据实际结算成本对电价和电价组成要素进行重新谈判。这种调价方式，也称为成本加成电价模式。

与之相对应的是馈网电价模式，即双方在项目采购阶段确定一个固定的馈网电价，并且在项目在实施过程中不会因实际成本与预算成本有差别而对该电价进行调整。但在国际 PPP 实践中，一些以馈网电价为基础的供电项目，也可能设定一些调价机制，但通常调价幅度有限，并且一般不需要双方再次协商。

二、连接设施建设

与其他领域项目不同，一些公用设施项目需要建设一些与公共管网连接的设施才能实现运营。例如，供电项目中与国家电网链接的输变电设施，供热项目中与城市现有供热管网连接的换热站、管道等。因此，在这类公用设施项目的 PPP 项目合同中，通常会详细规定有关连接设施的建设条款。

实践中，根据项目具体情况的不同，关于连接设施的建设责任由哪一方承担通常有以下三种情形：

（一）全部由政府负责建设。

由于连接设施需要与公共管网直接连接，因此为了确保其与管网的配套统一性且不影响公共管网的正常运作，一些项目中，政府会主张自己建设此部分设施。但在这种情形下，为了确保该连接设施建设与项目建设和运营配合，通常会在 PPP 项目合同中规定：

1. 建设标准，以确保政府所建设的连接设施能够与项目设施相连接，并且符合项目正常运营的要求；

2. 完工时间要求。如果必要的连接设施没有完工，即使项目已达到开始运营的条件，也仍然无法开始运营。因此在 PPP 项目合同中通常会规定，政府有义务在项目设施完工时或之前完成连接设施的建设。如果政府无法按照合同约定的要求完工，项目公司将可能获得一定的救济，如项目期限延长、损害赔偿等。

3. 政府建设连接设施的费用承担，通常由双方在合同中约定。

（二）由项目公司和政府方共同负责建设。

即项目公司和政府方每方负责一部分连接设施的建设。对于这种情况，合同条款中应当特别注意设施边界和双方责任的划分，同时要重点关注连接设施的建设标准和工程进度的统一性问题。为此，PPP 项目合同中通常会规定：

1. 各方的义务和责任范围，包括应建设的工程范围、建设的标准以及完工时间和进度要求等；

2. 双方互相通知和报告的义务，以确保一方能够及时了解对方设施的建设情况；等等。

（三）全部由项目公司负责建设。

如果全部由项目公司负责建设，该连接设施通常会包含在整个项目设施的范围内，并在项目的建设条款中对连接设施设计、建设标准和要求进行规定。与此同时，在 PPP 项目合同中可能不会专门针对连接设施规定完工时间，而是与整个项目开始运营的时间相结合（关于项目的建设条款，请见第二章第七节）。

三、原料供应

一些公用设施项目的运营通常会与原料供应紧密相关。例如，在污水处理、垃圾处理以及火电项目中，污水、垃圾、煤炭等原料的供应量直接决定项目产出的产品或服务的数量。因此，保障原料的持续稳定供应是这些公用设施项目需要解决的关键问题。具体项目的原料供应由哪一方负责，需要根据原料的特性、项目公司取得原料的能力等进行综合评估。

（一）由项目公司负责。

对于可在公开市场上购买的原料，例如原煤、水泥等，原料供应的风险和责任通常由项目公司自行承担。为了确保原料供应能够满足项目运营的要求，项目公司通常会根据项目的需求，制订详细的供应计划，并力争与原料供应商签订长期的原料供应合同，以尽可能地降低原料供应风险。

为了确保项目所用原料的保质保量和持续稳定供应，PPP 项目合同中有时也会规定政府在原料供应商选择、供应合同签订等方面的协助义务和监管权。

（二）由政府方负责。

在原料无法从公开市场上取得、仅能由政府供应（例如污水、垃圾），或者项目公司无法承担有关原料供应风险的情形下，通常会约定由政府负责供应原料，同时会在合同中对原料的质量和数量予以明确约定。

1. 原料质量。通常原料的质量标准应根据项目的成本和运营标准等进行评估，原则上原料的质量应确保项目在不增加预计成本的情形下实现正常的运营。如果因政府供应的原料质量未达到约定标准而导致项目公司的运营成本增加，政府应给予相应的补偿。

2. 原料数量。在多数的公用设施项目中，原料供应的数量将直接决定项目提供产品或服务的数量，并且可能直接与项目公司的收益挂钩。因此，有必要对供应原料的数量进行明确约定。例如，一些污水处理项目的 PPP 项目合同中规定，政府应确保在整个项目期限内，收集和输送污水至污水处理项目指定的交付地点，并满足合同约定的基本水量（如日均污水量）和进水水质等。

四、环境保护责任

一些公用设施项目的运营会产生"三废"和噪声，对环境造成不利影响，因此在 PPP 项目合同中会明确规定这类项目的建设运营所应遵守的环保标准和应履行的环境保护责任。项目公司的环境保护责任通常包括：

（一）按照有关环保要求，建设相应的环保设施并采取环境污染防治措施，确保项目建设、运营期间产生的废水、废气、固体废弃物以及噪声满足相应的环保标准；

（二）遵守有关公共卫生和安全生产等法律法规的规定；

（三）在项目的建设、运营期间应采取一切合理的措施尽量减少对项目设施周围建筑物和居民区的干扰；等等。

第三节 社会公共服务项目

社会公共服务领域的项目通常包括医疗服务设施、学校、监狱、养老院、保障性住房等。在社会公共服务PPP项目中，项目公司有可能负责社会服务设施的建设和运营维护，或者为社会服务设施提供部分或全部的运营和管理服务，或者直接负责提供社会公共服务。此外，在一些PPP项目中，合作范围还可能包括项目周边土地开发和设施经营，例如餐厅、商店等。社会公共服务项目中的付费调价机制和绩效监控机制通常较为关键且特点鲜明，下文将对此进行详细阐述。

一、付费和调价机制

（一）付费机制。

实践中，社会公共服务项目通常采用政府付费或者可行性缺口补助机制，很少采用单纯的使用者付费机制。这主要是因为社会公共服务项目通常具有较强的公益性（如学校、医疗机构等），其所提供的公共服务通常是免费的或者收费较低，项目公司很难通过单纯的使用者付费机制回收成本并获得合理收益。

1. 政府付费。

社会公共服务项目通常采用依可用性和绩效付费的政府付费机制。例如，在公立学校项目中，由项目公司负责学校设施的建设并提供部分运营管理服务，在学校设施建成后，政府根据学校设施的可用性和项目公司的运营表现，按月向项目公司支付一笔固定费用。但是，如果项目公司没有达到学校设施的可用性标准（如教室数量不符合合同要求），或者一些项目公司提供的运营管理服务没有达到合同约定的绩效标准（如安保工作、卫生状况等未达标），则政府会在固定支付的费用中作相应的扣减。

2. 可行性缺口补助。

在一些服务定价较低，使用者付费无法完全覆盖项目公司的投资成本和合理收益的项目中，可以考虑采用可行性缺口补助机制。例如，在养老服务和保障性住房项目中，使用者可以优惠价格购买服务或住房，而政府就该优惠价与市场价之间的差额部分向项目公司提供适当的补助，以保证项目公司收回成本并获得合理的收益。

（二）调价机制。

由于社会公共服务项目通常实施期限较长，在项目实施过程中劳动力成本、物价指数等价格影响因素可能会发生较大变化，并对项目的运营维护成本和收益水平产生影响，因此设置合理的调价机制能够更好地平衡政府和项目公司的利益，促进社会公共服务项目实现物有所值。

常见的调价机制包括基准比价机制和市场测试机制两种。

1. 基准比价机制。

基准比价机制是指由项目公司对其自身或其分包商提供某项服务的价格与该服务的市场价格进行比较，如果与市场价格存在差异，则项目公司将与政府协商调价。但是采用基准比价机制通常不会直接导致服务提供者的更换。

通常基准比价机制的具体操作程序如下：

（1）在PPP项目合同中约定一个固定周期或者一个特定日期，在该周期届满或该日期到来时，由项目公司启动比价程序，就其提供某项特定服务的价格与市场上提供同类服务的一般价格进行比较。

（2）项目公司应在PPP项目合同中约定的比价期限内（例如40周）完成比价工作。具体比价期限的长短需要根据相关服务的规模和性质确定。

（3）若比价结果显示同类服务市场价高于项目公司当前定价的，通常会有两种以下情形：若现有服务分包商依其分包合同仍有义务按原价提供服务的，则无需进行调价；若现有服务分包商依其合同有权重新调价的，则可由项目公司向政府申请调价。

（4）若比价结果显示同类服务市场价低于项目公司当前定价的，PPP项目合同通常会规定项目公司必须与政府协商对该项服务的价格进行调整。

同时，鉴于在基准比价机制下的比价工作主要由项目公司负责实施，为加强政府对项目公司比价过程的监控，通常会在合同中规定政府有权对项目公司或其分包商提供服务的相关成本分析进行评估和审核。

需要特别说明的是，基准比价机制不仅仅是一种调价机制，也是一种有效的激励机制，项目公司可以通过基准比价，对自己或其分包商提供特定服务的方式和成本进行回顾，及时改善服务的效率和质量。

2. 市场测试机制。

市场测试机制是指在PPP项目合同约定的某一特定时间，对项目中某项特定服务在市场范围内重新进行采购。相比基准比较机制，市场测试机制的程序更具透明性和竞争性，可以更好地实现项目的物有所值。采用市场测试机制有可能导致服务提供者的更换，市场测试后确定的采购价格既可能高于、也可能低于原来的价格。

通常市场测试机制的具体操作程序如下：

（1）在合同约定的特定日期到来时，项目公司将会就特定的软性服务进行重新采购，通常原分包商可以参与采购程序，但应避免利益冲突的情况，例如项目公司的关联公司即不能参与。

（2）如果采购程序结果显示，项目公司通过替换该服务的分包商，更能够实现项目的物有所值，则政府和项目公司可协议更换该服务的分包商，政府则可因此减少付费或者获得更优质的服务。

（3）如果采购程序结果显示，该服务的原分包商更能实现项目的物有所值，则不会更换分包商，也不会对当前的服务定价进行调整。

市场测试机制的采购工作通常由项目公司负责实施，项目公司有义务确保采购工作的依法实施以及分包商之间的顺利交接。

3. 调价机制的选择。

总体来讲，定期调价符合政府和项目公司双方的利益，但这需要以适当的调价机制为保障。

市场测试机制主要适用于社会公共服务项目中的一些软性服务，如学校项目中的清洁、餐饮、安保服务等，通常对这类服务进行重新招标不会影响到整个项目的运行。而对于一些关系到项目运行的核心服务（如医院项目中的医疗服务或学校项目中的教学服务等），如果重新进行招标，可能影响整个项目的正常运行或者需要对整个项目进行较大调整，则无法采用市场测试机制。

此外，相比基准比价机制，市场测试机制在程序上具有更强的灵活性，并且能够利用充分竞争更好地达成提高服务效率和质量的目的。但是，如果某项服务特殊性较强或者资质要求较高，能够提供该项服务的分包商过少，缺乏充分的市场竞争，则无法采用市场测试机制，而可以采用基准比价机制。

需要特别说明的是，市场测试机制和基准比价机制并不是必须二选其一的，合同中可以约定先采取某一机制，而将另一机制作为替代方案。例如，某项服务先采用市场测试机制进行重新采购，如果采购过程中出现竞争者不足的情况，则可以改用基准比价机制；反之，在采用基准比价机制时，如果政府无法与项目公司或原有分包商就价格调整达成一致的，也可以改用市场测试机制；另外，如果某一项目涉及多项服务的调价时，也可以根据需要分别选择不同的调价机制。

二、绩效监控机制

在社会公共服务项目中，公共服务的质量至关重要，因此在实践中，通常会设置一些机制以保障对项目相关设施和服务的绩效进行有效监控，确保实现项目物有所值。

（一）绩效监控方案。

在社会公共服务项目、尤其是将绩效作为付费依据之一的项目中，政府方和项目公司通常会在项目合同中约定一个详细的绩效监控方案，以确保项目公司能够达到合同要求的绩效标准。

绩效监控方案通常会明确约定项目公司的监控义务，包括：

（1）运营情况监测，例如医院就诊人数、接诊率监测；

（2）信息发布，例如向公众公布医疗收费价格；

（3）定期报告，项目公司通常按月或按季向政府方提交绩效情况报告；

（4）保证相关信息的真实性、准确性和完整性；等等。

除此之外，绩效监控方案还会列明各项设施和服务的具体绩效标准。

（二）政府监控措施。

除项目公司负责实施的绩效监控方案外，通常 PPP 项目合同中还会规定政府方的一些监控措施，例如：

（1）使用者满意度调查；

（2）独立审计；

（3）定期或不定期检查；

（4）使用者反馈；等等。

（三）运营委员会。

在一些社会公共服务项目中，还会设立运营委员会来对项目的绩效进行监控。运营委员会一般由政府方和项目公司指派的至少两位代表组成，其职责根据项目的具体情况而定。运营委员会通常会定期（至少一月一次）审议项目的绩效情况报告，并处理项目有关运营、管理、媒体关系等事项。

（四）未达到绩效标准的后果。

项目公司未达到绩效标准的，通常会根据该未达标情形对项目的影响程度扣减相应的付款（关于扣款机制，请见第三章第一节第三部分）。如果长期或多次未达标，或者未达标的情形非常严重，则可能构成严重违约从而导致合同终止。

财政部关于印发政府和社会资本合作模式操作指南（试行）的通知

（财金［2014］113号）

各省、自治区、直辖市、计划单列市财政厅（局），新疆生产建设兵团财务局：

根据《财政部关于推广运用政府和社会资本合作模式有关问题的通知》（财金［2014］76号），为保证政府和社会资本合作项目实施质量，规范项目识别、准备、采购、执行、移交各环节操作流程，现印发《政府和社会资本合作模式操作指南（试行）》，请遵照执行。

附件：政府和社会资本合作模式操作指南（试行）

财政部
2014年11月29日

附件：

政府和社会资本合作模式操作指南（试行）

第一章 总 则

第一条 为科学规范地推广运用政府和社会资本合作模式（Public – Private Partnership，PPP），根据《中华人民共和国预算法》《中华人民共和国政府采购法》《中华人民共和国合同法》《国务院关于加强地方政府性债务管理的意见》（国发［2014］43号）、《国务院关于深化预算管理制度改革的决定》（国发［2014］45号）和《财政部关于推广运用政府和社会资本合作模式有关问题的通知》（财金［2014］76号）等法律、法规、规章和规范性文件，制定本指南。

第二条 本指南所称社会资本是指已建立现代企业制度的境内外企业法人，但不包括本级政府所属融资平台公司及其他控股国有企业。

第三条 本指南适用于规范政府、社会资本和其他参与方开展政府和社会资本合作项目的识别、准备、采购、执行和移交等活动。

第四条 财政部门应本着社会主义市场经济基本原则，以制度创新、合作契约精神，加强与政府相关部门的协调，积极发挥第三方专业机构作用，全面统筹政府和社会资本合作管理工作。

各省、自治区、直辖市、计划单列市和新疆生产建设兵团财政部门应积极设立政府和社会资本合作中心或指定专门机构，履行规划指导、融资支持、识别评估、咨询服务、宣传培训、绩效评价、信息统计、专家库和项目库建设等职责。

第五条 各参与方应按照公平、公正、公开和诚实信用的原则，依法、规范、高效实施政府和社会资本合作项目。

第二章 项目识别

第六条 投资规模较大、需求长期稳定、价格调整机制灵活、市场化程度较高的基础设施及公共服务类项目，适宜采用政府和社会资本合作模式。

政府和社会资本合作项目由政府或社会资本发起，以政府发起为主。

（一）政府发起。

财政部门（政府和社会资本合作中心）应负责向交通、住建、环保、能源、教育、医疗、体育健身和文化设施等行业主管部门征集潜在政府和社会资本合作项目。行业主管部门可从国民经济和社会发展规划及行业专项规划中的新建、改建项目或存量公共资产中遴选潜在项目。

（二）社会资本发起。

社会资本应以项目建议书的方式向财政部门（政府和社会资本合作中心）推荐潜在政府和社会资本合作项目。

第七条 财政部门（政府和社会资本合作中心）会同行业主管部门，对潜在政府和社会资本合作项目进行评估筛选，确定备选项目。财政部门（政府和社会资本合作中心）应根据筛选结果制定项目年度和中期开发计划。

对于列入年度开发计划的项目，项目发起方应按财政部门（政府和社会资本合作中心）的要求提交相关资料。新建、改建项目应提交可行性研究报告、项目产出说明和初步实施方案；存量项目应提交存量公共资产的历史资料、项目产出说明和初步实施方案。

第八条 财政部门（政府和社会资本合作中心）会同行业主管部门，从定性和定量两方面开展物有所值评价工作。定量评价工作由各地根据实际情况开展。

定性评价重点关注项目采用政府和社会资本合作模式与采用政府传统采购模式相比能否增加供给、优化风险分配、提高运营效率、促进创新和公平竞争等。

定量评价主要通过对政府和社会资本合作项目全生命周期内政府支出成本现值与公共部门比较值进行比较，计算项目的物有所值量值，判断政府和社会资本合作模式是否降低项目全生命周期成本。

第九条 为确保财政中长期可持续性，财政部门应根据项目全生命周期内的财政支出、政府债务等因素，对部分政府付费或政府补贴的项目，开展财政承受能力论证，每年政府付费或政府补贴等财政支出不得超出当年财政收入的一定比例。

通过物有所值评价和财政承受能力论证的项目，可进行项目准备。

第三章 项 目 准 备

第十条 县级（含）以上地方人民政府可建立专门协调机制，主要负责项目评审、组织协调和检查督导等工作，实现简化审批流程、提高工作效率的目的。政府或其指定的有关职能部门或事业单位可作为项目实施机构，负责项目准备、采购、监管和移交等工作。

第十一条 项目实施机构应组织编制项目实施方案，依次对以下内容进行介绍：

（一）项目概况。

项目概况主要包括基本情况、经济技术指标和项目公司股权情况等。

基本情况主要明确项目提供的公共产品和服务内容、项目采用政府和社会资本合作模式运作的必要性和可行性，以及项目运作的目标和意义。

经济技术指标主要明确项目区位、占地面积、建设内容或资产范围、投资规模或资产价值、主要产出说明和资金来源等。

项目公司股权情况主要明确是否要设立项目公司以及公司股权结构。

（二）风险分配基本框架。

按照风险分配优化、风险收益对等和风险可控等原则，综合考虑政府风险管理能力、项目回报机制和市场风险管理能力等要素，在政府和社会资本间合理分配项目风险。

原则上，项目设计、建造、财务和运营维护等商业风险由社会资本承担，法律、政策和最低需求等风险由政府承担，不可抗力等风险由政府和社会资本合理共担。

（三）项目运作方式。

项目运作方式主要包括委托运营、管理合同、建设－运营－移交、建设－拥有－运营、转让－运营－移交和改建－运营－移交等。

具体运作方式的选择主要由收费定价机制、项目投资收益水平、风险分配基本框架、融资需求、改扩建需求和期满处置等因素决定。

（四）交易结构。

交易结构主要包括项目投融资结构、回报机制和相关配套安排。

项目投融资结构主要说明项目资本性支出的资金来源、性质和用途，项目资产的形成和转移等。

项目回报机制主要说明社会资本取得投资回报的资金来源，包括使用者付费、可行性缺口补助和政府付费等支付方式。

相关配套安排主要说明由项目以外相关机构提供的土地、水、电、气和道路等配套设施和项目所需的上下游服务。

（五）合同体系。

合同体系主要包括项目合同、股东合同、融资合同、工程承包合同、运营服务合同、原料供应合同、产品采购合同和保险合同等。项目合同是其中最核心的法律文件。

项目边界条件是项目合同的核心内容，主要包括权利义务、交易条件、履约保障和调整衔接等边界。

权利义务边界主要明确项目资产权属、社会资本承担的公共责任、政府支付方式和风险分配结果等。

交易条件边界主要明确项目合同期限、项目回报机制、收费定价调整机制和产出说明等。

履约保障边界主要明确强制保险方案以及由投资竞争保函、建设履约保函、运营维护保函和移交维修保函组成的履约保函体系。

调整衔接边界主要明确应急处置、临时接管和提前终止、合同变更、合同展期、项目新增改扩建需求等应对措施。

（六）监管架构。

监管架构主要包括授权关系和监管方式。授权关系主要是政府对项目实施机构的授权，以及政府直接或通过项目实施机构对社会资本的授权；监管方式主要包括履约管理、行政监管和公众监督等。

（七）采购方式选择。

项目采购应根据《中华人民共和国政府采购法》及相关规章制度执行，采购方式包括公开招标、竞争性谈判、邀请招标、竞争性磋商和单一来源采购。项目实施机构应根据项目采购需求特点，依法选择适当采购方式。

公开招标主要适用于核心边界条件和技术经济参数明确、完整、符合国家法律法规和政府采购政策，且采购中不作更改的项目。

第十二条 财政部门（政府和社会资本合作中心）应对项目实施方案进行物有所值和财政承受能力验证，通过验证的，由项目实施机构报政府审核；未通过验证的，可在实施方案调整后重新验证；经重新验证仍不能通过的，不再采用政府和社会资本合作模式。

第四章 项目采购

第十三条 项目实施机构应根据项目需要准备资格预审文件，发布资格预审公告，邀请社会资本和与其合作的金融机构参与资格预审，验证项目能否获得社会资本响应和实现充分竞争，并将资格预审的评审报告提交财政部门（政府和社会资本合作中心）备案。

项目有3家以上社会资本通过资格预审的，项目实施机构可以继续开展采购文件准备工作；项目通过资格预审的社会资本不足3家的，项目实施机构应在实施方案调整后重新组织资格预审；项目经重新资格预审合格社会资本仍不够3家的，可依法调整实施方案选择的采购方式。

第十四条 资格预审公告应在省级以上人民政府财政部门指定的媒体上发布。资格预审合格的社会资本在签订项目合同前资格发生变化的，应及时通知项目实施机构。

资格预审公告应包括项目授权主体、项目实施机构和项目名称、采购需求、对社会资本的资格要求、是否允许联合体参与采购活动、拟确定参与竞争的合格社会资本的家数和确定方法，以及社会资本提交资格预审申请文件的时间和地点。提交资格预审申请文件的时间自公告发布之日起不得少于15个工作日。

第十五条 项目采购文件应包括采购邀请、竞争者须知（包括密封、签署、盖章要求等）、竞争者应提供的资格、资信及业绩证明文件、采购方式、政府对项目实施机构的授权、实施方案的批复和项目相关审批文件、采购程序、响应文件编制要求、提交响应文件截止时间、开启时间及地点、强制担保的保证金交纳数额和形式、评审方法、评审标准、政府采购政策要求、项目合同草案及其他法律文本等。

采用竞争性谈判或竞争性磋商采购方式的，项目采购文件除上款规定的内容外，还应明确评审小组根据与社会资本谈判情况可能实质性变动的内容，包括采购需求中的技术、服务要求以及合同草案条款。

第十六条 评审小组由项目实施机构代表和评审专家共5人以上单数组成，其中评审专家人数不得少于评审小组成员总数的2/3。评审专家可以由项目实施机构自行选定，但评审专家中应至少包含1名财务专家和1名法律专家。项目实施机构代表不得以评审专家身份参加项目的评审。

第十七条 项目采用公开招标、邀请招标、竞争性谈判、单一来源采购方式开展采购的，按照政府采购法律法规及有关规定执行。

项目采用竞争性磋商采购方式开展采购的，按照下列基本程序进行：

（一）采购公告发布及报名。

竞争性磋商公告应在省级以上人民政府财政部门指定的媒体上发布。竞争性磋商公告应包括项目实施机构和项目名称、项目结构和核心边界条件、是否允许未进行资格预审的社会资本参与采购活动，以及审查原则、项目产出说明、对社会资本提供的响应文件要求、获取采购文件的时间、地点、方式及采购文件的售价、提交响应文件截止时间、开启时间及地点。提交响应文件的时间自公告发布之日起不得少于10日。

（二）资格审查及采购文件发售。

已进行资格预审的，评审小组在评审阶段不再对社会资本资格进行审查。允许进行资格后审的，由评审小组在响应文件评审环节对社会资本进行资格审查。项目实施机构可以视项目的具体情况，组织对符合条件的社会资本的资格条件，进行考察核实。

采购文件售价，应按照弥补采购文件印制成本费用的原则确定，不得以营利为目的，不得以项目采购金额作为确定采购文件售价依据。采购文件的发售期限自开始之日起不得少于5个工作日。

（三）采购文件的澄清或修改。

提交首次响应文件截止之日前，项目实施机构可以对已发出的采购文件进行必要的澄清或修改，澄清或修改的内容应作为采购文件的组成部分。澄清或修改的内容可能影响响应文件编制的，项目实施机构应在提交首次响应文件截止时间至少5日前，以书面形式通知所有获取采购文件的社会资本；不足5日的，项目实施机构应顺延提交响应文件的截止时间。

（四）响应文件评审。

项目实施机构应按照采购文件规定组织响应文件的接收和开启。

评审小组对响应文件进行两阶段评审：

第一阶段：确定最终采购需求方案。评审小组可以与社会资本进行多轮谈判，谈判过程中可实质性修订采购文件的技术、服务要求以及合同草案条款，但不得修订采购文件中规定的不可谈判核心条件。实质性变动的内容，须经项目实施机构确认，并通知所有参与谈判的社会资本。具体程序按照《政府采购非招标方式管理办法》及有关规定执行。

第二阶段：综合评分。最终采购需求方案确定后，由评审小组对社会资本提交的最终响应文件进行综合评分，编写评审报告并向项目实施机构提交候选社会资本的排序名单。具体程序按照《政府采购货物和服务招标投标管理办法》及有关规定执行。

第十八条 项目实施机构应在资格预审公告、采购公告、采购文件、采购合同中，列明对本国社会资本的优惠措施及幅度、外方社会资本采购我国生产的货物和服务要求等相关政府采购政策，以及对社会资本参与采购活动和履约保证的强制担保要求。社会资本应以支票、汇票、本票或金融机构、担保机构出具的保函等非现金形式缴纳保证金。参加采购活动的保证金的数额不得超过项目预算金额的2%。履约保证金的数额不得超过政府和社会资本合作项目初始投资总额或资产评估值的10%。无固定资产投资或投资额不大的服务型合作项目，履约保证金的数额不得超过平均6个月的服务收入额。

第十九条 项目实施机构应组织社会资本进行现场考察或召开采购前答疑会，但不得单独或分别组织只有一个社会资本参加的现场考察和答疑会。

第二十条 项目实施机构应成立专门的采购结果确认谈判工作组。按照候选社会资本的排名，依次与候选社会资本及与其合作的金融机构就合同中可变的细节问题进行合同签署前的确认谈判，率先达成一致的即为中选者。确认谈判不得涉及合同中不可谈判的核心条款，不得与排序在前但已终止谈判的社会资本进行再次谈判。

第二十一条 确认谈判完成后，项目实施机构应与中选社会资本签署确认谈判备忘录，并将采购结果和根据采购文件、响应文件、补遗文件和确认谈判备忘录拟定的合同文本进行公示，公示期不得少于5个工作日。合同文本应将中选社会资本响应文件中的重要承诺和技术文件等作为附件。合同文本中涉及国家秘密、商业秘密的内容可以不公示。

公示期满无异议的项目合同，应在政府审核同意后，由项目实施机构与中选社会资本签署。

需要为项目设立专门项目公司的，待项目公司成立后，由项目公司与项目实施机构重新签署项目合同，或签署关于承继项目合同的补充合同。

项目实施机构应在项目合同签订之日起2个工作日内，将项目合同在省级以上人民政府财政部门指定的媒体上公告，但合同中涉及国家秘密、商业秘密的内容除外。

第二十二条 各级人民政府财政部门应当加强对PPP项目采购活动的监督检查，及时处理采购活动中的违法违规行为。

第五章 项目执行

第二十三条 社会资本可依法设立项目公司。政府可指定相关机构依法参股项目公司。项目实施机构和财政部门（政府和社会资本合作中心）应监督社会资本按照采购文件和项目合同约定，按时足额出资设立项目公司。

  第二十四条 项目融资由社会资本或项目公司负责。社会资本或项目公司应及时开展融资方案设计、机构接洽、合同签订和融资交割等工作。财政部门（政府和社会资本合作中心）和项目实施机构应做好监督管理工作，防止企业债务向政府转移。

  社会资本或项目公司未按照项目合同约定完成融资的，政府可提取履约保函直至终止项目合同；遇系统性金融风险或不可抗力的，政府、社会资本或项目公司可根据项目合同约定协商修订合同中相关融资条款。

  当项目出现重大经营或财务风险，威胁或侵害债权人利益时，债权人可依据与政府、社会资本或项目公司签订的直接介入协议或条款，要求社会资本或项目公司改善管理等。在直接介入协议或条款约定期限内，重大风险已解除的，债权人应停止介入。

  第二十五条 项目合同中涉及的政府支付义务，财政部门应结合中长期财政规划统筹考虑，纳入同级政府预算，按照预算管理相关规定执行。财政部门（政府和社会资本合作中心）和项目实施机构应建立政府和社会资本合作项目政府支付台账，严格控制政府财政风险。在政府综合财务报告制度建立后，政府和社会资本合作项目中的政府支付义务应纳入政府综合财务报告。

  第二十六条 项目实施机构应根据项目合同约定，监督社会资本或项目公司履行合同义务，定期监测项目产出绩效指标，编制季报和年报，并报财政部门（政府和社会资本合作中心）备案。

  政府有支付义务的，项目实施机构应根据项目合同约定的产出说明，按照实际绩效直接或通知财政部门向社会资本或项目公司及时足额支付。设置超额收益分享机制的，社会资本或项目公司应根据项目合同约定向政府及时足额支付应享有的超额收益。

  项目实际绩效优于约定标准的，项目实施机构应执行项目合同约定的奖励条款，并可将其作为项目期满合同能否展期的依据；未达到约定标准的，项目实施机构应执行项目合同约定的惩处条款或救济措施。

  第二十七条 社会资本或项目公司违反项目合同约定，威胁公共产品和服务持续稳定安全供给，或危及国家安全和重大公共利益的，政府有权临时接管项目，直至启动项目提前终止程序。

  政府可指定合格机构实施临时接管。临时接管项目所产生的一切费用，将根据项目合同约定，由违约方单独承担或由各责任方分担。社会资本或项目公司应承担的临时接管费用，可以从其应获终止补偿中扣减。

  第二十八条 在项目合同执行和管理过程中，项目实施机构应重点关注合同修订、违约责任和争议解决等工作。

  （一）合同修订。

  按照项目合同约定的条件和程序，项目实施机构和社会资本或项目公司可根据社会经济环境、公共产品和服务的需求量及结构等条件的变化，提出修订项目合同申请，待政府审核同意后执行。

  （二）违约责任。

  项目实施机构、社会资本或项目公司未履行项目合同约定义务的，应承担相应违约责任，包括停止侵害、消除影响、支付违约金、赔偿损失以及解除项目合同等。

（三）争议解决。

在项目实施过程中，按照项目合同约定，项目实施机构、社会资本或项目公司可就发生争议且无法协商达成一致的事项，依法申请仲裁或提起民事诉讼。

第二十九条 项目实施机构应每3~5年对项目进行中期评估，重点分析项目运行状况和项目合同的合规性、适应性和合理性；及时评估已发现问题的风险，制订应对措施，并报财政部门（政府和社会资本合作中心）备案。

第三十条 政府相关职能部门应根据国家相关法律法规对项目履行行政监管职责，重点关注公共产品和服务质量、价格和收费机制、安全生产、环境保护和劳动者权益等。

社会资本或项目公司对政府职能部门的行政监管处理决定不服的，可依法申请行政复议或提起行政诉讼。

第三十一条 政府、社会资本或项目公司应依法公开披露项目相关信息，保障公众知情权，接受社会监督。

社会资本或项目公司应披露项目产出的数量和质量、项目经营状况等信息。政府应公开不涉及国家秘密、商业秘密的政府和社会资本合作项目合同条款、绩效监测报告、中期评估报告和项目重大变更或终止情况等。

社会公众及项目利益相关方发现项目存在违法、违约情形或公共产品和服务不达标准的，可向政府职能部门提请监督检查。

第六章　项目移交

第三十二条 项目移交时，项目实施机构或政府指定的其他机构代表政府收回项目合同约定的项目资产。

项目合同中应明确约定移交形式、补偿方式、移交内容和移交标准。移交形式包括期满终止移交和提前终止移交；补偿方式包括无偿移交和有偿移交；移交内容包括项目资产、人员、文档和知识产权等；移交标准包括设备完好率和最短可使用年限等指标。

采用有偿移交的，项目合同中应明确约定补偿方案；没有约定或约定不明的，项目实施机构应按照"恢复相同经济地位"原则拟定补偿方案，报政府审核同意后实施。

第三十三条 项目实施机构或政府指定的其他机构应组建项目移交工作组，根据项目合同约定与社会资本或项目公司确认移交情形和补偿方式，制定资产评估和性能测试方案。

项目移交工作组应委托具有相关资质的资产评估机构，按照项目合同约定的评估方式，对移交资产进行资产评估，作为确定补偿金额的依据。

项目移交工作组应严格按照性能测试方案和移交标准对移交资产进行性能测试。性能测试结果不达标的，移交工作组应要求社会资本或项目公司进行恢复性修理、更新重置或提取移交维修保函。

第三十四条 社会资本或项目公司应将满足性能测试要求的项目资产、知识产权和技术法律文件，连同资产清单移交项目实施机构或政府指定的其他机构，办妥法律过户和管理权移交手续。社会资本或项目公司应配合做好项目运营平稳过渡相关工作。

第三十五条 项目移交完成后，财政部门（政府和社会资本合作中心）应组织有关部门对项目产出、成本效益、监管成效、可持续性、政府和社会资本合作模式应用等进行绩效评价，并按相关规定公开评价结果。评价结果作为政府开展政府和社会资本合作管理工作决策参考依据。

第七章 附 则

第三十六条 本操作指南自印发之日起施行，有效期 3 年。
第三十七条 本操作指南由财政部负责解释。
附：1. 政府和社会资本合作项目操作流程图
　　2. 名词解释（略）

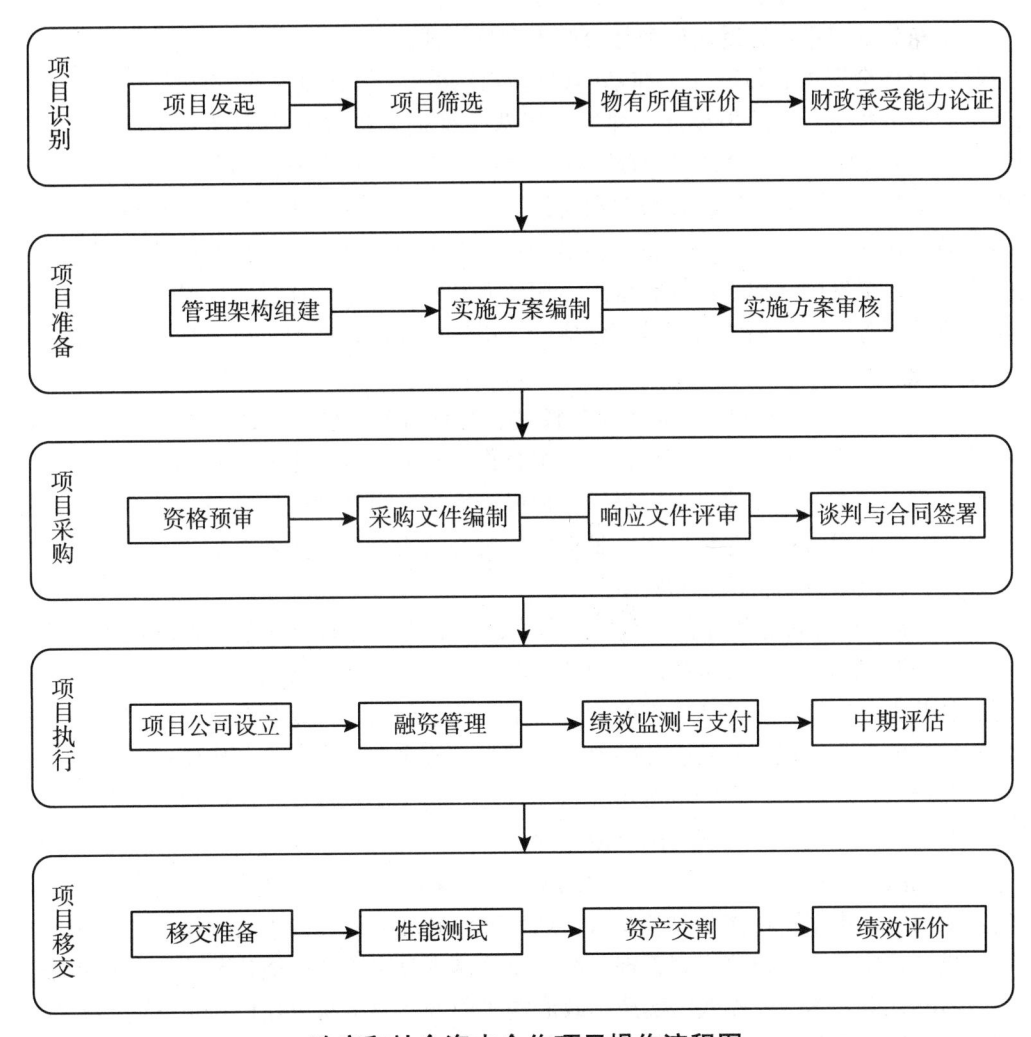

附1：

```
项目识别:  项目发起 → 项目筛选 → 物有所值评价 → 财政承受能力论证
                                ↓
项目准备:  管理架构组建 → 实施方案编制 → 实施方案审核
                                ↓
项目采购:  资格预审 → 采购文件编制 → 响应文件评审 → 谈判与合同签署
                                ↓
项目执行:  项目公司设立 → 融资管理 → 绩效监测与支付 → 中期评估
                                ↓
项目移交:  移交准备 → 性能测试 → 资产交割 → 绩效评价
```

政府和社会资本合作项目操作流程图

财政部关于推广运用政府和社会资本合作模式有关问题的通知

(财金〔2014〕76号)

各省、自治区、直辖市、计划单列市财政厅（局），新疆生产建设兵团财务局：

为贯彻落实党的十八届三中全会关于"允许社会资本通过特许经营等方式参与城市基础设施投资和运营"精神，拓宽城镇化建设融资渠道，促进政府职能加快转变，完善财政投入及管理方式，尽快形成有利于促进政府和社会资本合作模式（Public-Private Partnership，PPP）发展的制度体系，现就有关问题通知如下：

一、充分认识推广运用政府和社会资本合作模式的重要意义

政府和社会资本合作模式是在基础设施及公共服务领域建立的一种长期合作关系。通常模式是由社会资本承担设计、建设、运营、维护基础设施的大部分工作，并通过"使用者付费"及必要的"政府付费"获得合理投资回报；政府部门负责基础设施及公共服务价格和质量监管，以保证公共利益最大化。当前，我国正在实施新型城镇化发展战略。城镇化是现代化的要求，也是稳增长、促改革、调结构、惠民生的重要抓手。立足国内实践，借鉴国际成功经验，推广运用政府和社会资本合作模式，是国家确定的重大经济改革任务，对于加快新型城镇化建设、提升国家治理能力、构建现代财政制度具有重要意义。

（一）推广运用政府和社会资本合作模式，是促进经济转型升级、支持新型城镇化建设的必然要求。政府通过政府和社会资本合作模式向社会资本开放基础设施和公共服务项目，可以拓宽城镇化建设融资渠道，形成多元化、可持续的资金投入机制，有利于整合社会资源，盘活社会存量资本，激发民间投资活力，拓展企业发展空间，提升经济增长动力，促进经济结构调整和转型升级。

（二）推广运用政府和社会资本合作模式，是加快转变政府职能、提升国家治理能力的一次体制机制变革。规范的政府和社会资本合作模式能够将政府的发展规划、市场监管、公共服务职能，与社会资本的管理效率、技术创新动力有机结合，减少政府对微观事务的过度参与，提高公共服务的效率与质量。政府和社会资本合作模式要求平等参与、公开透明，政府和社会资本按照合同办事，有利于简政放权，更好地实现政府职能转变，弘扬契约文化，体现现代国家治理理念。

（三）推广运用政府和社会资本合作模式，是深化财税体制改革、构建现代财政制度的重要内容。根据财税体制改革要求，现代财政制度的重要内容之一是建立跨年度预算平衡机制、实行中期财政规划管理、编制完整体现政府资产负债状况的综合财务报告等。政府和社会资本合作模式的实质是政府购买服务，要求从以往单一年度的预算收支管理，逐步转向强化中长期财政规划，这与深化财税体制改革的方向和目标高度一致。

二、积极稳妥做好项目示范工作

当前推广运用政府和社会资本合作模式,首先要做好制度设计和政策安排,明确适用于政府和社会资本合作模式的项目类型、采购程序、融资管理、项目监管、绩效评价等事宜。

(一)开展项目示范。地方各级财政部门要向本级政府和相关行业主管部门大力宣传政府和社会资本合作模式的理念和方法,按照政府主导、社会参与、市场运作、平等协商、风险分担、互利共赢的原则,科学评估公共服务需求,探索运用规范的政府和社会资本合作模式新建或改造一批基础设施项目。财政部将统筹考虑项目成熟度、可示范程度等因素,在全国范围内选择一批以"使用者付费"为基础的项目进行示范,在实践的基础上不断总结、提炼、完善制度体系。

(二)确定示范项目范围。适宜采用政府和社会资本合作模式的项目,具有价格调整机制相对灵活、市场化程度相对较高、投资规模相对较大、需求长期稳定等特点。各级财政部门要重点关注城市基础设施及公共服务领域,如城市供水、供暖、供气、污水和垃圾处理、保障性安居工程、地下综合管廊、轨道交通、医疗和养老服务设施等,优先选择收费定价机制透明、有稳定现金流的项目。

(三)加强示范项目指导。财政部将通过建立政府和社会资本合作项目库为地方提供参考案例。对政府和社会资本合作示范项目,财政部将在项目论证、交易结构设计、采购和选择合作伙伴、融资安排、合同管理、运营监管、绩效评价等工作环节,为地方财政部门提供全方位的业务指导和技术支撑。

(四)完善项目支持政策。财政部将积极研究利用现有专项转移支付资金渠道,对示范项目提供资本投入支持。同时,积极引入信誉好、有实力的运营商参与示范项目建设和运营。鼓励和支持金融机构为示范项目提供融资、保险等金融服务。地方各级财政部门可以结合自身财力状况,因地制宜地给予示范项目前期费用补贴、资本补助等多种形式的资金支持。在与社会资本协商确定项目财政支出责任时,地方各级财政部门要对各种形式的资金支持给予统筹,综合考虑项目风险等因素合理确定资金支持方式和力度,切实考虑社会资本合理收益。

三、切实有效履行财政管理职能

政府和社会资本合作项目从明确投入方式、选择合作伙伴、确定运营补贴到提供公共服务,涉及预算管理、政府采购、政府性债务管理,以及财政支出绩效评价等财政职能。推广运用政府和社会资本合作模式对财政管理提出了更高要求。地方各级财政部门要提高认识,勇于担当,认真做好相关财政管理工作。

(一)着力提高财政管理能力。政府和社会资本合作项目建设周期长、涉及领域广、复杂程度高,不同行业的技术标准和管理要求差异大,专业性强。地方各级财政部门要根据财税体制改革总体方案要求,按照公开、公平、公正的原则,探索项目采购、预算管理、收费定价调整机制、绩效评价等有效管理方式,规范项目运作,实现中长期可持续发展,提升资金使用效益和公共服务水平。同时,注重体制机制创新,充分发挥市场在资源配置中的决定性作用,按照"风险由最适宜的一方来承担"的原则,合理分配项目风险,项目设计、建设、财务、运营维护等商业风险原则上由社会资本承担,政策、法律和最低需求风险等由政府承担。

（二）认真做好项目评估论证。地方各级财政部门要会同行业主管部门，根据有关政策法规要求，扎实做好项目前期论证工作。除传统的项目评估论证外，还要积极借鉴物有所值（Value for Money，VFM）评价理念和方法，对拟采用政府和社会资本合作模式的项目进行筛选，必要时可委托专业机构进行项目评估论证。评估论证时，要与传统政府采购模式进行比较分析，确保从项目全生命周期看，采用政府和社会资本合作模式后能够提高服务质量和运营效率，或者降低项目成本。项目评估时，要综合考虑公共服务需要、责任风险分担、产出标准、关键绩效指标、支付方式、融资方案和所需要的财政补贴等要素，平衡好项目财务效益和社会效益，确保实现激励相容。

（三）规范选择项目合作伙伴。地方各级财政部门要依托政府采购信息平台，加强政府和社会资本合作项目政府采购环节的规范与监督管理。财政部将围绕实现"物有所值"价值目标，探索创新适合政府和社会资本合作项目采购的政府采购方式。地方各级财政部门要会同行业主管部门，按照《政府采购法》及有关规定，依法选择项目合作伙伴。要综合评估项目合作伙伴的专业资质、技术能力、管理经验和财务实力等因素，择优选择诚实守信、安全可靠的合作伙伴，并按照平等协商原则明确政府和项目公司间的权利与义务。可邀请有意愿的金融机构及早进入项目磋商进程。

（四）细化完善项目合同文本。地方各级财政部门要会同行业主管部门协商订立合同，重点关注项目的功能和绩效要求、付款和调整机制、争议解决程序、退出安排等关键环节，积极探索明确合同条款内容。财政部将在结合国际经验、国内实践的基础上，制定政府和社会资本合作模式操作指南和标准化的政府和社会资本合作模式项目合同文本。在订立具体合同时，地方各级财政部门要会同行业主管部门、专业技术机构，因地制宜地研究完善合同条款，确保合同内容全面、规范、有效。

（五）完善项目财政补贴管理。对项目收入不能覆盖成本和收益，但社会效益较好的政府和社会资本合作项目，地方各级财政部门可给予适当补贴。财政补贴要以项目运营绩效评价结果为依据，综合考虑产品或服务价格、建造成本、运营费用、实际收益率、财政中长期承受能力等因素合理确定。地方各级财政部门要从"补建设"向"补运营"逐步转变，探索建立动态补贴机制，将财政补贴等支出分类纳入同级政府预算，并在中长期财政规划中予以统筹考虑。

（六）健全债务风险管理机制。地方各级财政部门要根据中长期财政规划和项目全生命周期内的财政支出，对政府付费或提供财政补贴等支持的项目进行财政承受能力论证。在明确项目收益与风险分担机制时，要综合考虑政府风险转移意向、支付方式和市场风险管理能力等要素，量力而行，减少政府不必要的财政负担。省级财政部门要建立统一的项目名录管理制度和财政补贴支出统计监测制度，按照政府性债务管理要求，指导下级财政部门合理确定补贴金额，依法严格控制政府或有债务，重点做好融资平台公司项目向政府和社会资本合作项目转型的风险控制工作，切实防范和控制财政风险。

（七）稳步开展项目绩效评价。省级财政部门要督促行业主管部门，加强对项目公共产品或服务质量和价格的监管，建立政府、服务使用者共同参与的综合性评价体系，对项目的绩效目标实现程度、运营管理、资金使用、公共服务质量、公众满意度等进行绩效评价。绩效评价结果应依法对外公开，接受社会监督。同时，要根据评价结果，依据合同约定对价格或补贴等进行调整，激励社会资本通过管理创新、技术创新提高公共服务质量。

四、加强组织和能力建设

（一）推动设立专门机构。省级财政部门要结合部门内部职能调整，积极研究设立专门机构，履行政府和社会资本合作政策制订、项目储备、业务指导、项目评估、信息管理、宣传培训等职责，强化组织保障。

（二）持续开展能力建设。地方各级财政部门要着力加强政府和社会资本合作模式实施能力建设，注重培育专业人才。同时，大力宣传培训政府和社会资本合作的工作理念和方法，增进政府、社会和市场主体共识，形成良好的社会氛围。

（三）强化工作组织领导。地方各级财政部门要进一步明确职责分工和工作目标要求。同时，要与有关部门建立高效、顺畅的工作协调机制，形成工作合力，确保顺利实施。对工作中出现的新情况、新问题，应及时报告财政部。

财政部

2014 年 9 月 23 日

财政部关于印发《政府和社会资本合作项目政府采购管理办法》的通知

财库〔2014〕215号

党中央有关部门，国务院各部委、各直属机构，全国人大常委会办公厅，全国政协办公厅，高法院，高检院，有关人民团体，各省、自治区、直辖市、计划单列市财政厅（局），新疆生产建设兵团财务局，各集中采购机构：

为了贯彻落实《国务院关于创新重点领域投融资机制 鼓励社会投资的指导意见》（国发〔2014〕60号），推广政府和社会资本合作（PPP）模式，规范PPP项目政府采购行为，根据《中华人民共和国政府采购法》和有关法律法规，财政部制定了《政府和社会资本合作项目政府采购管理办法》。现印发给你们，请遵照执行。

附件：政府和社会资本合作项目政府采购管理办法

2014年12月31日

附件：

政府和社会资本合作项目政府采购管理办法

第一章 总 则

第一条 为了规范政府和社会资本合作项目政府采购（以下简称PPP项目采购）行为，维护国家利益、社会公共利益和政府采购当事人的合法权益，依据《中华人民共和国政府采购法》（以下简称政府采购法）和有关法律、行政法规、部门规章，制定本办法。

第二条 本办法所称PPP项目采购，是指政府为达成权利义务平衡、物有所值的PPP项目合同，遵循公开、公平、公正和诚实信用原则，按照相关法规要求完成PPP项目识别和准备等前期工作后，依法选择社会资本合作者的过程。PPP项目实施机构（采购人）在项目实施过程中选择合作社会资本（供应商），适用本办法。

第三条 PPP项目实施机构可以委托政府采购代理机构办理PPP项目采购事宜。PPP项目咨询服务机构从事PPP项目采购业务的，应当按照政府采购代理机构管理的有关要求及时进行网上登记。

第二章 采购程序

第四条 PPP项目采购方式包括公开招标、邀请招标、竞争性谈判、竞争性磋商和单一来源采购。项目实施机构应当根据PPP项目的采购需求特点，依法选择适当的采购方式。公开招标主要适用于采购需求中核心边界条件和技术经济参数明确、完整、符合国家法律法规及政府采购政策，且采购过程中不作更改的项目。

第五条 PPP项目采购应当实行资格预审。项目实施机构应当根据项目需要准备资格预审文件，发布资格预审公告，邀请社会资本和与其合作的金融机构参与资格预审，验证项目能否获得社会资本响应和实现充分竞争。

第六条 资格预审公告应当在省级以上人民政府财政部门指定的政府采购信息发布媒体上发布。资格预审合格的社会资本在签订PPP项目合同前资格发生变化的，应当通知项目实施机构。

资格预审公告应当包括项目授权主体、项目实施机构和项目名称、采购需求、对社会资本的资格要求、是否允许联合体参与采购活动、是否限定参与竞争的合格社会资本的数量及限定的方法和标准、以及社会资本提交资格预审申请文件的时间和地点。提交资格预审申请文件的时间自公告发布之日起不得少于15个工作日。

第七条 项目实施机构、采购代理机构应当成立评审小组，负责PPP项目采购的资格预审和评审工作。评审小组由项目实施机构代表和评审专家共5人以上单数组成，其中评审专家人数不得少于评审小组成员总数的2/3。评审专家可以由项目实施机构自行选定，但评审专家中至少应当包含1名财务专家和1名法律专家。项目实施机构代表不得以评审专家身份参加项目的评审。

第八条 项目有3家以上社会资本通过资格预审的，项目实施机构可以继续开展采购文件准备工作；项目通过资格预审的社会资本不足3家的，项目实施机构应当在调整资格预审公告内容后重新组织资格预审；项目经重新资格预审后合格社会资本仍不够3家的，可以依法变更采购方式。

资格预审结果应当告知所有参与资格预审的社会资本，并将资格预审的评审报告提交财政部门（政府和社会资本合作中心）备案。

第九条 项目采购文件应当包括采购邀请、竞争者须知（包括密封、签署、盖章要求等）、竞争者应当提供的资格、资信及业绩证明文件、采购方式、政府对项目实施机构的授权、实施方案的批复和项目相关审批文件、采购程序、响应文件编制要求、提交响应文件截止时间、开启时间及地点、保证金交纳数额和形式、评审方法、评审标准、政府采购政策要求、PPP项目合同草案及其他法律文本、采购结果确认谈判中项目合同可变的细节、以及是否允许未参加资格预审的供应商参与竞争并进行资格后审等内容。项目采购文件中还应当明确项目合同必须报请本级人民政府审核同意，在获得同意前项目合同不得生效。

采用竞争性谈判或者竞争性磋商采购方式的，项目采购文件除上款规定的内容外，还应当明确评审小组根据与社会资本谈判情况可能实质性变动的内容，包括采购需求中的技术、服务要求以及项目合同草案条款。

第十条 项目实施机构应当在资格预审公告、采购公告、采购文件、项目合同中列明采购本国货物和服务、技术引进和转让等政策要求，以及对社会资本参与采购活动和履约保证的担保要求。

第十一条 项目实施机构应当组织社会资本进行现场考察或者召开采购前答疑会，但不得单独或者分别组织只有一个社会资本参加的现场考察和答疑会。项目实施机构可以视项目的具体情况，组织对符合条件的社会资本的资格条件进行考察核实。

第十二条 评审小组成员应当按照客观、公正、审慎的原则，根据资格预审公告和采购文件规定的程序、方法和标准进行资格预审和独立评审。已进行资格预审的，评审小组在评审阶段可以不再对社会资本进行资格审查。允许进行资格后审的，由评审小组在响应文件评审环节对社会资本进行资格审查。

评审小组成员应当在资格预审报告和评审报告上签字，对自己的评审意见承担法律责任。对资格预审报告或者评审报告有异议的，应当在报告上签署不同意见，并说明理由，否则视为同意资格预审报告和评审报告。

评审小组发现采购文件内容违反国家有关强制性规定的，应当停止评审并向项目实施机构说明情况。

第十三条 评审专家应当遵守评审工作纪律，不得泄露评审情况和评审中获悉的国家秘密、商业秘密。

评审小组在评审过程中发现社会资本有行贿、提供虚假材料或者串通等违法行为的，应当及时向财政部门报告。

评审专家在评审过程中受到非法干涉的，应当及时向财政、监察等部门举报。

第十四条 PPP项目采购评审结束后，项目实施机构应当成立专门的采购结果确认谈判工作组，负责采购结果确认前的谈判和最终的采购结果确认工作。

采购结果确认谈判工作组成员及数量由项目实施机构确定，但应当至少包括财政预算管理部门、行业主管部门代表，以及财务、法律等方面的专家。涉及价格管理、环境保护的PPP项目，谈判工作组还应当包括价格管理、环境保护行政执法机关代表。评审小组成员可以作为采购结果确认谈判工作组成员参与采购结果确认谈判。

第十五条 采购结果确认谈判工作组应当按照评审报告推荐的候选社会资本排名，依次与候选社会资本及与其合作的金融机构就项目合同中可变的细节问题进行项目合同签署前的确认谈判，率先达成一致的候选社会资本即为预中标、成交社会资本。

第十六条 确认谈判不得涉及项目合同中不可谈判的核心条款，不得与排序在前但已终止谈判的社会资本进行重复谈判。

第十七条 项目实施机构应当在预中标、成交社会资本确定后10个工作日内，与预中标、成交社会资本签署确认谈判备忘录，并将预中标、成交结果和根据采购文件、响应文件及有关补遗文件和确认谈判备忘录拟定的项目合同文本在省级以上人民政府财政部门指定的政府采购信息发布媒体上进行公示，公示期不得少于5个工作日。项目合同文本应当将预中标、成交社会资本响应文件中的重要承诺和技术文件等作为附件。项目合同文本涉及国家秘密、商业秘密的内容可以不公示。

第十八条 项目实施机构应当在公示期满无异议后2个工作日内,将中标、成交结果在省级以上人民政府财政部门指定的政府采购信息发布媒体上进行公告,同时发出中标、成交通知书。

中标、成交结果公告内容应当包括:项目实施机构和采购代理机构的名称、地址和联系方式;项目名称和项目编号;中标或者成交社会资本的名称、地址、法人代表;中标或者成交标的名称、主要中标或者成交条件(包括但不限于合作期限、服务要求、项目概算、回报机制)等;评审小组和采购结果确认谈判工作组成员名单。

第十九条 项目实施机构应当在中标、成交通知书发出后30日内,与中标、成交社会资本签订经本级人民政府审核同意的PPP项目合同。

需要为PPP项目设立专门项目公司的,待项目公司成立后,由项目公司与项目实施机构重新签署PPP项目合同,或者签署关于继承PPP项目合同的补充合同。

第二十条 项目实施机构应当在PPP项目合同签订之日起2个工作日内,将PPP项目合同在省级以上人民政府财政部门指定的政府采购信息发布媒体上公告,但PPP项目合同中涉及国家秘密、商业秘密的内容除外。

第二十一条 项目实施机构应当在采购文件中要求社会资本交纳参加采购活动的保证金和履约保证金。社会资本应当以支票、汇票、本票或者金融机构、担保机构出具的保函等非现金形式交纳保证金。参加采购活动的保证金数额不得超过项目预算金额的2%。履约保证金的数额不得超过PPP项目初始投资总额或者资产评估值的10%,无固定资产投资或者投资额不大的服务型PPP项目,履约保证金的数额不得超过平均6个月服务收入额。

第三章 争议处理和监督检查

第二十二条 参加PPP项目采购活动的社会资本对采购活动的询问、质疑和投诉,依照有关政府采购法律制度规定执行。

项目实施机构和中标、成交社会资本在PPP项目合同履行中发生争议且无法协商一致的,可以依法申请仲裁或者提起民事诉讼。

第二十三条 各级人民政府财政部门应当加强对PPP项目采购活动的监督检查,依法处理采购活动中的违法违规行为。

第二十四条 PPP项目采购有关单位和人员在采购活动中出现违法违规行为的,依照政府采购法及有关法律法规追究法律责任。

第四章 附　　则

第二十五条 本办法自发布之日起施行。

财政部关于印发《普惠金融发展专项资金管理办法》的通知

财金〔2016〕85号

各省、自治区、直辖市、计划单列市财政厅（局），财政部驻各省、自治区、直辖市、计划单列市财政监察专员办事处，新疆生产建设兵团财务局：

为贯彻落实党中央、国务院《推进普惠金融发展规划（2016~2020年）》（国发〔2015〕74号），大力支持普惠金融发展，加快建立与全面建成小康社会相适应的普惠金融服务和保障体系，加强普惠金融发展专项资金管理，提高财政资金使用效益，我们会同有关部门制定了《普惠金融发展专项资金管理办法》，现印发给你们，请认真遵照执行。

为做好2016年普惠金融发展专项资金申请及审核拨付工作，请各省级财政部门于2016年10月20日前，将辖区内2016年专项资金申请材料汇总审核后报送财政部和财政部驻当地财政监察专员办事处（以下简称专员办）。请各地专员办于2016年11月5日前，出具对省级财政部门专项资金申请材料的审核意见报送财政部，并抄送省级财政部门。

财政部
2016年9月24日

附件：

普惠金融发展专项资金管理办法

第一章 总 则

第一条 为贯彻落实《推进普惠金融发展规划（2016~2020年）》（国发〔2015〕74号），加快建立普惠金融服务和保障体系，加强普惠金融发展专项资金管理，根据《中华人民共和国预算法》《国务院关于改革和完善中央对地方转移支付制度的意见》（国发〔2014〕71号）等有关规定，制定本办法。

第二条 本办法所称普惠金融发展专项资金（以下简称专项资金），是指中央财政用于支持普惠金融发展的专项转移支付资金，包括县域金融机构涉农贷款增量奖励、农村金融机构定向费用补贴、创业担保贷款贴息及奖补、政府和社会资本合作（PPP）项目以奖代补等4个使用方向。

第三条 专项资金遵循惠民生、保基本、有重点、可持续的原则，综合运用业务奖励、费用补贴、贷款贴息、以奖代补等方式，引导地方各级人民政府、金融机构以及社会资金支持普惠金融发展，弥补市场失灵，保障农民、小微企业、城镇低收入人群、贫困人群和残疾人、老年人等我国普惠金融重点服务对象的基础金融服务可得性和适用性。

第四条 专项资金采取因素法分配，由中央财政按年度将预算指标定额切块下达至省级财政部门。地方财政部门根据中央财政下达的预算指标，按照有关要求安排使用。

第五条 专项资金的使用和管理遵循公开透明、定向使用、科学规范的基本原则，确保资金使用合理、安全、高效，充分发挥财政资金杠杆作用，引导金融服务向普惠方向延伸。

第六条 财政部负责专项资金的预算管理和资金拨付，并组织对资金使用情况进行预算监管和绩效管理。

第二章 县域金融机构涉农贷款增量奖励政策

第七条 为发挥财政资金对县域经济发展的支持和推动作用，专项资金安排支出用于对符合条件的县域金融机构给予一定奖励，引导其加大涉农贷款投放力度。

第八条 对符合条件的县域金融机构当年涉农贷款平均余额同比增长超过13%的部分，财政部门可按照不超过2%的比例给予奖励。对年末不良贷款率高于3%且同比上升的县域金融机构，不予奖励。

实施涉农贷款增量奖励政策的地区包括河北、山西、内蒙古、辽宁、吉林、黑龙江、江苏、安徽、福建、江西、山东、河南、湖北、湖南、广西、海南、四川、重庆、贵州、云南、西藏、陕西、甘肃、青海、新疆等25个省（区、市）。财政部将根据奖励政策实施效果和中央、地方财力情况，结合地方意愿适时调整实施奖励政策的地区范围。

第九条 奖励资金于下一年度拨付，纳入县域金融机构收入核算。

第十条 本章所称县域金融机构，是指县级（含县、县级市、县级区，不含县级以上城市的中心区）区域内具有法人资格的金融机构（以下简称法人金融机构）和其他金融机构（不含农业发展银行）在县及县以下的分支机构。

本章所称涉农贷款，是指符合《涉农贷款专项统计制度》（银发〔2007〕246号）中的"农户贷款"、"农村企业及各类组织农林牧渔业贷款"和"农村企业及各类组织支农贷款"等3类贷款。

本章所称涉农贷款平均余额，是指县域金融机构在年度内每个月末的涉农贷款余额平均值，即每个月末的涉农贷款余额之和除以月数。如果县域金融机构为当年新设，则涉农贷款平均余额为自其开业之月（含）起每个月末的涉农贷款余额平均值，可予奖励的涉农贷款增量按照当年涉农贷款平均余额的50%核算。

第三章 农村金融机构定向费用补贴政策

第十一条 为引导和鼓励金融机构主动填补农村金融服务空白，专项资金安排支出用于对符合条件的新型农村金融机构和西部基础金融服务薄弱地区的银行业金融机构（网点）给予一定补贴，支持农村金融组织体系建设，扩大农村金融服务覆盖面。

第十二条　对符合下列各项条件的新型农村金融机构，财政部门可按照不超过其当年贷款平均余额的2%给予补贴：

（一）当年贷款平均余额同比增长；

（二）村镇银行的年均存贷比高于50%（含50%）；

（三）当年涉农贷款和小微企业贷款平均余额占全部贷款平均余额的比例高于70%（含70%）；

（四）财政部门规定的其他条件。

对西部基础金融服务薄弱地区的银行业金融机构（网点），财政部门可按照不超过其当年贷款平均余额的2%给予补贴。新型农村金融机构不重复享受补贴。

第十三条　补贴资金于下一年度拨付，纳入金融机构收入统一核算。

第十四条　东、中、西部地区农村金融机构（网点）可享受补贴政策的期限，分别为自该农村金融机构（网点）开业当年（含）起的3、4、5年内。农村金融机构（网点）开业超过享受补贴政策的年数后，无论该农村金融机构（网点）是否曾经获得过补贴，都不再享受补贴。如果农村金融机构（网点）开业时间晚于当年的6月30日，但开业当年未享受补贴，则享受补贴政策的期限从开业次年起开始计算。

东、中、西部地区划分标准按照《关于明确东中西部地区划分的意见》（财办预〔2005〕5号）规定执行（下同）。

第十五条　对以下几类贷款不予补贴，不计入享受补贴的贷款基数：

（一）当年任一时点单户贷款余额超过500万元的贷款；

（二）注册地位于县级（含县、县级市、县级区，不含县级以上城市的中心区）以下区域的新型农村金融机构，其在经监管部门批准的县级经营区域以外发放的贷款；

（三）注册地位于县级以上区域的新型农村金融机构，其网点在所处县级区域以外发放的贷款；

（四）西部基础金融服务薄弱地区的银行业金融机构（网点）在其所在乡（镇）以外发放的贷款。

第十六条　本章所称新型农村金融机构，是指经银监会批准设立的村镇银行、贷款公司、农村资金互助社3类农村金融机构。

本章所称基础金融服务薄弱地区，详见财政部2010年发布的基础金融服务薄弱地区名单。

本章所称存（贷）款平均余额，是指金融机构（网点）在年度内每个月末的存（贷）款余额平均值，即每个月末的存（贷）款余额之和除以月数。如果金融机构（网点）为当年新设，则存（贷）款平均余额为自其开业之月（含）起每个月末的存（贷）款余额平均值。

本章所称月末贷款余额，是指金融机构在每个月末的各项贷款余额，不包括金融机构的票据贴现、对非存款类金融机构的拆放款项，以及自上年度开始以来从其他金融机构受让的信贷资产。具体统计口径以《中国人民银行金融统计制度》及相关规定为准。

本章所称年均存贷比,是指金融机构当年的贷款平均余额与存款平均余额之比。

本章所称涉农贷款,是指符合《涉农贷款专项统计制度》(银发〔2007〕246号)规定的涉农贷款,不包括金融机构的票据贴现、对非存款类金融机构的拆放款项,以及自上年度开始以来从其他金融机构受让的信贷资产。

本章所称小微企业,是指符合《中小企业划型标准规定》(工信部联企业〔2011〕300号)规定的小型、微型企业。

第四章 创业担保贷款贴息及奖补政策

第十七条 为实施更加积极的就业政策,以创业创新带动就业,助力大众创业、万众创新,专项资金安排支出用于对符合政策规定条件的创业担保贷款给予一定贴息,减轻创业者和用人单位负担,支持劳动者自主创业、自谋职业,引导用人单位创造更多就业岗位,推动解决特殊困难群体的结构性就业矛盾。

第十八条 对按照《国务院关于进一步做好新形势下就业创业工作的意见》(国发〔2015〕23号)、《中国人民银行财政部人力资源社会保障部关于实施创业担保贷款支持创业就业工作的通知》(银发〔2016〕202号)等文件规定发放的个人和小微企业创业担保贷款,财政部门可按照国家规定的贴息标准予以贴息。

享受财政贴息支持的创业担保贷款,作为借款人的个人和小微企业应通过人力资源社会保障部门的借款主体资格审核,持有相关身份证明文件,且经担保基金运营管理机构和经办银行审核后,具备相关创业能力,符合相关担保和贷款条件。

第十九条 专项资金贴息的个人创业担保贷款,最高贷款额度为10万元,贷款期限最长不超过3年,贷款利率可在贷款合同签订日贷款基础利率的基础上上浮一定幅度,具体标准为贫困地区(含国家扶贫开发工作重点县、全国14个集中连片特殊困难地区,下同)上浮不超过3个百分点,中、西部地区上浮不超过2个百分点,东部地区上浮不超过1个百分点,实际贷款利率由经办银行在上述利率浮动上限内与创业担保贷款担保基金运营管理机构协商确定。除助学贷款、扶贫贷款、首套住房贷款、购车贷款以外,个人创业担保贷款申请人及其家庭成员(以户为单位)自提交创业担保贷款申请之日起向前追溯5年内,应没有商业银行其他贷款记录。

专项资金贴息的小微企业创业担保贷款,贷款额度由经办银行根据小微企业实际招用符合条件的人数合理确定,最高不超过200万元,贷款期限最长不超过2年,贷款利率由经办银行根据借款人的经营状况、信用情况等与借款人协商确定。对已享受财政部门贴息支持的小微企业创业担保贷款,政府不再通过创业担保贷款担保基金提供担保形式的支持。

第二十条 创业担保贷款财政贴息,在国家规定的贷款额度、利率和贴息期限内,按照实际的贷款额度、利率和计息期限计算。其中,对贫困地区符合条件的个人创业担保贷款,财政部门给予全额贴息;对其他地区符合条件的个人创业担保贷款,财政部门第1年给予全额贴息,第2年贴息2/3,第3年贴息1/3。对符合条件的小微企业创业担保贷款,财政部门按照贷款合同签订日贷款基础利率的50%给予贴息。对展期、逾期的创业担保贷款,财政部门不予贴息。

经省级或计划单列市人民政府同意,各地可适当放宽创业担保贷款借款人条件、提高贷款利率上限,相关创业担保贷款由地方财政部门自行决定贴息,具体贴息标准和条件由各省(区、市)结合实际予以确定,因此而产生的贴息资金支出由地方财政部门全额承担。对地方财政部门自行安排贴息的创业担保贷款,要与中央财政贴息支持的创业担保贷款分离管理,分账核算,并纳入创业担保贷款财政贴息资金管理信息系统统一管理。

第二十一条 经办银行按照国家财务会计制度和创业担保贷款政策有关规定,计算创业担保贷款应贴息金额,按季度向地市级财政部门申请贴息资金。地市级财政部门审核通过后,在1个月内向经办银行拨付。对省直管县,经省级财政部门同意,可由县级财政部门负责相关贴息资金审核拨付工作。

第二十二条 建立创业担保贷款奖励机制。按各地当年新发放创业担保贷款总额的1%,奖励创业担保贷款工作成效突出的经办银行、创业担保贷款担保基金运营管理机构等单位,用于其工作经费补助。

创业担保贷款奖励性补助资金的奖励基数,包括经省级人民政府同意、由地方财政部门自行决定贴息的创业担保贷款。对主要以基础利率或低于基础利率发放贷款的经办银行,各地财政部门可在奖励资金分配上给予适度倾斜。

第二十三条 本章所称创业担保贷款,是指以具备规定条件的创业者个人或小微企业为借款人,由创业担保贷款担保基金提供担保,由经办此项贷款的银行业金融机构发放,由财政部门给予贴息(小微企业自行选择贴息或担保中的一项),用于支持个人创业或小微企业扩大就业的贷款业务。

本章所称担保基金,是指由地方政府出资设立的,用于为创业担保贷款提供担保的专项基金。担保基金由政府指定的公共服务机构或其委托的融资性担保机构负责运营管理。

本章所称经办银行,是指由各级人民银行分支机构会同财政、人力资源社会保障部门通过公开招标等方式确定的为符合条件的个人和小微企业提供创业担保贷款的银行业金融机构。

第五章 政府和社会资本合作项目以奖代补政策

第二十四条 为吸引社会资本参与公共服务项目的投资、运营管理,提高公共服务供给能力和效率,专项资金安排支出用于对符合条件的PPP示范项目和转型为PPP项目的地方融资平台公司存量项目给予一定奖励,提高项目操作的规范性,保障项目实施质量,同时,鼓励融资平台公司化解存量地方政府债务。

第二十五条 PPP项目以奖代补政策面向中央财政PPP示范项目和转型为PPP项目的地方融资平台公司存量项目。其中,对中央财政PPP示范项目中的新建项目,财政部将在项目完成采购确定社会资本合作方后,按照项目投资规模给予一定奖励,具体为投资规模3亿元以下的项目奖励300万元,3亿元(含3亿元)至10亿元的项目奖励500

万元，10亿元以上（含10亿元）的项目奖励800万元。对符合条件、规范实施的转型为PPP项目的地方融资平台公司存量项目，财政部将在择优评选后，按照项目转型实际化解存量地方政府债务（政府负有直接偿债责任的一类债务）规模的2%给予奖励。中央财政PPP示范项目中的存量项目，优先享受奖励资金支持。享受以奖代补政策支持的地方融资平台公司存量项目，通过转型为PPP模式化解的项目债务应属于清理甄别认定的截至2014年末的存量政府债务。

第二十六条 PPP项目以奖代补资金作为综合财力补助，纳入项目公司（或社会资本方）、融资平台公司收入统一核算。新建示范项目奖励资金由财政部门统筹用于项目前期费用补助等相关财政支出。

第二十七条 享受以奖代补政策支持的PPP项目，必须严格执行国务院和财政部等部门出台的一系列制度文件，科学编制实施方案，合理选择运作方式，认真做好评估论证，择优选择社会资本，加强项目实施监管，切实保障项目选择的适当性、交易结构的合理性、合作伙伴选择的竞争性、财政承受能力的中长期可持续性和项目实施的公开性。

项目采购要严格执行《中华人民共和国政府采购法》《政府和社会资本合作项目政府采购管理办法》（财库〔2014〕215号）等规定，充分引入竞争机制，保证项目实施质量。项目合同约定的政府和社会资本合作期限原则上不低于10年。

享受以奖代补政策支持的PPP项目必须纳入财政部PPP综合信息平台项目库，并按规定将项目信息及获得的奖补资金信息录入PPP综合信息平台。

第二十八条 不符合示范项目要求被调出示范项目名单的项目，采用建设－移交（BT）方式的项目，通过保底承诺、回购安排、明股实债、融资租赁等方式进行变相融资的项目，以及合同变更成本高、融资结构调整成本高、原债权人不同意转换、不能化解政府债务风险、不能降低项目债务成本、不能实现物有所值的地方融资平台公司存量转型项目，不享受以奖代补政策支持。已经在其他中央财政专项资金中获得奖励性资金支持的PPP项目，不再纳入以奖代补政策奖励范围。

第二十九条 申请以奖代补资金支持的PPP项目，应按规定向地方财政部门报送专项资金申请材料，经省级财政部门汇总审核后报送财政部。申请材料包括以奖代补资金申请书、项目规范实施承诺书、项目实施方案、物有所值评价报告、财政承受能力论证报告、采购文件、合同文本等重要资料，以及与以奖代补资金申请或审核相关的其他材料。

第三十条 对省级财政部门报送的PPP项目以奖代补专项资金申请材料，财政部将组织专家进行综合评审，择优选定符合以奖代补政策支持条件的项目。

PPP项目评审采取集中封闭方式，由专家组对省级财政部门报送的备选项目进行定性和定量评审。评审专家组由PPP领域的咨询机构、学术机构、财务、法律、行业等方面的外部专家，以及财政部门、行业主管部门等政府机构的内部专家共同组成，开展评审时从专家库中随机抽取。项目评审实行回避原则，评审专家不对自身或所在单位参与的项目进行评审。

定性评审侧重审查项目合规性，主要包括主体合规、客体合规、程序合规等。其中，国有企业和融资平台公司作为政府方签署PPP项目合同的项目，以及未按照国家有关规定要求剥离政府性债务并明确公告不再承担地方政府举债融资职能的本地融资平台公司作为社会资本方的项目，不符合主体合规要求。

定量评审侧重审查项目质量，主要包括申报材料的规范性、项目实施方案的合理性、财政中长期的可持续性、项目采用PPP模式的适用性、项目融资的可获得性、项目的实施进度、项目的示范推广价值、化解债务或增加公共服务供给的有效性等。

项目评审由财政部PPP工作领导小组办公室和PPP中心共同制定评审方案，并具体负责组织实施。经专家组评审形成初步评审结果后，报财政部PPP工作领导小组审核。审核通过后形成最终评审结果，由财政部按规定向省级财政部门拨付奖励资金。

第三十一条 享受以奖代补政策支持的PPP项目所在地财政部门要认真做好项目物有所值评价和财政承受能力论证，有效控制政府支付责任，合理确定财政补助金额。省级财政部门要统计监测相关项目的政府支付责任，加强对项目合同执行的监督管理，督促下级财政部门严格履行合同约定，有效保护社会资本合法权益，切实维护政府信用。

对以奖代补政策支持的PPP项目，有关省级财政部门要切实履行财政职能，因地制宜、主动作为，会同项目实施单位和有关部门，为项目的规范实施创造良好环境。积极推动项目加快实施进度，确保项目规范实施、按期落地，形成一批管理水平高、化债效果好、产出结果优、示范效应强的样板项目。

第六章 资金分配和拨付

第三十二条 专项资金由财政部按照各地区可予奖励的县域金融机构涉农贷款平均余额增量、可予补贴的农村金融机构贷款平均余额、创业担保贷款贴息及奖补资金需求、符合条件的中央财政PPP示范项目投资规模和地方融资平台公司存量项目转型化债规模等因素进行分配。具体计算公式如下：

分配给某地区的专项资金总额＝〔(经核定该地区可予奖励的县域金融机构涉农贷款平均余额增量×该地区中央财政分担比例)÷∑(经核定各地区可予奖励的县域金融机构涉农贷款平均余额增量×相应地区中央财政分担比例)×相应权重＋(经核定该地区可予补贴的农村金融机构贷款平均余额×该地区中央财政分担比例)÷∑(经核定各地区可予补贴的农村金融机构贷款平均余额×相应地区中央财政分担比例)×相应权重＋(经核定该地区创业担保贷款贴息及奖补资金需求×该地区中央财政分担比例)÷∑(经核定各地区创业担保贷款贴息及奖补资金需求×相应地区中央财政分担比例)×相应权重＋经核定该地区PPP项目以奖代补资金需求÷∑经核定各地区PPP项目以奖代补资金需求×相应权重〕×(本年专项资金总规模＋∑上年末各地区结余专项资金规模)－该地区上年末结余专项资金规模。

各地区可予奖励的县域金融机构涉农贷款平均余额增量、可予补贴的农村金融机构贷款平均余额、创业担保贷款贴息及奖补资金需求依据各地财政部门上报情况和财政部驻当地财政监察专员办事处（以下简称专员办）审核意见确定。各地区 PPP 项目以奖代补资金需求依据各地财政部门上报情况、当地专员办审核意见、PPP 项目以奖代补专家评审结果确定。相应权重根据上年各方向资金使用情况、中央财政预算安排等因素综合确定。

省级财政部门应参照中央财政的分配方法，在预算规模内合理确定本地区专项资金分配方案，科学规划专项资金各支出方向的资金安排，确保各支出方向的资金总体均衡，统筹兼顾本地普惠金融各领域发展需要，切实提高专项资金使用效益。

第三十三条 用于 PPP 项目以奖代补的资金由中央财政从专项资金中全额安排，其他领域资金由中央和地方财政共担，东、中、西部地区中央财政与地方财政的分担比例分别为 3:7、5:5、7:3。地方财政分担资金应主要由省级财政安排，原则上东、中、西部地区省级财政负担比例应分别占地方财政分担资金总额的 30%、50%、70% 以上，市、县级财政分担比例由省级财政部门统筹确定。

对未按规定分担资金的地区，经当地专员办或审计部门书面确认后，取消下年度获得相关使用方向中央财政资金的资格。

第三十四条 财政部可以根据专项资金使用情况、中央与地方事权和支出责任划分情况、中央和地方财力情况等，适时调整专项资金分配方法和中央与地方财政分担比例。

第三十五条 省级财政部门负责汇总审核辖区内专项资金申请材料，于每年 3 月 31 日前报送财政部和专员办。申请材料包括本年度专项资金申请情况说明、专项资金申请明细表、中央对地方专项转移支付区域绩效目标申报表、省级财政部门审核意见、上年度专项资金使用情况报告，以及与专项资金申请或审核相关的其他材料。

对未按规定时间报送专项资金申请材料的地区，财政部和专员办不予受理，视同该年度不申请专项资金处理。

第三十六条 专员办对省级财政部门报送的专项资金申请材料进行审核，于每年 4 月 30 日前出具审核意见报送财政部，并抄送省级财政部门。

专员办应对省级财政部门报送的相关材料进行认真审核，根据实际需要开展相应的核查工作。在审核过程中发现严重弄虚作假或重大违规等问题，及时向财政部报告。

第三十七条 财政部结合专员办审核意见，对省级财政部门报送的专项资金申请材料进行审核后，按规定向省级财政部门下达专项资金预算，并抄送当地专员办。

对上年末专项资金结余的地区，财政部将减少安排该地区下一年度专项资金的数额。

第三十八条 省级财政部门收到中央财政下达的专项资金预算后，应参照中央财政的分配方案，结合本地区实际情况，及时将专项资金予以统筹安排，并编制专项资金的审核、拨付和使用情况报告报送财政部备案，并抄送当地专员办。

第三十九条 专项资金的支付，按照国库集中支付制度有关规定执行。专项资金的预算公开，按照中央对地方专项转移支付信息公开管理制度有关规定执行。

第七章 预算监管和绩效管理

第四十条 本办法涉及的银行业金融机构、担保基金运营管理机构、地方融资平台公司、PPP项目实施机构等相关单位应当如实统计和上报专项资金申请涉及的各项基础数据，对各项基础数据的真实性、合规性负责，并对所属分支机构加强监管。

第四十一条 各级财政部门应当加强对专项资金申请、审核、拨付的组织、协调和管理工作，并会同有关部门对专项资金申请的真实性、合规性以及审核拨付、使用情况加强检查，对检查中发现的问题及时处理和反映，保证专项资金政策落到实处。

第四十二条 专员办应当按照有关政策规定，对专项资金的申请、分配、使用情况进行监管，加强实地抽查，出具意见作为中央和省级财政部门拨付专项资金的依据，并作为调整下年度专项资金分配的重要参考。

第四十三条 财政部门及其派出机构应当加强实地抽查力度，对查出以前年度虚报材料、骗取专项资金的，应当及时予以追回。对被骗取的专项资金，由地方政府有关部门自行查出的，由同级政府财政部门收回。由中央有关部门组织查出的，由省级财政部门负责追回并及时上缴中央财政。

第四十四条 地方各级财政部门及其工作人员、申报使用专项资金的部门、单位及个人有下列行为之一的，依照《中华人民共和国预算法》《财政违法行为处罚处分条例》等有关法律法规予以处理、处罚，并视情况提请同级政府进行行政问责：

（一）专项资金分配方案制定和复核过程中，有关部门及其工作人员违反规定，擅自改变分配方法、随意调整分配因素以及向不符合条件的单位（或项目）分配资金的；

（二）以虚报冒领、重复申报、多头申报、报大建小等手段骗取专项资金的；

（三）滞留、截留、挤占、挪用专项资金的；

（四）擅自超出规定的范围或者标准分配或使用专项资金的；

（五）未履行管理和监督职责，致使专项资金被骗取、截留、挤占、挪用，或资金闲置沉淀的；

（六）拒绝、干扰或者不予配合有关专项资金的预算监管、绩效评价、监督检查等工作的；

（七）对提出意见建议的单位和个人、举报人、控告人打击报复的；

（八）其他违反专项资金管理的行为。

涉嫌犯罪的，移送司法机关处理。

第四十五条 对未能独立客观地发表意见，在专项资金申请、评审等有关工作中存在虚假、伪造行为的第三方，按照有关法律法规的规定进行处理。

第四十六条 各级财政部门应当按照预算绩效管理的有关规定加强专项资金绩效管理，建立健全全过程预算绩效管理机制。按照《中央对地方专项转移支付绩效目标管理暂行办法》（财预〔2015〕163号）等规定，设定专项资金绩效目标及相应的绩效指标，加强对绩效目标的审核，并将审核确认后的绩效目标予以下达。强化专项资金绩效目标执行监控，确保绩效目标如期实现。按要求开展绩效评价，将绩效评价结果作为完善政策和资金分配的参考依据，不断提高财政资金使用效益，更好地支持普惠金融发展。

第四十七条 地方各级财政部门应当逐步探索建立普惠金融指标体系，对辖区内普惠金融发展状况进行科学评价，为完善专项资金管理制度提供决策参考。

第八章 附 则

第四十八条 中央财政对新疆生产建设兵团专项资金的分配、拨付、使用、管理，以及相关申请材料的申报与审核，参照本办法规定执行。

第四十九条 省级财政部门及新疆生产建设兵团财务局要根据本办法，结合实际制定专项资金管理实施细则，并报送财政部备案。

第五十条 本办法自印发之日起施行，有效期3年。《财政县域金融机构涉农贷款增量奖励资金管理办法》（财金〔2010〕116号）、《农村金融机构定向费用补贴资金管理办法》（财金〔2014〕12号）、《小额担保贷款财政贴息资金管理办法》（财金〔2008〕100号）同时废止。

附：1. 普惠金融发展专项资金申报表
  2. 普惠金融发展专项资金申报表填表说明

附1:

普惠金融发展专项资金申报表

表1　_____省（区、市）_____年普惠金融发展专项资金申报表

填报单位：_____省（区、市）财政厅（局）　　　　　　　　　　　　　　　单位：万元、%、家、笔、个

一、县域金融机构涉农贷款增量奖励

	_____年涉农贷款发放额		_____年涉农贷款平均余额		可予奖励的机构家数	可予奖励的涉农贷款增量	_____年奖励资金需求（按2%的奖励上限测算）			上年本项下实际使用奖励资金			上年末本项下结余中央财政专项资金
	发放金额	同比变动（%）	平均余额	同比变动（%）			小计	中央财政分担金额	地方财政分担金额	小计	中央财政分担金额	地方财政分担金额	

二、农村金融机构定向费用补贴

1. 新型农村金融机构

	_____年贷款发放额		_____年贷款平均余额		可予补贴的机构家数	可予补贴的贷款余额	_____年补贴资金需求（按2%的补贴上限测算）			上年本项下实际使用补贴资金			上年末本项下结余中央财政专项资金
	发放金额	同比变动（%）	平均余额	同比变动（%）			小计	中央财政分担金额	地方财政分担金额	小计	中央财政分担金额	地方财政分担金额	

2. 基础金融服务薄弱地区银行业金融机构（网点）

	_____年贷款发放额		_____年贷款平均余额		可予补贴的机构家数	可予补贴的贷款余额	_____年补贴资金需求（按2%的补贴上限测算）			上年本项下实际使用补贴资金			上年末本项下结余中央财政专项资金
	发放金额	同比变动（%）	平均余额	同比变动（%）			小计	中央财政分担金额	地方财政分担金额	小计	中央财政分担金额	地方财政分担金额	

附录二 政府和社会资本合作（PPP）相关核心文件

续表

三、创业担保贷款贴息及奖补

	年创业担保贷款发放额			年末创业担保贷款余额			年末担保基金余额	年创业担保贷款贴息和奖补资金需求			上年本项下使用贴息和奖补资金			上年末本项下结余中央财政专项资金
	小计	中央财政给予贴息支持的贷款	地方财政自行安排贴息的贷款	小计	中央财政给予贴息支持的贷款	地方财政自行安排贴息的贷款		贴息资金（中央财政给予贴息支持的贷款）	贴息资金（地方财政自行安排贴息的贷款）	奖补资金	小计	贴息资金	奖补资金	
小计														

四、政府和社会资本合作 PPP 示范项目

1. 新建中央财政 PPP 示范项目

	年完成政府采购的新建示范项目数量			截至上年末累计完成政府采购的新建示范项目数量	截至上年末累计享受以奖代补政策的新建示范项目数量	年奖励资金需求	上年本项下实际使用奖励资金	上年末本项下结余中央财政专项资金
	小计	其中：投资规模 3 亿元以下的项目数量	投资规模 3 亿元（含）至 10 亿元的项目数量	投资规模 10 亿元（含）以上的项目数量					
新建示范项目数量									

2. 转型为 PPP 项目的地方融资平台公司存量项目

	转型前项目存量地方政府债务规模	转型实际化解项目存量政府债务规模	项目转型化债比例	截至上年末累计享受以奖代补政策的存量转型项目数量	年奖励资金需求	上年本项下实际使用奖励资金	上年末本项下结余中央财政专项资金
本年申请中央财政奖励的存量转型项目数量							

表2 _____省（区、市）_____年县域金融机构涉农贷款增量奖励资金申请详情表

填报单位：_____省（区、市）财政厅（局）　　　　　　　　　　　单位：万元，家

一、分行政区统计（填报可获得奖励的金融机构数据）

	____年涉农贷款发放额		____年涉农贷款平均余额		可予奖励的机构家数	可予奖励的涉农贷款增量	上年结余奖励资金	奖励资金（按2%的奖励上限测算）		
	发放金额	同比变动（%）	平均余额	同比变动（%）				小计	中央财政分担金额	地方财政分担金额
××县										
××县										
……										
合计										

二、分机构统计（填报所有金融机构数据）

	____年涉农贷款发放额		____年涉农贷款平均余额		____年末不良贷款率		是否符合奖励条件	可予奖励的涉农贷款增量	奖励资金（按2%的奖励上限测算）
	发放金额	同比变动（%）	平均余额	同比变动（%）	不良率	同比变动（%）			
××银行									
××银行									
……									
合计									

注1：分行政区统计填报可获得奖励的县域金融机构数据，分机构统计填报所有县域金融机构数据。

注2：县域金融机构是否符合奖励条件在"是否符合奖励条件"一栏中说明，不符合条件的机构"可予奖励的涉农贷款增量"和"奖励资金"为0。

表3　____省（区、市）____年农村金融机构定向费用补贴资金申请详情表

填报单位：____省（区、市）财政厅（局）　　　　　　　　单位：万元，家，笔，元

一、分行政区统计（填报可获得奖励的金融机构数据）

	___年贷款发放额		___年贷款平均余额		可予补贴的机构家数	可予补贴的贷款余额	上年结余补贴资金	补贴资金（按2%的补贴上限测算）			备注
	发放金额	同比变动（%）	平均余额	同比变动（%）				小计	中央财政分担金额	地方财政分担金额	
1. 新型农村金融机构											
××县											
××县											
……											
小计											
2. 基础金融服务薄弱地区金融机构											
××县											
××县											
……											
小计											
合计（1+2）											

二、分机构统计（填报所有金融机构数据）

	___年贷款发放额		___年贷款平均余额		涉农及小微企业贷款占比（%）	___年末存贷比（%）	是否符合补贴条件	可予补贴的贷款余额	补贴资金（按2%的补贴上限测算）	备注
	发放金额	同比变动（%）	平均余额	同比变动（%）						
1. 新型农村金融机构										
××村镇银行										
××贷款公司										
××农村资金互助社										
……										
小计										

续表

2. 基础金融服务薄弱地区金融机构									
××乡（镇）××银行									
××乡（镇）××银行									
……									
小计									
合计（1+2）									

注1：分行政区统计填报可获得补贴的金融机构数据，分机构统计填报所有金融机构数据。

注2：分机构统计不符合补贴条件的金融机构"可予补贴的贷款余额"为0。

注3：贷款公司和农村资金互助社不需要填写"年末存贷比"。

注4：基础金融服务薄弱地区金融机构不需要填写"是否符合补贴条件"。

注5：位于基础金融服务薄弱地区的新型农村金融机构及网点，需要同时在新型农村金融机构和基础金融服务薄弱地区金融机构两部分填报数据。

注6：位于基础金融服务薄弱地区的新型农村金融机构及网点，如果符合新型农村金融机构补贴条件，在新型农村金融机构补贴部分如实填写可予补贴的贷款余额，在基础金融服务薄弱地区金融机构部分"可予补贴的贷款余额"填写0，并在备注栏中说明。如果不符合新型农村金融机构的补贴条件，则在基础金融服务薄弱地区金融机构部分如实填写可予补贴的贷款余额。

注7：贷款发放额、贷款平均余额等数据的合计数，要剔除新型农村金融机构和基础金融服务薄弱地区金融机构两部分重合的数据。

表4　　___省（区、市）___年创业担保贷款贴息及奖补资金申请详情表

填报单位：___省（区、市）财政厅（局）　　　　　　　　　　　　　　　　单位：万元、笔

贷款及贴息情况 \ 经办银行	国有商业银行	股份制商业银行	城市商业银行	农商行和农合行	农村信用社	其他机构	合计
一、上年贷款发放情况							
1. 年度贷款发放额							
其中：个人贷款发放额							
小微企业贷款发放额							
其中：中央财政给予贴息支持的贷款							
地方财政自行安排贴息的贷款							
2. 年末贷款余额							
其中：个人贷款年末余额							
小微企业贷款年末余额							
其中：中央财政给予贴息支持的贷款							
地方财政自行安排贴息的贷款							
3. 年度贷款发放笔数							
其中：个人贷款发放笔数							
小微企业贷款发放笔数							
其中：中央财政给予贴息支持的贷款							
地方财政自行安排贴息的贷款							
4. 年末未解除还款责任贷款笔数							
其中：个人贷款笔数							
小微企业贷款笔数							
其中：中央财政给予贴息支持的贷款							
地方财政自行安排贴息的贷款							
二、上年贷款贴息情况							
1. 中央财政拨付贴息资金							
2. 地方财政安排贴息资金							
其中：省级财政安排贴息资金							
省级以下财政安排贴息资金							
3. 应支付给经办银行的贴息资金							
其中：中央财政承担金额							
地方财政承担金额							

续表

贷款及贴息情况 \ 经办银行	国有商业银行	股份制商业银行	城市商业银行	农商行和农合行	农村信用社	其他机构	合计
4. 实际支付给经办银行的贴息资金							
其中：中央财政承担金额							
地方财政承担金额							
5. 年末结余贴息资金							
其中：中央财政贴息资金结余							
地方财政贴息资金结余							
三、上年贷款奖补情况							
1. 中央财政拨付奖补资金							
2. 地方财政安排奖补资金							
其中：省级财政安排奖补资金							
省级以下财政安排奖补资金							
3. 实际使用奖补资金							
其中：中央财政承担金额							
地方财政承担金额							
4. 年末结余奖补资金							
其中：中央财政奖补资金结余							
地方财政奖补资金结余							
四、担保基金情况							
1. 年末担保基金规模							
2. 年度增加的担保基金规模							
五、本年贷款计划							
1. 预计本年贷款发放额							
其中：个人贷款发放额							
小微企业贷款发放额							
其中：中央财政给予贴息支持的贷款							
地方财政自行安排贴息的贷款							
2. 申请中央财政贴息资金							
3. 申请中央财政奖补资金							

附录二 政府和社会资本合作（PPP）相关核心文件 341

表 5 _____省（区、市）_____年 PPP 项目以奖代补资金申请详情表

填报单位：_____省（区、市）财政厅（局）

单位：万元，%

一、新建中央财政 PPP 示范项目

项目名称	项目领域	项目投资规模	PPP 运作方式	是否通过物有所值评价	是否通过财政承受能力论证	政府采购方式	PPP 项目合同签订时间	项目合作期限	项目内部收益率	是否获得其他中央财政奖励性资金支持	申请奖励资金额度	备注
××项目												
××项目												
……												
小计												

二、转型为 PPP 项目的地方融资平台公司存量项目

项目名称	项目领域	项目投资规模	项目转型前存量地方政府债务规模	项目转型实际化解存量地方政府债务规模	PPP 运作方式	是否通过物有所值评价	是否通过财政承受能力论证	政府采购方式	PPP 项目合同签订时间	项目合作期限	项目内部收益率	是否获得其他中央财政奖励性资金支持	申请奖励资金额度	备注
××项目														
××项目														
小计														
合计														

注 1：由同级财政部门出具 PPP 项目是否通过物有所值评价和是否通过财政承受能力论证的意见。
注 2：备注中申请填写项目获得中央财政专项资金奖励性资金支持的具体情况。

附 2：

普惠金融发展专项资金申报表填表说明

一、_____省（区、市）_____年普惠金融发展专项资金申报表（表 1）填表说明

（一）县域金融机构涉农贷款增量奖励。

1. "_____年涉农贷款发放额"填写上年本省（区、市）符合奖励条件的县域金融机构发放的涉农贷款总规模。其中，涉农贷款是指符合《涉农贷款专项统计制度》（银发〔2007〕246号）中"涉农贷款汇总情况统计表"（银统379表）中的"农户贷款"、"农村企业及各类组织农林牧渔业贷款"和"农村企业及各类组织支农贷款"3类贷款。比如，报送2016年的专项资金申报表，则填写2015年相关机构符合条件的涉农贷款发放额。

2. "_____年涉农贷款平均余额"填写上年本省（区、市）符合奖励条件的县域金融机构涉农贷款平均余额的合计数。单家机构的涉农贷款平均余额为该机构上年每个月末的涉农贷款余额之和除以月数。如果县域金融机构为当年新设，则涉农贷款平均余额为自其开业之月（含）起每个月末的涉农贷款余额平均值。

3. "可予奖励的机构家数"填写上年本省（区、市）符合涉农贷款增量奖励条件的县域金融机构数量。

4. "可予奖励的涉农贷款增量"填写上年本省（区、市）符合涉农贷款增量奖励条件可给予奖励的涉农贷款增量规模。如果县域金融机构为当年新设，则涉农贷款平均余额为自其开业之月（含）起每个月末的涉农贷款余额平均值，可予奖励的涉农贷款增量按照当年涉农贷款平均余额的50%核算。

5. "_____年奖励资金需求"填写按照2%的奖励上限测算的本省（区、市）预计的本年县域金融机构涉农贷款增量奖励资金规模。其中，小计＝中央财政分担金额＋地方财政分担金额。比如，报送2016年的专项资金申报表，则填写预计2016年的涉农贷款增量奖励资金需求规模。

6. "上年本项下实际使用奖励资金"填写本省（区、市）上年实际执行的县域金融机构涉农贷款增量奖励资金规模。其中，小计＝中央财政分担金额＋地方财政分担金额。

7. "上年末本项下结余中央财政专项资金"填写上年末本省（区、市）各级地方财政结余的中央财政拨付的县域金融机构涉农贷款增量奖励资金规模。

（二）农村金融机构定向费用补贴。

1. "_____年贷款发放额"填写上年本省（区、市）符合补贴条件的新型农村金融机构和西部基础金融服务薄弱地区的银行业金融机构（网点）所发放的贷款规模。

2. "_____年贷款平均余额"填写上年本省（区、市）符合补贴条件的新型农村金融机构和西部基础金融服务薄弱地区的银行业金融机构（网点）月均贷款平均余额的合计数。单家机构的月均涉农贷款平均余额为该机构上年每个月末的贷款余额之和除

以月数。如果金融机构为当年新设,则贷款平均余额为自其开业之月(含)起每个月末的贷款余额平均值。

3. "可予补贴的机构家数"填写上年本省(区、市)符合农村金融机构定向费用补贴条件的机构数量。

4. "可予补贴的贷款余额"填写上年本省(区、市)符合农村金融机构定向费用补贴条件可给予补贴的贷款余额。

5. "＿＿＿＿年补贴资金需求"填写按照2%的补贴上限测算的本省(区、市)预计的本年农村金融机构定向费用补贴资金规模。其中,小计＝中央财政分担金额＋地方财政分担金额。

6. "上年本项下实际使用补贴资金"填写本省(区、市)上年实际执行的农村金融机构定向费用补贴资金规模。其中,小计＝中央财政分担金额＋地方财政分担金额。

7. "上年末本项下结余中央财政专项资金"填写上年末本省(区、市)各级地方财政结余的中央财政拨付的农村金融机构定向费用补贴资金规模。

(三)创业担保贷款贴息及奖补。

1. "＿＿＿＿年创业担保贷款发放额"填写本省(区、市)上年发放的创业担保贷款规模。比如,报送2016年的专项资金申报表,则填写2015年创业担保贷款发放规模。

2. "＿＿＿＿年末创业担保贷款余额"填写本省(区、市)上年末的创业担保贷款余额。

3. "＿＿＿＿年末担保基金余额"填写本省(区、市)上年末的创业担保贷款担保基金规模。

4. "＿＿＿＿年创业担保贷款贴息和奖补资金需求"填写本省(区、市)预计的本年创业担保贷款贴息资金和奖励性补助资金规模。其中,小计＝贴息资金(中央财政给予贴息支持的贷款)＋贴息资金(地方财政自行安排贴息的贷款)＋奖补资金。贴息资金(中央财政给予贴息支持的贷款)和奖补资金均包括中央财政和地方财政按比例各自分担的部分。奖补资金基于上年创业担保贷款发放额(含地方财政自行安排贴息的贷款)测算。

5. "上年本项下实际使用贴息和奖补资金"填写本省(区、市)上年实际执行的创业担保贷款项下的贴息和奖补资金规模,包括中央财政和地方财政各自安排的部分。其中,小计＝贴息资金＋奖补资金。

6. "上年末本项下结余中央财政专项资金"填写上年末本省(区、市)各级地方财政结余的中央财政拨付的创业担保贷款贴息和奖补资金规模。

(四)政府和社会资本合作项目以奖代补。

1. "新建示范项目数量"填写本省(区、市)纳入中央财政PPP示范项目范围的新建项目数量。

2. "＿＿＿＿年完成政府采购的新建示范项目数量"中的"小计"填写本省(区、市)上年完成项目政府采购确定社会资本合作方的中央财政PPP新建示范项目数量。比如,报送2016年的专项资金申报表,则填写2015年完成政府采购的新建示范项目数量。"其中：投资规模3亿元以下项目数量"、"投资规模3亿元（含）至10亿元的项目数量"、"投资规模10亿元（含）以上的项目数量"分别填写符合相应投资规模要求的上年完成项目政府采购确定社会资本合作方的新建示范项目数量。

3. "新建中央财政PPP示范项目"中的"＿＿＿＿＿年奖励资金需求"填写本省（区、市）本年申请的中央财政新建PPP示范项目奖励资金规模，具体金额依据上年新建示范项目实施情况测算。

4. "本年申请奖励的存量转型项目数量"填写本省（区、市）上年符合基本奖励条件的转型为PPP项目的地方融资平台公司存量项目数量。

5. "转型项目中纳入中央财政示范项目的数量"填写本省（区、市）上年符合基本奖励条件的地方融资平台公司存量转型项目中纳入中央财政PPP示范项目的数量。

6. "转型前项目存量地方政府债务规模"填写本省（区、市）上年所有符合奖励条件的存量转型项目相关存量地方政府债务（政府负有直接偿债责任的一类债务）规模，相关债务须已纳入财政部地方政府债务管理系统，属于清理甄别认定的截至2014年末的存量政府债务。

7. "转型实际化解项目存量地方政府债务规模"填写本省（区、市）上年所有符合基本奖励条件的存量转型项目通过转型为PPP项目实际化解的存量地方政府债务（政府负有直接偿债责任的一类债务）规模。

8. "项目转型化债比例"填写本省（区、市）上年所有符合基本奖励条件的存量转型项目通过转型实际化解的存量地方政府债务规模与项目转型前存量地方政府债务规模的比例。

9. "转型为PPP项目的地方融资平台公司存量项目"中的"＿＿＿＿＿年奖励资金需求"填写本省（区、市）本年申请的地方融资平台公司存量转型项目奖励资金规模，具体金额依据上年符合奖励条件的存量项目通过转型实际化解的存量地方政府债务规模测算。

10. "上年本项下实际使用奖励资金"填写本省（区、市）上年实际执行的PPP项目以奖代补项下的奖励资金规模。

11. "上年末本项下结余中央财政专项资金"填写上年末本省（区、市）各级财政结余的中央财政拨付的PPP项目以奖代补资金规模。

二、＿＿＿＿＿省（区、市）＿＿＿＿＿年县域金融机构涉农贷款增量奖励资金申请详情表（表2）填表说明

1. 分行政区统计填写本省（区、市）各县上年可给予涉农贷款增量奖励的县域金融机构相关数据。分机构统计填写本省（区、市）上年所有县域金融机构相关数据。其中，县域金融机构是指县级（含县、县级市、县级区，不含县级以上城市的中心区）区域内具有法人资格的金融机构和其他金融机构（不含农业发展银行）在县及县以下的分支机构。

2. "＿＿＿＿＿年涉农贷款发放额"，分行政区统计填写本省（区、市）各县上年符合奖励条件的县域金融机构的涉农贷款发放额及其同比变动比例，分机构统计填写本省（区、市）上年所有县域金融机构的涉农贷款发放额及其同比变动比例。其中，涉农贷

款是指符合《涉农贷款专项统计制度》（银发〔2007〕246号）中"涉农贷款汇总情况统计表"（银统379表）中的"农户贷款"、"农村企业及各类组织农林牧渔业贷款"和"农村企业及各类组织支农贷款"3类贷款。

3. "＿＿＿年涉农贷款平均余额"，分行政区统计填写本省（区、市）各县上年符合奖励条件的县域金融机构的涉农贷款平均余额及其同比变动比例，分机构统计填写本省（区、市）上年所有县域金融机构涉农贷款平均余额及其同比变动比例。单家机构的涉农贷款平均余额为该机构上年每个月末的涉农贷款余额之和除以月数。如果县域金融机构为当年新设，则涉农贷款平均余额为自其开业之月（含）起的每个月末的涉农贷款余额平均值。

4. "可予奖励的机构家数"填写本省（区、市）各县上年符合涉农贷款增量奖励条件的机构数量。

5. "上年结余奖励资金"填写本省（区、市）各县上年末结余的中央财政拨付的涉农贷款增量奖励资金规模。

6. "＿＿＿年末不良贷款率"填写本省（区、市）各县域金融机构上年末的不良贷款率及其同比变动比例。

7. "是否符合奖励条件"，上年符合奖励条件的县域金融机构填写"是"，否则填写"否"。

8. "可予奖励的涉农贷款增量"，分行政区统计填写本省（区、市）各县上年符合涉农贷款增量奖励条件可给予奖励的涉农贷款增量规模，分机构统计填写本省（区、市）各县域金融机构上年符合涉农贷款增量奖励条件可给予奖励的涉农贷款增量规模，不符合条件的机构该栏填写"0"。

9. "奖励资金"，分行政区统计填写按照2%的奖励上限测算的预计本省（区、市）各县本年的涉农贷款增量奖励资金规模。其中，小计＝中央财政分担金额＋地方财政分担金额。分机构统计填写按照2%的奖励上限测算的预计本省（区、市）各县域金融机构本年的涉农贷款增量奖励资金规模。

三、＿＿＿省（区、市）＿＿＿年农村金融机构定向费用补贴资金申请详情表（表3）填表说明

1. 分行政区统计填写本省（区、市）各县上年可给予农村金融机构定向费用补贴的新型农村金融机构、西部基础金融服务薄弱地区金融机构（网点）相关数据。分机构统计填写本省（区、市）上年所有新型农村金融机构、西部基础金融服务薄弱地区金融机构（网点）相关数据，位于西部基础金融服务薄弱地区的新型农村金融机构，需要同时在新型农村金融机构和基础金融服务薄弱地区金融机构两部分填报数据，相关贷款发放额、贷款平均余额等数据的合计数，要剔除新型农村金融机构和基础金融服务薄弱地区金融机构两部分重合的数据。

2. "＿＿＿年贷款发放额"，分行政区统计填写本省（区、市）各县上年符合补贴条件的新型农村金融机构和西部基础金融服务薄弱地区金融机构（网点）的贷款发放额及其同比变动比例，分机构统计填写本省（区、市）上年所有新型农村金融机构和西部基础金融服务薄弱地区金融机构（网点）的贷款发放额及其同比变动比例。

3. "＿＿＿＿年贷款平均余额"，分行政区统计填写本省（区、市）各县上年符合补贴条件的新型农村金融机构和西部基础金融服务薄弱地区金融机构（网点）的贷款平均余额及其同比变动比例，分机构统计填写本省（区、市）上年所有新型农村金融机构和西部基础金融服务薄弱地区金融机构（网点）的贷款平均余额及其同比变动比例。单家机构的贷款平均余额为该机构上年每个月末的贷款余额之和除以月数。如果金融机构为当年新设，则贷款平均余额为自其开业之月（含）起每个月末的贷款余额平均值。

4. "可予补贴的机构家数"填写本省（区、市）各县上年符合补贴条件的新型农村金融机构、西部基础金融服务薄弱地区金融机构（网点）数量。

5. "涉农及小微企业贷款占比"填写本省（区、市）各新型农村金融机构和西部基础金融服务薄弱地区金融机构（网点）上年涉农贷款和小微企业贷款平均余额占全部贷款平均余额的比例。单家机构的相关贷款平均余额为该机构上年每个月末的相关贷款余额之和除以月数。涉农贷款是指符合《涉农贷款专项统计制度》（银发〔2007〕246号）规定的涉农贷款，不包括金融机构的票据贴现、对非存款类金融机构的拆放款项，以及自上年度开始以来从其他金融机构受让的信贷资产。小微企业，是指符合《中小企业划型标准规定》（工信部联企业〔2011〕300号）规定的小型、微型企业。

6. "＿＿＿＿年末存贷比"填写本省（区、市）相关金融机构上年末存贷比。贷款公司和农村资金互助社不需填写该栏。

7. "是否符合补贴条件"，上年符合补贴条件的新型农村金融机构、西部基础金融服务薄弱地区金融机构（网点）填写"是"，否则填写"否"。

8. "可予补贴的贷款余额"，分行政区统计填写本省（区、市）各县上年符合条件的新型农村金融机构和西部基础金融服务薄弱地区金融机构（网点）可给予补贴的贷款余额，分机构统计填写本省（区、市）各新型农村金融机构和西部基础金融服务薄弱地区金融机构（网点）可给予补贴的贷款余额，不符合补贴条件的金融机构该栏填写"0"。位于基础金融服务薄弱地区的新型农村金融机构及网点，如果符合新型农村金融机构补贴条件，在新型农村金融机构补贴部分如实填写可予补贴的贷款余额，在基础金融服务薄弱地区金融机构部分"可予补贴的贷款余额"填写"0"，并在备注栏中说明。如果不符合新型农村金融机构的补贴条件，则在基础金融服务薄弱地区金融机构部分如实填写可予补贴的贷款余额。

9. "上年结余补贴资金"填写本省（区、市）各县上年末结余的中央财政拨付的定向费用补贴资金规模。

10. "补贴资金"，分行政区统计填写按照2%的补贴上限测算的预计本省（区、市）各县本年的定向费用补贴资金规模。其中，小计＝中央财政分担金额＋地方财政分担金额。分机构统计填写按照2%的补贴上限测算的预计本省（区、市）各金融机构本年的定向费用补贴资金规模。

四、＿＿＿＿省（区、市）＿＿＿＿年创业担保贷款贴息及奖补资金申请详情表（表4）填表说明

1. "上年贷款发放额"填写上年本省（区、市）发放的创业担保贷款规模，并分项填写个人贷款和小微企业贷款，以及中央财政给予贴息支持的贷款和地方财政自行安

排贴息的贷款的发放规模。其中年度贷款发放额＝个人贷款发放额＋小微企业贷款发放额＝中央财政给予贴息支持的贷款＋地方财政自行安排贴息的贷款。比如，报送2016年的资金申请表，则填写2015年相关创业担保贷款发放额。

2. "年末贷款余额"填写上年末本省（区、市）创业担保贷款余额，并分项填写个人贷款和小微企业贷款，以及中央财政给予贴息支持的贷款和地方财政自行安排贴息的贷款的年末余额。如果贷款余额中包括逾期贷款和展期贷款，须用文字说明逾期贷款和展期贷款金额。

3. "年度贷款发放笔数"填写上年本省（区、市）发放的创业担保贷款笔数，并分项填写个人贷款和小微企业贷款，以及中央财政给予贴息支持的贷款和地方财政自行安排贴息的贷款的发放笔数。

4. "年末未解除还款责任的贷款笔数"填写上年末本省（区、市）尚未解除借款人还款责任的创业担保贷款笔数，包括逾期贷款和展期贷款。

5. "中央财政拨付贴息资金"填写上年中央财政拨付的地方统筹用于创业担保贷款贴息的资金规模。

6. "地方财政安排贴息资金"填写上年地方财政在预算中安排的创业担保贷款贴息资金规模，并分项填写省级财政部门和省级以下财政部门安排的贴息资金规模。

7. "应支付给经办银行的贴息资金"填写上年地方财政应支付给经办银行的创业担保贷款贴息资金规模，包括中央财政拨付的贴息资金和地方财政预算安排的贴息资金。

8. "实际支付给经办银行的贴息资金"填写上年地方财政实际拨付给经办银行的创业担保贷款贴息资金规模，包括中央财政拨付的贴息资金和地方财政预算安排的贴息资金。

9. "年末结余贴息资金"填写上年末各级地方财政结余的创业担保贷款贴息资金规模，包括中央财政拨付的贴息资金结余情况和地方财政预算安排的贴息资金结余情况。

10. "中央财政拨付奖补资金"填写上年中央财政拨付的地方统筹用于创业担保贷款奖励性补助的资金规模。

11. "地方财政安排奖补资金"填写上年地方财政在预算中安排的创业担保贷款奖补资金规模，并分项填写省级财政部门和省级以下财政部门安排的奖补资金规模。

12. "实际使用奖补资金"填写上年地方财政实际拨付给奖补对象的创业担保贷款奖补资金规模，包括中央财政拨付的奖补资金和地方财政预算安排的奖补资金。

13. "年末结余奖补资金"填写上年末各级地方财政结余的创业担保贷款奖补资金规模，包括中央财政拨付的奖补资金结余情况和地方财政预算安排的奖补资金结余情况。

14. "年末担保基金规模"填写本省（区、市）上年末创业担保贷款担保基金规模。

15. "年度增加的担保基金规模"填写本省（区、市）上年增加的创业担保贷款担保基金。比如，填报2016年数据则为2015年末的担保基金规模与2014年末担保基金规模的差额。

16. "预计本年贷款发放额"填写预计本省（区、市）本年创业担保贷款发放规模，并分项填写个人贷款和小微企业贷款，以及中央财政给予贴息支持的贷款和地方财政自行安排贴息的贷款的预计发放规模。

17. "申请中央财政贴息资金"填写本省（区、市）本年申请中央财政拨付的创业担保贷款贴息资金规模。

18. "申请中央财政奖补资金"填写本省（区、市）本年申请中央财政拨付的创业担保贷款奖励性补助资金规模，具体金额依据上年创业担保贷款发放情况测算。

19. 本表国有商业银行、股份制商业银行、城市商业银行、农商行和农合行、农村信用社、其他机构的范围按照中国银行业监督管理委员会关于国内银行业金融机构的有关分类执行。

五、_____省（区、市）_____年PPP项目以奖代补资金申请详情表（表5）填表说明

1. "项目领域"填写项目所在的公共服务领域，具体行业与PPP综合信息平台保持一致，共包括19个一级行业，分别是能源、交通运输、水利建设、生态建设和环境保护、市政工程、片区开发、农业、林业、科技、保障性安居工程、旅游、医疗卫生、养老、教育、文化、体育、社会保障、政府基础设施和其他。

2. "项目转型前存量地方政府债务规模"填写本省（区、市）上年符合基本奖励条件的存量转型项目相关存量地方政府债务（政府负有直接偿债责任的一类债务）规模，相关债务须已纳入财政部地方政府债务管理系统，属于清理甄别认定的截至2014年末的存量政府债务。

3. "项目转型实际化解存量地方政府债务规模"填写本省（区、市）上年符合基本奖励条件的存量转型项目通过转型为PPP项目实际化解的存量地方政府债务（政府负有直接偿债责任的一类债务）规模。

4. "PPP运作方式"填写PPP项目采取的具体运作方式，具体包括委托运营（O&M）、管理合同（MC）、建设－运营－移交（BOT）、建设－拥有－运营（BOO）、转让－运营－移交（TOT）、改建－运营－移交（ROT）和其他。

5. "是否通过物有所值评价"和"是否通过财政承受能力论证"，通过物有所值评价和财政承受能力论证的PPP项目填写"是"，否则填写"否"。

6. "政府采购方式"填写项目采购的具体方式，包括公开招标、邀请招标、竞争性谈判、竞争性磋商和单一来源采购。

7. "PPP项目合同签订时间"填写项目完成采购签署PPP项目合同的时间，须填写至×年×月×日。

8. "项目合作期限"填写项目合同明确的项目合作期限，不满整年的须填写至月。

9. "申请奖励资金额度"填写符合基本奖励条件的PPP项目本年按规定测算的以奖代补资金规模。

财政部关于在公共服务领域深入推进政府和社会资本合作工作的通知

财金〔2016〕90号

省、自治区、直辖市、计划单列市财政厅（局），新疆生产建设兵团财务局：

为进一步贯彻落实党中央、国务院工作部署，统筹推进公共服务领域深化政府和社会资本合作（PPP）改革工作，提升我国公共服务供给质量和效率，巩固和增强经济持续增长动力，现将有关事项通知如下：

一、大力践行公共服务领域供给侧结构性改革。各级财政部门要联合有关部门，继续坚持推广PPP模式"促改革、惠民生、稳增长"的定位，切实践行供给侧结构性改革的最新要求，进一步推动公共服务从政府供给向合作供给、从单一投入向多元投入、从短期平衡向中长期平衡转变。要以改革实现公共服务供给结构调整，扩大有效供给，提高公共服务的供给质量和效率。要以改革激发社会资本活力和创造力，形成经济增长的内生动力，推动经济社会持续健康发展。

二、进一步加大PPP模式推广应用力度。在中央财政给予支持的公共服务领域，可根据行业特点和成熟度，探索开展两个"强制"试点。在垃圾处理、污水处理等公共服务领域，项目一般有现金流，市场化程度较高，PPP模式运用较为广泛，操作相对成熟，各地新建项目要"强制"应用PPP模式，中央财政将逐步减少并取消专项建设资金补助。在其他中央财政给予支持的公共服务领域，对于有现金流、具备运营条件的项目，要"强制"实施PPP模式识别论证，鼓励尝试运用PPP模式，注重项目运营，提高公共服务质量。

三、积极引导各类社会资本参与。各级财政部门要联合有关部门营造公平竞争环境，鼓励国有控股企业、民营企业、混合所有制企业、外商投资企业等各类型企业，按同等标准、同等待遇参与PPP项目。要会同有关行业部门合理设定采购标准和条件，确保采购过程公平、公正、公开，不得以不合理的采购条件（包括设置过高或无关的资格条件，过高的保证金等）对潜在合作方实行差别待遇或歧视性待遇，着力激发和促进民间投资。对民营资本设置差别条款和歧视性条款的PPP项目，各级财政部门将不再安排资金和政策支持。

四、扎实做好项目前期论证。在充分论证项目可行性的基础上，各级财政部门要及时会同行业主管部门开展物有所值评价和财政承受能力论证。各级财政部门要聚焦公共服务领域，根据《国务院办公厅转发财政部发展改革委人民银行关于在公共服务领域推广政府和社会资本合作模式指导意见的通知》（国办发〔2015〕42号）规定，确保公共资金、资产和资源优先用于提升公共服务的质量和水平，按照政府采购法相关规定择优确定社会资本合作伙伴，切实防止无效投资和重复建设。要严格区分公共服务项目和产业发展项目，在能源、交通运输、市政工程、农业、林业、水利、环境保护、保障性安居工程、医疗卫生、养老、教育、科技、文化、体育、旅游等公共服务领域深化PPP改革工作，依托PPP综合信息平台，建立本地区PPP项目开发目录。

五、着力规范推进项目实施。各级财政部门要会同有关部门统筹论证项目合作周期、收费定价机制、投资收益水平、风险分配框架和政府补贴等因素，科学设计PPP项目实施方案，确保充分体现"风险分担、收益共享、激励相容"的内涵特征，防止政府以固定回报承诺、回购安排、明股实债等方式承担过度支出责任，避免将当期政府购买服务支出代替PPP项目中长期的支出责任，规避PPP相关评价论证程序，加剧地方政府财政债务风险隐患。要加强项目全生命周期的合同履约管理，确保政府和社会资本双方权利义务对等，政府支出责任与公共服务绩效挂钩。

六、充分发挥示范项目引领作用。各级财政部门要联合有关部门，按照"又快又实"、"能进能出"的原则，大力推动PPP示范项目规范实施。要积极为项目实施创造条件，加强示范项目定向辅导，指导项目单位科学编制实施方案，合理选择运作方式，择优选择社会资本，详细签订项目合同，加强项目实施监管，确保示范项目实施质量，充分发挥示范项目的引领性和带动性。要积极做好示范项目督导工作，推动项目加快实施，在一定期限内仍不具备签约条件的，将不再作为示范项目实施。

七、因地制宜完善管理制度机制。各级财政部门要根据财政部PPP相关制度政策，结合各地实际情况，进一步建立健全本地区推广实施PPP模式的制度政策体系，细化对地市及县域地区的政策指导。要结合内部职能调整，进一步整合和加强专门力量，健全机构建设，并研究建立部门间的PPP协同管理机制，进一步梳理PPP相关工作的流程环节，明确管理职责，强调按制度管理、按程序办事。

八、切实有效履行财政管理职能。各级财政部门要会同行业主管部门合理确定公共服务成本，统筹安排公共资金、资产和资源，平衡好公众负担和社会资本回报诉求，构建PPP项目合理回报机制。对于政府性基金预算，可在符合政策方向和相关规定的前提下，统筹用于支持PPP项目。对于使用者付费项目，涉及特许经营权的要依法定程序评估价值，合理折价入股或授予转让，切实防止国有资产流失。对于使用者付费完全覆盖成本和收益的项目，要依据合同将超额收益的政府方分成部分及时足额监缴入国库，并按照事先约定的价格调整机制，确保实现价格动态调整，切实减轻公众负担。

九、简政放权释放市场主体潜力。各级财政部门要联合有关部门，加强项目前期立项程序与PPP模式操作流程的优化与衔接，进一步减少行政审批环节。对于涉及工程建设、设备采购或服务外包的PPP项目，已经依据政府采购法选定社会资本合作方的，合作方依法能够自行建设、生产或者提供服务的，按照《招标投标法实施条例》第九条规定，合作方可以不再进行招标。

十、进一步加大财政扶持力度。各级财政部门要落实好国家支持公共服务领域PPP项目的财政税收优惠政策，加强政策解读和宣传，积极与中国政企合作投资基金做好项目对接，基金将优先支持符合条件的各级财政部门示范项目。鼓励各级财政部门因地制宜、主动作为，探索财政资金撬动社会资金和金融资本参与PPP项目的有效方式，通过前期费用补助、以奖代补等手段，为项目规范实施营造良好的政策环境。

十一、充分发挥PPP综合信息平台作用。各级财政部门要通过PPP综合信息平台加快项目库、专家库建设，增强监管能力和服务水平。要督促项目实施单位，依托PPP综合信息平台，及时向社会公开项目实施方案、合同、实施情况等信息。要加强信息共享，促进项目对接，确保项目实施公开透明、有序推进，保证项目实施质量。

各级财政部门要高度重视，切实发挥好统筹协调作用，主动与有关部门沟通合作，合力做好公共服务领域深化PPP改革工作，更好地汇聚社会力量增加公共服务供给。

财政部
2016年10月11日

关于联合公布第三批政府和社会资本合作示范项目加快推动示范项目建设的通知

财金〔2016〕91号

各省、自治区、直辖市、计划单列市财政厅（局）、教育厅（局）、科学技术厅（局）、工业和信息化厅（局、委）、民政厅（局）、人力资源社会保障厅（局）、国土资源厅（局）、环境保护厅（局）、交通运输厅（局、委）、水利厅（局）、农业厅（局）、商务厅（局）、文化厅（局）、卫生和计划生育委员会、体育局、林业局、旅游局、能源局、铁路监督管理局、民用航空局，新疆生产建设兵团财务局、教育局、科技局、工业和信息化委员会、民政局、人力资源社会保障局、国土资源局、交通局、水利局、农业局、商务局、卫生局：

为进一步推进政府和社会资本合作（以下简称PPP）工作取得实质性进展，发挥示范项目引领作用，调动社会资本参与积极性，财政部会同相关部门联合启动了第三批政府和社会资本合作示范项目申报筛选工作。现将评审结果及有关事宜通知如下：

一、经有关省、自治区、直辖市、计划单列市和部委推荐及专家评审，现确定北京市首都地区环线高速公路（通州—大兴段）等516个项目作为第三批PPP示范项目（详见附件），计划总投资金额11708亿元。

二、示范项目所在省、自治区、直辖市、计划单列市财政部门和相关行业主管部门要高度重视，密切协作配合。按照国务院和财政部等部门出台的相关制度文件要求，依法择优选择社会资本，鼓励同等条件下优先选择民营资本；规范推进项目实施，落实示范项目责任制，建立对口联系和跟踪管理机制，确保示范项目实施质量。

三、各级财政部门要切实履行财政管理职能，积极为项目加快落地创造条件。要做好物有所值评价和财政承受能力论证工作，优化工作流程，提高效率；因地制宜给予前期费用补助、以奖代补等资金支持，协调推动示范项目与中国政企合作投资基金进行合作对接；会同有关部门统筹安排财政资金、国有资产等各类公共资产和资源，完善项目回报机制，激发社会资本参与热情。

四、各级财政部门要会同相关行业主管部门按照"又快又实"的示范项目管理要求，积极推动示范项目按期落地。第一批示范项目应于2016年底前完成采购，第二批示范项目应于2017年3月底前完成采购，逾期未完成采购的将调出示范项目名单；第三批示范项目原则上应于2017年9月底前完成采购。财政部将通过PPP综合信息平台加强对示范项目实施进度的动态跟踪，适时对外公布示范项目相关材料和信息，会同相关行业主管部门加强对示范项目的指导和监督。中央财政将对符合条件并完成采购的示范项目及时安排以奖代补资金。

五、PPP项目用地应当符合土地利用总体规划和年度计划，依法办理建设用地审批手续。在实施建用地供应时，不得直接以PPP项目为单位打包或成片供应土地，应当依据区域控制性详细规划确定的各宗地范围、用途和规划建设条件，分别确定各宗地的供应方式：

（一）符合《划拨用地目录》的，可以划拨方式供应；

（二）不符合《划拨用地目录》的，除公共租赁住房和政府投资建设不以营利为目的、具有公益性质的农产品批发市场用地可以作价出资方式供应外，其余土地均应以出让或租赁方式供应，及时足额收取土地有偿使用收入；

（三）依法需要以招标拍卖挂牌方式供应土地使用权的宗地或地块，在市、县国土资源主管部门编制供地方案、签订宗地出让（出租）合同、开展用地供后监管的前提下，可将通过竞争方式确定项目投资方和用地者的环节合并实施。

PPP项目主体或其他社会资本，除通过规范的土地市场取得合法土地权益外，不得违规取得未供应的土地使用权或变相取得土地收益，不得作为项目主体参与土地收储和前期开发等工作，不得借未供应的土地进行融资；PPP项目的资金来源与未来收益及清偿责任，不得与土地出让收入挂钩。

六、按照"能进能出"的示范项目管理原则，对不具备继续采取PPP模式实施条件的第一批和第二批部分示范项目予以调出，包括：天津新能源汽车公共充电设施网络项目、南京市垃圾处理设施项目、渭南市主城区集中供热项目和兰州市轨道交通2号线一期工程项目。

财政部　教育部　科技部　工业和信息化部　民政部　人力资源社会保障部
国土资源部　环境保护部　交通运输部　水利部　农业部　商务部
文化部　卫生计生委　国家体育总局　国家林业局　国家旅游局
国家能源局　国家铁路局　中国民用航空局

2016年10月11日

财政部关于印发《政府和社会资本合作项目财政管理暂行办法》的通知

财金〔2016〕92号

各省、自治区、直辖市、计划单列市财政厅（局），财政部驻各省、自治区、直辖市、计划单列市财政监察专员办事处，新疆生产建设兵团财务局：

根据《预算法》《政府采购法》及其实施条例、《企业国有资产法》《国务院办公厅转发财政部发展改革委人民银行关于在公共服务领域推广政府和社会资本合作模式指导意见的通知》（国办发〔2015〕42号），为加强政府和社会资本合作项目财政管理，规范财政部门履职行为，保障合作各方合法权益，现印发《政府和社会资本合作项目财政管理暂行办法》。请遵照执行。

财政部
2016年9月24日

附件：

政府和社会资本合作项目财政管理暂行办法

第一章 总　　则

第一条 为加强政府和社会资本合作（简称 PPP）项目财政管理，明确财政部门在 PPP 项目全生命周期内的工作要求，规范财政部门履职行为，保障合作各方合法权益，根据《预算法》《政府采购法》《企业国有资产法》等法律法规，制定本办法。

第二条 本办法适用于中华人民共和国境内能源、交通运输、市政公用、农业、林业、水利、环境保护、保障性安居工程、教育、科技、文化、体育、医疗卫生、养老、旅游等公共服务领域开展的各类 PPP 项目。

第三条 各级财政部门应当会同相关部门，统筹安排财政资金、国有资产等各类公共资产和资源与社会资本开展平等互惠的 PPP 项目合作，切实履行项目识别论证、政府采购、预算收支与绩效管理、资产负债管理、信息披露与监督检查等职责，保证项目全生命周期规范实施、高效运营。

第二章 项目识别论证

第四条 各级财政部门应当加强与行业主管部门的协同配合，共同做好项目前期的识别论证工作。

政府发起 PPP 项目的，应当由行业主管部门提出项目建议，由县级以上人民政府授权的项目实施机构编制项目实施方案，提请同级财政部门开展物有所值评价和财政承受能力论证。

社会资本发起 PPP 项目的，应当由社会资本向行业主管部门提交项目建议书，经行业主管部门审核同意后，由社会资本方编制项目实施方案，由县级以上人民政府授权的项目实施机构提请同级财政部门开展物有所值评价和财政承受能力论证。

第五条 新建、改扩建项目的项目实施方案应当依据项目建议书、项目可行性研究报告等前期论证文件编制；存量项目实施方案的编制依据还应包括存量公共资产建设、运营维护的历史资料以及第三方出具的资产评估报告等。

项目实施方案应当包括项目基本情况、风险分配框架、运作方式、交易结构、合同体系、监管架构、采购方式选择等内容。

第六条 项目实施机构可依法通过政府采购方式委托专家或第三方专业机构，编制项目物有所值评价报告。受托专家或第三方专业机构应独立、客观、科学地进行项目评价、论证，并对报告内容负责。

第七条 各级财政部门应当会同同级行业主管部门根据项目实施方案共同对物有所值评价报告进行审核。物有所值评价审核未通过的，项目实施机构可对实施方案进行调整后重新提请本级财政部门和行业主管部门审核。

第八条 经审核通过物有所值评价的项目，由同级财政部门依据项目实施方案和物有所值评价报告组织编制财政承受能力论证报告，统筹本级全部已实施和拟实施 PPP 项目的各年度支出责任，并综合考虑行业均衡性和 PPP 项目开发计划后，出具财政承受能力论证报告审核意见。

第九条 各级财政部门应当建立本地区 PPP 项目开发目录，将经审核通过物有所值评价和财政承受能力论证的项目纳入 PPP 项目开发目录管理。

第三章 项目政府采购管理

第十条 对于纳入 PPP 项目开发目录的项目，项目实施机构应根据物有所值评价和财政承受能力论证审核结果完善项目实施方案，报本级人民政府审核。本级人民政府审核同意后，由项目实施机构按照政府采购管理相关规定，依法组织开展社会资本方采购工作。

项目实施机构可以依法委托采购代理机构办理采购。

第十一条 项目实施机构应当优先采用公开招标、竞争性谈判、竞争性磋商等竞争性方式采购社会资本方，鼓励社会资本积极参与、充分竞争。根据项目需求必须采用单一来源采购方式的，应当严格符合法定条件，并经上级政府采购主管部门批准。

第十二条 项目实施机构应当根据项目特点和建设运营需求，综合考虑专业资质、技术能力、管理经验和财务实力等因素合理设置社会资本的资格条件，保证国有企业、民营企业、外资企业平等参与。

第十三条 项目实施机构应当综合考虑社会资本竞争者的技术方案、商务报价、融资能力等因素合理设置采购评审标准，确保项目的长期稳定运营和质量效益提升。

第十四条 参加采购评审的社会资本所提出的技术方案内容最终被全部或部分采纳，但经采购未中选的，财政部门应会同行业主管部门对其前期投入成本予以合理补偿。

第十五条 各级财政部门应当加强对 PPP 项目采购活动的支持服务和监督管理，依托政府采购平台和 PPP 综合信息平台，及时充分向社会公开 PPP 项目采购信息，包括资格预审文件及结果、采购文件、响应文件提交情况及评审结果等，确保采购过程和结果公开、透明。

第十六条 采购结果公示结束后、PPP 项目合同正式签订前，项目实施机构应将 PPP 项目合同提交行业主管部门、财政部门、法制部门等相关职能部门审核后，报同级人民政府批准。

第十七条 PPP 项目合同审核时，应当对照项目实施方案、物有所值评价报告、财政承受能力论证报告及采购文件，检查合同内容是否发生实质性变更，并重点审核合同是否满足以下要求：

（一）合同应当根据实施方案中的风险分配方案，在政府与社会资本双方之间合理分配项目风险，并确保应由社会资本方承担的风险实现了有效转移；

（二）合同应当约定项目具体产出标准和绩效考核指标，明确项目付费与绩效评价结果挂钩；

（三）合同应当综合考虑项目全生命周期内的成本核算范围和成本变动因素，设定项目基准成本；

（四）合同应当根据项目基准成本和项目资本金财务内部收益率，参照工程竣工决算合理测算确定项目的补贴或收费定价基准。项目收入基准以外的运营风险由项目公司承担；

（五）合同应当合理约定项目补贴或收费定价的调整周期、条件和程序，作为项目合作期限内行业主管部门和财政部门执行补贴或收费定价调整的依据。

第四章 项目财政预算管理

第十八条 行业主管部门应当根据预算管理要求，将 PPP 项目合同中约定的政府跨年度财政支出责任纳入中期财政规划，经财政部门审核汇总后，报本级人民政府审核，保障政府在项目全生命周期内的履约能力。

第十九条 本级人民政府同意纳入中期财政规划的 PPP 项目，由行业主管部门按照预算编制程序和要求，将合同中符合预算管理要求的下一年度财政资金收支纳入预算管理，报请财政部门审核后纳入预算草案，经本级政府同意后报本级人民代表大会审议。

第二十条 行业主管部门应按照预算编制要求，编报 PPP 项目收支预算：

（一）收支测算。每年 7 月底之前，行业主管部门应按照当年 PPP 项目合同约定，结合本年度预算执行情况、支出绩效评价结果等，测算下一年度应纳入预算的 PPP 项目收支数额；

（二）支出编制。行业主管部门应将需要从预算中安排的 PPP 项目支出责任，按照相关政府收支分类科目、预算支出标准和要求，列入支出预算；

（三）收入编制。行业主管部门应将政府在 PPP 项目中获得的收入列入预算；

（四）报送要求。行业主管部门应将包括所有 PPP 项目全部收支在内的预算，按照统一的时间要求报同级财政部门。

第二十一条 财政部门应对行业主管部门报送的 PPP 项目财政收支预算申请进行认真审核，充分考虑绩效评价、价格调整等因素，合理确定预算金额。

第二十二条 PPP 项目中的政府收入，包括政府在 PPP 项目全生命周期过程中依据法律和合同约定取得的资产权益转让、特许经营权转让、股息、超额收益分成、社会资本违约赔偿和保险索赔等收入，以及上级财政拨付的 PPP 专项奖补资金收入等。

第二十三条 PPP 项目中的政府支出，包括政府在 PPP 项目全生命周期过程中依据法律和合同约定需要从财政资金中安排的股权投资、运营补贴、配套投入、风险承担，以及上级财政对下级财政安排的 PPP 专项奖补资金支出。

第二十四条 行业主管部门应当会同各级财政部门做好项目全生命周期成本监测工作。每年一季度前，项目公司（或社会资本方）应向行业主管部门和财政部门报送上一年度经第三方审计的财务报告及项目建设运营成本说明材料。项目成本信息要通过 PPP 综合信息平台对外公示，接受社会监督。

第二十五条 各级财政部门应当会同行业主管部门开展 PPP 项目绩效运行监控，对绩效目标运行情况进行跟踪管理和定期检查，确保阶段性目标与资金支付相匹配，开展中期绩效评估，最终促进实现项目绩效目标。监控中发现绩效运行与原定绩效目标偏离时，应及时采取措施予以纠正。

第二十六条 社会资本方违反 PPP 项目合同约定，导致项目运行状况恶化，危及国家安全和重大公共利益，或严重影响公共产品和服务持续稳定供给的，本级人民政府有权指定项目实施机构或其他机构临时接管项目，直至项目恢复正常经营或提前终止。临时接管项目所产生的一切费用，根据合作协议约定，由违约方单独承担或由各责任方分担。

第二十七条 各级财政部门应当会同行业主管部门在 PPP 项目全生命周期内，按照事先约定的绩效目标，对项目产出、实际效果、成本收益、可持续性等方面进行绩效评价，也可委托第三方专业机构提出评价意见。

第二十八条 各级财政部门应依据绩效评价结果合理安排财政预算资金。

对于绩效评价达标的项目，财政部门应当按照合同约定，向项目公司或社会资本方及时足额安排相关支出。

对于绩效评价不达标的项目，财政部门应当按照合同约定扣减相应费用或补贴支出。

第五章 项目资产负债管理

第二十九条 各级财政部门应会同相关部门加强 PPP 项目涉及的国有资产管理，督促项目实施机构建立 PPP 项目资产管理台账。政府在 PPP 项目中通过存量国有资产或股权作价入股、现金出资入股或直接投资等方式形成的资产，应作为国有资产在政府综合财务报告中进行反映和管理。

第三十条 存量 PPP 项目中涉及存量国有资产、股权转让的，应由项目实施机构会同行业主管部门和财政部门按照国有资产管理相关办法，依法进行资产评估，防止国有资产流失。

第三十一条 PPP 项目中涉及特许经营权授予或转让的，应由项目实施机构根据特许经营权未来带来的收入状况，参照市场同类标准，通过竞争性程序确定特许经营权的价值，以合理价值折价入股、授予或转让。

第三十二条 项目实施机构与项目应当根据法律法规和 PPP 项目合同约定确定项目公司资产权属。对于归属项目公司的资产及权益的所有权和收益权，经行业主管部门和财政部门同意，可以依法设置抵押、质押等担保权益，或进行结构化融资，但应及时在财政部 PPP 综合信息平台上公示。项目建设完成进入稳定运营期后，社会资本方可以通过结构性融资实现部分或全部退出，但影响公共安全及公共服务持续稳定提供的除外。

第三十三条 各级财政部门应当会同行业主管部门做好项目资产移交工作。

项目合作期满移交的，政府和社会资本双方应按合同约定共同做好移交工作，确保移交过渡期内公共服务的持续稳定供给。项目合同期满前，项目实施机构或政府指定的其他机构应组建项目移交工作组，对移交资产进行性能测试、资产评估和登记入账，项目资产不符合合同约定移交标准的，社会资本应采取补救措施或赔偿损失。

项目因故提前终止的，除履行上述移交工作外，如因政府原因或不可抗力原因导致提前终止的，应当依据合同约定给予社会资本相应补偿，并妥善处置项目公司存续债务，保障债权人合法权益；如因社会资本原因导致提前终止的，应当依据合同约定要求社会资本承担相应赔偿责任。

第三十四条 各级财政部门应当会同行业主管部门加强对 PPP 项目债务的监控。PPP 项目执行过程中形成的负债，属于项目公司的债务，由项目公司独立承担偿付义务。项目期满移交时，项目公司的债务不得移交给政府。

第六章 监督管理

第三十五条 各级财政部门应当会同行业主管部门加强对 PPP 项目的监督管理，切实保障项目运行质量，严禁以 PPP 项目名义举借政府债务。

财政部门应当会同相关部门加强项目合规性审核，确保项目属于公共服务领域，并按法律法规和相关规定履行相关前期论证审查程序。项目实施不得采用建设－移交方式。

政府与社会资本合资设立项目公司的，应按照《公司法》等法律规定以及 PPP 项目合同约定规范运作，不得在股东协议中约定由政府股东或政府指定的其他机构对社会资本方股东的股权进行回购安排。

财政部门应根据财政承受能力论证结果和 PPP 项目合同约定，严格管控和执行项目支付责任，不得将当期政府购买服务支出代替PPP项目中长期的支付责任，规避PPP项目相关评价论证程序。

第三十六条 各级财政部门应依托PPP综合信息平台，建立PPP项目库，做好PPP项目全生命周期信息公开工作，保障公众知情权，接受社会监督。

项目准备、采购和建设阶段信息公开内容包括PPP项目的基础信息和项目采购信息，采购文件，采购成交结果，不涉及国家秘密、商业秘密的项目合同文本，开工及竣工投运日期，政府移交日期等。项目运营阶段信息公开内容包括PPP项目的成本监测和绩效评价结果等。

财政部门信息公开内容包括本级PPP项目目录、本级人大批准的政府对PPP项目的财政预算、执行及决算情况等。

第三十七条 财政部驻各地财政监察专员办事处应对PPP项目财政管理情况加强全程监督管理，重点关注PPP项目物有所值评价和财政承受能力论证、政府采购、预算管理、国有资产管理、债务管理、绩效评价等环节，切实防范财政风险。

第三十八条 对违反本办法规定实施PPP项目的，依据《预算法》《政府采购法》及其实施条例、《财政违法行为处罚处分条例》等法律法规追究有关人员责任；涉嫌犯罪的，依法移交司法机关处理。

第七章 附 则

第三十九条 本办法由财政部负责解释。

第四十条 本办法自印发之日起施行。

山东省财政厅关于印发东省政府和社会资本合作（PPP）发展基金实施办法的通知

（鲁财预〔2015〕45号）

山东省经济开发投资公司，省直有关部门，各市财政局：

为加快推广运用政府和社会资本合作（PPP）模式，促进我省基础设施和公共服务领域投融资机制创新，根据省政府第61次常务会议纪要精神，我们制定了《山东省政府和社会资本合作（PPP）发展基金实施办法》，现予以印发。请省经济开发投资公司抓紧拟定细化的实施方案，有关部门单位积极支持配合，切实加快基金设立运作步伐，及时发挥基金投资的综合效益。

山东省财政厅
2015年7月30日

山东省政府和社会资本合作（PPP）发展基金实施办法

为加快推广运用政府和社会资本合作（PPP）模式，促进我省基础设施和公共服务领域投融资机制创新，助推更多PPP项目落地，根据《国务院办公厅转发财政部 发展改革委 人民银行关于在公共服务领域推广政府和社会资本合作模式指导意见的通知》（国办发〔2015〕42号）、《山东省人民政府关于运用政府引导基金促进股权投资加快发展的意见》（鲁政发〔2014〕17号）、《山东省人民政府办公厅关于印发山东省省级股权投资引导基金管理暂行办法的通知》（鲁政办发〔2014〕44号）有关规定，设立山东省政府和社会资本合作（PPP）发展基金，并制定本实施办法。

一、基金设立的目的

通过设立PPP发展基金，为基础设施和公共服务领域重点项目提供资金支持，增强社会资本投资信心，促进各地加快推广运用PPP模式，引导民间资本积极投向基础设施和公共服务领域，切实缓解基础设施投资缺口大、政府财力不足、债务负担较重等困难。同时，进一步推动政府投融资体制机制创新，有效发挥社会资本管理效率高、技术创新能力强的优势，加快形成多元化、可持续的PPP项目资金投入渠道，促进实现民生改善、发展动力增强等多重目标。

二、基金的发起与设立

（一）基金名称：山东省政府和社会资本合作（PPP）发展基金（以下简称PPP发展基金）。

（二）基金规模：800亿元。

（三）基金期限：一般不超过10年，确需延长存续期时，须报省级股权投资引导基金决策委员会批准。

（四）基金出资人构成：

1. 政府引导基金出资人：①省财政厅；②省经济开发投资公司；③部分市县财政局。

2. 其他出资人：①银行机构；②保险、信托资金；③其他社会资本。

（五）基金募集：PPP发展基金分3年募集到位。政府引导基金出资80亿元，银行、保险、信托等其他出资人出资720亿元。根据投资进度，2015年首批基金规模为200亿元，其中引导基金出资20亿元。

三、基金的投资范围和运作模式

（一）基金的投资范围。PPP发展基金的投资范围限于山东境内，投资重点为纳入省级PPP项目库且通过财政承受能力论证的PPP项目，其中对省级以上试点项目及参与引导基金出资市、县的适合项目，优先予以支持。

（二）基金的运作模式。山东省经济开发投资公司（以下简称省经投公司）根据授权作为政府出资人代表，组织发起设立PPP发展基金。基金实行母子基金两级架构，在突出激励引导、切实发挥财政资金杠杆放大作用的同时，坚持市场化专业运作，借助专业投资机构多元化投融资服务和项目管理经验，采取股权、债权或股权债权组合等多种灵活有效方式，提升投资效率。引导基金在运作模式上，重点采取与知名投资机构合作设立子基金的方式，通过与若干家实力雄厚且市场声誉良好的国家级、省级机构合作设立子基金，充分发挥专业投资机构的管理优势，在引资的同时吸引高端管理人才、先进管理模式进驻山东，以保证投资的质量和效果。同时，也可与有意向的市开展合作，制定专门管理办法，支持部分市在当地设立PPP子基金，调动市县政府的积极性，推动PPP管理模式在全省加快推广。对事关全省发展的重大项目，也可由省经投公司通过合法规范形式管理投资，以提高基金投资效率。

四、基金的管理体制

（一）引导基金管理体制。主要参照鲁政办发〔2014〕44号文件相关规定执行。省财政厅作为省级股权投资引导基金决策委员会办事机构，代表省政府履行引导基金出资人职责。省金融办作为省政府金融管理部门，负责指导监督引导基金管理公司的经营管理。引导基金投资重点、让利政策以及拟参股子基金等重大决策事项由省决策委员会确定。省财政厅及相关部门主要负责PPP项目储备库和项目信息平台建设，开展"物有所值"评估和财政承受能力论证，确保项目质量，优先选择价格调整机制灵活、市场化程度较高、投资规模较大、长期合同关系清楚、具有长期稳定需求的项目向子基金管理机构进行推介。

（二）子基金管理体制。主要采取所有权、管理权、托管权相分离的管理体制。省经投公司与社会投资人、基金管理机构签订出资人协议，确定各方的权利、义务、责任。优先级社会出资人按约定取得稳定合理回报，但不直接参与基金投资的项目决策。基金管理机构（GP）依据合伙协议或公司章程，按照市场规则负责子基金投资项目决策和投后管理。省经投公司根据授权代行引导基金出资人职责,按照出资协议对子基金运营进行监督。

五、基金的投资回报和收益分配

(一)基金的收益来源。

1. 所投资 PPP 项目的股权分红收益及股权转让增值收益;

2. 对 PPP 项目债权投入产生的利息收入;

3. 基金间隙资金用于稳健类金融产品产生的收入;

4. 其他合法收入。

(二)基金的收益分配。

1. PPP 发展基金在收益分配上主要采取优先与劣后的结构,政府引导基金以及基金管理团队可作为劣后级,其他社会出资人根据其风险偏好可作为优先级。

2. 子基金每年所得收益,首先用于分配与优先级出资人约定的固定收益;基金收益超过优先级出资人固定收益的剩余部分,在其他出资人之间进行分配,也可作为浮动收益在优先级、劣后级出资人之间进行分配,具体分配政策在基金合伙协议或章程中明确。基金投资期内,对参与出资市县的累计投资额度一般不低于其出资额的 3 倍。参与出资的市县如当年未获得基金投入,其出资部分可享受优先级出资人的固定收益。

六、基金的监督管理和风险防控

(一)基金的监督管理。引导基金参股设立子基金实行全过程公开透明操作,接受社会监督。子基金管理机构及其管理费率、社会资本出资人出资额度以及出资条件的确定等,一般应采取公平、公开、竞争、择优的遴选机制。引导基金及其子基金的资金必须委托符合条件的金融机构进行托管。子基金的具体运作情况实行社会中介机构独立审计制度。

(二)基金的风险防控。省经投公司负责对子基金进行监管,密切跟踪其经营和财务状况,防范财务风险,定期向省财政厅报送引导基金及参股子基金的运行情况。当 PPP 发展基金的使用出现违法违规和偏离政策导向等情况时,省经投公司应及时向省财政厅、相关主管部门报告,并按协议采取终止合作等必要措施,最大限度防范化解风险。

(三)基金的绩效评价。省财政厅、相关主管部门按照有关规定,对引导基金建立有效的绩效考核制度,定期对引导基金政策目标、政策效果及 PPP 发展基金投资运行情况进行评估,并纳入公共财政考核评价体系。

七、基金的退出机制

PPP 发展基金在退出机制安排上,实行股权投资的,到期优先由项目的社会资本方回购,社会资本方不回购的,可由市县政府方回购,并写入项目的 PPP 合作协议中;实行债权投入的,由借款主体项目公司按期归还。当子基金清算出现亏损时,首先由基金管理机构以其对基金的出资额为限承担亏损,其次由引导基金作为劣后级出资人以其出资额为限承担亏损,其余部分由其他出资人按出资比例承担。

本办法由省财政厅负责解释。有效期自 2015 年 8 月 12 日起至 2020 年 8 月 11 日止。

山东省人民政府办公厅转发省财政厅省发展改革委人民银行济南分行关于在公共服务领域推广政府和社会资本合作模式的指导意见的通知

(鲁政办发〔2015〕35号)

各市人民政府,各县(市、区)人民政府,省政府各部门、各直属机构,各大企业,各高等院校:

省财政厅、省发展改革委、人民银行济南分行《关于在公共服务领域推广政府和社会资本合作模式的指导意见》已经省政府同意,现转发给你们,请认真贯彻执行。

山东省人民政府办公厅
2015年8月20日

关于在公共服务领域推广政府和社会资本合作模式的指导意见
省财政厅　省发展改革委　人民银行济南分行

政府和社会资本合作(Public-Private Partnership,PPP)模式作为在公共服务领域建立的一种长期合作关系,是公共服务供给机制的重大创新。政府采取竞争性方式择优选择具有投资、运营管理能力的社会资本,双方按照平等协商原则订立合同,明确责权利关系,由社会资本提供公共服务,政府依据公共服务绩效评价结果向社会资本支付相应对价,保证社会资本获得合理收益。推广运用政府和社会资本合作模式,对提升政府治理能力、推动新型城镇化建设、建立现代财政制度具有重要意义。

为鼓励社会资本参与我省公共服务领域投资运营,拓宽投融资渠道,提高公共产品供给质量和效率,促进政府职能转变,根据《国务院关于创新重点领域投融资机制鼓励社会投资的指导意见》(国发〔2014〕60号)、《国务院办公厅转发财政部发展改革委人民银行关于在公共服务领域推广政府和社会资本合作模式指导意见的通知》(国办发〔2015〕42号)、《山东省人民政府关于创新重点领域投融资机制鼓励社会投资的实施意见》(鲁政发〔2015〕12号)等有关规定,现就推广运用政府和社会资本合作模式提出以下指导意见:

一、准确把握政府和社会资本合作模式的总体要求

(一)指导思想。

按照中央部署和省委、省政府要求,改革创新公共服务机制和投入方式,厘清政府和市场边界,充分发挥市场在资源配置中的决定性作用,鼓励和引导社会资本积极参与

基础设施和公共服务领域建设，提高公共服务的供给质量和效率，为广大人民群众提供优质高效的公共服务，推动全省经济社会持续健康发展。

（二）基本原则。

1. 依法治理，重诺履约。在政府和社会资本合作模式中，政府和社会资本法律地位平等、权利义务对等，必须树立和强化契约精神，坚持平等协商、互利互惠、诚实守信、严格履约，通过合同正确表达意愿、合理分配风险、妥善履行义务、有效主张权利。

2. 利益共享，风险分担。在利益分配和风险分担方面要兼顾效率与公平。统筹考虑社会资本方的合理收益预期、政府方的财政承受能力及使用者的支付能力，设置合理回报，形成收益约束，防止任何一方过分受损或超额获益，确保经济效益与社会效益相统一，实现公共利益最大化。同时，科学合理设计项目风险分担机制，原则上项目设计、建设、财务和运营维护等商业风险由社会资本方承担，法律、政策和最低需求风险由政府承担。政府不承诺对市场风险兜底，严控项目风险转化为财政风险。

3. 积极稳妥，规范管理。鼓励各级、各部门因地制宜，探索符合当地实际的做法，形成具有我省特色的发展模式。要规范推进政府和社会资本合作项目实施，通过政府采购方式择优选择合作伙伴，坚持必要、合理、可持续的财政投入原则，防止政府支出责任过重加剧财政负担。严禁通过保底承诺、回购安排、明股实债等方式进行变相融资，形成新的政府债务。

4. 强化监督，注重绩效。加强政府监管，并鼓励各利益相关方以多种形式参与监督，既要避免因公共服务价格过高、服务质量不达标等损害公众权益，又要保障社会资本长期合理回报和项目可持续运营。始终坚持将绩效管理机制贯穿于政府和社会资本合作项目全过程，真实、客观、公正地反映项目运营情况。实行阳光化运作，依法充分披露政府和社会资本合作项目重要信息和与公众利益密切相关的信息，保障公众知情权，稳步均衡提升项目的经济效益和社会效益。

二、明确政府和社会资本合作项目的适用范围和操作模式

（一）适用范围。政府和社会资本合作模式主要适用于投资规模较大、需求长期稳定、价格调整机制相对灵活、市场化程度相对较高的基础设施及公共服务领域。主要包括：能源、交通运输、市政工程、水利、环境保护、农业、林业、科技、保障性安居工程、医疗、卫生、养老、教育、文化、流通、家政等公共服务领域。其中，能源、交通运输、水利、环境保护、市政工程等特定领域需要实施特许经营的，按《基础设施和公用事业特许经营管理办法》执行。

（二）操作模式。政府或授权组织实施机构应根据项目实施周期、收费定价机制、投资收益水平、风险分配基本框架和所需要的政府投入等因素，合理选择建设—运营—移交（BOT）、建设—拥有—运营（BOO）等运作方式。积极运用转让—运营—移交（TOT）、改建—运营—移交（ROT）等方式，将融资平台公司存量公共服务项目转型为政府和社会资本合作项目，引入社会资本参与改造运营。

三、加快完善政府和社会资本合作的政策措施

（一）健全财政管理制度。开展财政承受能力论证，统筹评估和控制项目的财政支

出责任，促进中长期财政可持续发展。建立完善公共服务成本财政管理和会计制度，创新资源组合开发模式，针对政府付费、使用者付费、可行性缺口补助等不同支付机制，将项目涉及的运营补贴、经营收费权和其他支付对价等，按照国家统一的会计制度进行核算，纳入年度预算、中期财政规划，在政府财务报告中进行反映和管理，并向本级人大或其常委会报告。完善政府和社会资本合作项目资金管理，政府以运营补贴等作为社会资本提供公共服务的对价，以绩效评价结果作为对价支付依据，探索建立动态补贴机制，将财政补贴等支出分类纳入同级政府预算。

（二）加大财税支持力度。积极探索财政资金撬动社会资本参与政府和社会资本合作项目的有效方式。通过以奖代补等形式，支持政府和社会资本合作工作开展，优先支持地方融资平台存量项目转型。建立政府和社会资本合作发展基金，充分利用各类股权投资引导基金参与项目建设。在利用国际金融组织和外国政府贷款时，优先推荐政府和社会资本合作项目。落实和完善国家支持公共服务事业的税收优惠政策，公共服务项目采取政府和社会资本合作模式的，可按规定享受相关税收优惠政策。各级政府可结合自身财力状况，研究制定相关政策措施，激发市场主体活力和发展潜力。

（三）切实保障项目建设用地。实行多样化土地供应，对符合《划拨用地目录》的建设项目，可按划拨方式供地，划拨土地不得改变土地用途。建成的项目经依法批准可以抵押，抵押期限应当设定在合同约定经营期限范围内，确保土地使用权性质不变，待合同经营期满后，连同公共设施一并移交政府；实现抵押权后改变项目性质应当以有偿方式取得土地使用权的，应依法办理土地有偿使用手续。采取租赁方式取得土地使用权的，租金收入参照土地出让收入纳入政府性基金预算管理。以作价出资或者入股方式取得土地使用权的，应当以市、县人民政府作为出资人，制定作价出资或者入股方案，经市、县人民政府批准后实施。

（四）完善公共服务价格调整机制。积极推进公共服务领域价格改革，按照补偿成本、合理收益、节约资源、优质优价、公平负担的原则，加快理顺公共服务价格。依据项目运行情况和绩效评价结果，健全公共服务价格调整机制，完善政府价格决策听证制度，广泛听取社会资本、公众和有关部门意见，确保定价调价的科学性。及时披露项目运行过程中的成本变化、公共服务质量等信息，提高定价调价的透明度。

（五）简化项目审核流程。进一步减少审批环节，建立项目实施方案联评联审机制，提高审查工作效率。项目合同签署后，可并行办理必要的审批手续，有关部门要简化办理手续，优化办理程序，主动加强服务，对项目实施方案中已经明确的内容不再作实质性审查。

（六）做好综合金融服务。金融机构应创新符合政府和社会资本合作模式特点的金融服务，优化信贷评审方式，积极为政府和社会资本合作项目提供融资支持。鼓励项目公司或合作伙伴通过成立私募基金、引入战略投资者、发行债券等多种方式拓宽融资渠道。鼓励开发性金融机构发挥中长期贷款优势，参与改造政府和社会资本合作项目，引导商业性金融机构拓宽项目融资渠道。鼓励符合条件的项目运营主体在资本市场通过发行公司债券、企业债券、中期票据、定向工具等市场化方式进行融资。金融监管部门应加强监督管理，引导金融机构正确识别、计量和控制风险，按照风险可控、商业可持续原则支持政府和社会资本合作项目融资。

（七）完善政府举债融资机制。按照《国务院关于加强地方政府性债务管理的意见》（国发〔2014〕43号）、《山东省人民政府关于贯彻国发〔2014〕43号文件加强政府性债务管理的实施意见》（鲁政发〔2014〕23号）等有关规定，把化解政府存量债务与推广政府和社会资本合作模式结合起来，鼓励社会资本通过特许经营等方式，参与城市基础设施等一定收益的公益性事业投资和运营，减轻地方政府的债务压力，腾出更多资金用于重点民生项目建设。

四、加强政府和社会资本合作项目的全过程管理

（一）项目识别。

1. 发起与筛选。政府和社会资本合作项目由政府或社会资本方发起，以政府发起为主。项目应符合经济和社会发展总体规划和专项规划。各级财政、发展改革等部门应负责向教育、科技、民政、人力资源社会保障、国土资源、环境保护、住房城乡建设、交通运输、水利、农业、商务、文化、卫生计生等行业主管部门征集潜在政府和社会资本合作项目。行业主管部门可从国民经济和社会发展规划及行业专项规划中的新建、改建项目或存量公共资产中遴选潜在项目，优先支持融资平台公司存量项目转型为政府和社会资本合作项目。

2. 评价与论证。积极借鉴物有所值（VFM）评价方法，综合考虑公共服务需要、责任风险分担、项目产出质量、关键绩效指标、支付方式、融资方案和财政补贴等要素，从定性和定量等方面开展物有所值评价工作。要找好项目利润点，确保利润率保持在合理范围。对于政府付费或补贴的政府和社会资本合作项目，要开展财政承受能力论证，识别和测算项目的各项财政支出责任，科学评估项目对财政支出的影响，严格控制支出规模，有效防范和控制财政风险。通过物有所值评价和财政承受能力论证的项目，方可进行项目准备，并将项目财政支出责任纳入预算统筹安排；未通过论证的项目，不宜采用政府和社会资本合作模式。

（二）项目准备。

1. 编制实施方案。项目实施机构应根据前期论证情况，对通过评价论证的项目组织编制实施方案，依次对项目概况、风险分配基本框架、项目运作方式、交易结构、合同体系、监管架构、采购方式选择等方面进行介绍。

2. 审核实施方案。各级财政、发展改革、人民银行等部门应会同行业主管部门等建立项目联评联审机制，对项目审批、立项和实施方案进行联合评审。通过评审的项目，上报同级政府批准后实施。

（三）项目采购。

1. 甄选合作伙伴。各级政府应根据《中华人民共和国预算法》《中华人民共和国合同法》《中华人民共和国政府采购法》《财政部关于印发政府和社会资本合作模式操作指南（试行）的通知》（财金〔2014〕113号）、《财政部关于印发〈政府和社会资本合作项目政府采购管理办法〉的通知》（财库〔2014〕215号）等有关规定，依托政府采购信息平台，及时、充分地向社会公布项目采购信息，合理运用公开招标、竞争性谈判、邀请招标、竞争性磋商和单一来源等采购方式，依法选择专业资质好、技术能力

强、管理经验丰富的合作伙伴,按照平等协商原则明确政府和项目公司的权利与义务。对已经建立现代企业制度、实现市场化运营的,在其承担的地方政府债务已纳入政府财政预算、得到妥善处置并明确公告今后不再承担地方政府举债融资职能的融资平台公司,可作为社会资本方参与当地政府和社会资本合作项目。

2. 签订合同文本。按照《财政部关于规范政府和社会资本合作合同管理工作的通知》(财金〔2014〕156号)要求,政府或政府授权机构与社会资本方依据"权责对等、激励相容"原则,科学设计并签订项目规范合同,明确项目的产出说明和绩效要求、收益回报机制、退出安排、应急和临时接管预案等关键环节,实现责权利对等。合理设置关于期限变更(展期和提前终止)、内容变更(产出标准调整、价格调整等)、主体变更(合同转让)等灵活调整机制,为项目执行预留调整和变更空间。在项目合同中,应特别注明特殊条件下导致的项目中止、临时征用等应急预案有关条款。同时,健全合同争议解决机制,依法积极协调解决争议。确需变更合同内容、延长合同期限以及变更社会资本方的,由政府和社会资本方协商解决,但应当保证公共服务的持续性和稳定性。

(四)项目执行。

1. 成立项目公司。社会资本可依法设立项目公司,负责项目具体管理和融资运作。政府可指定相关机构依法参股项目公司,但政府在项目公司中的持股比例应当低于50%,且不具有实际控制力及管理权。项目实施机构和财政部门应监督社会资本按照采购文件和项目合同约定,按时足额出资设立项目公司。项目融资由社会资本或项目公司负责。政府或有权授予特许经营的主管部门按照合同约定履行义务和监管责任,不得给予过高的财政补贴承诺,不得兜底市场风险。严禁违规为项目公司和投资方提供融资担保或变相担保。

2. 规范定价机制。在项目经营期内,根据项目建造成本、运营维护费用、预期收益率等因素,计算出公共服务价格上限。同时,根据项目运营情况、居民消费价格指数等因素,定期对公共服务价格进行调整,防范公共服务形成自然垄断。在保证服务质量的前提下,确保社会资本方"盈利但不暴利",实现项目可持续运营。

3. 健全风险管理。各级政府要以财政承受能力论证结果为依据,综合考虑政府风险转移意向、支付方式和市场风险管理能力等要素,研究制定项目收益与风险分担机制以及防范项目不能正常运转的应急方案。按照政府性债务管理要求合理确定补贴金额,严格控制政府或有债务,重点做好融资平台公司项目向政府和社会资本合作项目转型的风险控制工作,切实防范和控制财政风险。各行业主管部门应制定不同领域的行业技术标准、公共产品或服务技术规范,加强对公共服务质量和价格的监管。原则上,同一设区市内同一类项目,价格、收费等标准应基本一致。

4. 做好中期评估。项目实施机构应树立"全生命周期"管理理念,每3~5年对项目进行中期评估,重点分析项目运行状况、财务管理状况和项目合同的合规性、适应性和合理性,及时评估已发现问题的风险,制定应对措施,并报同级财政部门备案。

(五)项目移交。

1. 妥善建立项目移交机制。项目实施机构应根据政府授权,按照合同约定的移交形式、补偿方式、移交内容和标准,认真及时做好项目接管,保障项目设施持续运行,保证公共利益不受侵害。按照合同约定,对项目建设情况和公共服务质量进行验收,逾期未完成或不符合标准的,社会资本要限期完工或整改,并采取补救措施或赔偿损失。各级政府要做好移交资产性能测试、资产评估和登记入账等工作,并按照国家统一的会计制度进行核算,在政府财务报告中进行反映和管理。

2. 稳步开展项目绩效评价。建立政府、公众共同参与的综合性评价体系,对项目产出、成本效益、监管成效、可持续性、政府和社会资本合作模式应用等进行评价,并按相关规定公开评价结果。建立事前设定绩效目标、事中进行绩效跟踪、事后进行绩效评价的"全生命周期"绩效管理机制,将政府付费、使用者付费与绩效评价挂钩,并将绩效评价结果作为调价的重要依据,激励社会资本通过管理创新、技术创新提高公共服务的质量和效率。

五、保障措施

(一)加强组织领导。各级、各部门要按照职能分工,负责相关领域具体工作。各级财政、发展改革、人民银行等部门要积极会同教育、科技、民政、人力资源社会保障、国土资源、环境保护、住房城乡建设、交通运输、水利、农业、商务、文化、卫生计生等部门,加强政策沟通协调和信息交流,形成横向纵向联动,结合已有规划和当地实际,出台具体政策措施并抓好落实。

(二)抓好项目人才储备。各级政府应逐步完善项目动态储备机制,建立政府和社会资本合作项目储备库,优先选择收费定价机制透明、有稳定现金流的项目抓紧推出,尽快形成可复制、可推广的实施范例,努力做到推出一批,成功一批。大力培养专业人才,积极探索建立专家储备机制,为推广运用政府和社会资本合作模式提供理论基础、人才储备和智力支持。鼓励各类市场主体加大人才培训力度,开展业务人员培训,建设一支高素质的专业人才队伍。

(三)加大宣传力度。各级政府要切实履行规划指导、识别评估、咨询服务、宣传培训、绩效评价、信息统计、专家库和项目库建设等职责,建立统一信息发布平台,定期发布最新政策动态和项目信息,供社会资本方、咨询公司、金融等机构参考,实现多方对接。同时,强化舆论宣传工作,通过报纸、电视、广播、网络等媒体渠道,积极宣传政府和社会资本合作模式的先进经验和做法,及时向社会公布项目开展情况,扩大政策知晓度,凝聚舆论共识,为推广运用政府和社会资本合作模式奠定坚实基础。

抄送:省委各部门,省人大常委会办公厅,省政协办公厅,省法院,省检察院,济南军区,省军区。各民主党派省委。

山东省人民政府办公厅 2015 年 8 月 21 日印发

参 考 文 献

[1] 楼继伟：《推广PPP：贯彻十八届三中全会精神的一次体制机制变革》，引自《公私合作（PPP）模式专题研讨会发言材料汇编》，2013年。

[2] 谭浩俊：《PPP项目应当民间资本优先》，载《北京青年报》2016年5月28日。

[3] 李洁、刘小平：《知己知彼——国外PPP发展现状及对中国的借鉴》，http：//bond.hexun.com/2015-03-09/173872960.html。

[4] 刘晓凯、张明：《全球视角下的PPP：内涵、模式、实践与问题》，载《国际经济评论》2015年第4期。

[5] 国务院办公厅：《国务院办公厅转发财政部、发改委、人民银行关于在公共服务领域推广政府和社会资本合作模式指导意见的通知》，2015年5月22日。

[6] 焦小平：《PPP不仅仅是融资手段》，载《中国经济时报》2016年4月8日。

[7] 杨宁：《不同社会资本如何"玩转"PPP国企、民企、PPP基金》，http：//www.zgppp.cn/hangyezixun/xinwenzhongxin/2016-08-02/3377.html。

[8] 韩斌：《PPP改革与公共服务供给机制创新》，中国基础设施和公用事业特许经营展论坛，2016年7月8日。

[9] 财政部：《政府和社会资本合作模式操作指南》，2014年11月29日。

[10] 李开孟：《正确界定PPP模式中的社会资本主体资格》，载《中国投资》2015年第12期。

[11] 贾康：《伙伴关系是首要问题》，载《湖南日报》2014年8月19日。

[12] 吴渊：《PPP模式下的政府定位变革》，载《中国经济导报》2016年5月18日（A03）。

[13] 郭远洋：《PPP项目操作手册》，http：//www.ccgp.gov.cn/ppp/llyj/201512/t20151215_6324231.htm。

[14] 金永祥：《从中国PPP发展历程看未来》，http：//news.bjx.com.cn/html/20140805/534142.shtml。

[15] 史耀斌：《杜绝明股实债的"假PPP"》，载《经济日报》2016年7月27日。

[16] 陈军：《公私合作理论基础研究》，载《延边大学学报》2009年第4期。

[17] 姚东旻：《融资租赁：PPP模式融资新选择》，http：//www.csai.cn/zhaiquan/780509.html。

[18] 赵福军：《资产证券化是推动PPP发展的重要引擎》，载《上海证券报》2016年1月20日。

[19] 财政部：《关于市政公用领域开展政府和社会资本合作项目推介工作的通

知》,2015年3月14日。

[20] 谢娜:《PPP项目财政支出测算陷阱解析》,http://www.chinappp.cn/News/NewsDetail/2271.html。

[21] 中国PPP产业大讲堂:《PPP模式核心要素及操作指南》,北京:经济日报出版社2016年版。

[22] 财政部金融司:《PPP项目合同指南(试行)》,2014年12月30日。

[23] 廖睿:《PPP操作指南:政府和社会资本合作实务》,中国人民大学出版社,2016年版。

[24] 中伦律师事务所:《复合型PPP项目操作要点》,http://mt.sohu.com/20160525/n451363971.shtml。

[25] 任宇航、肖靓:《北京地铁16号复合型PPP模式》,http://www.jt12345.com/article-3681-1.html。

[26] 于翔:《PPP合同性质:大法官怎么看?》,http://mp.weixin.qq.com/s?__biz=MzI3MDIwNjkyNw==&mid=2247483691&idx=1&sn=558780bcd1642ee639a53060275e948f&scene=23&srcid=08024M2fknoAAYGrZzeteeIB#rd。

[27] 孙彬彬、涂波:《金融机构参与PPP的方式和操作要点》,http://www.caigou2003.com/shouye/shouyehuandengpian/2139317_2.html。

[28] 靳明伟:《详解PPP项目市场测试》,http://www.chinacem.com.cn/ppp-zcfg/2015-03/183387.html。

[29] 陆文婷:《PPP专题(五):PPP项目中采购文件编制实务解答》,http://www.rhrlawyer.com/index.php?a=show&c=content&id=686。

[30] FPEC资源库:《PPP项目的基金模式项目操作全程指引(上)》,http://mp.weixin.qq.com/s?__biz=MzA4NDEzMjgyNA==&mid=2650454553&idx=5&sn=480339f11ee3f9621101728f7d41c203&scene=1&srcid=0725pOHN0U6yRmcbsGwhzFTS&from=groupmessage&isappinstalled=0#wechat_redirect。

[31] 中国一冶集团重点课题研究报告:《PPP专题研究》,http://wenku.baidu.com/view/aea5115ab14e852459fb5700.html。

[32] 中国PPP产业大讲堂:《权威解读——PPP项目采购管理的那些事儿》,http://www.zgppp.cn/PPPxueyuan/shendupouxi/2015-05-22/50.html。

[33] 陈华、张敏:《如何促进PPP模式持续健康发展》,载《光明日报》2016年5月11日。

[34] 郑建新:《政府和社会资本合作1000问》,湖南大学出版社2016年版。

[35] 金诺律师事务所:《政府和社会资本合作(PPP)全流程指引》,法律出版社2015年版。

[36] 财政部政府和社会资本合作中心:《政府和社会资本合作项目会计核算案例》,中国商务出版社2014年版。

[37] 温云涛:《PPP模式中以财务报告为目的的资产评估业务探讨》,载《中国资产评估》2016年第2期。

［38］赵新博：《PPP项目绩效评价研究》，清华大学硕士论文，2009年。

［39］严丹良：《公私合作项目绩效评价研究》，西安建筑科技大学硕士论文，2014年。

［40］金永祥：《中国PPP示范项目报道》，经济日报出版社2015年版。

［41］北京大岳咨询有限公司、深圳市大岳基础设施研究院：《中国PPP示范项目报道》，经济日报出版社2015年版。

［42］PPP相关的国家法律法规政策文件。

后 记

党的十八届三中全会明确提出，要处理好政府和市场的关系，使市场在资源配置中起决定性作用和更好发挥政府作用。PPP作为一种实现政府、企业、社会有效供给、合作共治的体制机制创新和制度安排，对推进供给侧结构性改革，实施创新驱动发展战略，推动大众创业、万众创新，培育经济发展新动能，促进稳增长、补短板、扩就业、惠民生都具有重要意义。

为推动PPP持续健康规范发展，山东省委、省政府将PPP工作写入了"十三五"经济社会发展规划纲要，强调要完善并加快推广PPP模式，加大PPP在基础设施和公共服务领域的推广力度，进一步明确了PPP发展方向，对PPP改革寄予厚望。在财政部等中央部委、省委省政府的强力推动、指导支持下，在各级各有关部门和社会各界的密切配合、共同努力下，近年来，山东省PPP改革全面稳步推进，取得了重要的阶段性成果。

由于PPP改革涉及领域广，专业性和程序性都很强，为更加有力、规范地推进我省PPP事业健康发展，由山东财经大学发起并联合山东省财政厅等单位的专家学者，对近年来PPP领域的理论、政策、经验做法等进行了认真地梳理、总结和提炼，以问答的形式推出了这本《政府和社会资本合作（PPP）知识问答》，以方便使用者在工作中查阅、参考。

本书包括导论、PPP模式的相关理论、项目识别、项目准备、项目采购、项目执行、项目移交等章节，适合政府部门、社会资本、咨询机构、金融机构、科研机构等PPP工作从业人员参考使用。

本书筹备过程中，数易其稿，全体参与编撰和出版人员投入了大量精力和心血，在此一并表示感谢！我们期待本书能对省内乃至全国的PPP工作开展有所帮助和支持。由于能力和时间有限，书中的不妥之处，欢迎读者批评指正。

编 者

2016年12月